Claus Eilrich / Hans Otto Hemmer (Hg.)

Die neue Mehrheit

Bilder-Lesebuch

Angestellte

Verlag J. H. W. Dietz Nachf.

INHALT

TEIL 3
ANGESTELLTEN-GESELLSCHAFT
ZUKUNFTSTRENDS

Vorwort

DIE GESCHICHTE der Angestellten, von der der erste Teil dieses Bilder-Lesebuchs handelt, ist keine gradlinige Erfolgsgeschichte, schon gar nicht für die Gewerkschaften. Bereits zu Kaiser Wilhelms Zeiten fühlten sich die Angestellten als etwas Besonderes – und sie waren es gegenüber den Arbeitern auch. Die spezielle gesellschaftliche, soziale und betriebliche Position der Angestellten beruhte in erster Linie auf dem Kalkül von Arbeitgebern und Regierenden, die auf diese Weise eine Konfliktlinie zwischen die Arbeitnehmer legten. Aber ihre „hervorgehobene" Stellung kam auch dem nur zu menschlichen Bedürfnis vieler Angestellter nach Abgrenzung und Individualität entgegen. Diese historische Konstellation ist für die gesamte Weiterentwicklung bis zum heutigen Tage prägend geblieben. Sie hat „die Angestellten" zu einem beliebten Objekt der Sozialwissenschaften gemacht, insbesondere der empirischen Sozialforschung und der Sozialpsychologie. Eine der brisantesten Thesen dieser Forschung lautet, daß es insbesondere die „Angestellten-Mittelschichten" gewesen seien, die den Nationalsozialismus gestützt und seine Wahlerfolge ermöglicht hätten.

Die Sonderrolle der Angestellten stellt auch für die Gewerkschaften seit eh und je ein zentrales Problem dar. Die gesellschaftlich-soziale Trennung der Angestellten von den Arbeitern verhinderte, daß sich Angestellte ebenso selbstverständlich gewerkschaftlich organisierten wie die traditionelle Facharbeiterschaft. Die ursprüngliche Gliederung der gewerkschaftlichen Organisationen nach Handwerks- oder Berufszweigen begünstigte zudem eigenständige Angestelltenverbände – was wiederum das Trennende mehr förderte als Zusammengehörigkeitsgefühl oder gar Solidarität. Zwar ist mit der Gründung der Einheitsgewerkschaft nach 1945 die Konsequenz auch aus diesen historischen Erfahrungen gezogen worden – aber einerseits hat das nicht die Gründung einer weiteren, nicht dem DGB angehörenden Organisation, der Deutschen Angestellten-Gewerkschaft, verhindern können und andererseits läßt, trotz beachtlicher Zugewinne von Angestellten, deren Organisationsgrad nach wie vor zu wünschen übrig. Das wirkungsvoll und nachhaltig zu ändern, ist eine der ganz großen aktuellen und zukünftigen Herausforderungen für die Gewerkschaften.

Wie sieht der Arbeitsalltag von Angestellten heute aus? Was beschäftigt sie in ihrer Freizeit? Wie steht es um ihr gewerkschaftliches Engagement, um ihr politisches Selbstverständnis? Solche Fragen stehen im Mittelpunkt der acht Foto-Reportagen des zweiten Teils dieses Buches. Die Autoren und Fotografen haben die Porträtierten jeweils über längere Zeit begleitet und beobachtet – bei der Arbeit, in der Freizeit. Die Bilder, die sie (sich) dabei gemacht haben, können natürlich nicht alle Aspekte von Arbeit und Leben der beschriebenen Personen wiedergeben, aber sie gewähren doch Einblicke. Es stellt sich heraus, daß die Arbeitsbedingungen von „normalen Angestellten" keineswegs immer so angenehm sind, wie es das landläufige Vorurteil von der bequemen „sitzenden" Tätigkeit nahelegt. Und es sind insbesondere Frauen in Angestelltenberufen – Verkäuferinnen und Kassiererinnen zum Beispiel –, die unter schweren Bedingungen hart arbeiten müssen und dafür wenig Geld verdienen.

Andererseits kann man auch aus diesen Reportagen immer wieder heraushören, daß Angestellte besondere Interessen haben und besondere Anforderungen an die gewerkschaftliche

Arbeit stellen. Die Gewerkschaften haben sich mit diesem Umstand immer schwer getan und lange dazu geneigt, vielen Angestellten „falsches Bewußtsein" zu unterstellen und sie damit sozusagen für unorganisierbar zu erklären.

Ein genauer Blick auf die – wie immer – differenzierte Wirklichkeit zeigt, daß die Angestellten den Gewerkschaften im Prinzip positiv gegenüberstehen und zu einem großen Teil organisierbar sind. Eine wichtige Voraussetzung dafür ist allerdings, daß sie auf die richtige Art und Weise angesprochen werden und daß überzeugende, persönlich glaubwürdige Kolleginnen und Kollegen, deren Wort auch gegenüber Vorgesetzten Gewicht hat, ebenfalls gewerkschaftlich organisiert sind.

Der dritte Teil des Bandes, in dem es um Analysen des gegenwärtigen Zustandes und um Perspektiven geht, bestätigt, daß es bei Angestellten ein großes Bedürfnis nach Individualität gibt, daß die Vorstellung vom individuellen Aufstieg nach wie vor weit verbreitet und gewerkschaftliche Organisierung keineswegs – wie seit Jahrzehnten für viele qualifizierte Facharbeiter – eine Selbstverständlichkeit ist. Angestellte werden jene vielzitierte „nachindustrielle Gesellschaft" prägen, deren baldiges Kommen – sollten nicht Katastrophen der Menschheitsgeschichte einen anderen Lauf geben – die Experten für die hochentwickelten westlichen Gesellschaften prognostizieren. Dienstleistungen werden das beherrschende Element der „nachindustriellen Gesellschaft" sein. Werden diese Dienstleistungen so strukturiert, organisiert sein wie heute? Werden sie im wesentlichen von Angestellten erbracht werden? Wird es so sein, daß heute noch privat erbrachte Dienstleistungen professionalisiert und andererseits heute öffentlich erbrachte Dienstleistungen privatisiert sein werden? Die längst erkennbare grundlegende Umwandlung der Industriegesellschaften wirft viele Fragen auf. Einige Antworten finden sich hoffentlich in diesem Buch.

Die drei Teile des Buches haben – in Konzeption und Präsentation – jeweils ihren eigenen Charakter. Doch zusammen ergeben sie einen umfassenden Einblick in die Tradition, die aktuelle Lage und die Zukunftsaussichten der Angestellten.

Das Buch erscheint aus Anlaß des 40jährigen Bestehens der Gewerkschaft Handel, Banken und Versicherungen (HBV). Der Aspekt der gewerkschaftlichen Bindung von Angestellten ist deshalb einer der roten Fäden der Darstellung. Die Schwierigkeiten, die Gewerkschaften mit der Organisierung von Angestellten hatten und haben, sind unverkennbar. Für die Gewerkschaftsbewegung hängt also viel davon ab, ob es ihr besser als bisher gelingt, Angestellte für ihre Ziele zu gewinnen. Darin liegt der Auftrag, entsprechende Zukunftskonzepte zu entwickeln.

Wir haben allen zu danken, die an diesem Bilder-Lesebuch mitgearbeitet haben, insbesondere den Autoren, den Fotografen und den Kolleginnen und Kollegen, die sich bei der Arbeit und in der Freizeit haben über die Schulter blicken lassen. Ein besonderer Dank gilt Günter Volkmar und der Hans-Böckler-Stiftung, die dem Projekt Sympathie und Unterstützung haben angedeihen lassen.

Wir wünschen dem Buch Leserinnen und Leser, die sich zum Nachdenken und zum Mittun anregen lassen.

Die Herausgeber

Angestellte und Arbeiter

von Jürgen Kocka

„HUNDERTTAUSENDE von Angestellten bevölkern täglich die Straßen Berlins, und doch ist ihr Leben unbekannter als das der primitiven Völkerstämme, deren Sippen die Angestellten in den Filmen bewundern." Wie viele geistvolle Sentenzen war auch diese höchst übertrieben, als sie Siegfried Kracauer 1929 niederschrieb. Aber der Satz illustriert das Interesse, das Intellektuelle, Sozialwissenschaftler und Zeitkritiker dem Phänomen der Angestellten seit langem entgegengebracht haben und ihre Schwierigkeit, es präzis zu erfassen. Was erschien Kracauer so rätselhaft an den Angestellten, warum interessierte er sich für sie?

Zum einen erzwangen sich die Angestellten Aufmerksamkeit durch ihr rasantes Wachstum. Während 1882 auf einen Angestellten noch 35 Arbeiter kamen, entfielen am Ende der Weimarer Republik auf einen Angestellten nur noch fünf Arbeiter; von gut 300 000 war ihre Zahl auf vier Millionen gewachsen. Heute gibt es zehn bis elf Millionen Angestellte in der Bundesrepublik, und 1987 übertraf ihre Zahl erstmals die der Arbeiter. Während die Angestellten 1882 nur vier Prozent der Erwerbstätigen stellten, machen sie heute 40 Prozent aus. Sie expandierten auf Kosten der Selbständigen (Rückgang von 25 Prozent auf unter zehn Prozent im selben Zeitraum), aber zuletzt eben auch auf Kosten der Arbeiter, die von den 1880er Jahren bis in die 1950er Jahre durchweg mehr als 50 Prozent aller Erwerbstätigen stellten, aber seitdem knapp unter 40 Prozent gefallen sind. Der Trend hin zur Angestellten-Gesellschaft setzt sich fort.

Zum anderen interessierte sich Kracauer für die Angestellten, weil sie für ihn wie für andere Zeitkritiker die Moderne verkörperten, die Moderne in ihrer Ambivalenz. Vor allem die vielen jungen und unverheirateten Angestellten in den großen Städten, die Sekretärinnen, Verkäufer(innen), Techniker etc. schienen trotz finanzieller Enge und manchem standesgemäßen Vorurteil einen neuen, traditionsfernen, konsumorientierten Lebensstil ohne eindeutige politische Orientierung zu verkörpern, der die herkömmlichen Lebensformen auflockerte und in die herkömmliche Klassenstruktur nicht ganz hineinpaßte, ohne doch schon eine klar erkennbare Alternative zu bieten. Massenhaftigkeit und Durchschnittlichkeit, das oftmals vergebliche Streben nach individueller Selbstverwirklichung (und sei es durch frühe Beschränkung der Familiengröße), Halbbildung und moralische Lockerung, Reiselust und modische Anpassungsfähigkeit, Kino statt Theater, Zigaretten statt Zigarren, Begeisterung für die Stars der Zeit und die Technik der Zukunft – all das schien die sich entwickelnde „Angestelltenkultur" zu kennzeichnen, die sich dadurch von der viel altmodischeren und solidarischeren proletarischen Welt distanzierte, ohne doch im Vollsinn bürgerlich zu sein; denn dazu fehlte es an Besitz, Bildung und Solidität. Bis heute sprechen manche, meist kritisch und unscharf, von „Angestelltenkultur", besonders wenn sie sich selbst nicht dazu rechnen.

Vor allem aber lebte das sozialwissenschaftliche und publizistische Interesse an den Angestellten von der Frage, die sich angesichts der alles prägenden Klassengegensätze und des Aufstiegs der Arbeiterbewegung aufdrängte, jedenfalls seit den 1890er Jahren und noch in der Weimarer Republik: Wohin gehörte, wohin bewegte sich diese schnell expandierende Schicht? Würde die Masse dieser ja ebenfalls markt- und kapitalabhängigen Arbeitnehmer das proletarische Lager und letztlich die Arbeiterbewegung verstärken? Das erwarteten die Linken. Oder sollte man in ihnen einen „neuen Mittelstand" sehen, der in deutlicher Distanz zum Proletariat gewissermaßen an die Stelle des anteilsmäßig rückläufigen „alten Mittelstands" der kleinen Selbständigen trat und einer weiteren Polarisierung der Gesellschaft entgegenwirkte? Das hofften Reformer und Konservative. Seit der Wilhelminischen Zeit, seit Gustav Schmoller und Emil Lederer (um nur zwei einflußreiche Autoren der Jahrhundertwende zu nennen), ist dies der wichtigste Motor der Angestelltendiskussion. Heute hat die Klassenspannung an Schärfe verloren. Aber in abgeschwächter Form wirkt das alte Interesse noch heute, wenn im Umkreis der Gewerkschaften die Frage gestellt wird, warum man nicht mehr Resonanz bei den Angestellten findet, und was man tun kann, um mehr Angestellte zu gewinnen. Auf dem Hintergrund dieses Interesses ist die Frage nach dem Unterschied zwischen Angestellten und Arbeitern zur zentralen Frage der Angestelltendiskussion und -soziologie geworden.

Der Unterschied zwischen Arbeitern und Angestellten, zwischen „ouvrier" und „employé", zwischen „blue collar" und „white collar" kennzeichnet alle industrialisierenden und industrialisierten Gesellschaften. Im Unterschied zu Arbeitern sind Angestellte in kaufmännischen, verwaltungsmäßigen, arbeitsvorbereitenden, kontrollierenden und koordinierenden Funktionen beschäftigt – nicht in der eigentlichen Produktion. Sie gehen ihren Tätigkeiten meist in räumlicher Distanz zu den Produktionsstätten nach, in speziellen Büroabteilungen oder in speziellen Institutionen, wie Handelsunternehmungen, Banken, Verwaltungen usw. Angestellte sind ausschließlich oder vorwiegend mit nicht-körperlicher Arbeit beschäftigt, deren Gegenstand vor allem Informationen, nicht aber Sachen sind. Häufig sind die Tätigkeiten der Angestellten komplexer, in ihrem Erfolg weniger leicht meßbar und deshalb schwerer direkt zu kontrollieren als die von Arbeitern. Büroarbeiten und andere Angestellten-Tätigkeiten sind in der Regel weniger laut, sauberer und mit weniger physischer Belastung verbunden als körperliche Arbeit in Landwirtschaft und Gewerbe. Dies hat wichtige Folgen für die verschiedenartigen Arbeits-Milieus und die verschiedenartigen Arbeits-Kulturen von Arbeitern und Angestellten. Zudem begannen Vergesellschaftung, Mechanisierung und Automatisierung der Angestellten-Arbeit später und blieben unvollkommener als die der Tätigkeiten in der Produktion.

Der durchschnittliche Angestellte kann Aufstiegschancen erwarten, die wenigstens etwas besser sind als die des durchschnittlichen Arbeiters, weil der Bürobereich vertikal differenzierter ist als der Werkstattbereich und weil vergleichsweise viele Übergangsmöglichkeiten von unteren in mittlere, manchmal auch in höhere Bürostellungen gegeben sind. Viele Angestellte sind, im Unterschied zu fast allen Arbeitern, Träger delegierter Anordnungsbefugnis. Sie erhalten meistens Gehalt statt Lohn. Das heißt, ihr Verdienst ist auf der Basis längerer Zeitperioden (meist Monate) berechnet und klarer voraussagbar, weniger abhängig von kurzfristigen Änderungen des Marktes und von den meßbaren Leistungen des jeweiligen Individuums. All das hatte und hat Einfluß auf den Lebensstil, das Selbstverständnis, das Prestige und das Sozialverhalten von Arbeitern und Angestellten – bis heute. Es wäre viel zu kurz gegriffen und problematisch, wenn man jedes Sonderbewußtsein der Angestellten als „falsches Bewußtsein" abqualifizierte. Denn trotz prinzipiell gleicher Klassenlage unterschieden und unterscheiden sich Arbeiter und Angestellte in sozial relevanter Weise. International gilt, daß sich auch das Wahlverhalten von Arbeitern und Angestellten unterscheidet – die Angestellten weniger links, weniger „labour", „bürgerlicher" und vor allem: bunter und weniger voraussagbar als das der Arbeiter. International gilt auch, daß die Angestellten des privatwirtschaftlichen Bereichs zur gewerkschaftlichen Mitarbeit nur schwer zu gewinnen sind. Überall liegt ihr Organisationsgrad deutlich unter dem der Arbeiter. (Im öffentlichen Dienst ist das anders.)

Dies ist das allgemeine Bild, doch zwei Differenzierungen sind unbedingt nötig. Erstens zeigt der internationale Vergleich, daß der Arbeiter-Angestellten-Unterschied, die „Kragenlinie", wie man in Anspielung auf die amerikanische Unterscheidung zwischen „white collar" (weiße Kragen für Angestellte) und „blue collar" (blaue Kragen für Arbeiter) sagen kann, in Deutschland traditionell besonders scharf ausgeprägt war. Nur in Deutschland gelang es zum Beispiel den Angestellten, die zunächst größtenteils der allgemeinen (Bismarckschen) Sozialversicherung unterstanden, ihr Bedürfnis nach Absetzung von den Arbeitern, auf die sie herabblickten, im politischen Raum zur Geltung zu bringen, und von der Regierung wie auch von den um ihre Stimmen werbenden Reichstagsparteien 1911 ein gesondertes, sie besser stellendes „Angestelltenversicherungsgesetz" zu erhalten. Nicht zuletzt standen anti-sozialistische Motive hinter dieser staatlichen Konzession an die Privilegierungswünsche der gut organisierten Angestellten. Erstmals wurden damit Betriebsbeamte, Werkmeister, Büroangestellte, Handlungsgehilfen, Kontoristen, leitende Angestellte, Ingenieure und andere Berufe – trotz verschiedener Einkommen, verschiedener Qualifikation und verschiedener Funktionen – rechtlich als „Angestellte" zusammengefaßt und als eine gehobene Schicht scharf von den Arbeitern abgegrenzt. Diese rechtliche Zementierung der „Kragenlinie" unterblieb in den anderen Ländern außerhalb Deutschlands und Österreichs zumeist; sie wirkt hierzulande bis heute und hilft mit, den Arbeiter-Angestellten-Unterschied auch am Arbeitsplatz und in anderen Lebensbereichen zu betonen. Mehr als in anderen Ländern wuchsen in Deutschland die Angestellten aus unterschiedlichen Berufen und Wirtschaftssektoren seit dem späten 19. Jahrhundert zu einer, wenn auch intern stark gegliederten, „sozialen Klasse" zusammen – mit eigenem Selbstbewußtsein, eigenen Symbolen, einer organisierten „Angestelltenbewegung" und in klarer Abgrenzung von den Selbständigen und Arbeitgebern einerseits, von den Lohnarbeitern andererseits.

Aber zweitens zielt der langfristige Trend auf eine deutliche Verringerung des Arbeiter-Angestellten-Unterschieds hin, besonders in den letzten Jahrzehnten und auch in der Bundesrepublik. Die arbeits- und sozialrechtlichen Vorsprünge der Angestellten haben stark abgenommen, und das dürfte sich fortsetzen. Am Arbeitsplatz ist der Arbeiter-Angestellten-Unterschied nicht verschwunden, aber punktuell wurde er verwischt. Die Bezeichnung „grey collar" weist auf die Entstehung eines Zwischenbereichs hin. Firmen gehen zunehmend dazu über, nicht mehr zwischen Löhnen und Gehältern scharf zu unterscheiden, zum Beispiel in der Chemie-Industrie, wo im Juli 1987 ein entsprechender Entgelttarifvertrag (ohne scharfe Unterscheidung zwischen Löhnen und Gehältern) abgeschlossen wurde. Was Einkommen, Konsumverhalten, Heiratsmuster und Lebensstil betrifft, hat es immer Überschneidungen zwischen Arbeitern und Angestellten gegeben, aber diese Überschneidungsbereiche nehmen zu. Viele der ursprünglich Angestellten vorbehaltenen Rechte haben sich die Arbeiter mit Hilfe ihrer Organisationen längst ebenfalls erkämpft, so etwa das Recht auf Urlaub oder auf Lohnfortzahlung im Krankheitsfall. Viele untere und mittlere Angestellte haben keinen Grund mehr, auf die Arbeiter herabzusehen. Die Kooperation über die Kragenlinie hinweg hat zugenommen, auch in tariflichen Auseinandersetzungen und bei Streiks. Wenn auch in der Art der Tätigkeit, in der „Arbeitskultur", im Verhältnis zu den Vorgesetzten, in den Aufstiegschancen, in den Kommunikationskreisen und im beruflichen Selbstverständnis weiterhin Arbeiter-Angestellten-Unterschiede fortbestehen und vermutlich auch in Zukunft fortbestehen werden, hat doch die Prägekraft der „Kragenlinie" seit dem Ersten Weltkrieg kontinuierlich abgenommen. Entsprechend sind heute die Unterschiede zwischen verschiedenen Angestelltenkategorien oftmals viel ausgeprägter als die Differenz zwischen Arbeitern und Angestellten als solche. Es wird deshalb immer schwieriger und immer realitätsferner, von „*den* Angestellten" zu sprechen und sie insgesamt zum Thema sozialwissenschaftlicher Diskussion oder zum Adressaten der Agitation zu machen.

Im Wahlverhalten wie im gewerkschaftlichen Bereich wird erkennbar, daß der Arbeiter-Angestellten-Unterschied an Prägekraft verloren hat, aber nicht völlig verschwunden ist. Blickt man auf die Bundestagswahlen von 1949 bis 1983 insgesamt, dann sieht man, daß das Wahlverhalten von Arbeitern und Angestellten ähnlicher geworden ist. 1953 wählten 48 Prozent der Arbeiter und 27 Prozent der Angestellten (1961 56 und 30 Prozent), 1983 aber 55 Prozent der Arbeiter und immerhin 43 Prozent der Angestellten/Beamten SPD. Trotzdem ist unübersehbar, und 1987 wurde es wieder deutlicher, daß unter den Arbeitern der Anteil der SPD-Wähler größer blieb und unter den Angestellten die Streubreite wie die Bereitschaft zum Wechsel deutlich ausgeprägter waren. Aus dem Angestellten-, Lehrer- und Beamtenbereich stammen bekanntlich viele Aktive der neuen sozialen Bewegungen. Manche angestellte Frau scheint sich stärker als Frau denn als Angestellte zu identifizieren; und die Frauen wiegen heute unter den Angestellten vor, wohingegen sie 1882 nur vier Prozent (1907 nur zwölf Prozent) stellten. Die Situation scheint nicht klar strukturiert, sondern viele Möglichkeiten offen zu lassen: eine Herausforderung.

Ähnliches gilt für den gewerkschaftlichen Bereich. In der Weimarer Republik war der Organisationsgrad der Angestellten nicht geringer als der der Arbeiter. Er betrug zirka 50 Prozent. Aber sämtliche Angestelltengewerkschaften hatten sich in deutlicher Distanz von den Arbeitergewerkschaften etabliert und von diesen selbständig organisiert. Das galt selbst für den linken AfA-Bund. Und mehr als zwei Drittel aller organisierten Angestellten gehörten sogenannten „mittelständischen" Verbänden an, die zwar auch den Streik akzeptierten und Tarifverhandlungen führten, sich aber politisch-ideologisch deutlich von den Arbeitergewerkschaften und besonders von der sozialdemokratischen Arbeiterbewegung absetzten.

Im Vergleich dazu hat sich die Situation in der Bundesrepublik grundlegend geändert. Kurz gesagt, scheint die „mittelständische" Variante, der „dritte Weg" zwischen Nicht-Organisation und Anschluß an die allgemeine Gewerkschaftsbewegung, nicht mehr recht zur Verfügung zu stehen. Der Organisationsgrad der Angestellten ist heute deutlich geringer als in der Weimarer Republik. 1983 lag er bei 23 Prozent, das ist nicht wenig im internationalen Vergleich, doch weniger als die Hälfte des Organisationsgrads der Arbeiter. Aber zwei Trends sind wichtig: Zum einen haben die Zahl und der Anteil der gewerkschaftlich organisierten Angestellten in den 70er und frühen 80er Jahren stark zugenommen. Die Vergewerkschaftung der Angestellten macht Fortschritte.

Zum anderen: Vergleicht man die Mitgliedszahlen der lediglich Angestellte organisierenden DAG mit den Mitgliedszahlen der in DGB-Gewerkschaften zusammen mit Arbeitern organisierten Angestellten, so hat sich seit den 1950er Jahren eine sehr deutliche Umverteilung zugunsten der DGB-Gewerkschaften ergeben. Die Gewerkschaft HBV ist die sechstgrößte Gewerkschaft im DGB und kann seit den 70er Jahren auffällige Erfolge auch im privatwirtschaftlichen Bereich vorweisen. Auch einigen Gewerkschaften, die primär Arbeiter organisieren, gelingt es zunehmend, Angestellte anzusprechen. Vermutlich läßt sich diese Entwicklung fortsetzen, wenn es gelingt, das gewerkschaftliche Angebot – auch durch Individualisierung und Flexibilisierung, durch Ansätze am beruflichen Selbstverständnis und durch Ernstnehmen frauenspezifischer Erwartungen – stärker anzupassen. Je mehr es gelingt, die Angestellten gewerkschaftlich zu erreichen, desto deutlicher wird sich allerdings die Gewerkschaftsbewegung vom Modell der „klassischen Arbeiterbewegung" entfernen, wie es im Kaiserreich entstand und bis in die 1950er Jahre prägend blieb. □

TEIL 1

ANGESTELLTEN-GESCHICHTE

Zwischen Exklusivität und Solidarität

Geschichte der Angestellten und ihrer Gewerkschaft

von Manfred Kubik

IM OKTOBER 1949, die Bundesrepublik Deutschland war gerade ein halbes Jahr alt, fand in München der Gründungskongreß des „Deutschen Gewerkschaftsbundes" (DGB) statt. Mit ihm endete eine mehr als vierjährige gewerkschaftliche Wiederaufbauphase nach dem Zweiten Weltkrieg. Ausgehend von lokalen Gründungsgruppen, Aktionsausschüssen, provisorischen Betriebsräten usw., hatten sich die Gewerkschaften neu gebildet. Sie orientierten sich mit wenigen Ausnahmen am industrieverbandlichen Organisationsprinzip, für das die Formel „Ein Betrieb – eine Gewerkschaft" galt.

Die kleinste der insgesamt 16 DGB-Einzelverbände war die Gewerkschaft Handel, Banken und Versicherungen (HBV). Neben den Bereichen, für die ihr Name steht, wurde sie damals zuständig für das vielgestaltige Feld der „Wirtschaftsdienste", wozu u. a. Wohnungsbaugesellschaften, Reisebüros, Rechtsanwaltspraxen, Werbeagenturen, Wirtschaftsberatungen gehören. „Privates Dienstleistungsgewerbe" heißt der gemeinsame Nenner, auf den die Vielfalt der von HBV zu betreuenden Branchen gebracht wird.

Die Gründungsgeschichte der Gewerkschaft HBV ähnelt in vieler Hinsicht dem allgemeinen Muster des gewerkschaftlichen Wiederaufbaus. Im privaten Dienstleistungssektor fand das Konzept der einheitlichen Interessenvertretung aller Arbeitnehmer spontane Unterstützung; auch die HBV hatte regionale Vorläufer. Im Unterschied zu den anderen DGB-Gewerkschaften beschränkten sich diese allerdings auf wenige Gebiete. Für die vergleichsweise schwache Verankerung der Gewerkschaft HBV in ihrem Zuständigkeitsgebiet gab es vor allem eine Ursache: die in Deutschland traditionell starke Betonung einer „Sonderstellung" der Angestellten. Dieses Problem war zwar nicht auf das Organisationsgebiet der Gewerkschaft HBV begrenzt. Aber in diesem Bereich waren die Angestellten in der Mehrheit, und infolgedessen wirkte sich hier der Widerstand gegen eine Einheitsgewerkschaft von Arbeitern und Angestellten am schwerwiegendsten aus.

Die folgende Darstellung beginnt mit einem Rückblick auf die Entwicklung der gewerkschaftlichen Organisationsverhältnisse im privaten Dienstleistungsgewerbe vor 1945, wobei dem Problem des Arbeiter-Angestellten-Unterschieds besondere Beachtung geschenkt wird. An ihm entzündete sich auch die Hauptkontroverse um den gewerkschaftlichen Wiederaufbau nach dem Zweiten Weltkrieg. Nach langwierigen Auseinandersetzungen, die im zweiten Abschnitt resümiert werden, kam es zur Gründung der Gewerkschaft HBV neben der damals noch viel umfangreicheren Deutschen Angestellten-Gewerkschaft (DAG). Grundlinien der HBV-Entwicklung von den Anfängen in den Jahren 1948/49 bis in die jüngste Vergangenheit werden im Hauptteil der Arbeit nachgezeichnet. Dies umfaßt den allmählichen Prozeß der organisatorischen Festigung sowie die HBV-Aktivitäten auf wichtigen Handlungsfeldern der Gewerkschaftspolitik. Erfolge und Mißerfolge, Fortschritte und Rückschläge des solidarischen Handelns der Gewerkschaft erklären sich nicht allein aus der Einsatzfreude und Überzeugungskraft ihrer ehrenamtlichen und hauptamtlichen Funktionäre, vielmehr auch aus Wandlungen des politischen und gesellschaftlichen Umfeldes. Ohne den Zusammenhang von sozialer Lage, Bewußtsein und Organisation umfassend und systematisch darstellen zu können, wird die Geschichte von Gesellschaft und Politik der Bundesrepublik als Hintergrund einbezogen.

SCHELLENBERG's
KAISERMAGAZIN.
1.
2

Innenraum der Frankfurter Hypotheken-Bank um 1895

Der lange Weg zur Einheitsgewerkschaft

Kaufmännische Angestelltenverbände vor 1933

Mit der Gründung der Gewerkschaft HBV wurde ein neues Kapitel in der Geschichte der Interessenvertretung im privaten Dienstleistungsgewerbe aufgeschlagen. Weniger denn je handelt es von trennenden Barrieren und Unterschieden, von Interessenspaltung und Gruppenkonkurrenz, mehr dagegen von *Einheit* und *Solidarität* innerhalb der Arbeitnehmerschaft. Die HBV legte das Fundament dieses Wandels. Sie organisiert und vertritt die abhängig Beschäftigten im privaten Dienstleistungssektor, ungeachtet ihrer beruflichen Position oder ihres beruflichen Status, ungeachtet auch ihrer Qualifikation, ihres Geschlechts oder ihrer politisch-weltanschaulichen Überzeugungen. Dies zu betonen mag heute nicht mehr einleuchten. Die „Einheitsgewerkschaft" ist inzwischen zur Selbstverständlichkeit geworden. Doch es bedurfte eines langen historischen Prozesses, um der umfassenden Vertretungszuständigkeit und einheitlichen Interessenpolitik zum Durchbruch zu verhelfen. Im HBV-Organisationsbereich waren die Widerstände besonders stark. Blicken wir zurück bis zu jenem Zeitpunkt, als die Vorgänger der späteren kaufmännischen Angestellten, die „Handlungsgehilfen", zunächst zaghaft, dann energischer begannen, sich gegen die bedrückenden sozialen Folgen ihrer Lohnabhängigkeit zu wehren.

Ständische Interessenvertretung Die Handlungsgehilfen im Kaiserreich

Erste Zusammenschlüsse von Handlungsgehilfen gab es seit dem 18. Jahrhundert, aber in stärkerem Ausmaß entstanden sie erst in den letzten beiden Jahrzehnten des 19. Jahrhunderts. Sie dienten der Geselligkeit und Bildung. Ihre Versicherungs- und Fürsorgeleistungen bewahrten den Handlungsgehilfen und seine Familie vor größeren finanziellen Sorgen im Alter, bei Krankheit oder Notfällen. Ferner konnten die Vereinsmitglieder bei der Suche nach einem neuen Arbeitgeber die verbandseigene Stellenvermittlung in Anspruch nehmen. Das machte sie unabhängig von den als „Fleischmaklern" verschrieenen professionellen, hohe Gebühren verlangenden Stellenvermittlern. Schließlich wandten sich die frühen Interessenverbände der Handlungsgehilfen immer mehr der Agitation für die Verbesserung der Arbeitsbedingungen und Einkommen zu.

Ihr solidarischer Anspruch war freilich nur begrenzt, und es fehlte den Handlungsgehilfenverbänden an einer klaren, strikt auf Arbeitnehmerbelange bezogenen, gewerkschaftlichen Orientierung. Dies läßt sich zeigen an den berufs- oder branchenspezifischen Organisationen der Bank- und Versiche-

Büroraum („Comptoir") der Fa. Mouson um 1898

Büroangestellte um die Jahrhundertwende

rungsangestellten sowie an den drei größten Handlungsgehilfenorganisationen, die neben den zahlreichen, häufig nur lokal wirksamen Verbänden vor dem Ersten Weltkrieg existierten: der *Verein für Handlungs-Commis von 1858,* der 1881 gebildete *Verband Deutscher Handlungsgehilfen zu Leipzig* sowie der 1893 gegründete *Deutschnationale Handlungsgehilfen-Verband* (DHV). Alle drei Organisationen zählten 1913 jeweils über 100 000 Mitglieder, die in verschiedenen Branchen arbeiteten: z. B. im Laden und Kontor des Einzelhandels, in den Büros der industriellen Großbetriebe und den Instituten des Geld-, Kredit- und Versicherungsgewerbes.

Die Verbände ließen erkennen, daß den Handlungsgehilfen der Interessengegensatz von Arbeitnehmern und Arbeitgebern noch weitgehend fremd war. Das ist verständlich, wenn man bedenkt, daß die Gehilfen in den kaufmännischen Unternehmungen, anders als die Industriearbeiter, zumeist noch in vorindustriell-kleingewerblichen Betriebsformen arbeiteten, in denen das Verhältnis zum Prinzipalen sehr persönlich und patriarchalisch geprägt war. Um die Jahrhundertwende lebte z. B. die Mehrzahl der Einzelhandelsgehilfen noch im Haushalt ihrer Arbeitgeber. Auch die – nicht völlig unrealistische, wenn auch immer mehr zum Mythos werdende – Hoffnung auf die spätere eigene Selbständigkeit trug dazu bei, daß sich etwa die Handels-, Bank- und Versicherungsbeschäftigten nicht als Arbeitnehmer schlechthin fühlten. Als „Handlungsgehilfen" betonten sie vielmehr ihre Zugehörigkeit zum Kaufmanns- oder Handelsstand, oder sie begriffen sich – zunehmend – als Teil einer Berufsgruppen übergreifenden Schicht, eines angestellten „Mittelstandes". In beiden Fällen definierten sie ihren Status ausdrücklich im Unterschied zur Arbeiterschaft, zum Proletariat.

Organisationspolitisch bekräftigten die Handlungsgehilfen ihr Selbstverständnis durch bewußte Abgrenzung von der Arbeiterbewegung. Gewerkschaftliches Denken blieb dabei auf der Strecke. Die Handlungsgehilfen gewährten auch Unternehmern den Zutritt zu ihren Organisationen, und

Eine der ersten Filialen des Kaufhauses Hermann Tietz (Halberstadt, 1903). Tietz begründete einen der größten deutschen Kaufhauskonzerne (heute: Hertie).

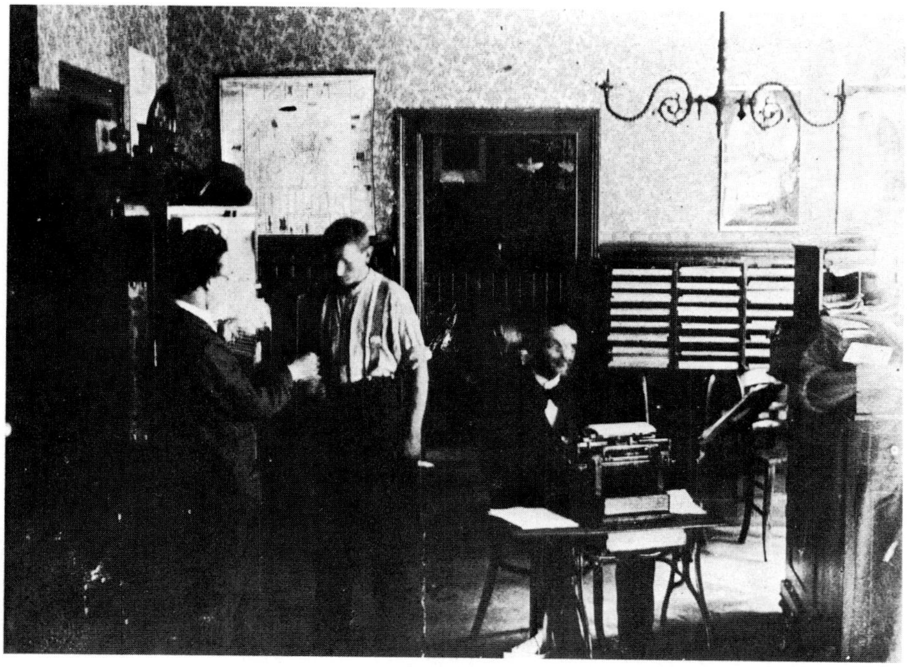

Büroszene um die Jahrhundertwende

Kassenhalle der Vereinsbank in Hamburg 1902

zwar „mit denselben Rechten und Pflichten". In der organisatorischen Gemeinschaft mit den Prinzipalen bewahrten sie ihren Glauben an die Zugehörigkeit zu einem Selbständige und Abhängige umfassenden „Berufsstand". So sah der 1907 gegründete *Verband Deutscher Versicherungsbeamter* (VDV) sein vorrangiges Ziel in der „Hebung des Standes"[1] und der Vorsitzende des *Deutschen Bankbeamten-Vereins* (DBV), Fürstenberg, machte unmißverständlich klar, daß ein „blühendes Gewerbe" die unabdingbare Voraussetzung „soziale(r) Fortschritte für die Arbeitnehmer" sei. Für die Praxis dieses 1894 gegründeten Verbandes folgerte man daraus, daß „nur im verständnisvollen Zusammenarbeiten mit den Leitungen der Banken... die Gehaltsfrage rasch vorwärts gebracht werden (kann)".[2]

Selbst der DHV nahm Selbständige in seinen Verband auf. 1893 war er mit dem Ziel gegründet worden, „dem Eindringen der Sozialdemokratie in den Kaufmannsstand zu wehren".[3] Um der sozialistischen „Verführung" zu begegnen, schlug er eine forschere Gangart ein und nahm sich stärker als die älteren „Harmonieverbände" den Arbeitsbedingungen (Gehalt, Arbeitszeit, Einstellungs- und Kündigungsbedingungen) an. Im Interesse einer energischen, auf Privilegien bedachten Standespolitik setzte er der Ideologie des Klassenkampfes antisemitische und aggressive nationalistische Parolen entgegen. Sie erwiesen sich als zugkräftig im Kampf für eine antiproletarische Sozialpolitik, welche den als bedroht empfundenen gesellschaftlichen Status des „Handlungsgehilfenstandes" dauerhaft absichern sollte. Die Anliegen der abhängig Beschäftigten konnten dabei zuweilen auf der Strecke bleiben, wenn etwa der ansonsten für den 8-Uhr-Ladenschluß eintretende DHV „eine Schädigung des selbständigen Kaufmanns" dadurch abzuwenden suchte, daß er für die Tage unmittelbar vor Weihnachten eine Verlängerung der Ladenschlußzeiten bis Mitternacht vorschlug.[4]

Eine auf Ausgleich und Verständigung mit den Arbeitgebern bedachte

1 H.-A. Schotte, Die Kämpfe zwischen den Arbeitgebern und Arbeitnehmern (Innenbeamten) des privaten Versicherungsgewerbes unter besonderer Berücksichtigung der Jahre 1907–1921, Frankfurt/M. 1928, S. 42.

2 Zitat in: G. Obst, Der Bankberuf, Leipzig 1916, S. 5.

3 Zitiert nach K. Stehr, Der Zentralverband der Angestellten, Berlin 1926, S. 20.

4 Vgl. O. Süssengut, Die Angestellten als Stand und Klasse. Ein Beitrag zur Soziologie des wirtschaftlich-sozialen Kampfes in Deutschland, o. O. 1930, S. 53.

Fischstand in den Berliner Zentralmarkthallen 1911

Organisationspolitik und ein sie tragendes ständisches Gemeinschaftsbewußtsein ließen keinen Platz für Methoden zur Verbesserung der Gehaltsregelungen und Arbeitsbedingungen, wie sie heute gang und gäbe sind und damals von den Arbeitergewerkschaften gefordert und praktiziert wurden. Der Streik erschien dem DHV als ein „frivoles Spiel mit Schlagworten".[5] Auch für die meisten anderen (kaufmännischen und technischen) Angestelltenverbände waren Arbeitskämpfe ebenso wie Tarifverträge Mittel, welche die Angestellten notwendig auf die abschüssige Bahn der „Proletarisierung" bringen müßten.[6] Deshalb zogen sie es vor, Petitionen und Appelle an die Einsicht und das Verantwortungsbewußtsein der Arbeitgeber zu richten und im übrigen auf die Hilfe des Staates zu setzen.

Welche Richtung die kaufmännischen Angestelltenverbände einschlugen, um den Interessen des Standes und der Handlungsgehilfen Geltung zu verschaffen, zeigt ihr hartnäckiges Drängen auf Abriegelung des kaufmännischen Arbeitsmarktes gegenüber „unstandesgemäßer" Konkurrenz. So wurden z. B. Lehrlingsskalen, die das Zahlenverhältnis zwischen Gehilfen und Lehrlingen festschreiben sollten, gefordert. Arbeitskräften ohne kaufmännische Fachschulung wollte man kurzerhand den Zugang zur Berufssphäre des Handlungsgehilfen verwehren. Manche Gruppen, wie etwa die „Bankbeamten", achteten darüber hinaus auf die bürgerliche Herkunft ihres Nachwuchses. Um das Eindringen „ungebildeter" Arbeitskräfte in den Kaufmannsgehilfenberuf zu verhindern, fand sich der DBV nur bereit, Absolventen höherer Schulen eine Lehrstelle zu vermitteln. Nicht zuletzt war es die „unnatürliche" Berufsarbeit von Frauen, auf die sich der Kampf der Verbände zur Verteidigung der ständischen Exklusivität richtete. In zeittypischer patriarchalischer Manier wurde die Frauenarbeit als „eine schwere soziale und sittliche Gefahr für unser gesamtes Volksleben" empfunden, die

Angestellte der Darmstädter Sparkasse während des Ersten Weltkriegs (1915). Sie zählen Geld, das bei einer Sammelaktion von der Bevölkerung gespendet wurde.

man durch eine Verbotsbestimmung im künftigen Handelsgesetzbuch abzuwehren trachtete.

Die Entwicklung der Arbeitskräftenachfrage gehorchte anderen Kriterien als denen, die den standesbewußten und frauenfeindlichen Orientierungen der Handlungsgehilfenverbände zugrundelagen. Waren diese gegen den Zuwachs zur Angestelltenschaft „von unten her" auch machtlos, wollten sie ihre ständische Exklusivität doch wenigstens in den eigenen Reihen – Frauen und ungelernte männliche Arbeitskräfte waren in den meisten Handlungsgehilfenvereinen vor dem Ersten Weltkrieg als Mitglieder unerwünscht – und bald auch dadurch bewahren, daß sie ihrer männlichen Klientel empfahlen, der nun einmal wahrgenommenen Welle der Schematisierung und „Proletarisierung" kaufmännischer Arbeitsfunktionen auf den Schultern der Frauen zu entkommen. „Jeder männliche Kollege", so riet der Leipziger Verband, „muß freilich seine Kräfte zusammennehmen und dafür sorgen, daß er bei dieser Arbeitsteilung auf die richtige Seite kommt... Daß viele kleine Arbeiten ausgeschieden und von weiblichen Kräften erledigt werden, während den Männern die höhere Arbeit bleibt, ist doch auch eine Hebung der Männerarbeit."[7] Durch die Mitgliedschaft in einem reinen Frauenverband suchte eine kleine Minderheit weiblicher Angestellter ihre organisatorische Ausgrenzung auszugleichen. Seit 1889 stand ihnen die später unter dem Namen *Verband für weibliche Angestellte* (VwA) geführte Organisation zur Verfügung, die sich praktisch und programmatisch zwar in vielem der Marschrichtung der männlichen Handlungsgehilfen anschloß, zugleich aber kompromißlos für die soziale, ökonomische und politische Gleichstellung der Frau eintrat.

Während die Gewerkschaft HBV, so läßt sich der Unterschied zur standesbewußten Interessenvertretung vor dem Ersten Weltkrieg resümieren, die möglichst vollständige Erfassung der Arbeitnehmer ihres Organisationsbereiches und deren solidarisches Zusammenwirken unter Anwendung gewerkschaftlicher Mittel anstrebt, verhinderten mittelständische Orientierungen und Statuserwartungen, daß den Handlungsgehilfen im kaiserlichen Deutschland Ähnliches in den Sinn kam. Nicht Solidarität, sondern Exklusivität bildete die Basis ihrer Verbände.

Ansätze zu einer Interessenvertretung, die über ständische Vorurteile und Wirtschaftsfriedlichkeit hinauswiesen und die Perspektive einer alle Lohnabhängigen umfassenden Einheitsgewerkschaft vertraten, gab es, wenn auch nur äußerst schwach ausgebildet, schon vor dem Ersten Weltkrieg. In scharfer Frontstellung zu den alten Harmonieverbänden und dem DHV tauchte im organisatorischen Spektrum der kaufmännischen Angestellten gegen Ende des 19. Jahrhunderts ein Verband auf, der nicht nur die männlichen, weiblichen, ungelernten und gelernten Arbeitskräfte gemeinsam zu organisieren suchte, sondern der zudem eine erfolgversprechende Interessenvertretung der

5 Die wirtschaftliche Lage der deutschen Handlungsgehilfen im Jahre 1908, Hamburg 1910, S. 137.

6 So in einer Resolution des DHV von 1897, zit. in: P. Lange, Die soziale Bewegung der kaufmännischen Angestellten, Berlin 1920, S. 202.

7 Zit. in: U. Frevert, Vom Klavier zur Schreibmaschine – Weiblicher Arbeitsmarkt und Rollenzuweisungen am Beispiel der weiblichen Angestellten in der Weimarer Republik, in: A. Kuhn/G. Schneider (Hg.), Frauen in der Geschichte, Bd. 6, S. 82–111, hier S. 87.

Mercedes
AACHENER UND MÜNCHENER FEUER-VERSICHERUNGS-GESELLSCHAFT
FLINSCH & Co. Generalvertreter der Mercedes Automobile

Handlungsgehilfen „nur auf dem Boden der gewerkschaftlichen Organisation, Hand in Hand mit den Arbeiterorganisationen"[8] gewährleistet sah. Die Rede ist vom 1897 gegründeten *Zentralverband der Handlungsgehilfen und Gehilfinnen Deutschlands* (ZdH). Als einziger Angestelltenverband überhaupt trat er der 1890 gegründeten „Generalkommission der Gewerkschaften Deutschlands" bei. In seinem Grundsatzprogramm bekannte sich der ZdH zur Wahrnehmung der wirtschaftlichen Interessen der Handlungsgehilfen mit gewerkschaftlichen Mitteln: Das schloß den Tarifvertrag ebenso ein wie den Arbeitskampf, zu dem der ZdH vor 1914 mehrfach griff.

Im kaufmännischen Angestelltenbereich wurde die konsequent gewerkschaftliche Haltung des ZdH 1912 durch die Gründung des *Allgemeinen Verbandes der Deutschen Bankbeamten* verstärkt. Dieser „Allgemeine Verband", den nach eigenem Verständnis „eine ganze Weltanschauung... von dem Harmonieprogramm des D.B.V." trennte und der einem zeitgenössischen Beobachter zufolge „viel zur Verhetzung der Bankbeamten beigetragen" und deren „Berufsfreudigkeit gelähmt" habe,[9] vertrat den Standpunkt grundsätzlicher Solidarität aller Arbeitnehmer. Er befürwortete den Streik und ließ ebenso wie der ZdH keine Selbständigen als Mitglieder zu. Unter den kaufmännischen Angestellten waren es diese beiden Verbände, die in der Auseinandersetzung um die staatliche Pensionsversicherung für Angestellte gegen eine Sonderversicherung und für den Ausbau der bestehenden Invaliden- und Altersversicherung eintraten.

Der heftige Arbeitgeberwiderstand, vor allem aber die ablehnende Haltung der überwiegend antiproletarisch und antisozialistisch eingestellten Handlungsgehilfen gegenüber Organisationen, die nach Inhalt und Form ihres Kampfes die Nähe zu den Arbeitern zu erkennen gaben, waren dafür verantwortlich, daß sowohl der ZdH als auch der Allgemeine Verband der Deutschen Bankbeamten nur geringe Resonanz fanden. Aber die kleine Zahl ihrer Mitglieder repräsentierte Beschäftigtengruppen und Arbeitsverhältnisse, die vom mittelständisch geprägten Berufsbild der Handlungsgehilfen am weitesten entfernt und im Trend der ökonomischen Entwicklung lagen: Anhänger des ZdH und des Allgemeinen Verbandes waren überwiegend jüngere Handlungsgehilfen und ungelernte Arbeitskräfte, was sich beim Zentralverband in einer Majorität weiblicher Mitglieder ausdrückte. Im Unterschied zum DHV, der seinen Massenanhang vorwiegend in mittleren und kleineren Handels- und Industriebetrieben rekrutierte, kamen die Mitglieder der beiden gewerkschaftlich ausgerichteten Verbände überwiegend aus den größeren Unternehmen: den Großbanken, den großen Versicherungsgesellschaften, vor allem den sozialdemokratisch geführten Konsumgenossenschaften und den entstehenden, von Kreisen des Mittelstandes lebhaft

Textilgeschäft in Frankfurt

Gebäude der Aachener und Münchener Versicherungsgesellschaft in Frankfurt

Fürstliches Treppenhaus eines Bankgebäudes in Frankfurt um 1929

8 Zit. n. U. Kadritzke, Angestellte – die geduldigen Arbeiter. Zur Soziologie und sozialen Bewegung der Angestellten, Frankfurt/M. u. Köln 1975, S. 242.
9 W. Funk, Die Lage der kaufmännischen Angestellten im deutschen Bankgewerbe, Gießen 1927, S. 71.

bekämpften Warenhäusern. Waren es diese „neuen Arbeiter", die dem „Stand" der Handlungsgehilfen das Bild seiner eigenen Zukunft entwarfen, in sozialökonomischer und in organisationspolitischer Hinsicht?

Konzentration und gewerkschaftliche Orientierung

Das Ende der Harmonieverbände

Der Erste Weltkrieg war für die organisatorische und inhaltliche Ausrichtung der Angestellten- und damit der Handlungsgehilfenbewegung ein tiefer Einschnitt. Weitreichende materielle und soziale Einbußen der Angestellten, die nicht nur absolute Not und Verelendung, sondern zugleich relative Verarmung und Abstieg im Vergleich zu den Arbeitern bedeuteten, waren dafür verantwortlich. Schon seit der Jahrhundertwende hatten sich die Anzeichen für eine Krise des berufsständischen Selbstverständnisses gemehrt. Wirtschaftliche Konzentrationsprozesse durchkreuzten seit dieser Zeit die schon vorher nicht selten illusionären Verselbständigungschancen der Handlungsgehilfen; das Einströmen ungelernter Kräfte auf den Arbeitsmarkt führte zu einer Prestigeminderung des Standes u. ä. m. Die Entwicklungen in

Jugend des Gewerkschaftsbunds der Angestellten (GdA) beim Deutschen Angestellten-Tag in München 1929

„Besuche wollen auf möglichst kurze Zeit beschränkt werden." Arbeit im Büro um 1921

Ein Großraumbüro in Berlin 1927

den Kriegsjahren erschütterten dann den „mittelständischen" Charakter der Handlungsgehilfen vollends. Überkommene Orientierungsmuster wurden in Frage gestellt, Status und antiproletarisches Selbstverständnis radikal verunsichert. Das trug ebenso wie die veränderte politische Situation nach Niederlage und Revolution 1918/19 maßgeblich dazu bei, daß das Arbeitnehmerbewußtsein bei den Angestellten an Boden gewann.[10]

Ein unverkennbares Indiz dafür war, daß sich gewerkschaftliche Orientierungen nun auch innerhalb dieser Arbeitnehmergruppe durchsetzten. Jene Verbände, die schon in der Vorkriegszeit für eine entschiedenere Interessenpolitik plädiert hatten, verzeichneten einen massenhaften Zulauf. Der ZdH, der seit September 1919 den Namen *Zentralverband der Angestellten* (ZdA) führte, konnte die Zahl seiner Mitglieder von knapp 25 000 im Jahre 1913 auf 363 500 im Jahre 1920 erhöhen. Zum Vergleich: Der Deutschnationale Handlungsgehilfen-Verband (DHV), vor 1914 mit knapp 150 000 Mitgliedern der größte Angestelltenverband, hatte 1920 ca. 250 000 Mitglieder. Den stärksten Rückhalt hatte der ZdA nach wie vor im großbetrieblichen sowie großstädtischen Bereich und weitaus mehr als seine bürgerlich-mittelständische Konkurrenz bei jenen Angestellten, die der Arbeiterschaft entstammten.[11] In seiner politischen Radikalität übertraf er während der Revolution 1918/19 und danach die gewerkschaftlichen Verbände der sozialistischen Arbeiterbewegung. Weniger ausgeprägt, aber in der Tendenz gleich, zeigte sich die gestiegene Attraktivität der radikaleren Verbände auch bei den Bankbeamten. Zwar konnten beide Berufsorganisationen Mitglieder hinzugewinnen. Doch während der Deutsche Bankbeamten-Verein (DBV) seine Mitgliederzahl lediglich etwas mehr als verdoppelte (von 25 000 – 1913 – auf 55 000 –1920–), nahm sie beim Allgemeinen Verband der Deutschen Bankbeamten um etwa das Siebenfache (von 3 000 auf 20 000) zu.

10 Vgl. J. Kocka, Klassengesellschaft im Krieg. Deutsche Sozialgeschichte 1914–1918, Göttingen 1973.

11 H. Speier, Die Angestellten vor dem Nationalsozialismus, Göttingen 1977, S. 24 u. 44–51; H.-J. Priamus, Angestellte und Demokratie, S. 95–101.

Lebensmittelabteilung in einem Kaufhaus 1929

Der Mitgliederaufschwung und die Verschiebungen in der relativen Zahlenstärke der Verbände waren nicht die einzigen Hinweise auf eine Umorientierung der kaufmännischen Angestellten nach dem Zusammenbruch des Kaiserreiches in Niederlage und Revolution. Hinzu kam, daß sich die bürgerlich-mittelständischen Angestelltenorganisationen nach 1918 auf einen eindeutig gewerkschaftlichen Standpunkt stellten. Die vor dem Krieg noch als „unstandesgemäß" verworfenen Mittel des Streiks und der kollektiven Gehaltsvereinbarung wurden nun anerkannt und die selbständigen Mitglieder aus den Verbänden ausgeschlossen. Mit dieser „Vergewerkschaftung" reagierten die Verbände einerseits auf die Erfahrung, daß sich mit Petition und individueller Vorsprache Gehaltskürzungen, Überstundenzwang, Arbeitsintensivierung nicht hatten verhindern lassen. Andererseits zwang der nach 1918 mit den Unternehmern vereinbarte Kriterienkatalog für die Zulassung einer Organisation zu Tarifverhandlungen die Angestelltenverbände auf den Pfad einer entschiedeneren Vertretung von Arbeitnehmerinteressen.

Seit den Tagen der Revolution kann also, bis auf nicht nennenswerte Ausnahmen, von Angestellten*gewerkschaften* gesprochen werden. Der Tarifvertrag, dem auch die Unternehmer kaum mehr prinzipiellen Widerstand entgegensetzten, war fortan das wichtigste Mittel zur Beeinflussung der Einkommens- und Arbeitsverhältnisse für untere und mittlere Angestellte. Die wachsende Zahl der Arbeitsgerichtsverfahren zeigte die entschiedenere Anerkennung des Interessengegensatzes von Arbeitnehmern und Arbeitgebern; auch das Bekenntnis zum Streik wurde nicht mehr zurückgenommen. Wohl aber ließ die Bereitschaft nach, ihn anzuwenden. Kam es während der unruhigen Nachkriegsjahre noch zu zahlreichen Arbeitskämpfen etwa der Kaufhaus-, Bank- und Versicherungsangestellten, änderte sich dies mit zunehmendem zeitlichen Abstand zur

Auf der Straße um 1930

Frauen im Büro

Revolution. Unter dem Druck einer wiedererstarkenden Arbeitgeberschaft ließ die Streiktätigkeit deutlich nach. Daß sie nach 1924 kaum noch zu verzeichnen ist, relativiert zwar die Schärfe des organisatorischen und programmatischen Wandels der mittelständischen Handlungsgehilfenverbände um 1918. Doch war die „Vergewerkschaftung" zweifellos ein großer Schritt in Richtung auf eine einheitliche Arbeitnehmerbewegung.

Entsprechend hatte sich auch die organisatorische Struktur der Gesamtbewegung verändert. Mit der Agitation für eine Angestelltenversicherung im ersten Jahrzehnt des 20. Jahrhunderts hatte ein starker Konzentrationsprozeß eingesetzt, in dessen Verlauf zahlreiche örtliche Vereinigungen ihre organisatorische Eigenexistenz aufgaben. Zentralverbände bildeten sich, die sich schließlich ihrerseits zu großen Kartellen zusammenschlossen. Übrig blieben, ähnlich wie in der Arbeiterbewegung, drei große, nach politisch-weltanschaulichen Richtungen getrennte Dachorganisationen. Sie erfaßten rund 90 Prozent aller organisierten Angestellten; das waren zeitweilig 40 Prozent der Angestellten insgesamt.[12] Die schon vor 1914 gewerkschaftlich ausgerichteten und der Sozialdemokratie nahestehenden Verbände sammelten

12 Speier, Angestellte, S. 146. Außerhalb der drei Dachverbände blieben u. a. die „Vereinigung der leitenden Angestellten in Handel und Industrie" und die „Vereinigung der Oberbeamten im Bankgewerbe".

sich im *Allgemeinen freien Angestellten-Bund* (AfA-Bund). Die meisten der ehemaligen Harmonieverbände gingen im *Gewerkschaftsbund der Angestellten* (GdA) auf. Politisch stand er dem heterogenen liberalen Lager in der Weimarer Republik nahe. Als dritte Spitzenorganisation etablierte sich der christlich-nationale *Gesamtverband deutscher Angestelltengewerkschaften* (Gedag) unter Führung des nationalistischen, antisemitischen, antisozialistischen Deutschnationalen Handlungsgehilfen-Verbandes (DHV).

Die Verschmelzung von Einzelverbänden und ihre Zusammenfassung in drei Hauptrichtungen deutete an, daß berufsständische Orientierungen und Belange an differenzierender Kraft verloren und einem allgemeinen Angestellteninteresse – wie es durch das Angestelltenversicherungsgesetz von 1911 auch rechtlich begründet worden war – untergeordnet wurden. Besonders weitreichend war die überberufliche Zusammenarbeit im GdA. Während im AfA-Bund und im Gedag Einzelverbände zusammengeschlossen waren, die in der Regel nach wie vor dem Berufsprinzip folgten, stellte der GdA eine berufsübergreifende Einheitsorganisation dar. Im liberalen Angestellten-Lager stand er – trotz eigener Reichsfachgruppen für Bank- und Versicherungsangestellte – im Bündnis mit dem Deutschen Bankbeamten-Verein (DBV) und später auch im Bündnis mit dem Allgemeinen Verband der Versicherungsangestellten, der Nachfolgeorganisation des Verbandes Deutscher Versicherungsbeamter. Innerhalb der Mitgliedschaft wahrte nur noch der DHV seine ständische Abgeschlossenheit. Im Unterschied zu diesem Verband, der sich auch weiterhin auf die Organisation gelernter männlicher Kaufmannsgehilfen beschränkte, fanden sich spätestens seit Beginn der zwanziger Jahre alle übrigen Angestelltenorganisationen bereit, Frauen und Angestellte ohne eine bestimmte berufliche Qualifikation als Mitglieder aufzunehmen.

Die insgesamt beachtlichen Fortschritte zu einer auf größtmögliche Einheit und umfassende Solidarität Wert legenden Arbeitnehmerpolitik kamen auch in einer Annäherung an die Arbeiterbewegung zum Ausdruck. Die drei Spitzenorganisationen schlossen sich mit den Arbeiter- (und Beamten)-verbänden ihrer jeweiligen politisch-weltanschaulichen Richtung zu Kartellen zusammen und verabredeten eine – in der Praxis freilich begrenzt-bleibende – Zusammenarbeit.

Indessen blieb es vorerst aber bei Annäherungen. Zu einer Überschreitung der Grenzlinie zwischen Arbeitern und Angestellten kam es auch in der Zwischenkriegszeit nicht. Die strikte organisatorische Trennung beider Arbeitnehmergruppen blieb bis zum Ende der Weimarer Republik die Regel ohne Ausnahme. Die im Zusammenhang mit der Sozialisierungsdiskussion aufgeworfene Frage nach der Bildung von Industrieverbänden zur gemeinschaftlichen Organisation von Arbeitern und Angestellten wurde von allen Verbänden einhellig abgelehnt. Das Bewußtsein der eigenen besonderen Identität und die Furcht vor einer Majorisierung durch die Arbeiterschaft führten selbst bei den radikalen AfA-

Drogerie um 1931

Dorfladen um 1934

Verbänden zu einer Ablehnung solcher Pläne. „Kein vernünftiger Gewerkschaftsführer denkt daran“, wehrte der langjährige Vorsitzende des AfA-Bundes Siegfried Aufhäuser noch in der Wirtschaftskrise 1931 Vorschläge des ADGB für eine gemeinsame Organisation „der Hand- und Kopfarbeiter“ ab, „etwa im Interesse der Vereinheitlichung eine Union aller Verbände zu schaffen“.[13]

Für eine gemeinsame gewerkschaftliche Organisation von Arbeitern und Angestellten schien die Zeit noch nicht reif. Fand sich schon der Zentralverband der Angestellten (ZdA) vor dem Hintergrund einer zunehmenden tariflichen und sozialpolitischen Differenzierung bereit, Angestelltensonderrechte zu verteidigen, galt das für die Angestelltenverbände der beiden anderen Richtungen allemal. Deren Tarif- und Sozialpolitik zeigte bald in aller Deutlichkeit, daß sich der „Vergewerkschaftungsprozeß“ durchaus mit traditionellen antiproletarischen Ressentiments und dem Kampf für die Erhaltung der Angestelltensonderstellung vertrug.

Der wichtigste Maßstab für den Erfolg und die tarifpolitische Arbeit blieb die Arbeiter-Angestellten-Differenz. In dem Maße, wie sie sich verringerte, wuchs der Grad der Unzufriedenheit und die Lautstärke des Protestes der Angestellten, vor allem im DHV. Auf

13 Zit. n. E. Fehrmann/U. Metzner, Angestellte und Gewerkschaften, Köln 1981, S. 83.

Gruppe der „Deutschen Arbeitsfront" (DAF)

tarifpolitischem Gebiet galten die Anstrengungen primär der Aufhebung eines, wie sie meinten, „schreienden Mißverhältnisses zwischen den Einkommen der gelernten Arbeiter und denen der gelernten Kaufmannsgehilfen".[14]

Als Reaktion auf die beschleunigte Mechanisierung und Rationalisierung einzelner Angestelltenfunktionen in den zwanziger Jahren und den daraus resultierenden Nivellierungsprozessen knüpften die mittelständischen Verbände an ihre Arbeitsmarktpolitik in der Vorkriegszeit an. Ein breiter Forderungskatalog und die verschiedensten Verbandsinitiativen zielten darauf, den Berufszugang an den Erwerb von Berechtigungen zu knüpfen, um damit den Zustrom zu den „übersetzten" Angestelltenberufen einzudämmen und die Angestelltenschaft selbst in einen „gelernten Stand" zu verwandeln. Mehr denn je betonten die bürgerlich-mittelständischen Verbände die Bildungsschranke zwischen Arbeitern und Angestellten, um den Verlust anderer Unterscheidungsmerkmale im Zuge der fortschreitenden wirtschaftlichen Modernisierung auszugleichen. „Da ein gebildetes Proletariat nicht als Proletariat galt, war es leichter, ohne Folgen für Geltung und Prestige die eigene Lebensunsicherheit zuzugeben."[15]

Entsprechend intensivierten die um den Erhalt des Sonderstatus besorgten Angestelltenvertreter die innerverbandliche Bildungsarbeit. Das Ziel vor Augen, „für die Rettung und Erhaltung des Lebensniveaus ihrer Mitglieder und einer bewußten Standeskultur (zu) kämpfen", entwickelte sich die berufliche Bildungsarbeit beim GdA und DHV viel stärker als bei den AfA-Verbänden.[16] Interessant ist in dieser Hinsicht der Unterschied zwischen dem mittelständischen DBV und dem stärker gewerkschaftlich orientierten Allgemeinen Verband der Bankangestellten. Schon in der Vorkriegszeit hatte letzterer die vom DBV unterstützten Bildungsvoraussetzungen für den Zutritt zum Bankberuf abgelehnt. In den

Weibliche Streikposten 1931

zwanziger Jahren legte er relativ wenig Wert auf die fachliche Weiterbildung seiner Mitglieder. Ganz anders der DBV: Im Rahmen seiner Gesamttätigkeit nahm die Bildungsarbeit einen hohen Stellenwert ein. Insbesondere seit der Rationalisierung im Bankgewerbe und einem radikalen Personalabbau nach der Inflation von 1923 intensivierte der DBV seine Fachbildungsarbeit und richtete in mehreren Städten Fachschulen ein.

Als Lobbyisten in den Vorzimmern des Parlaments und seiner sozialpolitischen Ausschüsse entfalteten die Angestelltenvertreter ihre zweifellos erfolgreichsten Aktivitäten. Sie erreichten Schutzgesetze, die das Risiko der Beschäftigungslosigkeit abmilderten; ferner drängten sie mit Erfolg auf gesetzliche Verbesserungen der Versorgungsansprüche im Falle von Alter und Krankheit. Waren diese und andere Errungenschaften einerseits Pionierleistungen auf dem Weg zum modernen Sozialstaat, verliehen sie andererseits der Unterscheidung zwischen Arbeitern und Angestellten größere materielle Substanz. Damit festigte sich jene Trennlinie innerhalb der deutschen Arbeitnehmerschaft, die neben der politisch-weltanschaulichen Spaltung den

14 R. Fedisch, Berufsständische Gehaltspolitik. Tatsachen und Forderungen aus der Gehaltserhebung des DHV, Hamburg 1930, S. 93.
15 Speier, S. 103; zur „Funktion der Bildung" insges.: S. 102–109.
16 Vgl. F. Bedert, Das Berufsbildungswesen der Angestelltenverbände, Hamburg 1931, Zit. auf S. 162.

Schritt zu einer einheitlichen gewerkschaftlichen Interessenvertretung aller Arbeitnehmergruppen in der Weimarer Republik blockierte.

So ergibt sich im ganzen gesehen ein ambivalentes Bild der Angestelltenbewegung. Gegenüber dem Kaiserreich traten in der Weimarer Republik manche Differenzierungen, etwa nach Geschlecht, Qualifikation und Beruf, hinter der Gemeinsamkeit des Arbeitnehmerdaseins zurück. Auf dem Boden eines allgemeinen Angestellteninteresses entwickelten sich mitgliederstarke und zentralisierte Verbände, die sich zu gewerkschaftlichen Prinzipien bekannten. Auch die einstigen „Handlungsgehilfen" fühlten sich nun zunehmend als Arbeitnehmer, wenn auch als eine besondere Kategorie. Am frühesten und klarsten brachte dies der größte Einzelverband des AfA-Bundes, der Zentralverband der Angestellten (ZdA), zum Ausdruck. Er pflegte den engsten Kontakt zu den Arbeitergewerkschaften, er bejahte am energischsten den Streik, und er betonte

Stofflager im Warenhaus 1932

Volkszählung mit amerikanischen Zählmaschinen im Preußischen Statistischen Landesamt 1931

Angestellte auf einem Ausflug (eine Gruppe des Zentralverbandes der Angestellten) 1932

stets den Gedanken einer allgemeinen Arbeitnehmersolidarität. Die gleichwohl vom ZdA betonte relative Eigenart der Angestellten gegenüber den Arbeitern verhinderte auch im sozialistischen Gewerkschaftslager die organisatorische Gemeinsamkeit beider Arbeitnehmergruppen. Weitaus stärker als beim ZdA und durch antiproletarische Ressentiments aufgeladen, trat die Distanzierung von den Arbeitern bei den bürgerlich-mittelständischen Verbänden hervor – deren Programmatik und Politik allerdings in den zwanziger Jahren eine wachsende Anziehungskraft auf die organisierten kaufmännischen Angestellten ausübte.

Im Unterschied zu den Kräfteverhältnissen in den revolutionären Nachkriegsjahren hatten sich die Gewichte Ende der zwanziger Jahre wieder eindeutig zugunsten der traditionellen mittelständischen Verbände verschoben. Dies galt für die Angestellten insgesamt, in besonderem Maße aber für jene des kaufmännischen Zweigs. Zwei Drittel der organisierten Kaufmannsgehilfen gehörten mittelständischen Verbänden an: dem GdA, den verbündeten Organisationen der Bank- und Versicherungsangestellten sowie vor allem dem am Ende der Weimarer Republik von NSDAP-Mitgliedern hochgradig unterwanderten DHV. Damit unterschieden sie sich in ihrer politischen Ausrichtung deutlich von den gewerkschaftlich organisierten Arbeitern, die in weit überwiegender Zahl der sozialistischen Richtung angehörten.

Anpassung und Zerschlagung Angestellte und Gewerkschaften im Nationalsozialismus

„Niemand zweifelt daran, daß der Nationalsozialismus seinen Wahlerfolg wesentlich dem Alten und Neuen Mittelstand verdankt."[17] Diese Feststellung des Sozialwissenschaftlers Theodor Geiger Anfang der dreißiger Jahre läßt sich durch eine Vielzahl zeitgenössischer Aussagen belegen. Auch unter den Historikern und Sozialwissenschaftlern der Nachkriegszeit traf die Einschätzung, daß nicht nur der „Alte" (Handwerker, Kleinbesitzer), sondern auch der „Neue Mittelstand", also die Angestellten, ein großes Gewicht in der Wähler- und Mitgliedschaft der NSDAP besaß, auf einen bemerkenswert breiten Konsens. Sie war Ausgangspunkt wichtiger Analysen zu den möglichen Ursachen dieses Phänomens.[18] Ob die These von der besonderen Anfälligkeit der Angestellten für die nationalsozialistische Bewegung auch in Zukunft Bestand haben wird, ist zweifelhaft. Ihre empirische Basis ist in jüngster Zeit vor allem von seiten der historischen Wahlsoziologie in Frage gestellt worden.[19] Auch wenn deren Ergebnisse keineswegs über jeden Zweifel erhaben sind, geben sie allen Anlaß, die Belege für eine Unterstützung des Nationalsozialismus durch den „Neuen Mittelstand" einer systematischen Prüfung zu unterziehen.

Verläßlicher als die sozialen Voraussetzungen des nationalsozialistischen Erfolgs sind dessen Folgen für die Ar-

17 T. Geiger, Die Panik im Mittelstand, in: Die Arbeit VII (1930), zit. n. dem Teilabdruck bei H.-G. Haupt (Hg.), Die radikale Mitte. Lebensweise und Politik von Handwerkern und Kleinhändlern in Deutschland seit 1848, München 1985, S. 235–248, hier S. 242.
18 Vgl. vor allem: J. Kocka, Angestellte zwischen Faschismus und Demokratie. Zur politischen Sozialgeschichte der Angestellten: USA 1890–1940 im internationalen Vergleich, Göttingen 1977.
19 T. Childers, The Nazi Voter. The Social Foundations of Facism in Germany, 1919–1933, Chapel Hill, N. C. 1984; J. W. Falter, Die Wähler der NSDAP 1928–1933. Sozialstruktur und parteipolitische Herkunft, in: W. Michalka (Hg.), Die nationalsozialistische Machtergreifung 1933, Paderborn 1984, 47–59.

beitnehmer und ihre Interessenvertretungen zu bestimmen. Im Staat Hitlers hatten weder Arbeiter- noch Angestelltengewerkschaften einen Platz. Es gehört zu den dunkelsten Kapiteln der deutschen Gewerkschaftsgeschichte, daß einigen führenden Vertretern der Arbeitnehmerschaft diese Tatsache erst gewaltsam bewiesen werden mußte, nachdem sie zunächst ein Arrangement mit dem neuen Regime gesucht hatten. Am 2. Mai 1933 besetzten SS- und SA-Kommandos in ganz Deutschland die Häuser der Freien Gewerkschaften, gegen die sich der Haß der Nazis in erster Linie gerichtet hatte und sich nun in Verhaftungen und Mißhandlungen austobte und auch vor Mord nicht zurückschreckte. Von den nationalsozialistischen Machthabern unabhängige Angestelltengewerkschaften existierten zu diesem Zeitpunkt schon nicht mehr.

Während der AfA-Bund sich schon vor dem 2. Mai selbst aufgelöst hatte, wetteiferten GdA und DHV um die Gunst der Nationalsozialisten. Ihr Ziel, eine besondere Angestelltenorganisation im institutionellen Gefüge des faschistischen Staates aufrechtzuerhalten, erwies sich schnell als Illusion. Es widersprach den ideologischen Vorgaben eines Regimes, das in der deutschen „Volksgemeinschaft" nur noch „Arbeiter der Stirn und der Faust" kannte und „alle im Arbeitsleben stehenden Menschen", ganz gleich, ob abhängig beschäftigt oder selbständig, in der Deutschen Arbeitsfront zusammenfaßte.

Untersucht man die Auswirkungen der nationalsozialistischen Ideologie und Politik auf den Angestelltensonderstatus, erweist sich das Dritte Reich keineswegs als Schmelztiegel des Arbeiter-Angestellten-Unterschieds. Tarifliche und sozialrechtliche Gleichstellungsabsichten zerbrachen häufig an den festgefügten überkommenen Strukturen. Gleichwohl fiel mit den eigenständigen Angestelltengewerkschaften eine wesentliche Stütze des Arbeiter-Angestellten-Unterschieds in der deutschen Gesellschaft. „Die in der politischen Umwälzung freigesetzte Rücksichtslosigkeit beseitigte alle Hemmnisse im Sturm und schloß eine Entwicklung ab, deren evolutionäre Vollendung Jahrzehnte erfordert hätte."[20] – Mit welch hohen menschlichen „Kosten" diese ungewollte Vorarbeit für eine nachfaschistische „Einheitsgewerkschaft" verbunden war, konnte jeder erkennen, der Augen und Ohren nicht gänzlich verschloß. Im Widerstand gegen demütigende Bevormundung und brutale Gewalt fand sich eine große Zahl von Gewerkschaftern aus den Arbeiter- und Angestelltenverbänden in geheimen Zirkeln und kleinen Kreisen zusammen. Sie riskierten dabei ihre Existenz und ihr Leben. Viele verschwanden in den Zuchthäusern und Konzentrationslagern, kamen dort um, und ihre Namen sind in den Akten der Gestapo begraben.

Von der SA besetzte Arbeiterbank 2. Mai 1933

20 Speier, Angestellte, S. 154.

Bahnhofsdrogerie mit „Führer"-Porträt

Bayerische
Vereinsbank

Umstrittener Neuanfang

Angestellte und Einheitsgewerkschaft nach dem Krieg

Am 8. Mai 1945 wurde die bedingungslose Kapitulation des Deutschen Reiches unterzeichnet. Tags darauf schwiegen die Waffen. Ein in der Zahl der Menschenopfer und dem Ausmaß der Verwüstungen bis dahin unvergleichlicher Krieg fand nach fast sechs Jahren ein Ende; und mit ihm jene blutigste aller bisherigen Diktaturen, die systematisch auf ihn hingearbeitet und 1939 begonnen hatte.

Für die deutsche Gewerkschaftsbewegung bestand im Vergleich zu 1918/19 eine völlig andere Ausgangssituation. Nach dem Ersten Weltkrieg war die militärische Niederlage und die politische Ablösung des alten Regimes mit einem deutlichen Macht- und Einflußgewinn der Gewerkschaften einhergegangen. Diese hatten ihre Anerkennung durch Staat und Arbeitgeber erreicht; in der Revolution war ihnen die Durchsetzung langgehegter Forderungen gelungen und man übertrug ihnen zahlreiche öffentliche und halböffentliche Funktionen. Ihre Organisationen hatten den Krieg überstanden und fingen die in den unruhigen Nachkriegsjahren mobilisierten Massen auf. Nach dem Zusammenbruch des Dritten Reiches war dagegen ein völliger Neuaufbau der von den nationalsozialistischen Machthabern zerschlagenen Gewerkschaftsbewegung erforderlich. Die Rahmenbedingungen, unter denen er erfolgte, waren ungünstig. Eine deutsche Souveränität gab es in den unmittelbaren Nachkriegsjahren nicht. Deutschland, verkleinert um die Gebiete östlich von Oder und Neiße, wurde von den Siegermächten besetzt, in vier Zonen aufgeteilt und stand fortan unter der obersten Gewalt der Alliierten. Nicht nur politische, auch organisatorische Entscheidungen bedurften ihrer Zustimmung. Die Politik der Besatzungsmächte gegenüber gewerkschaftlichen Neugründungen war uneinheitlich. Aufs ganze gesehen läßt sich sagen, daß sie den gewerkschaftlichen Neuaufbau durch komplizierte Genehmigungsverfahren und durch die Vorschrift erheblich verzögerten, betriebliche und örtliche Gewerkschaftsgründungen nur langsam und etappenweise auf die überregionale Ebene auszudehnen. Sicherheitspolitische Erwägungen, ein tiefes Mißtrauen gegenüber jeglichem deutschen Zentralismus, ferner die Absicht, einen von der Basis losgelösten, undemokratischen Gewerkschaftsaufbau zu unterbinden, bestimmten diese restriktive Politik der Alliierten, insbesondere der Amerikaner, wesentlich mit.

Trotz fehlender organisatorischer Anknüpfungsmöglichkeiten und trotz vielfältiger Aufbauhindernisse barg der gewerkschaftliche Neubeginn auch eine Chance in sich: ohne die Schranke der Tradition und zählebiger organisatorischer Strukturen eine nach neuen Prinzipien gestaltete Gewerkschaftsbewegung ins Leben zu rufen.

Die Initiative dazu ging vornehmlich von ehemals aktiven Mitgliedern der Weimarer Gewerkschaftsbewegung und den früheren Arbeiterparteien aus. Sie hatten Faschismus und Krieg in der Emigration, den Konzentrationslagern, in Widerstandsgruppen oder in den Schlupflöchern schützender Anonymität überlebt. Ihre Solidarität und ihre Aktivität auf allen Ebenen der Opposition gegen den Nationalsozialismus waren das Fundament eines Organisationspotentials, aus dem 1945 innerhalb weniger Wochen in Betrieben, Orten und Regionen gleichzeitig die Bewegung zum Aufbau neuer Arbeitnehmerorganisationen erwuchs.

Weichenstellung
Die neue Gewerkschaftsbewegung

Nach der Befreiung vom Nationalsozialismus appellierten alle Gewerkschafter, die schon in der Emigration und im Widerstand die Frage des organisatorischen Wiederaufbaus diskutiert hatten, an die „Einheit" der Arbeitnehmer. Indem sie betont an die Tradition gewerkschaftlichen Solidaritätsdenkens anknüpften, riefen sie zugleich die politischen Erfahrungen am Ende der Weimarer Republik warnend in Erinnerung. Für die meisten stand unzweifelhaft fest, daß die zersplitterte Weimarer Gewerkschaftsbewegung den Sieg der Nationalsozialisten erleichtert hatte. Der Begriff „Einheitsgewerkschaft" wurde zur Losung für die an vielen Orten nach verschiedenen Konzeptionen unternommenen Anstrengungen, das Prinzip der Solidarität aller arbeitenden Männer und Frauen verbandspolitisch zu verwirklichen.

Der Begriff konnte grundsätzlich dreierlei bedeuten: *politisch* die Überwindung der Richtungsgewerkschaft; *sozial* die Aufhebung der Trennung

Bankgeschäft in Würzburg 1946

Kaufhaus Schneider, Frankfurt November 1946

zwischen Arbeitern, Angestellten und Beamten in jeweils eigenen Gewerkschaften und *organisatorisch* die zentralistische, nur nach Wirtschaftsabteilungen untergliederte allgemeine Gewerkschaft. Die politische Desorganisation und zonale Regionalisierung im kriegszerstörten Deutschland, der Zwang zur Gewerkschaftsgründung zunächst auf örtlicher Ebene, die fehlende überregionale Regie und die nicht vorhandenen Kommunikationsmöglichkeiten, zudem die unterschiedlichen Vorgaben und Orientierungen der alliierten Besatzungsoffiziere erschwerten den Aufbau einer einheitlichen Arbeitnehmerbewegung. Daß sie dennoch weitgehend verwirklicht wurde, ist um so bemerkenswerter.

Die Trennungsgräben zwischen den Konfessionen und parteipolitischen Strömungen ließen sich am leichtesten überwinden. Diktatur, Krieg und Zusammenbruch hatten diese Gegensätze so weit in den Hintergrund gedrängt, daß ernsthafte Anläufe, die alten Richtungsgewerkschaften wiederaufleben zu lassen, nirgendwo gemacht wurden.

Weniger einhellig wurde in den verschiedenen Gewerkschaftskreisen die Frage beantwortet, ob ein zentralisierter Verband oder ein föderativer Zusammenschluß selbständiger Industrie- und Berufsverbände mit eigener Verwaltungs- und Finanzhoheit geschaffen werden sollte. Als mehrheitsfähig erwies sich unter den deutschen Gewerkschaftsgründern der an die Tradition des Allgemeinen Deutschen Gewerkschaftsbundes (ADGB) anknüpfende zweite Weg, auf den auch die Befürworter der vollen Zentralisierung unter dem Druck der Besatzungsmächte und der drängenden Tagesaufgaben einschwenkten.

Viele der Gewerkschaftsgründungen vereinten erstmals in der deutschen Geschichte Arbeiter und Angestellte unter einem organisatorischen Dach. Wer die ehemals so scharf gezogene Grenzlinie vor Augen hat, weiß die Bedeutung dieses Faktums zu würdigen. Auch im später von HBV organisierten Bereich, in dem Angestellte dominieren, entstanden Ende 1945/Anfang 1946 Verbände, die – nach den Regeln des Industriegewerkschaftsprinzips – alle Beschäftigtengruppen in ihrem Zuständigkeitsbereich organisierten:

– die Gewerkschaften „Handel" sowie „Banken und Versicherungen" in der Nordrhein-Provinz;

– in Frankfurt und anderen hessischen Städten Organisationen, die sich Mitte 1946 landesweit zu den beiden Gewerkschaften „Handel und verwandte Gewerbe" sowie „Banken und Versicherungen" zusammenschlossen;

– in Rheinland-Pfalz die Gewerkschaft „Handel, Banken und Versicherungen", die sich im April 1947 auf Landesebene konstituierte.

Diese Gründungen bewiesen auf der einen Seite eine spontane Zustimmung der Arbeitnehmer im privaten Dienstleistungssektor zum Industrieverbandsprinzip. Auf der anderen Seite aber blieben sie – und damit der gewerkschaftliche Neuansatz, den sie darstellten – vergleichsweise schwach. Dies erklärt sich in erster Linie aus fortbestehenden, durch zwölf Jahre nationalsozialistischer „Volksgemeinschaftspolitik" nur scheinbar eingeebneten Angestelltentraditionen, die stark nachwirkten. Ihr Wiederaufleben nach dem Krieg fand in der Gründung *separater* Angestelltenorganisationen ihren frühesten und sichtbarsten Niederschlag.

Richtungweisende Bedeutung kam in diesem Zusammenhang der Entwicklung in Hamburg zu. Hier war es am 11. Mai 1945, acht Tage nach dem Einmarsch britischer Truppen, zur Gründung einer zentralistisch organisierten und nach dem Industrieverbandsprinzip aufgebauten „Sozialistischen Freien Gewerkschaft" (SFG) gekommen. Das Mißtrauen der englischen Militärbehörden gegenüber einer zentralistischen und „beängstigend" schnell anwachsenden Organisation im Verein mit den Aktivitäten einer innergewerkschaftlichen Oppositionsgruppe um das frühere Bundesvorstandsmitglied des ADGB, Franz Spliedt, bescherte ihr eine nur kurze, knapp sechswöchige Lebensdauer. Hauptangriffspunkt war die politische Betätigung und Ausrichtung der SFG-Führung.[21] Dagegen gab es in der Frage der gewerkschaftlichen Organisationsprinzipien keine unüberbrückbaren Gegensätze. Mitglieder der oppositionellen Fraktion hielten dem SFG-Vorstand zwar noch Monate nach der erzwungenen Gewerkschaftsauflösung vor, „die ‚Wahnsinnsidee' gehabt zu haben, die Angestellten mit den Arbeitern zusammen in Industriegruppen zu organisieren".[22] Tatsache aber war, daß der bekämpfte Vorstand am 12. Juni 1945 ohne nennenswerten Widerstand der Spliedt-Forderung zugestimmt hatte, den Angestellten im Organisationsgefüge einen eigenen Verband zuzugestehen.

Es konnte also in dieser Hinsicht nicht von einem Neuanfang die Rede sein, als im Herbst 1945 nach einer dreimonatigen Aufbauphase die „Freien Gewerkschaften Hamburgs" an die Stelle der SFG traten. Zu ihnen gehörte neben den zwölf selbständigen Industrieverbänden eine aus der Wirtschaftsgruppe „Handel, Banken, Sparkassen und Versicherungen" hervorgegangene Angestelltenorganisation. Die aus ehemaligen Funktionären aller drei früheren Angestelltenbünde

Frankfurt 1946

21 Vgl. W. D. Hund, Die Sozialistische Freie Gewerkschaft, in: *Marxistische Studien.* Jahrbuch des IMSF 8, 1985, S. 165–195; Ferner die Erinnerungen des 2. Vorsitzenden der SFG: Hellmut Kallbitzer, Widerstehen oder Mitmachen. Eigen-sinnige Ansichten und sehr persönliche Erinnerungen, Hamburg 1987, S. 96–103; ihm zufolge hatte die SFG nach einem Monat „fast 50 000 Arbeiter und Angestellte" als Mitglieder (S. 101).

22 So Karl Koberger im *Hannoverschen Kurier* vom 4. Dez. 1945, zit. n. J. Klein, Bürgerliche Demokraten, S. 194.

zusammengesetzte Geschäftsführung gab ihr den Namen „Deutsche Angestellten-Gewerkschaft" (DAG).

Während im rheinisch-westfälischen Industriegebiet die wichtigste Vorentscheidung zugunsten einheitsgewerkschaftlicher Interessenverbände fiel, sollten von Hamburg künftig die entscheidenden Impulse für eine erneut sich bildende separate Angestelltenbewegung ausgehen. Allerdings stellte die Gründung der DAG kein isoliertes Ereignis dar. Auch in Württemberg, Baden und Bayern waren unmittelbar nach Kriegsende besondere Angestelltenorganisationen gebildet worden.

Organisationsstreit um die Angestellten

Die lokalen Ansätze verfestigten sich und führten bald auch auf regionaler und überregionaler Ebene zu Verbandsbildungen. In dem Maße, wie das geschah, je weiträumiger etwa die DAG für ihren Organisationsstandpunkt warb, sie damit Erfolg hatte und durch die Bildung von Orts- und Bezirksgruppen auch in Niedersachsen sowie in Nordrhein-Westfalen Fakten schuf, desto stärker entwickelte sich ein gravierender Organisationskonflikt. Das Angestelltenproblem kam erneut auf die Tagesordnung und bestimmte ab Mitte 1946 die gewerkschaftliche Organisationsdebatte der folgenden Jahre. Während die DAG-Vertreter die „wirtschaftliche und berufliche Eigengeltung" der Angestellten hervorhoben, deren Sonderinteressen ihre Aufteilung auf die Industrieverbände verbiete, sahen die Befürworter des Grundsatzes „Ein Betrieb – eine Gewerkschaft" in der organisatorischen Einheit den konsequenten Ausdruck der gemeinsamen Arbeitnehmerstellung von Arbeitern und Angestellten sowie die wesentliche Voraussetzung für eine durchsetzungsfähige Gewerkschaftsbewegung.

Dem später von HBV organisierten Bereich kam in diesem Zusammenhang

Frankfurter Tauschzentrale April 1947

Schaufenster Berlin Juni 1947

besondere Bedeutung zu. Man muß sich klar machen, daß im Organisationsstreit um die Angestellten von Anfang an *unvereinbare* Prinzipien aufeinanderstießen. Wollte man einem gemeinsamen Gewerkschaftsbund angehören, mußte eine Seite ihren Standpunkt aufgeben. Sofern man das Industrieverbandsprinzip konsequent durchzusetzen beabsichtigte, sprach viel dafür, der „Angestelltengewerkschaft" die Zuständigkeit für das private Dienstleistungsgewerbe zu überlassen. Hier stellten die Angestellten die weit überwiegende Mehrheit der Beschäftigten und industriegewerkschaftlich war dieses Organisationsgebiet noch wenig erschlossen. Tatsächlich war es allein der Bereich Handel, Banken und Versicherungen, der sich im Verlauf der Auseinandersetzungen als „verhandlungsfähig" erwies. Nicht nur verzichtete der DGB/BZ zunächst darauf, eine weitere Industriegewerkschaft für den privaten Dienstleistungssektor zu gründen. Mitte 1947 stimmte er sogar der Eingliederung der nordrhein-westfälischen Gewerkschaften „Handel" sowie „Banken und Versicherungen" (zusammen ca. 11 000 Mitglieder) in die DAG zu.[22a] Die damit verknüpfte Hoffnung, dies könnte die Angestelltengewerkschaft dazu bewegen, ihr Organisationsprinzip aufzugeben und sich auf die Industriegewerkschaftsfunktion für den HBV-Bereich zu beschränken, sollte sich jedoch nicht erfüllen.

Weder die eine noch die andere Seite war zur Aufgabe ihres Standpunktes bereit. Gleichzeitig hielt man lange Zeit an dem Ziel der politischen und organisatorischen Einheit fest. Erreicht wurde diese zunächst einmal auf der Bielefelder Gewerkschaftskonferenz vom 22. bis 25. April 1947, auf der unter Einschluß der DAG der Deutsche Gewerkschaftsbund für die Britische Zone (DGB/BZ) ins Leben gerufen wurde. Ohne eine Einigung über die zugrundeliegenden Organisationsprinzipien blieb er aber eine äußere Fassade gewerkschaftlicher Solidarität. Die gegenseitige Abwerbung von Mitgliedern und der zum Teil diffamierende Stil der Auseinandersetzungen, an denen auch gelegentlich vereinbarte Stillhalte- und Fairneßabkommen nichts ändern konnten, zeigten dies in aller Deutlichkeit. Ständige Organisationsstreitigkeiten in den Betrieben vergifteten die Atmosphäre. Es erstaunt daher nicht, daß sich mit der Dauer und der weiteren Zuspitzung des Konflikts in den Industriegewerkschaften die Stimmen derer Gehör verschafften, die dem DGB/BZ zu einer „radikalen Operation" des Patienten rieten, anstatt „ihn mit einem schweren Entzündungszentrum dahinsiechen zu lassen".[23]

Das späte Scheitern der Gewerkschaftseinheit

Nach weiteren Monaten vergeblicher Einigungsbemühungen in zahlreichen Ausschußsitzungen, Tagungen und Konferenzen war es dann soweit. Auf dem außerordentlichen Bundeskongreß des DGB/BZ am 16. bis 18. Juni 1948 in Recklinghausen sprachen sich die Delegierten mit 153 gegen 20 Stimmen für die uneingeschränkte Verwirk-

22a Vgl. hierzu die demnächst erscheinende Marburger Dissertation von Ingrid Wölk zur „Vorgeschichte der Gewerkschaft HBV".
23 Schreiben IG Bau/BZ an Hans Böckler vom 22. 7. 1947, zit. n. S. Mielke, Organisationsprobleme und Neuordnungskonzeption der Gewerkschaften in den westlichen Besatzungszonen, in: E. Matthias/K. Schönhoven (Hg.), Solidarität und Menschenwürde. Etappen der deutschen Gewerkschaftsgeschichte von den Anfängen bis zur Gegenwart, Bonn 1984, S. 307–324, hier S. 315.

Kaufleute um 1948

lichung des Industrieverbandsprinzips aus und erkannten der DAG lediglich ein Organisationsgebiet zu, das sie zu einer Gewerkschaft Handel, Banken und Versicherungen gemacht hätte. Es konnte niemanden überraschen, daß die DAG eine solche Beschränkung nicht akzeptierte. Auf der Bundesvorstands- und -beiratssitzung am 20./21. Juli 1948 erklärte sie ihre Ablehnung der Recklinghauser Entschließung. Die DAG gab damit ihre Zugehörigkeit zum Deutschen Gewerkschaftsbund auf.

Angesichts der Tatsache, daß der Organisationskonflikt nur durch eine teilweise Auflösung bestehender Gewerkschaften gelöst werden konnte, war der Bruch nicht ohne innere Logik. In der Rückschau stellt sich eher die Frage, weshalb er erst so spät kam. Die Antwort darauf ist nicht einfach. Aber zu vermuten ist erstens, daß die zu Anfang noch wenig konsolidierten Industriegewerkschaften den Konflikt nicht frühzeitig auf die Spitze treiben wollten, weil sie eine breite Austrittsbewegung der bei ihnen in beträchtlichem Umfang organisierten Angestellten fürchteten.

Der späte Zeitpunkt der organisatorischen Spaltung dürfte zweitens auch mit der Tatsache zusammenhängen, daß die „Angestelltenvertreter" zwar einerseits für den Erhalt und den Ausbau der Angestellten-Sonderrechte eintraten, daß sie aber andererseits auf die Zusammenarbeit und die Solidarität aller Arbeitnehmer größten Wert legten. Im Hinblick auf die organisatorische Sondervertretung betonten sie die tiefgreifenden, historisch gewachsenen und überdauernden Verhaltens- und Bewußtseinsunterschiede zwischen Arbeitern und Angestellten; Unterschiede, die auch von den Befürwortern des Industrieverbandsprinzips gesehen wurden. War es bei Anerkennung dieser mentalen Voraussetzungen so abwegig, eine Einheitsgewerkschaft nach industrieverbandlichem Muster im Angestelltenbereich für gewissermaßen historisch verfrüht zu

Brot für's neue Geld
Berlin 1948

Währungsreform

halten und ihre Anziehungskraft geringer zu veranschlagen als die eines Dachverbandes unter Einschluß einer separaten Angestelltenvertretung?

Drittens und schließlich dürfte das politische Band zwischen beiden Lagern den späten Zeitpunkt ihrer Entscheidung, das Ziel der Gewerkschaftseinheit preiszugeben, miterklären. Die Hauptinitiatoren der gewerkschaftlichen Gründungsvorgänge waren auf beiden Seiten ehemalige freigewerkschaftliche, der sozialdemokratischen Richtung angehörende Funktionäre. Auch in der „Basis" war die frühere freigewerkschaftliche Richtung zunächst am stärksten vertreten. Rund 65 Prozent der frühen Hamburger DAG-Mitglieder (1946) hatten bereits Weimarer Angestelltenverbänden angehört, und zwar zu zwei Dritteln dem AfA-Bund.[24]

Bis zur Endphase des Organisationskonflikts war in DGB-Kreisen allerdings das Mißtrauen gewachsen, die DAG gerate unter den zunehmenden Einfluß ehemaliger Funktionäre des „rechten" DHV. Die Bereitschaft, die organisatorische Trennung herbeizuführen, mag dadurch einen letzten Anstoß erhalten haben. Zweifellos ließen sich für eine Umorientierung der DAG Anhaltspunkte finden.

Auf dem Gründungskongreß des DGB/BZ im April 1947 hatten auch die Delegierten der DAG grundsätzlich der

24 Vgl. U. Wichert, Probleme der gewerkschaftlichen Organisation der Angestellten in der britischen Zone 1945–1949, unveröff. Examensarbeit Bochum 1977, S. 25 u. 136.

Ende des Hungerns
Metzgerei 1949

Aufhebung des traditionell gegliederten deutschen Sozialversicherungssystems zugestimmt. Mit dem gemeinsamen Votum für eine alle Risiken und sozialen Gruppen umfassenden „Einheitsversicherung" war noch einmal unterstrichen worden, daß es keine prinzipiellen gesellschaftspolitischen Differenzen zwischen dem DGB und der DAG gab, jedenfalls nicht bis Mitte 1947. Bis zum Bielefelder Gewerkschaftstag der DAG im Mai des darauffolgenden Jahres hatte sich das Bild gewandelt. Mit der Rücknahme der Entschließung vom April 1947 signalisierte die DAG ihre Abkehr von den Bemühungen um eine einheitliche Interessenvertretung für Arbeiter und Angestellte ebenso wie mit ihrer Ablehnung gemeinsamer Tarifverträge für beide Arbeitnehmergruppen.

Einiges spricht dafür, daß die Rücksichtnahme auf DHV-Positionen für diesen Wandel mitverantwortlich war. Aufmerksame, der DAG wohlgesonnene Beobachter wie Max Ehrhardt und Hans Gottfurcht hatten spätestens seit der Jahresmitte 1948 den Eindruck, die DAG-Spitze sei „in ihren Unterhaltungen mit den ehemaligen DHV-Elementen zu weit gegangen", sie habe zu große Konzessionen gemacht und die Gefahren unterschätzt, die von DHV-Kräften ausgingen. Entsprechend positiv fiel das Urteil über die Entwicklung in den zurückliegenden Monaten aus, das der um den letzten Verbandsvorsitzenden Hans Bechly gruppierte DHV-Kreis innerhalb der DAG abgab. Bechly und seine Gesinnungsgenossen kennzeichneten das neue sozialpolitische Programm der DAG als Ergebnis monatelanger Verhandlungen „mit der Leitung der DAG", in denen „wir... großes Entgegenkommen (fanden)". Zudem schrieb man es sich als Erfolg zu, den „Verbandsbruder" Georg Schneider als Hauptvorstandsmitglied und Leiter der „stärksten Gruppen in der DAG" (Kaufmännische Angestellte, Bank- und Versicherungsangestellte) durchgesetzt und darüber hinaus ein letztes Hindernis für einen zahlenmäßig ins Gewicht fallenden Mitgliederbeitritt von DHVlern aus dem Weg geräumt zu haben: der DAG-Gewerkschaftskongreß im Mai 1947 hob eine Satzungsbestimmung auf, die frühere NSDAP-Mitglieder von der Funktionärstätigkeit in der DAG ausschloß.[25] Ob und in welchem Ausmaß ehemalige DHVler sich tatsächlich der DAG angeschlossen haben, ist noch ungeklärt. Immerhin ist bekannt, daß sich einige DHVler noch im September 1948 von der DAG abwandten, da sie keine Möglichkeit sahen, den „kommunistisch-marxistischen Geist, der in der Leitung und bei den Funktionären vorhanden ist, zu brechen".[26]

Nur am Rande tauchen ideologische Vorbehalte der DGB-Gewerkschafter gegenüber der DAG in den Quellen auf. Sie waren allenfalls ein zusätzliches Zündholz unter dem durch organisatorische Konflikte zum

25 Rundschreiben Bechlys u. a.: „Liebe Verbandsbrüder" vom 1. August 1948, abgedruckt in: Gewerkschaft HBV: Ortsverwaltung Hamburg, DAG. Geschichte, Tarifpolitik, Interessenvertretung, Hamburg 1982, S. 14.

26 Brief Otto Hoffmeister (Wuppertal) an Bechly v. 8. 9. 1948, in: Nachlaß Alfred Diller, Forschungsstelle zur Geschichte des Nationalsozialismus, Hamburg.

Brodeln gebrachten Kessel. Selbstsichere und schnell wachsende Industriegewerkschaften drängten auf eine Klärung zugunsten der Einheitsgewerkschaft von Arbeitern und Angestellten.

Vieles sprach für diese „Lösung"; eben auch die unter damaligen Sozialreformern und Sozialpolitikern unstreitige Auffassung, daß der Arbeiter-Angestellten-Unterschied seine funktionale Grundlage weitgehend eingebüßt habe und mit fortschreitender wirtschaftlicher Modernisierung weiter einbüßen werde. Ihn als solchen zu verteidigen war die Konsequenz, die sich mit dem Organisationsstandpunkt der DAG verband. Als Angestelltengewerkschaft konnte sie auch in Zukunft schon aus Gründen der organisationspolitischen Existenzberechtigung nichts anderes als Standespolitik betreiben. Wer dagegen den ökonomischen und sozialen Realitäten fortgeschrittener Industriegesellschaften Rechnung tragen wollte, wer die Privilegien, die sich die Angestellten im Kontext mittelständischer Politik erstritten hatten, auf die gesamte Arbeitnehmerschaft ausdehnen wollte, der mußte die Einheitsgewerkschaft wollen. Nur sie war in der Lage, diese Aufgabe zu erfüllen. Im Unterschied zur DAG wurde sie durch eine solche Politik nicht in Frage gestellt; sie erhielt dadurch im Gegenteil eine zusätzliche soziale Fundierung.

Der „kleine Benjamin"

Die Gründung der Gewerkschaft HBV

In der Bundesvorstands- und -beiratssitzung des DGB/BZ am 20./21. Juli 1948 fiel nicht nur die Entscheidung gegen eine Mitgliedschaft der DAG im Deutschen Gewerkschaftsbund. In dieser Sitzung wurde auch beschlossen, „für diejenigen Arbeitnehmergruppen, für die bisher die DAG zuständig sein sollte", eine neue Gewerkschaft zu gründen. In einem Rundschreiben vom 31. Juli 1948 wurde den Mitgliedsverbänden das Zuständigkeitsgebiet sowie der Name der neuen Organisation mitgeteilt: „Gewerkschaft Handel, Banken und Versicherungen".

Der Gründungsbeschluß legte den entscheidenden Grundstein für den Ausbau einer gemeinsamen Interessenvertretung der verschiedenen Arbeitnehmergruppen im privaten Dienstleistungssektor. Die Gewerkschaft HBV/BZ schloß den Kreis der industrieverbandlich organisierten Gewerkschaften und gab dem zonalen Dachverband erstmals jene Gestalt, die auch für den DGB in der künftigen Bundesrepublik Deutschland bestimmend sein sollte.

Es bestanden nur wenige Verbände, auf die sich der gewerkschaftliche Neuansatz im privaten Dienstleistungsgewerbe stützen konnte. In der französischen Zone war es die rheinland-pfälzische Landesgewerkschaft „Handel, Banken und Versicherungen" und in der amerikanischen Zone die hessische Gewerkschaft „Handel und verwandte Gewerbe". Die ebenfalls in Hessen bestehende Organisation „Banken und Versicherungen" geriet spätestens Anfang 1949 in den Sog der sich zusammenschließenden Angestelltenorganisationen und gab das Industrieverbandsprinzip auf.

Weiteren industriegewerkschaftlichen „Vorläufern" im HBV-Bereich war schon vorher durch den Streit um die Organisationsfrage, die Bildung eigenständiger Angestelltenverbände und das Zögern der Industriegewerkschaften der Boden entzogen worden. Nirgendwo sonst war dies so deutlich zutage getreten wie in Nordrhein-Westfa-

250 Bewerber für acht Stellen um 1949

len, wo die Gewerkschaft „Handel" wie auch die Gewerkschaft „Banken und Versicherungen" 1947 ihre organisatorische Selbständigkeit verloren und in die DAG eingegliedert wurden.

Während die Einheitsgewerkschaft von Arbeitern und Angestellten im privaten Dienstleistungsgewerbe 1948/49 organisatorisch fast an einem Nullpunkt begann, war die DAG gerade in diesem Bereich mit seinen zahlenmäßig dominierenden Angestelltenpositionen am stärksten vertreten. Als sie sich im April 1949 mit den übrigen westzonalen Angestelltengewerkschaften zusammenschloß, festigte die DAG das von ihr vertretene Organisationsprinzip für das Gebiet des künftigen westdeutschen Staates.

Die Geburt des „kleinen Benjamin" HBV (so der erste DGB-Vorsitzende Hans Böckler) stand im Zeichen eines gewerkschaftlichen Konkurrenzkampfes, den alle Gewerkschafter in der Nachkriegszeit eigentlich hatten verhindern wollen. Es stand außer Frage, daß die HBV die Hauptlast des organisationspolitischen Gegeneinanders würde tragen müssen. Während die DGB-Gewerkschaften für ihre wichtigste Rekrutierungsgruppe, die Arbeiter, ein faktisches Vertretungsmonopol innehatten, mußten sie sich eine solide organisatorische Grundlage im gewerkschaftlichen Konkurrenzkampf um die Gruppe der Angestellten erst erstreiten. Das war und blieb ein mit Schwierigkeiten, Konflikten und Enttäuschungen gepflasterter Weg, auch wenn sich bald erweisen sollte, daß die Konzeption der Industriegewerkschaft unter den Beschäftigten im privaten Dienstleistungsgewerbe viele Anhänger hatte.

Einladung

zur

Mitglieder - Versammlung

der

Gewerkschaft Handel, Banken und Versicherungen

— *Ortsverwaltung Hamburg* —

— Fachgruppe: H A N D E L —

am

Donnerstag, 13. Oktober 1949

17,30 Uhr, im Gewerkschaftshaus, Besenbinderhof 57, I. Stock,

L e g i e n s a a l.

T A G E S O R D N U N G:

1.) Geschäftsbericht des Fachgruppen-Vorsitzenden.

2.) Vortrag des Koll. D o r m e y e r:
„ Unsere nächsten Aufgaben. "

3.) Wahl des Fachgruppen-Vorstandes.

4.) Wahl von Delegierten für die Delegierten-Versammlung der Ortsverwaltung Hamburg am 22. 10. 1949.

5.) Vorschläge von Delegierten für die Landesbezirkskonferenz am 6. 11. 1949.

6.) Anträge und Anfragen.

Die Teilnahme an der Mitglieder-Versammlung ist nur gegen Vorzeigen der Mitgliedskarte gestattet.

H A M B U R G, den 29. September 1949

DER VORSTAND
der
Fachgruppe H A N D E L
gez. B l u m e gez. S e w k o w
Vorsitzende

Druck: Erwin Pflugmacher EP 379 1200 10 49

Grenzstreitigkeiten

Industrie- und Angestellten-Gewerkschaft

Im Gründungsjahr 1948 – die DAG/BZ hatte damals insgesamt rund 150 000 Mitglieder, darunter 72 000 Angestellte aus dem kaufmännischen Bereich; in der Gewerkschaft HBV/BZ waren Ende 1948 17 500 Beschäftigte der privaten Dienstleistungsberufe organisiert – war die Gewerkschaft HBV/BZ, gemessen an den in drei Jahren aufgebauten und funktionierenden örtlichen und regionalen Untergliederungen der DAG, beinahe hoffnungslos ins Hintertreffen geraten. Weder gab es Verwaltungseinrichtungen noch standen hauptamtliche Funktionäre in ausreichender Zahl zur Verfügung. Als Wilhelm Pawlik, vor 1933 hauptamtlicher Sekretär des „Gemeinde- und Staatsarbeiterverbandes", Ende Juli 1948 von Hans Böckler mit dem Aufbau der neuen Gewerkschaft betraut wurde, konnte er allerdings auf den gut ausgebauten Organisationsapparat des DGB zurückgreifen. Damit war es weithin der Arbeitskapazität und Initiative der DGB-Orts- und -Kreissekretäre überlassen, ob und in welchem Umfang mögliche Mitglieder der neuen Gewerkschaft angesprochen und aus den Reihen der gewonnenen Mitglieder Funktionärsgruppen gebildet werden konnten. Freilich bestanden selbst dort, wo den Anliegen der Gewerkschaft HBV mehr als nur „mißtrauische Toleranz, feindselige Ablehnung" oder „verhalten-freundlicher Zuspruch"[27] entgegengebracht wurde, schwerwiegende Hindernisse

27 So charakterisierte Wilhelm Pawlik zehn Jahre später die vorherrschende Stimmungslage gegenüber seiner Organisation: *ausblick* 10/1958, S. 1.

Markthalle in Berlin Juni 1948

für einen erfolgreichen Organisationsaufbau. „Wir schrieben ja nicht 1945, wo alles den Gewerkschaften wieder zuströmte, sondern 1948, wo dieser Prozeß im wesentlichen abgeschlossen war und nunmehr um jeden Unorganisierten hart gerungen werden mußte." Bevor diese Aufgabe mit einiger Aussicht auf Erfolg angegangen werden konnte, schien es notwendig und möglich, vorab zwei andere Quellen des Mitgliederzustromes auszuschöpfen. Dabei dachte man zum einen an die DAG, deren Mitglieder „nicht alle mit der Haltung ihrer Gewerkschaft einverstanden waren und sich deshalb nach wie vor zum Gewerkschaftsbund bekannten", zum anderen an die Industriegewerkschaften, „in deren Reihen sich Mitglieder befanden, die entsprechend dem Organisationsgebiet zu uns überführt werden mußten".[28]

So aussichtsreich gerade die zuletzt genannte Möglichkeit erschien, den spärlichen HBV-Mitgliederbestand rasch aufzubessern, so hinderlich und langwierig waren die sich daraus ergebenden Spannungen und Konflikte. Sehr bald stellte sich nämlich heraus, daß das jüngste Glied des Gewerkschaftsbundes von der DAG nicht nur den Organisationsbereich, sondern auch die sogenannten Grenzstreitigkeiten mit einzelnen DGB-Gewerkschaften „geerbt" hatte. Es handelte sich insbesondere um die Gewerkschaften Öffentliche Dienste, Transport und Verkehr und die Gewerkschaft Nahrung, Genuß, Gaststätten, die HBV den alleinigen Zuständigkeitsanspruch für die Beschäftigten in den öffentlich-rechtlichen Sparkassen bzw. den bedeutsamen Konsumgenossenschaften streitig machten.

Die HBV-Gewerkschafter empfanden diese Auseinandersetzungen als „Sabotage" ihrer Aufbauarbeit. Besonders enttäuscht und verärgert reagierte man dort, wo der „Grenzstreit" dafür verantwortlich gemacht wurde, ganze Verbände in die Arme der DAG getrieben zu haben. Dafür gibt es nicht nur Hinweise in bezug auf die hessische Gewerkschaft „Banken und Versicherungen". Mit Blick auf die bayerischen Verhältnisse führte der spätere zweite Vorsitzende der Gewerkschaft HBV, Wilhelm Krenn, auf dem Gewerkschaftstag seiner Organisation 1949 aus, daß „für den Angestelltenverband Bayern keine Notwendigkeit bestanden (hätte), sich mit der DAG zu verschmelzen, wenn die Industriegewerkschaften, hauptsächlich Nahrung und

28 So Wilhelm Pawlik auf dem Verschmelzungsgewerkschaftstag 1949: Gewerkschaftstags-Protokoll (im folgenden stets GT/P)-HBV 1949, S. 10.
29 GT/P-HBV 1949, S. 42.
30 GT/P-HBV 1949, S. 19.

Genuß und öffentliche Dienste, den Forderungen des Angestelltenverbandes, wie in Ihrer Satzung, entsprochen hätten."[29] Es sollte nicht der letzte Gewerkschaftstag sein, auf dem der „Grenzstreit" Diskussionsgegenstand war. Er erschwerte und hemmte nach Ansicht einiger Delegierter die Arbeit der HBV-Gewerkschafter mehr „als manche gegnerische Organisation außerhalb des DGB".

Nicht weniger als die unzureichende Klärung der Organisationsverhältnisse im „Innern" des Gewerkschaftsbundes war es die zunächst nur sehr vage bleibende „Außenabgrenzung", die sich für die Aufbauarbeit der Gewerkschaft HBV nachteilig auswirkte. Die erhoffte Übertrittswelle bundestreuer DAG-Mitglieder jedenfalls blieb zum einen auch deshalb aus, weil viele noch an eine nachträgliche Verständigung mit dem DGB in den überzonalen Gesprächen über die Organisationsform glaubten. Zum anderen überbrückten eingespielte Kontakte und freundschaftliche Beziehungen zwischen DGB- und DAG-Gewerkschaftern den organisatorischen Bruch vom Juli 1948. Dies war vor allem dort der Fall, wo seit 1945 Angestelltengewerkschaften neben industriegewerkschaftlich organisierten Verbänden gestanden hatten. „Das korrekteste Verhältnis zwischen Industriegewerkschaften und DAG" bestehe, so Wilhelm Pawlik, in Nordrhein-Westfalen. „In Niedersachsen flacht es etwas ab und in Nordmark ist es bereits ein sehr verwandtschaftliches."[30] Wie später auch in den süddeutschen Ländern stellte diese erst allmählich brüchig werdende Allianz von „Freund und Feind" ein beträchtliches Hindernis für die Mitgliedermobilisierung der Gewerkschaft HBV im norddeutschen Gebiet dar.

Verschmelzungsgewerkschaftstag in Königswinter

Parallel zur Organisationsarbeit in der britischen Zone, die der Gewerkschaft HBV innerhalb eines Jahres immerhin gut 21 000 Mitglieder eintrug, wurden Kontakte zur HBV in Rheinland-Pfalz und zur Gewerkschaft „Handel und verwandte Gewerbe" in Hessen geknüpft. Mit deren Vorsitzenden August Krahn und Alfred Fuchs führte Wilhelm Pawlik ab Juni 1949 Verhandlungen über den Zusammenschluß der

„Berlin ist wieder da" Kaufhaus-Eröffnung 1951

Wilhelm Pawlik (1900–1968)
wurde 1922 vom Vorstand des Gemeinde- und Staatsarbeiterverbandes hauptamtlich angestellt; er war als Gewerkschaftssekretär in Magdeburg, Erfurt und seit 1930 in Essen tätig. Nach dem Krieg wählte man ihn zum geschäftsführenden Vorsitzenden des Essener Ortsausschusses des DGB. 1948 beauftragte ihn Hans Böckler, der Vorsitzende des DGB, mit der Gründung der Gewerkschaft Handel, Banken und Versicherungen. Auf dem Verschmelzungsgewerkschaftstag 1949 wurde ihm das Amt des Ersten Vorsitzenden der Gewerkschaft HBV übertragen; er hatte es bis zum Jahre 1961 inne.

drei Organisationen. Nachdem eine Reihe zunächst strittiger Punkte (z.B. Delegiertenschlüssel für den Gewerkschaftstag; Sitz des Hauptvorstandes) geklärt werden konnte, ging es zügig voran. Im August 1949 schuf die hessische Gewerkschaft die satzungsgemäßen Voraussetzungen für die Ausdehnung ihres Organisationsgebietes auf die Bereiche Banken und Versicherungen. Nachdem dann auch die Gewerkschaft HBV/BZ am 2. September 1949 auf ihrem Konstituierungskongreß mit der Zustimmung zur Fusion sogleich wieder ihre Auflösung beschlossen hatte, war der Weg frei für den Verschmelzungsgewerkschaftstag. Er fand am 3. und 4. September 1949 in Königswinter statt. Zugegen waren achtzehn Delegierte der Gewerkschaft HBV/BZ, zwölf Delegierte der „Gewerkschaft Handel und verwandte Gewerbe" sowie sechs Delegierte der Gewerkschaft HBV Rheinland-Pfalz. Diese Zusammensetzung entsprach nicht den Mitgliederzahlen der einzelnen Gewerkschaften (Britische Zone: 21811; Hessen: 8609; Rheinland-Pfalz: 2527). Sie war auf Wunsch der beiden kleineren Teilverbände zustande gekommen, zusammen mit gleicher Stimmenzahl wie die Gewerkschaft HBV/BZ vertreten zu sein; ein Anliegen, dem die „paritätische" Besetzung der HBV-Führungsorgane für die folgenden zwei Jahre ebenfalls Rechnung trug.

Das Mandat der Versammlung für den Vorsitz der nun bundesweiten Gewerkschaft HBV erhielt Wilhelm Pawlik. Als sein Stellvertreter und 2. Vorsitzender wurde Alfred Fuchs gewählt. Die Leitung der Hauptfachabteilung Versicherungen übernahm der frühere Geschäftsführer des „Allgemeinen Verbandes der Versicherungsangestellten", Rudolf Beume. Drei weitere vorgesehene Aufgabenbereiche des Geschäftsführenden Hauptvorstandes blieben zunächst unbesetzt.

Bundesweiter Aufbau

Zum Zeitpunkt ihrer bundesweiten Konstituierung war es noch nicht gelungen, die Gewerkschaft HBV in allen Teilen des Landes organisatorisch zu verankern. Erste Schritte dazu aber waren getan, und so konnten innerhalb weniger Monate in allen Bundesländern HBV-Vertretungen ins Leben gerufen werden.

Als erster zusätzlicher Landesbezirk wurde *Bayern* am 1. Januar 1950 in die Gesamtorganisation HBV eingegliedert. Im August 1949 war hier mit dem Aufbau einer Gewerkschaft HBV begonnen worden, nachdem sich der Angestelltenverband Bayern für den Anschluß an die DAG entschieden hatte. Dank zahlreicher Übertritte aus dem Angestelltenverband zählte die Organisation auf ihrer 1. Landeskonferenz Ende November 1949 rund 4300 Mitglieder.

Die Startbedingungen der Gewerkschaft HBV in Baden-Württemberg, wo sich Ende März 1950 ein vorläufiger Landesbezirksvorstand zusammenfand, waren weitaus schlechter. Konnte man in Bayern auf weitgehende personelle und finanzielle Hilfen des Bayerischen Gewerkschaftsbundes zurückgreifen, begegnete man den Initiativen zum Aufbau des neuen Verbandes im Gewerkschaftsbund Baden-Württemberg mit Zurückhaltung. In Baden-Württemberg bestand von Anfang an ein enges Verhältnis zwischen den Repräsentanten des Gewerkschaftsbundes und der Angestelltenorganisation. Dies brachte besonders Anlaufschwierigkeiten mit sich, auf die der lang andauernde provisorische Status – die erste Landesbezirkskonferenz fand erst am 20. Januar 1952 statt – ebenso wie die Mitgliederentwicklung der Gewerkschaft HBV in Baden-Württemberg ein Licht wirft. Als bevölkerungsmäßig drittgrößtes Bundesland mit entsprechenden Anteilen an den bundesweit beschäftigten Arbeitnehmern im tertiären Sektor, lag es in der HBV-Mitgliederstatistik bis Anfang der siebziger Jahre lediglich auf Platz 6.

Hindernisse und Rückschläge verzögerten schließlich auch in Berlin den organisatorischen Start der Gewerkschaft HBV. Wie in den meisten anderen Regionen Deutschlands waren in der ehemaligen Reichshauptstadt eigenständige Angestelltengewerkschaften gegründet worden. Sie gehörten dem Freien Deutschen Gewerkschaftsbund (FDGB) Groß-Berlin an. Im Verlauf der sich verschärfenden Ost-West-Auseinandersetzungen spaltete sich im Frühsommer 1948 aus diesem kommunistisch dominierten Bund eine „Unabhängige Gewerkschaftsopposition" (UGO) ab und etablierte sich in den Westsektoren Berlins als Alternative zum FDGB. Ihre gewerkschaftliche Basis hatte die UGO insbesondere im „Verband der Kaufmännischen, Büro- und Verwaltungsangestellten". Diese Organisation entschied sich später für den Zusammenschluß mit der DAG. So mußte sich der HBV-Landesbezirk Berlin, der am 8. Mai 1950 seine Gründungsversammlung abhielt, im ersten Jahr seiner Existenz mit knapp 700 Mitgliedern begnügen.

Die Aufteilung in neun Landesbezirke, die mit Ausnahme der Stadt-Staaten Hamburg (zum Bezirk Nordmark gehörig) und Bremen (Niedersachsen) mit der politischen Ländereinteilung übereinstimmt, besteht seit 1957. Als letzter Landesbezirk kam in diesem Jahr das *Saargebiet* hinzu. Nachdem sich die Saarländer im Oktober 1955 mehrheitlich gegen das europäische Saarstatut ausgesprochen hatten, war der Weg frei für den politischen und wirtschaftlichen Anschluß des Saargebietes an die Bundesrepublik Deutschland. Die Voraussetzungen für die Angleichung der organisatorischen Entwicklung im gewerkschaftlichen Bereich wurden geschaffen. Für die Gewerkschaft HBV bestand die Aussicht auf einen Zusammenschluß mit dem saarländischen Industrieverband „Handel, Banken, Sparkassen und Versicherungen" (HBSV). Durch die Einflußnahme der DAG und des ihr wohlwollend gegenüberstehenden Geschäftsführers entschied sich der Vorstand der HBSV mit fünf zu vier Stimmen wider Erwarten für die Angestelltengewerkschaft. Ein Großteil der Mitglieder machte diesen Schritt nicht mit. Als am 6. März 1956 die HBV-Saar gegründet wurde, schlossen sich von den 1200 Mitgliedern der Vorgängerorganisation rund 800 der neugegründeten Gewerkschaft an. Deren Vereinigung mit der Gewerkschaft HBV auf Bundesebene wurde mit Wirkung vom 1. Januar 1957 vollzogen.

Nachdem die Gewerkschaft HBV Anfang 1950 in allen damaligen Bundesländern Fuß gefaßt hatte, konnte sie sich verstärkt dem weiteren Ausbau der Organisation sowie der tarif-, sozial- und wirtschaftspolitischen Interessenwahrnehmung annehmen. Die wirtschaftlichen, sozialen und politischen Verhältnisse in der Bundesrepubik Deutschland setzten dabei entscheidende Rahmenbedingungen für die Entwicklung und die Handlungsmöglichkeiten der neuen Gewerkschaft.

Das deutsche Fräulein-Wunder: Krieger-Witwe, Trümmerfrau, Chefsekretärin

PLANTANA
G.M.B.H.

Prüfsteine

Grundlinien der Entwicklung im Überblick

Klimaumschwung und Restauration

Noch bevor die Gewerkschaft HBV bundesweit handlungsfähig war, hatten wirtschaftliche und gesellschaftspolitische Weichenstellungen in dem sich bildenden westdeutschen Staat ihre Entwicklungs- und Entfaltungsmöglichkeiten verengt. Die große Beitrittswelle, die den Aufschwung der Gewerkschaften in den Nachkriegsjahren trug, war Ende der vierziger Jahre deutlich abgeebbt und kam ihr damit nicht mehr zugute. Die nachlassende Anziehungskraft der deutschen Gewerkschaftsbewegung stand im engen Zusammenhang mit einem Klimaumschwung, in dem den Arbeitnehmerorganisationen auch politisch-programmatisch der Wind immer stärker ins Gesicht blies. Gegenüber ihrem wirtschaftsdemokratischen Reformkonzept – an dessen Diskussion die Gewerkschaft HBV wegen ihrer späten Gründung keinen Anteil hatte – gewannen wieder Tendenzen die Oberhand, für die sich im zeitgenössischen Sprachgebrauch der Begriff „Restauration" einbürgerte.

Von einer Welle der Kapitalismuskritik, wie sie nach Kriegsende durchs Land gegangen war, spürte man nur noch wenig; die einst totgesagten Kräfte einer auf uneingeschränktem Privateigentum und Marktkonkurrenz bauenden Wirtschaftsverfassung hatten sich wider Erwarten erholt. Je mehr der seit 1947 einsetzende, durch Marshallplan-Hilfe und Währungsreform stabilisierte wirtschaftliche Aufschwung die materielle Not der Bevölkerung, ihre katastrophale Wohnungs- und Ernährungslage zu überwinden versprach, desto weniger fand das Konzept der Wirtschaftsdemokratie in der breiteren Öffentlichkeit Rückhalt. Unter dem Druck der sich schrittweise zum Kalten Krieg ausweitenden Ost-West-Spannungen wurden gesellschafts- und wirtschaftspolitische Alternativen, insbesondere sozialistische, endgültig ins Reich der „Utopie"[31] verwiesen.

So kamen weder die gewerkschaftliche Forderung nach gesamtwirtschaftlicher Planung noch die nach Sozialisierung der Schlüsselindustrien und der Banken zum Zuge. Wie heftig der politische Gegenwind wehte und wie stark der Handlungsspielraum der Gewerkschaften, gemessen an deren Reformwünschen, eingeengt wurde, zeigte sich besonders deutlich bei dem Versuch, die Arbeitnehmer-Mitbestimmung in den Wirtschaftsunternehmen durchzusetzen. So blieb die 1947/48 in der Montanindustrie eingeführte paritätische, Arbeit und Kapital gleichgewichtig berücksichtigende Form der Unternehmensmitbestimmung keines-

Demonstration gegen die Wirtschafts- und Preispolitik, Stuttgart Oktober 1948

31 Vgl. O. Brenner auf dem DGB-Bundeskongreß 1956; zit. in T. Pirker, Die blinde Macht, Bd. 2: 1953–1960, München 1960, S. 163.

wegs eine historische Ausnahme. Erst unter dem Druck eines drohenden Streiks, für den sich die organisierten Metaller und Bergleute nahezu ausnahmslos ausgesprochen hatten, wurde sie im April 1951 bundesgesetzlich abgesichert. Aber schon ein Jahr später, bei der Verabschiedung des Betriebsverfassungsgesetzes (1952), reichte die Kraft der Gewerkschaften nicht mehr aus, um gegen Kapital und Kabinett eine Übertragung der paritätischen Mitbestimmung auf Betriebe und Unternehmen außerhalb des Montanbereiches zu erzwingen. Stattdessen wurde die sogenannte Drittel-„Parität" der Arbeitnehmer-Vertreter im Aufsichtsrat festgeschrieben und der Betriebsrat als gewerkschaftsunabhängiges Partnerschaftsorgan institutionalisiert: seine Mitbestimmungsrechte wurden auf soziale und personelle Angelegenheiten begrenzt, seine Handlungsmöglichkeiten durch die Verpflichtung auf das „betriebliche Wohl" und das Arbeitskampfverbot weitgehend auf die argumentative Ebene festgelegt.

Das Ziel einer umfassenden Wirtschaftsdemokratie war in weite Ferne gerückt. Daß ihm auch auf parlamentarischem Wege auf absehbare Zeit nicht näher zu kommen war, wie Gewerkschafter und Sozialdemokraten lange gehofft hatten, legten die Ergebnisse der zweiten Bundestagswahl im September 1953 unmißverständlich dar. Mit dem eindeutig gegen die Regierung Adenauer gerichteten Aufruf „Wählt einen besseren Bundestag", konnte der DGB den Sozialdemokraten nicht zur Stimmenmehrheit verhelfen. Im Gegenteil. Während die SPD mit 28,8 Prozent der Stimmen einige Prozentpunkte gegenüber 1949 verlor, brachte die Wahl der CDU/CSU einen Stimmenzuwachs um 14,2 auf 45,2 Prozent. Die Gewerkschaften stellten sich auf die veränderten wirtschaftlichen und politischen Realitäten ein. In der Praxis, 1963 auch in der Programmatik, rückte eine gesamtwirtschaftlich orientierte Tarifpolitik in das Zentrum ihrer Aktivitäten.

So sehr sich die Rahmenbedingungen gewerkschaftlichen Handelns auch für die Gewerkschaft HBV im Zeichen der „Restauration" verschlechterten, für Erfolge auf dem ihr verbliebenen Handlungsfeld ergaben sich auf lange Sicht ebenso günstige Voraussetzungen wie für ihr organisatorisches Wachstum.

Die bundesrepublikanische Volkswirtschaft erlebte in den fünfziger und sechziger Jahren eine stürmische Aufwärtsentwicklung. Die Zuwachsraten des Sozialprodukts stellten alle bisherigen Phasen des Wirtschaftswachstums weit in den Schatten; die Massenarbeitslosigkeit konnte zügig abgebaut werden. Nach den entbehrungsreichen Jahren kam der Aufschwung so unerwartet, daß viele von einem „Wirtschaftswunder" zu sprechen begannen.

Die Boomjahre, aber auch die anschließende Rückkehr zur „Normalität" – mit Wirtschaftskrisen und Arbeitslosigkeit – fanden vor dem Hintergrund bedeutsamer Umschichtungen

„Arisierungs"anzeige des Kaufhauses Horten 1936 Original und gesäuberte Nachkriegs-Fassung

in der Wirtschafts- und Sozialstruktur statt. Wie in allen Ländern auf vergleichbarer Entwicklungsstufe schlugen sie sich am deutlichsten in der Ausweitung des Dienstleistungssektors und der Angestelltenschaft nieder. Beide Erscheinungen waren zwar der Tendenz nach nicht neu; sie sind im Grunde so alt wie die Industrialisierung selbst. Nach dem Zweiten Weltkrieg aber setzten sie sich beschleunigt fort und gehören seitdem zum Kernbestand sozialwissenschaftlicher Hypothesen über Art und Richtung des sozialen Wandels moderner Industriegesellschaften, die eine neue Epoche der „nachindustriellen Gesellschaft" bzw. der „Dienstleistungsgesellschaft" ankündigten. Kontinuierlich gingen die Beschäftigtenzahlen in der Landwirtschaft und seit Mitte der sechziger Jahre – bei fortgesetzter Steigerung des Produktionsvolumens – auch in der Industrie zurück. Demgegenüber stand ein rasantes Beschäftigungswachstum im Dienstleistungssektor. Seit Mitte der siebziger Jahre finden hier mehr Erwerbstätige Arbeit als im industriell-gewerblichen Bereich. Dies sind zwar nicht ausschließlich, aber doch überwiegend Angestellte. In den sektoralen Beschäftigungsverschiebungen ist somit der Hauptgrund dafür zu suchen, daß diese Kategorie der Arbeitnehmer ständig an Gewicht zunahm. 1987 gab es in Deutschland erstmals mehr Angestellte als Arbeiter.

Die von der Gewerkschaft HBV zu betreuenden Wirtschaftsbereiche trugen in beträchtlichem Umfang dazu bei, daß der Dienstleistungssektor als Arbeitgeber und „Produzent" an Bedeutung gewann und den industriellen Sektor als beschäftigungsgrößten Bereich der Volkswirtschaft ablöste. Vor dem Hintergrund kontinuierlicher Unternehmenskonzentration und eines durchgreifenden Betriebsformenwandels weiteten sich das Umsatzvolumen und die Verkaufsflächen im Handel von Jahr zu Jahr aus; das wachsende ökonomische Gewicht der Banken zeigte sich in der jährlichen Steigerung ihres Geschäftsvolumens ebenso wie in dem dichter werdenden Netz personaler und anderer Formen der Beziehungen zu großen Wirtschaftsunternehmen (Aufsichtsratsmandate, Aktienbesitz, Wahrnehmung des Depotstimmrechts); bei den Versicherungen führte die regionale Ausdehnung ihrer Geschäftsbereiche und die Entstehung neuer Versicherungszweige zu einer

Arbeiter, Angestellte und Beamte (in Prozent der abhängig Beschäftigten)

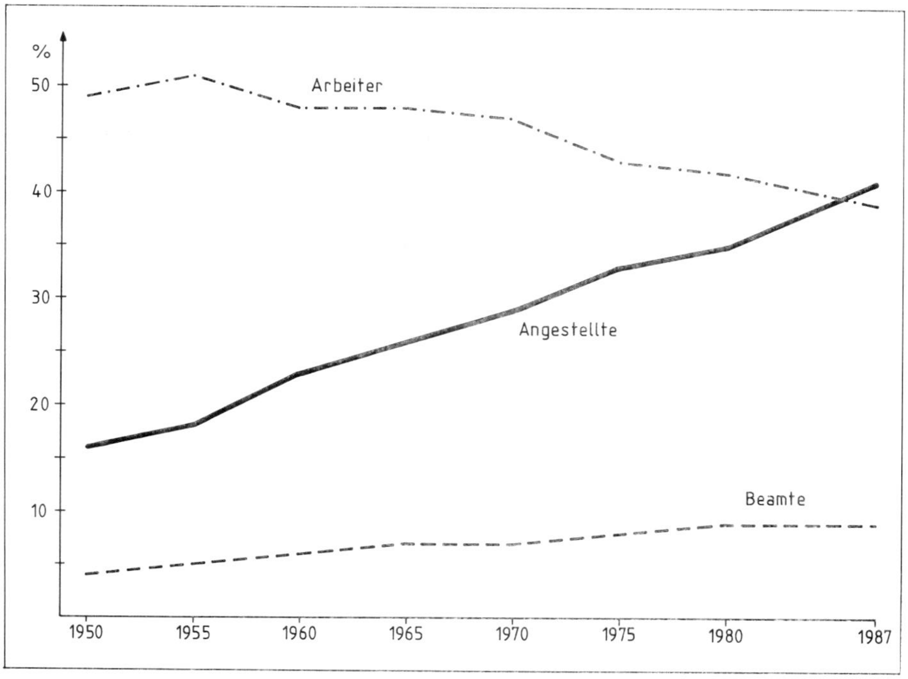

Erwerbstätige nach Wirtschaftsbereichen

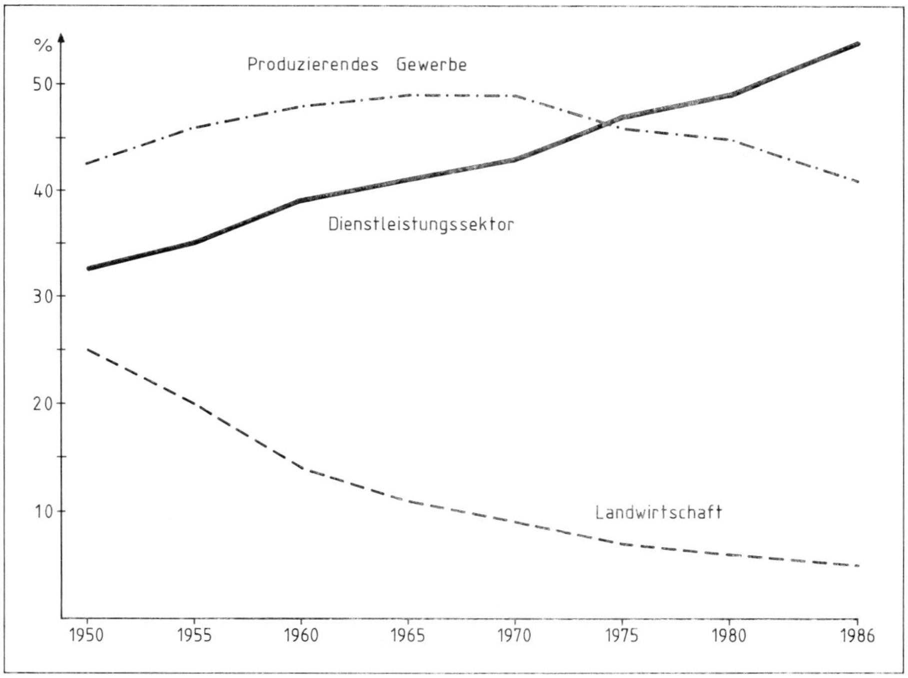

bedeutenden und kontinuierlichen Steigerung der Beitragseinnahmen und der Geschäftstätigkeit. Die Wohnungswirtschaft expandierte als Folge einer lange Zeit ungesättigten Wohnraumnachfrage, die von einer wachsenden Bevölkerung in der kriegszerstörten Bundesrepublik ausging. Auch andere Sparten des privaten Dienstleistungsgewerbes, etwa das Reisebürogewerbe, profitierten nach und nach von der allgemeinen Anhebung des Lebensstandards, zu der die Tarifpolitik der Gewerkschaften beitrug.

Insgesamt nahm der Beitrag der privaten Dienstleistungsbranchen zum Sozialprodukt kräftiger zu als der der übrigen Branchen und Sektoren. Dies und die über weite Strecken enger als im industriellen Bereich gezogenen Grenzen für arbeitssparende Rationalisierungsmaßnahmen bewirkten eine überproportionale Zunahme der im HBV-Bereich tätigen Arbeitnehmer.

Vom Warenhaus bis zur Spielbank

Die Gewerkschaft HBV zielt auf die Organisation aller Arbeitnehmer des Handels, der Banken, der Versicherungen und der unter dem Begriff Wirtschaftsdienste zusammengefaßten übrigen Unternehmen des privaten Dienstleistungsgewerbes. Dies umschließt ein weites und heterogenes Feld. Es reicht vom Warenhaus bis zu den Versandgeschäften, vom Genossenschaftssektor bis zum Ausfuhrhandel, vom privaten Versicherungsgewerbe bis zu den Ersatzkassen, von den Spar- und Darlehnskassen bis zu den Spielbanken, vom Reisebüro bis zur Wohnungswirtschaft und anderes mehr.

Die Zahl der abhängig Beschäftigten im Organisationsbereich der Gewerkschaft HBV nahm bis Anfang der siebziger Jahre stetig zu. Arbeiteten 1950 schätzungsweise 1,5 Millionen Arbeiter und Angestellte im privaten Dienstleistungsgewerbe, waren es 1973 zweieinhalb Mal so viel. Der Handel war und blieb als beschäftigungsgrößter Zweig klar dominierend.

Die Jahre 1973–1975 markieren eine deutliche Trendwende in der Beschäftigtenentwicklung. Seitdem die Mikroelektronik den Rationalisierungszugriff im Dienstleistungssektor in ungeahntem Maße erweitert hat, werden auch in diesem Bereich die anhaltenden Wachstumsfortschritte nicht mehr über die Expansion von Arbeitsplätzen erzielt. Im einstmals wachstumsintensivsten Versicherungsgewerbe finden Mehreinstellungen kaum noch statt, und im Handel hat sich spätestens seit Beginn der achtziger Jahre der Trend zum Arbeitsplatzabbau erkennbar durchgesetzt. Nur in den Banken ist bis heute noch eine stetige, gleichwohl ebenfalls deutlich verlangsamte Zunahme der Arbeitnehmerzahlen zu vermerken.

Läßt sich im ganzen sagen, daß die quantitative Entwicklung der Beschäftigtenzahlen in den privaten Dienstleistungsberufen über weite Strecken außerordentlich günstige Voraussetzungen für gewerkschaftliches Wachstum bot, verhinderte eine Reihe von Besonderheiten und Faktoren im Organisationsgebiet, daß das Beschäftigungswachstum umstandslos in gewerkschaftliche Mitgliedergewinne umgesetzt werden konnte. Sie können hier nur sehr allgemein angesprochen werden, aber man muß sie wenigstens ungefähr im Blick behalten, wenn man die Entwicklung der Gewerkschaft HBV verstehen will.

Die Arbeitnehmer im privaten Dienstleistungsgewerbe sind traditionell weit überwiegend Angestellte. Arbeiter, die vor allem im Lager und Fuhrpark des Einzel- und Großhandels eine Rolle spielen, machen in allen Jahren weniger als ein Viertel der Beschäftigten aus. Insofern steht und fällt der Organisationserfolg der Gewerkschaft HBV mit einer Arbeitnehmergruppe, die in der Bundesrepublik durchweg eine vergleichsweise geringe Neigung zum Gewerkschaftsbeitritt zeigte. Alte und neue Besonderheiten des „Angestelltenbewußtseins" sind in der soziologischen und gewerkschaftlichen Diskussion als Erklärung dieses Sachverhalts bemüht worden. Im Zusammenhang mit der politisch-sozialen und betrieblich-funktionalen Stellung der Angestellten war dabei viel von einer individualistischen, der persönlichen Leistungsfähigkeit vertrauenden Einstellung der Arbeitnehmer mit dem „weißen Kragen" die Rede. Was sich auch immer zugunsten eines solchen Erklärungsangebotes sagen läßt, der Hinweis auf „die" Angestellten verdeckt wichtige Differenzierungen in der Arbeits- und Lebenssituation einzelner Angestelltengruppen, die auch und gerade im HBV-Organisationsbereich eine gewerkschaftliche Solidarisierung auf der Grundlage vereinheitlichender Interessendeutungen und Forderungen erschwerten.

Im privaten Dienstleistungsgewerbe mit seiner ausgeprägten Frauenbeschäftigung (mehr als 50 Prozent) stößt man zunächst auf die geschlechtsspezifische Differenzierung. Man braucht sich nur die unterschiedliche Lebensplanung und die unterschiedliche Arbeitsmarkt- und Berufssituation von Männern und Frauen zu vergegenwärtigen, um zu erkennen, daß ein gleich-

lautendes „organisationsfähiges Interesse" (Claus Offe) der Geschlechter nicht unterstellt werden darf. So betrifft die seit 1960 und in den vergangenen Jahren beschleunigt sich ausweitende *Teilzeitbeschäftigung* fast ausnahmslos Frauen. Zweifellos spiegelt sich hierin einerseits das Bedürfnis, der einseitigen Alternative von Erwerbs- *oder* Hausarbeit wie auch der Mehrfachbelastung durch Beruf *und* Familie zu entgehen.[32] Andererseits gehört die Teilzeitbeschäftigung mit ihren häufig schlechteren arbeitsvertraglichen Regelungen (wechselnde Arbeitszeiten, oft befristete Verträge, keine Ansprüche auf bestimmte Arbeitsplätze) in den Zusammenhang vielfältiger ökonomischer und anderer Benachteiligungen von Frauen.

Weibliche Arbeitskräfte, das zeigt die Belegung der verschiedenen Leistungs- und Tarifgruppen, sind regelmäßig auf den untersten Sprossen der Arbeitnehmerhierarchie zu finden. Im Einzelhandel ist die geschlechtstypische Besetzung hierarchischer Führungspositionen besonders ausgeprägt. Zu 70 Prozent stellen Frauen hier das Verkaufspersonal. In Führungspositionen waren und sind sie kaum anzutreffen. Substitutinnen, Abteilungs- oder Filialleiterinnen sind nach wie vor eine seltene Ausnahme. Auch in den Bank- und Versicherungsunternehmen werden die „einfachen" Schreib- und Verwaltungstätigkeiten weit überwiegend den weiblichen Angestellten überlassen. Allerdings schuf das ausgedehnte Tätigkeitsfeld qualifizierter Sachbearbeitung in diesen Wirtschaftszweigen die Voraussetzung, daß Frauen über die unterste Stufe der Büroorganisation hinaus in gehobenere

32 Vgl. C. Eckart, Wie Teilzeitarbeit zur Frauenarbeit wurde, in: U. Gerhard/J. Limbach, Rechtsalltag von Frauen, Frankfurt/M. 1988, S. 46–60.

Ladenschlußdemonstration Freiburg 1964

Angestelltenpositionen vordringen konnten.

Quer zur Differenzierung nach dem Geschlecht liegen die Unterschiede in den Beschäftigungsverhältnissen zwischen den einzelnen Branchen des privaten Dienstleistungsgewerbes. Die Gewerkschaft HBV hat es auch in dieser Hinsicht mit einem sehr uneinheitlichen Organisationsfeld zu tun. Das bezieht sich zuallererst auf Dauer und Lage der Arbeitszeit. Im Handel arbeitet nur eine Minderheit nach dem sonst üblichen Arbeitszeitmuster von montags bis freitags, während für die Mehrheit eine breite Palette differenzierter bzw. flexibler Arbeitszeiten gilt, die sich über sechs Wochentage bis jeweils in die Abendstunden (18.30 und länger) hinein verteilen.

Von Bedeutung sind darüber hinaus die Einkommensunterschiede. Die amtlichen Verdienststatistiken weisen seit Anfang der fünfziger Jahre für den privaten Dienstleistungssektor insgesamt eine ungünstige Lohn- und Gehaltssituation aus. Ohne Einschränkung gilt das für den Einzelhandel. Während sich die Einkommensmöglichkeiten der Bank- und Versicherungsangestellten denen der Angestellten anderer Branchen anglichen bzw. annäherten, bildet der Einzelhandel mit weithin unverändertem Abstand das ewige Schlußlicht in der Verdienstskala der maßgebenden Wirt-

Beratungsgespräch in einer Bank

schaftszweige. 1983 betrug der Durchschnittsverdienst eines kaufmännischen Angestellten in der Industrie knapp 3500 Mark. Seine Berufskollegen(innen) in den Bank- und Versicherungsbetrieben verdienten durchschnittlich 400 bzw. 120 Mark weniger. Zum Großhandel betrug der Abstand bereits fast 500 Mark und zum Einzelhandel mehr als 1000 Mark. Nicht nur diese Durchschnittszahlen, sondern auch die Tariflöhne und -gehälter für gleiche oder gleichwertige Tätigkeiten weisen erhebliche Unterschiede in der Höhe auf.

Inwieweit ferner die branchenbezogene Differenzierung nach Qualifikationsniveaus weiter fortschreitet, ist schwer zu sagen. Deutlich ist, daß im Unterschied zum Bank- und Versicherungsbereich im Handel die unteren Tätigkeitsgruppen überwiegen. Hinsichtlich der beruflichen Erstausbildung bestand im Einzelhandel seit 1968 eine gewichtige Ausnahme von der dreijährigen Regel-Ausbildungszeit, die ansonsten in den privaten Dienstleistungsberufen gilt. Damals wurde es möglich, nach zweijähriger Ausbildung den Verkäufer/innen-Abschluß zu erwerben. Die dreijährige Ausbildung zum Einzelhandelskaufmann/frau blieb daneben bestehen, wurde aber nurmehr für eine Minderheit offen gehalten bzw. von ihr in Anspruch genommen. In der seit August 1987 gültigen neuen Ausbildungsordnung konnte jedoch von der HBV die dreijährige Ausbildungszeit als Standardausbildung festgeschrieben werden.

Zu den Entwicklungs- und Veränderungstendenzen der Qualifikationsstrukturen im Wandel beruflicher Anforderungen geben die Besetzungszahlen der Leistungs- und Tarifgruppen einige Anhaltspunkte. Für die Hauptbereiche des privaten Dienstleistungsgewerbes ist für die letzten drei Jahrzehnte eine deutliche Umschichtungstendenz zugunsten der höheren Gruppen festzustellen. Da die Statistik nur Vollbeschäftigte erfaßt, wird dies aber im Einzelhandel größtenteils auf die bloße Umwandlung von Vollzeit- in Teilzeitarbeitsplätze zurückzuführen sein. Bei Banken und Versicherungen fällt dies weniger ins Gewicht. Man wird auch hier die Ursachen der zu

Anlieferung des Kollegen Computer

beobachtenden Verschiebungen nur bei einer genauen Untersuchung der jeweiligen Strukturverhältnisse in den Betrieben und Branchen und der durchgeführten Rationalisierungspolitik eindeutig bestimmen können. Erste dazu vorliegende Ergebnisse legen die Vermutung nahe, daß sich in der Anhebung des Tarif- und Leistungsgruppenniveaus neben tariflich durchgesetzten Höhergruppierungen auch eine Erhöhung des Qualifikationsniveaus spiegelt. Dem widerspricht keineswegs die verstärkte Anwendung der Mikroelektronik. Weder muß sie zwangsläufig noch generell und in erster Linie zur Dequalifizierung kaufmännischer Angestelltentätigkeiten führen. Als Folge des EDV-Einsatzes im privaten Dienstleistungsgewerbe ist als Haupttendenz sogar eine Aufwertung der beruflich-fachlichen Qualifikation durch die Verbreiterung von Aufgabenspektren und die Integration unterschiedlicher Arbeitsschritte in einem Arbeitsablauf prognostiziert worden.[33] Allerdings wird es die unterschiedliche Rationalisierungsbetroffenheit eher komplizierter als einfacher machen, die Beschäftigteninteressen zu organisieren und zu vertreten.

Für die Beschäftigungsverhältnisse im privaten Dienstleistungssektor ist schließlich die Aufteilung der Arbeitnehmer auf zahlreiche Klein- und Mittelbetriebe kennzeichnend, in denen das personengebundene Verhältnis zwischen Betriebsleitung und Beschäftigten die gewerkschaftlichen Organisationschancen stark beeinträchtigt. Daß sich zur Teilnahme an der kollektiven Interessenvertretung eher Arbeitnehmer bereitfinden, die in größeren Betrieben arbeiten, ist statistisch gut belegt und gehört(e) für HBV-Gewerkschafter zum alltäglichen Organisationswissen. Im Zuständigkeitsbereich der HBV sind über 50 Prozent aller Beschäftigten in Arbeitsstätten mit weniger als 20 Arbeitnehmern tätig. Beson-

33 M. Baethge/H. Oberbeck, Zukunft der Angestellten. Neue Technologien und berufliche Perspektiven in Büro und Verwaltung, Frankfurt/M. u. New York 1980, S. 181–295.

ders extrem ist die Situation im Einzelhandel. Mitte der achtziger Jahre waren hier in über 90 Prozent der rund 325 000 Arbeitsstätten nur ein bis neun Personen beschäftigt. Im Großhandel und den als Wirtschaftsdienste zusammengefaßten Branchen mit ihren vielen kleinen (Reise-, Rechtsanwalts-, Steuerberatungs- usw.) Büros sieht es nicht viel anders aus. Ein ambivalentes Bild ergibt sich im Bankgewerbe. Einerseits hat sich die Zahl der Kreditinstitute im Laufe der Jahre drastisch verringert. Andererseits ging dieser Konzentrationsprozeß mit einer Vervielfachung der Zweigstellen einher, so daß die überwiegende Zahl der Bankangestellten auch heute noch in relativ kleinen Betriebseinheiten tätig ist. Lediglich die Versicherungsangestellten konzentrieren sich in größeren Arbeitsstätten.

Aufholjagd

Entsprechend der Beschäftigtenstruktur im Organisationsbereich sind Angestellte und Frauen mit einem für Gewerkschaften ungewöhnlich hohen Prozentanteil an der HBV-Mitgliedschaft vertreten. Überragte die Zahl der Angestellten die der Arbeiter bereits zu Beginn der fünfziger Jahre um fast das Vierfache, machten sie Mitte der achtziger Jahre mehr als 85 Prozent der Gesamtmitgliedschaft aus. Frauen stellten in der „Angestelltengewerkschaft" HBV mit Ausnahme kurzer Zeitabschnitte (1950/51 und 1969–1974) die Mehrheit.

Die zahlenmäßige Entwicklung der Gewerkschaft HBV läßt zwei scharf voneinander getrennte Abschnitte erkennen. In den ersten anderthalb Jahrzehnten ihres Bestehens lief sie den rasch zunehmenden Beschäftigtenzahlen mit wachsendem Abstand hinter. Besonders weit öffnete sich die Schere ab 1958. Die bis dahin immerhin ohne Unterbrechung angestiegene Mitgliederkurve mündete in eine sechsjährige „Durststrecke" mit Mitgliederverlusten, die besonders im Handel, und hier vor allem bei den weiblichen Beschäftigten, zu beklagen waren. Konnte die Zahl der HBV-Mitglieder in den ersten neun Jahren um rund 85 000 gesteigert werden, wuchs sie – bei hohen Fluktuationsraten – in dem darauffolgenden Zeitraum von 1958 bis 1966 lediglich um knapp 4000. Das Gewicht des Handels für die Gesamtorganisation – auf ihn entfielen fast durchgängig mehr als zwei Drittel der Mitglied-

HBV-Mitgliederentwicklung 1949 bis 1987

Jahr (jeweils 31. Dez.)	Mitglieder	männlich	weiblich	Angestellte	Arbeiter	Hauptfachabteilungen Handel	Banken	Versicherungen	Wirtschd.
1949	43 772	24 619	19 153	31 634	12 138	–	–	–	–
1950	63 600	33 620	29 980	47 014	16 586	48 922	2 317	4 592	7 769
1952	96 538	46 599	49 939	73 136	23 402	77 657	3 660	5 983	9 238
1954	106 585	47 627	58 958	82 328	24 257	85 132	4 473	6 435	10 545
1956	120 729	51 090	69 639	94 486	26 243	96 126	6 485	7 101	11 017
1958	129 363	52 580	74 588	99 353	27 815	100 826	7 801	7 726	10 815
1960	127 287	52 475	74 812	99 838	27 449	95 341	8 188	7 807	10 931
1962	121 513	54 704	66 809	95 778	25 735	92 015	9 797	9 000	10 701
1964	122 220	57 371	64 849	95 641	26 579	89 120	11 720	10 167	11 213
1966	133 065	63 941	69 124	104 415	28 650	95 110	14 156	11 541	12 258
1968	142 070	70 086	71 984	112 996	29 074	98 294	17 384	13 523	12 869
1970	157 671	80 432	77 239	127 881	29 790	103 866	23 895	15 883	14 027
1972	191 071	98 561	92 510	158 528	32 543	119 332	34 436	20 967	16 336
1974	236 642	118 537	118 105	197 980	38 662	148 885	42 721	26 107	18 959
1976	274 783	134 289	140 494	232 088	42 695	177 356	46 860	28 711	21 856
1978	314 244	149 514	164 730	265 968	48 276	208 309	51 266	30 847	23 822
1980	351 328	160 354	190 947	300 477	50 851	235 778	55 589	33 418	26 543
1982	360 340	158 760	201 580	308 889	51 451	246 400	52 480	32 976	28 484
1984	363 265	156 371	206 894	314 834	48 431	249 139	51 662	32 551	29 913
1986	376 498	157 600	218 898	326 801	49 697	258 823	53 310	32 271	32 094
1987	385 166	158 355	226 811	334 921	50 245	264 516	54 973	31 967	33 710

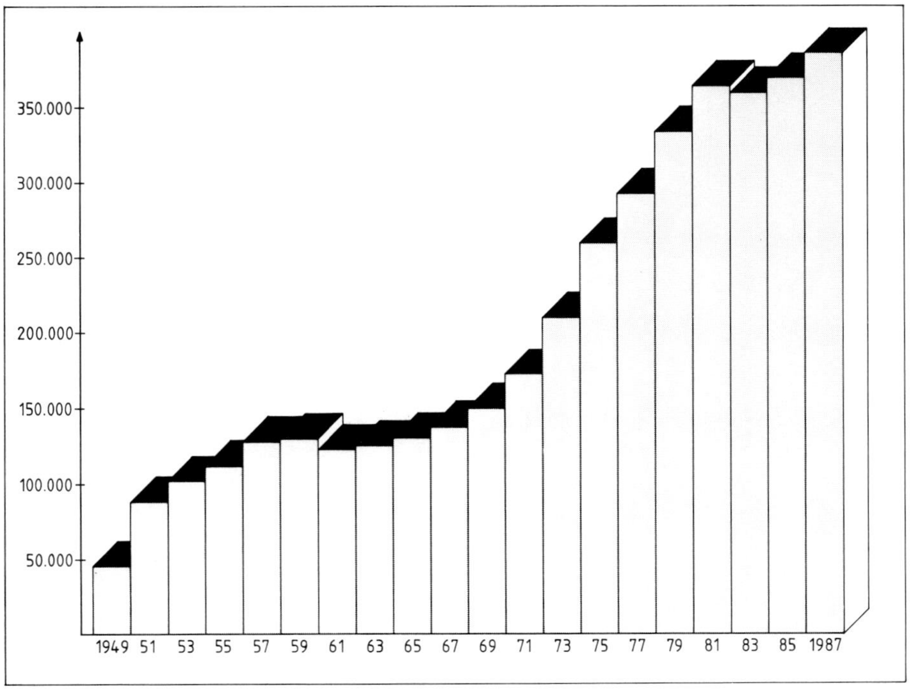

schaft – überdeckte den fortlaufenden Mitgliederanstieg im Bereich Banken und Versicherungen.

Mitte der sechziger Jahre war allerdings das Ende der Talsohle erreicht. Danach stiegen die Mitgliederzahlen kontinuierlich an, wobei die jährlichen Zugewinne in den siebziger Jahren diejenigen aller anderen Gewerkschaften deutlich übertrafen. Erst in den achtziger Jahren nahm dieser beispiellose Mitgliederaufschwung ein Ende. Seitdem liegen die Zuwachsraten unter dem Niveau des vorangegangenen Jahrzehnts.

Die Zäsur in der Organisationsentwicklung Mitte der sechziger Jahre tritt noch deutlicher hervor, wenn man die relativen Mitgliederzuwächse im Vergleich zur DAG berücksichtigt. Für die „Pioniere der Zusammenarbeit zwischen Angestellten und Arbeitern" (Carl Bernitt, Vorsitzender der Ortsverwaltung Hamburg, auf dem Gewerkschaftstag 1958) brachten die Jahre der Mitgliederstagnation und -schrumpfung zwischen 1957 und 1965 auch einen Rückschlag im Wettlauf mit der reinen Angestelltengewerkschaft DAG. Die schon in den fünfziger Jahren nur begrenzt erfolgreich verlaufende Aufholjagd gegenüber der Konkurrenzorganisation kam nicht nur zum Stillstand, sondern wurde durch erneute Bodengewinne der Angestelltengewerkschaft im privaten Dienstleistungsgewerbe abgelöst. Soweit die Kinder- und Jugendjahre des „kleinen Benjamin" als „Prüfstein" gelten sollten, „ob das, was wir in Recklinghausen begonnen und in München fortgesetzt haben, richtig war"[34], ließ sich bis zur Mitte der sechziger Jahre noch keineswegs ein positives Fazit ziehen. Dies um so weniger, als auch der Vergleich der Mitgliederentwicklung von DGB und DAG alles andere als ermutigend war.

Ein kontrastreiches Bild zur ersten Phase bietet die Entwicklung des Kräfteverhältnisses von DAG und HBV seit den ausgehenden sechziger Jahren. Die DAG konnte ihre Mitgliederzahlen lange Zeit gar nicht, später nur noch geringfügig steigern. Demgegenüber nahm die Zahl der in den DGB-Gewerkschaften organisierten Angestellten zu. Den größten Anteil daran hatten die Mitgliedererfolge der HBV. Innerhalb eines 10-Jahres-Zeitraums gelang es ihr, die Gewichte nicht nur im Handel, sondern 1976/77 auch im Banken- und Versicherungsbereich auf ihre Seite zu verlagern.

34 So der Leiter des Angestelltensekretariats des DGB, Hans Böhm, auf dem Gewerkschaftstag (im folgenden stets GT)-HBV 1951, S. 26.

BfG
COMMERZBANK
U
P

Jahre des Aufbaus

Die HBV in den fünfziger und sechziger Jahren

„. . . mit Schnelligkeit einen Apparat hinstellen"

Mit knapp 33 000 Mitgliedern war die HBV beim Gründungskongreß des DGB die kleinste Gewerkschaft. Um ihren dürftigen Mitgliederbestand ausbauen und mit der schnell wachsenden Beschäftigtenzahl im Organisationsgebiet Schritt halten zu können, bedurfte es als organisatorischer Mindestvoraussetzung eines Verwaltungsstellennetzes, das einen möglichst engen Kontakt zu den in vielen Klein- und Kleinstbetrieben arbeitenden Handels-, Bank-, Versicherungsbeschäftigten usw. ermöglichte. Es kam darauf an, erinnerte sich Rudolf Beume 1955, „mit Schnelligkeit einen Apparat hinzustellen, der als Auffangapparat dienen sollte, um einmal die gewerkschaftswilligen Kollegen zu erfassen und zum anderen und darüber hinaus systematisch Werbearbeit zu betreiben".[35]

Stärker noch als die Betriebsgrößenstruktur gab die Konkurrenzsituation zur DAG den entscheidenden Anstoß, die Organisation schnell und „gleichmäßig über das ganze Land auszubreiten".[36] Schließlich verfügte die Angestelltengewerkschaft bereits über funktionstüchtige Verwaltungsstrukturen und niemand zweifelte daran, daß die Entscheidung organisationswilliger Angestellter für oder gegen das Industrieverbandsprinzip eben auch und vor allem eine Frage der örtlichen oder betrieblichen HBV-Präsenz war. Die DGB-Orts- und Kreisausschüsse, auch zu Beginn der fünfziger Jahre mangels HBV-eigener Verwaltungsstellen noch hier und da mit der organisatorischen Erfassung und Betreuung der HBV-Mitgliedschaft betraut, erwiesen sich immer weniger als eine befriedigende Zwischenlösung. Mangelnde Aufgeschlossenheit der DGB-Stellen gegenüber der „Angestelltenproblematik", wie sie dem DGB aus Kreisen der HBV-Mitgliedschaft in den folgenden Jahren gelegentlich vorgehalten wurde, spielte hier zum ersten Mal eine Rolle.

Demgegenüber darf nicht vergessen werden, daß die HBV ohne den DGB in der Anfangszeit nicht über die Runden gekommen wäre. Nur mit dessen finanziellen Aufbauhilfen konnte die Verbreiterung der untersten Organisationsebene so zügig vorangehen, wie es tatsächlich der Fall war. Erleichternd kam hinzu, daß bis 1961 entsprechend der Satzung 25 Mitglieder (danach 60) zur Bildung der in Geschäfts- und Kassenführungsangelegenheiten eigenverantwortlichen Ortsverwaltungen ausreichten. Bereits nach zwei Jahren, Ende 1951, zählte man knapp 300 Verwaltungsstellen, eine Zahl, die in der Phase des Mitgliederwachstums während der ersten Hälfte der fünfziger Jahre nur noch geringfügig anstieg, 1954 ihren Höchststand erreichte und in den folgenden zehn Jahren auf rund 260 Ortsverwaltungen zurückfiel. Das war immer noch eine im Verhältnis zum Mitgliederbestand hohe Zahl, die mit einer von keiner anderen DGB-Gewerkschaft erreichten Personaldichte einherging. Freilich spiegelte sich dar-

Gewerkschaftsausschuß der Gewerkschaft Handel, Banken und Versichungen (HBV) Königswinter Oktober 1950

35 GT/P-HBV 1955, S. 123.
36 Arthur Killat, Mitglied des Geschäftsf. Hauptvorstandes, auf dem GT-HBV 1958, S. 352.

Versicherungsgeschäft um 1950

in Mitte der sechziger Jahre in erster Linie das spärliche Mitgliederwachstum der HBV in den zurückliegenden fünfzehn Jahren. Die anfänglichen Hoffnungen, die Gewerkschaft werde in das aus Konkurrenzgründen zur DAG relativ eng geknüpfte Verwaltungsstellennetz hineinwachsen, hatten sich nicht erfüllt.

Aus diesem Grund waren mit der Zeit immer deutlicher die Probleme in den Vordergrund getreten, die der ausgebaute und weitgehend dezentralisierte Organisationsapparat mit sich brachte. Sie betrafen zuallererst den personellen Nachwuchs bei den ehrenamtlichen und hauptamtlichen Mitarbeitern sowie die Finanzlage der Gewerkschaft HBV.

Personalnöte gab es bei allen Gewerkschaften. Sie waren nicht zuletzt eine Folge der NS-Diktatur, die mehr als ein Jahrzehnt lang gewerkschaftliche Organisationserfahrungen und die systematische Rekrutierung des Gewerkschaftsnachwuchses verhindert hatte. Die HBV konnte anfangs nicht einmal sämtliche Positionen im Geschäftsführenden Hauptvorstand besetzen. Ähnlich war die Situation in der Hauptverwaltung und in einzelnen Landesbezirksleitungen. Vor allem der hohe Personalbedarf sowie die ständige Fluktuation auf örtlicher Ebene machten die personellen Probleme zu einem Dauerthema. Im Zusammenhang mit den allgemeinen Klagen über die mangelnde Bereitwilligkeit der Mitglieder zur Übernahme ehrenamtlicher Funktionen kam häufig das Kassiererproblem zur Sprache. Es werde immer schwerer, „Menschen zu finden, die als... Hauptkassierer sich der mühsamen Aufgabe unterziehen, Groschen für Groschen treppauf, treppab von den Mitgliedern zu kassieren".[37]

Das war nun alles andere als ein Randproblem. Mit Ausnahme der von ihr organisierten gemeinwirtschaftlichen Unternehmen, deren Gehaltsbüros die Beiträge der Gewerkschaftsmitglieder direkt an die zuständigen Gewerkschaftsstellen leiteten, bestand für die HBV wegen der Vielzahl der Kleinbetriebe und ihrer dadurch bedingten schwachen betrieblichen Position in den fünfziger und sechziger Jahren keine Alternative zur Hauskassierung. Mit der Personalnot stand die regelmäßige Beitragskassierung auf dem Spiel, aber nicht nur sie. Die Kassierer erfüllten eine wichtige Funktion bei der gewerkschaftlichen „Bestandspflege". Sie waren, abgesehen von der monatlichen Mitgliederzeitschrift, meist die einzigen Verbindungsglieder zwischen der Organisation und den Mitgliedern. Wenn sie die Beitragsmarken überbrachten, wurde im persönlichen Gespräch über gewerkschaftliche Vorhaben, Erfolge und Probleme die Anonymität der Organisation auch bei jenen Mitgliedern durchbrochen, die den Weg weder zu den Mitgliederversammlungen noch zu den örtlichen Fachgruppen fanden bzw. – da letztere vielerorts gar nicht existierten – finden konnten.

Bis in die siebziger Jahre benötigte die Organisation den größten Teil ihrer Einnahmen zur Deckung der Personal- und Verwaltungskosten. Zwei Drittel ihres Beitragsaufkommens verschlangen sie in den fünfziger Jahren; ein Anteil, der bis zu Beginn der siebziger Jahre nicht unter 50 Prozent fiel und dazu beitrug, daß die jährlichen Gewerkschaftsausgaben die Einnahmen meist überstiegen.[38] So gesehen schien dem HBV-Vorsitzenden Wilhelm Pawlik die Organisation um 40 Prozent überbesetzt.

Von den vielen finanzbedingten Einschränkungen, die infolge dieser Situation in Kauf genommen werden mußten, wurden jene im Bereich der gewerkschaftlichen Bildungsarbeit sowie bei den freiwilligen Unterstützungsleistungen als besonders schmerzlich empfunden. Gerade im Hinblick auf die besseren Leistungsangebote der DAG erwartete man von Versäumnissen auf dem einen wie auf dem anderen Gebiet schwerwiegende Konsequenzen für die Zahl ideell und materiell motivierter Gewerkschaftsbeitritte. Wegen der finanziellen Dauerkrise mußten angeforderte Mittel für gewerkschaftliche Schulungskurse ebenso abgelehnt werden wie Anträge auf Gewerkschaftstagen, eine Heiratsbeihilfe einzuführen oder statt des einmaligen „Sterbegeldes" eine rentenähnliche Altersbeihilfe nach dem Muster anderer Gewerkschaften zu gewähren.

Deutlich spürbar waren die finanziellen Probleme auch auf der Ebene der Ortsverwaltungen. Allein auf den 20- bzw. 25prozentigen Anteil am Beitragsaufkommen der von ihnen betreuten Mitgliedschaft angewiesen, waren viele der kleinen, aber auch die größeren Ortsverwaltungen finanziell kaum lebensfähig. Gehaltszahlungen für Verwaltungsangestellte, Mietzahlungen für Büro- und Sitzungsräume, Telefon- und Portokosten, die Finanzierung von Mitglieder- bzw. Delegiertenversammlungen sowie nicht zuletzt der Kostenanteil für die Kassiererentschädigung ließen, wenn überhaupt, häufig nur einen kläglichen Rest für Werbungs- und Schulungszwecke übrig. Der Hauptvorstand wurde in dieser Situation um finanzielle Hilfe ersucht. Auch wenn diese vielfach gewährt wurde, konnte sie doch nicht so weitreichend sein, daß häufige, mitunter sehr heftige Konflikte – die gelegentlich zu Rücktritten oder Rücktrittsdrohungen von Ortsverwaltungs-Vorständen führten – zwischen der Zentrale und den Ortsverwaltungen von vornherein hätten vermieden werden können.

Ihre finanziellen Probleme hätte die Gewerkschaft HBV ohne die Unterstützung des DGB lange Zeit nicht bewälti-

Fernsprechauskunft um 1950

37 Geschäftsbericht (im folgenden stets GB)-HBV 1958–1960, S. 82; vgl. ferner GT/P-HBV 1972, S. 110.

38 Vgl. H. Bayer, Zur gewerkschaftlichen Organisation der Angestellten im privaten Dienstleistungsgewerbe, Frankfurt/M. 1980, S. 211 f. u. 198. Zum Vergleich mit anderen DGB-Gewerkschaften: K. v. Beyme, Gewerkschaften und Arbeitsbeziehungen in kapitalistischen Ländern, München 1977, S. 100.

Treffen der Gewerkschaftsjugend 1952

gen können. Die Hilfen bestanden in Zuschüssen aus dem Solidaritätsfonds für generelle Aufbau- und besondere Werbemaßnahmen sowie in dem Verzicht, der finanziell schwachbrüstigen Gewerkschaft HBV den vollen DGB-Beitrag von zwölf Prozent des Beitragsaufkommens abzuverlangen.

Als eigener Ansatz zur Linderung der finanziellen Misere blieb außer einer sparsamen Ausgabenpolitik nur der Weg, die Beitragsschraube stärker anzuziehen. Wie ein roter Faden ziehen sich ausgedehnte und kontroverse Debatten über die Notwendigkeit und Vertretbarkeit einer zusätzlichen finanziellen Belastung der Mitglieder durch alle Gewerkschaftstage bis 1980, als mit der Einführung der Ein-Prozent-Regel das leidige Thema ein Ende fand. Sehr oft wurden die vom Hauptvorstand geforderten Beitragserhöhungen abgelehnt oder konnten nur begrenzt durch Streichung der untersten Beitragskategorien erreicht werden. Hauptablehnungsgrund war die Befürchtung, bei ohnehin schon niedrigeren DAG-Beiträgen eigene Mitglieder in die Arme der Konkurrenzgewerkschaft zu treiben. Stattdessen verwiesen vor allem die durch betrieblichen Beitragseinzug kassierten Konsumgenossenschaftsmitglieder auf die niedrige Kassierungsrate der Gewerkschaft HBV und forderten, vor einer generellen Beitragsanhebung mit mehr

Nachdruck auf die „Beitragsehrlichkeit" hinzuwirken. Aber weniger der moralische Appell als die schrittweise Umstellung der Kassierungsmethode von der traditionellen Hauskassierung zum EDV-gestützten Einzugsverfahren konnte diesem Dauerproblem erfolgreich gegensteuern.

In Gewerkschaften wie in anderen großen Organisationen müssen unterschiedliche Meinungen und Interessen stets aufs Neue zusammengeführt und zum Ausgleich gebracht werden. Konflikte, die mitunter auch die kollegiale Zusammenarbeit und Loyalität strapazieren können, sind in einer Gewerkschaft wenig erstaunlich, die schwierige Aufbauprobleme zu bewältigen hatte und deren Entwicklung zeitweise weit hinter den Erwartungen zurückblieb. Daß es an hinreichender Zusammenarbeit im Geschäftsführenden HBV-Vorstand in der zweiten Hälfte der fünfziger Jahre mangelte, wurde auf den Gewerkschaftstagen 1958 und 1961 beanstandet und blieb auch der Öffentlichkeit nicht verborgen. Im November 1960 meldete der „Spiegel", daß der „Kampf jeder gegen jeden so heftig tobte, daß der Lärm sogar hinter die Türen der Vorstandszimmer im Deutschen Gewerkschaftsbund drang".[39]

Bei der Suche nach den tieferliegenden Ursachen dieses „Lärms" wird man die organisatorische Struktur des Geschäftsführenden Hauptvorstandes berücksichtigen müssen. Von 1950 bis zum Gewerkschaftstag 1961 bestand das HBV-Führungsorgan satzungsgemäß aus sieben Mitgliedern, die höchst ungleichgewichtig in die Gesamtverantwortung der Gewerkschaftsarbeit eingebunden waren. Während drei Mitglieder in ihrer Funktion als Hauptfachabteilungsleiter ausschließlich für die Belange der Beschäftigten in den einzelnen Branchen zuständig waren, verteilten sich die übergreifenden gewerkschaftspolitischen Anliegen wie das Tarifwesen, die Wirtschafts- und Sozialpolitik usw. auf die vier weiteren Vorstandsmitglieder. Insbesondere Wilhelm Pawlik wies von Anfang an auf die Gefahr hin, die Gewerkschaft könne sich nach den vier Mitgliedergruppen in Handel, Banken und Versicherungen und den Wirtschaftsdiensten „in vier Organisationen zersplittern".[40]

Die Entwicklung gab ihm offenbar Recht. Jedenfalls mehrten sich in den folgenden Jahren im Hauptvorstand die Stimmen, daß „einer gegen den anderen arbeite", „jeder seine eigene Politik betreibe", „beruflicher ‚Kram'" im Vordergrund stehe und daß „alles vierfach vorhanden sei".[41] Es setzte sich die Position durch, die branchen- oder berufsbezogene Arbeit stärker in die allgemeine Gewerkschaftspolitik des Geschäftsführenden Hauptvorstandes zu integrieren. Nach dem Gewerkschaftstag 1961 erfolgte in diesem Sinne eine neue Aufgabenzuordnung, mit der die personelle Zweiteilung des HBV-Führungsgremiums nach übergreifenden und mitgliederspezifischen Tätigkeitsbereichen aufgehoben wurde.

Der vormalige Aufbau des Geschäftsführenden Hauptvorstands war eine Konzession an berufsständische Traditionen im Angestelltenbereich. Auch durch den Aufbau von Fachabteilungen bzw. Fachgruppen auf allen organisatorischen Ebenen trug die HBV der Existenz verschiedener Berufsgruppen Rechnung. Den örtlichen Fachgruppen kam eine große Bedeutung innerhalb der Organisation zu. Das zeigte sich vor allem im tarifpolitischen Geschehen. Sie artikulierten die Forderungen der Mitglieder und wählten die Tarifkommissionen.

Schreibmaschinen-Kurs um 1953

39 *Der Spiegel* 14, 1960 (30. Nov.), S. 62f.
40 Hauptvorstands-Protokoll (im folgenden stets HV/P)-HBV v. 6./7. 8. 1951.
41 Vgl. z. B. HV/P-HBV v. 30./31. 7. 1954; HV/P-HBV v. 5./6. 5. 1955; GT/P-HBV 1958, S. 190; Gewerkschaftsausschuß-Protokoll (im folgenden stets GA/P)-HBV v. 13. 6. 1958.

Schwierige Lektüre

Tarifpolitik

Die Tarifpolitik gilt gemeinhin als das „Herzstück gewerkschaftlicher Arbeit".[42] Seit dem Ende der Harmonieverbände 1918 hatte sie sich zum entscheidenden Mittel für die Sicherung der Löhne und Gehälter, für die Gestaltung von Arbeitsbedingungen und Arbeitnehmerschutzrechten entwickelt. Nach der Befreiung von der NS-Diktatur, die diesen Prozeß gewaltsam unterbunden hatte, knüpften die Gewerkschaften daran an. Zunächst blieben ihnen allerdings die Hände gebunden. Bis zum Dezember 1948 ließ ein von den Alliierten verfügter Lohn- und Gehaltsstopp freie Tarifvereinbarungen nicht zu. Trotz ihrer späten Gründung war es HBV daher möglich, die Arbeit auf diesem Gebiet zum gleichen Zeitpunkt wie die anderen Gewerkschaften aufzunehmen.

Der gemeinsame Start ließ die ungünstigen tarifpolitischen Ausgangsbedingungen im privaten Dienstleistungsgewerbe um so deutlicher hervortreten. In erster Linie gründeten sie in der materiellen Situation der hier tätigen Arbeitnehmer. Nach den Ergebnissen der ersten in der Bundesrepublik durchgeführten Gehalts- und Lohnstrukturerhebung des Jahres 1951 hinkten die Verdienste der Arbeiter und der Angestellten im Handel, aber auch in den Banken und Versicherungen den Löhnen und Gehältern der übrigen Wirtschaftsbereiche hinterher. Das private Dienstleistungsgewerbe bekam den amtlichen Stempel eines lohn- und gehaltspolitischen Entwicklungsgebietes aufgedrückt und diese Einstufung war um so berechtigter, als

Schuhgeschäft in Berlin um 1953

der vergleichsweise hohe Anteil beschäftigter Frauen berücksichtigt werden mußte, denen im gesamtwirtschaftlichen Durchschnitt etwa 35 bis 40 Prozent weniger ausgezahlt wurde als ihren männlichen Kollegen.[43]

Die Gründe für den deprimierenden Befund lagen teilweise in der nationalsozialistischen Einkommenspolitik. Zwar hatten die zuständigen „Treuhänder der Arbeit" im ganzen sorgsam auf die Einhaltung des seit 1933 bestehenden Lohn- und Gehaltsstopps geachtet, doch war es immer wieder zu Durchbrechungen des Stabilitätsgebotes und zu Anpassungen an veränderte Arbeitsmarktlagen gekommen. Sie kamen hauptsächlich den Arbeitnehmern jener Industriezweige zugute, die von der nationalsozialistischen Aufrüstungspolitik begünstigt wurden. Am allgemeinen wirtschaftlichen Aufschwung seit Mitte der dreißiger Jahre nahmen die Beschäftigten des privaten Dienstleistungsgewerbes daher weniger teil, auch wenn sie nicht völlig von Einkommenserhöhungen ausgenommen blieben. Doch es wäre falsch, das niedrige Gehaltsniveau im Handel, sowie in Banken und Versicherungen allein der Entwicklung nach 1933 anzulasten. Die geschlechtsspezifische Einkommensdiskriminierung gibt es, seitdem Frauen erwerbstätig sind; die „Bankbeamten" hatten ihre einstige Spitzenstellung unter den Angestelltenverdiensten schon am Ende der Weimarer Republik an die Industrieangestellten abgeben müssen; der Handel schließlich hatte seinen Angestellten seit eh und je sehr niedrige Löhne und Gehälter gezahlt.[44]

Welche Umstände und Faktoren die diskriminierende Einkommenssituation auch herbeigeführt haben mochten, der gewerkschaftlichen Interessenvertretung war eine klar umrissene tarifpolitische Aufgabe gestellt: Es galt, eine Nachholentwicklung mit dem Ziel einzuleiten, den Rückstand der Löhne und Gehälter gegenüber den Einkommen in der übrigen Wirtschaft zu beseitigen.

Die praktische Verfolgung dieser anspruchsvollen Zielsetzung stieß auf eine Vielzahl von Hindernissen. Zu ihnen gehörte durchweg das Konkurrenzverhältnis von HBV und DAG. Hier ist allerdings nicht der Platz, um im einzelnen auf die großen und wiederkehrenden Probleme einzugehen, die sich daraus zum Nachteil für die Beschäftigten ergaben. Nur so viel sei gesagt, daß die Interessen der Arbeitnehmer oftmals unter die Räder organisationspolitischer Vorteilssuche kamen, sei es wegen der „hektischen Eile" beim Abschluß von Tarifverträgen, um den „Erfolg" jeweils für sich verbuchen zu können oder sei es wegen der erschwerten Durchsetzung gewerkschaftlicher Forderungen im Konflikt einer der beiden Arbeitnehmerorganisationen mit der Arbeitgeberseite, der der anderen Aussicht auf Gewinne bei „abweichenden" Forderungen eröffnete. Klagen gegen solche und andere Auswirkungen des organisationspolitischen Gegeneinanders finden sich in den Veröffentlichungen der Gewerkschaft HBV und den Sitzungsprotokollen der Spitzengremien zuhauf.

Flugblatt-Verteilung

42 H.O. Vetter, Gleichberechtigung oder Klassenkampf. Gewerkschaftspolitik für die achtziger Jahre, Köln 1980, S. 17.
43 Vgl. Wirtschaft und Statistik 5, 1953, S. 293–302 u. Wirtschaft und Statistik 6, 1954, S. 20–30.
44 Vgl. F.G. Rudl, Die Angestellten im Bankgewerbe 1870–1933. Eine sozialstatistische Untersuchung, Darmstadt 1975, S. 91 u. 266f.; M. Prinz, Vom neuen Mittelstand zum Volksgenossen. Die Entwicklung des sozialen Status der Angestellten von der Weimarer Republik bis zum Ende der NS-Zeit, München 1986, S. 167.

Anfang der fünfziger Jahre gehörte es zunächst zu den vordringlichsten Aufgaben, überhaupt die Grundlage für eine effektive Verhandlungspolitik zu legen. Nicht nur im gewerkschaftlich weitgehend unerschlossenen Neuland der Wirtschaftsdienste mußte erst einmal nach tarifwilligen und -fähigen Arbeitgeberverbänden gesucht werden. In dem „einfach chaotischen" HBV-Organisationsbereich waren weithin „noch Auffassungen lebendig, die den Kollektivvertrag widerlich finden und deshalb Zusammenschlüsse zu Arbeitgeberverbänden bewußt ablehnen".[45] Periodische Tarifrunden waren, wie auch in anderen Wirtschaftszweigen, noch längst keine Selbstverständlichkeit.

Ebenso wie die Verweigerungshaltung der Arbeitgeber erschwerte die große Zahl von regional oder fachlich für einzelne Berufszweige zuständigen Klein- und Kleinstarbeitgeberverbänden den Beginn der HBV-Tarifpolitik. Als „Dschungel" empfand man nicht nur das Feld der Wirtschaftsdienste, sondern ebenso den Bereich des Handels. Immerhin gelang es im letzteren schon Anfang der fünfziger Jahre, den Tarifgeltungsbereich von der Orts-, Kreis- und Bezirksebene auf Gebiete auszudehnen, die sich überwiegend mit den HBV-Landesbezirken deckten. Die Aufsplitterung in eine Vielzahl von Fachverbänden, die insbesondere für den Großhandel charakteristisch war und blieb, wurde davon jedoch nicht berührt. Umfassender war der Tarifgeltungsbereich von Anfang an im Bank- und Versicherungsgewerbe. Zwar gab es auch hier Sonderverträge für einzelne Sparten sowie unternehmensbezogene Regelungen, doch die Tarifentwicklung in diesen Bereichen wurde grundsätzlich bestimmt durch Änderungen und Verbesserungen, die jeweils in bundesweit geltenden Tarifverträgen für das private Bank- und für das private Versicherungsgewerbe vereinbart wurden.

Mit den sich aus der räumlichen und fachlichen Aufgliederung der Tarifbereiche Handel und Wirtschaftsdienste ergebenden Koordinationsproblemen war die im Aufbau befindliche und noch wenig durchorganisierte Gewerkschaft HBV überfordert. Da es nicht gelang, „in Nord und Süd und West und Ost die gleiche tarifpoliti-

Vor dem Gewerkschafts-Kongreß 1958

Es geht um Geld: Ein Pfund Kaffee und 200 Mark für die Einzahlerin der 100-Millionsten Spar-Mark Berlin 1953

sche Sprache zu sprechen"[46], mußte eine weitgehende formelle wie materielle Uneinheitlichkeit der Tarifverträge in Kauf genommen werden. Der Wildwuchs zeigte sich vor allem an den regional verschiedenen Laufzeiten, Tätigkeits- und Qualifikationsmerkmalen der Gehalts- und Lohngruppen und an den beträchtlichen Unterschieden in den Verhandlungsergebnissen.

Die Uneinheitlichkeit und Undurchsichtigkeit des Tarifgeschehens kennzeichneten die maßgeblichen Bedingungen für die tarifpolitische Willensbildung innerhalb der Gewerkschaft HBV während der beiden ersten Jahrzehnte. Konnten die jährlich mehr als 200 allein im Handel abzuschließenden Einzelverträge schon mangels Vergleichbarkeit der Begriffe und Bewertungsmaßstäbe vom Hauptvorstand kaum überblickt werden, war es völlig ausgeschlossen, die Tarifverhandlungen von zentraler Stelle aus zu führen. Hier lag bis in die sechziger Jahre hinein die strukturelle Bedingung für die Eigenständigkeit der Fachabteilungen auf Orts- und Landesebene. Tarifarbeit war ihre Sache. Gemäß den tarifpolitischen Richtlinien wählten sie für jedes Tarifgebiet die ehrenamtlichen Verhandlungskommissionen.[47]

Mit der Bildung des tarifpolitischen Ausschusses im Jahre 1955, der eine einheitliche Linie der örtlichen und regionalen Tarifarbeit sicherstellen sollte, nahm man sich in systematischer Arbeit der Koordinierung der dezentralen tarifpolitischen Entscheidungen an. Aber auch wenn die erfolgreiche Eingrenzung des Gestaltungsspielraums der Fachabteilungen als Ergebnis dieser Bemühungen frühzeitig hervorgehoben wurde, war doch nicht zu übersehen, daß es noch Jahre dauern würde, „bis diese Grundsatzarbeit unserer Gewerkschaft in den Tarifverträgen sichtbar wird".[48]

Bis zum Gewerkschaftstag 1958 war die HBV-Tarifpolitik so weit institutionalisiert und koordiniert, daß in diesem zentralen gewerkschaftlichen Handlungsfeld ein neuer Abschnitt eingeleitet werden konnte. Mit demonstrativer Entschlossenheit wurde nun die Beseitigung der „Anschlußlücke", d.h. der Einkommensdifferenz der Arbeitnehmer im privaten Dienstleistungsgewerbe gegenüber den Beschäftigten anderer Wirtschaftszweige auf die Tagesordnung gesetzt. Hinzu kam als weiterer Schwerpunkt der kommenden tarifpolitischen Arbeit die vom DGB erstmals auf dem 1.-Mai-Feiertag 1952 verkündete Forderung nach der 40-Stunden-Arbeitswoche.

Der Rückstand in der Tarifentwicklung im privaten Dienstleistungsgewerbe konnte spätestens seit dem Ende der fünfziger Jahre nicht mehr nur auf die nationalsozialistische Lohnpolitik zurückgeführt werden. Den beiden zuständigen Gewerkschaften HBV und – der zahlenmäßig damals noch überlegenen – DAG gelang es in getrennter und gemeinsamer, jedenfalls oft von

45 GT/P-HBV 1951, S. 56.
46 Wilhelm Pawlik auf dem GT-HBV 1951, S. 56.
47 Vgl. Bayer, Organisation, 262f.
48 GT/P-HBV 1958, S. 138 u. 69.

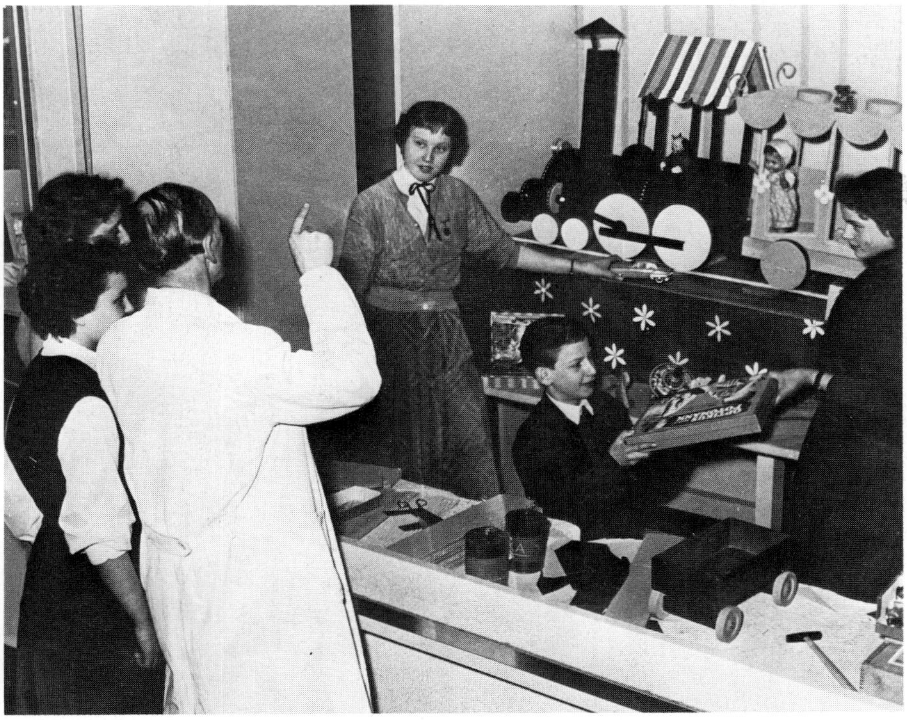

In der Berufsschule um 1955

Wenn der Milchmann kommt um 1955

organisationspolitischer Konkurrenz geprägter Verhandlungsführung nicht, mit den Tarifbewegungen in anderen Wirtschaftsbereichen Schritt zu halten. Statt der erhofften Annäherung mußten die Arbeitnehmer der privaten Dienstleistungsbetriebe bei allem materiellen Fortschritt zur Kenntnis nehmen, daß sich die Einkommensschere zu vergleichbaren Beschäftigtengruppen etwa der Metall-, Chemie- oder Textilindustrie weiter öffnete.

Die im Einzelhandel gezahlten Löhne und Gehälter waren der dunkelste Fleck auf der glänzenden Fassade wirtschaftlich prosperierender Dienstleistungsbereiche. Darauf bezogen sich denn auch im wesentlichen die Vorschläge zu einer „aktiveren Tarifbewegung", die nicht mehr im „Windschatten des DGB und seiner übrigen Gewerkschaften" stehen dürfe.[49] Die tarifpolitische Neukonzeption richtete sich zuvorderst gegen einen alle Betriebsgrößen des Einzelhandels einschließenden Tarifvertrag, der die enge Anbindung der Grundlöhne und -gehälter an die unternehmensspezifische Ertragslage verhindert und zum Anwachsen der übertariflichen Lohn- und Gehaltsbestandteile geführt hatte. Die künftig zu fordernden, über das Niveau der allgemein erzielten Tarifanhebungen hinausgehenden Zuschläge wollte man sich dort holen, wo einerseits zwischen Umsatz- und Gewinnsituation und tariflich zugestandenen Arbeitnehmerverdiensten die größte Kluft bestand und wo andererseits eine „erhebliche Beanspruchung und intensivere Ausnutzung der Arbeitskräfte" gesehen wurde: in den Waren- und Kaufhäusern, Lebensmittel-Filialbetrieben, Versandhäusern und anderen Großunternehmen.[50]

Daß es tarifpolitisch unzweckmäßig sei, den gesamten Einzelhandel als homogenes Wirtschaftsgebiet zu betrachten und in einem Tarifvertrag alle Unternehmensgrößen, vom Kiosk, den „Tante-Emma-Läden" über die Waren- und Kaufhäuser bis zum Großversand-Unternehmen zu erfassen, war schon zu Anfang der fünfziger Jahre jedermann einsichtig. Aber erst nach der gröbsten Aufbauarbeit wurde die Forderung nach Sondertarifverträgen offiziell. Schon bei ihrer ersten Bekanntgabe im September 1957 in der HBV-Mitgliederzeitung „ausblick", in der zur Begründung Unternehmensbilanzen veröffentlicht wurden, hagelte es Proteste der Arbeitgeber. Gegen das gewerkschaftliche Anliegen kündigte sich ein vehementer und hartnäckiger Widerstand an, der unmittelbar nach Verlautbarung der Forderung so weit ging, daß Tarifverhandlungen „aus Strafe" ausgesetzt bzw. gar nicht erst begonnen wurden.[51]

An Streiks war nicht zu denken, um der Abwehrfront der Arbeitgeber erfolgversprechend gegenübertreten zu können. Auch wenn „immer wieder

49 So Wilhelm Pawlik in der Sitzung des GA-HBV v. 13. 12. 1958.
50 Vgl. Entschließung zur Tarifpolitik im Einzelhandel: GT/P-HBV 1958, S. 552f.
51 Vgl. GT/P-HBV 1958, S. 71.

sehr oberflächlich ... von Kampfmaßnahmen" geredet wurde,[52] der geringe Organisationsgrad, die schwache betriebliche Stellung und das eigene finanzielle Polster versetzten HBV nur sehr bedingt in die Lage, Arbeitskampfdrohungen glaubhaft zu machen. Die wenigen Streiks bzw. Urabstimmungen und Streikbeschlüsse in den fünfziger und sechziger Jahren betrafen nahezu alle den gewerblichen Arbeitsbereich im Großhandel. Der 16tägige Streik im Mainzer Kohlengroßhandel im November 1956 war der erste Streik in der Geschichte der Gewerkschaft HBV.

Solange die Beschäftigten die Unterstützung der Sondertarifforderung nicht durch den Gewerkschaftsbeitritt zu bekräftigen bereit waren, konnte HBV ihre „Kampfbereitschaft" nur durch die Weigerung unter Beweis stellen, „unseren guten Namen unter Tarifverträge mit ... kümmerlichen Löhnen und Gehältern zu setzen. Lieber nehmen wir einen tariflosen Zustand in Kauf. Dann mag der Einzelhandel selbst diese Löhne und Gehälter

seinen Beschäftigten gegenüber vertreten. Dann werden auch die Beschäftigten erkennen, daß die Arbeitgeber eines gut verdienenden Wirtschaftszweiges ihre Mitarbeiter im tiefsten Schatten des Wirtschaftswunders stehen lassen".[53]

Tariflose Zustände gab es in der Folgezeit bis zur Gegenwart insbesondere im Handel. Sie boten zumindest den Vorteil, nicht der durch einen Tarifvertrag begründeten Friedenspflicht unterworfen zu sein. Die meist nach DAG-Abschlüssen eingegangenen tariflosen Zustände schufen die Plattform für eine kontinuierliche und werbewirksame Agitation zugunsten weitergehender HBV-Forderungen, die hier und da Mitgliedererfolge versprach. Entsprechend war die Öffentlichkeitsarbeit neben den zahlreichen alltäglichen und wenig spektakulären Verhandlungsrunden ein Schwerpunkt der tarifpolitischen Bemühungen im Handel. Mitglieder, Unorganisierte, Käufer und Käuferinnen wurden u. a. in zahlreichen lokalen und überregionalen Aktionen auf die Unterbezahlung der Einzelhandelsbeschäftigten aufmerksam gemacht. Eine außerordentliche, 20–25prozentige Tariferhöhung wurde gefordert, begründet und auch dann noch weiter vorgetragen, als sie der HBV den Vorwurf der „Anarchie" seitens des Bundeswirtschaftsministers Ludwig Erhard eintrug.

Mit der Forderung nach Sondertarifverträgen begab sich die Organisation auf einen Kurs, von dem man wußte, daß er nur nach langer und dornenreicher Wegstrecke zum Ziel führen würde. Sie war nach den Worten des damaligen Landesbezirksleiters in Bayern, Oskar Gesierich, „das heißeste Eisen..., das in unserer Organisation seit ihrem Bestehen angefaßt wurde". Der Leiter der Hauptfachabteilung Handel und spätere Vorsitzende, Werner Ziemann, meinte, „acht Jahre energischer, unerbittlicher Kampf" würden nötig sein, um „dieses heiße Eisen (zu) lösen".[54] Wenn man indessen innerhalb dieser Zeitspanne kaum einen Schritt vorankam und die Forderung im wesentlichen bis heute auf ihre Realisierung wartet, dann lag das einerseits an einer Durchsetzungsstrategie, die auf die Stärkung der Organisationsmacht in den Betrieben hin angelegt und angewiesen, aber in dieser Hinsicht zunächst nicht genügend erfolgreich war. Andererseits scheiterte die Durchsetzung an der Hauptgemeinschaft des Deutschen Einzelhandels, die wohl nicht zuletzt in ihrem Bemühen, die Gegensätze zwischen den großen Unternehmen auf der einen sowie den mittleren und kleinen Betrieben auf der anderen Seite auszugleichen, eine Tarifaufgliederung beharrlich ablehnte.

Für die Arbeitnehmer standen die Jahre des beginnenden „Wirtschaftswunders" im Zeichen langer Arbeitszeiten. Mehr als dreißig Jahre nach der gesetzlichen Verankerung des Achtstundentages (1918) betrug die tarif-

52 GT/P-HBV 1958, S. 169.
53 Wilhelm Pawlik auf dem GT-HBV 1958, S. 72.
54 GT/P-HBV 1958, S. 152 u. 162.

Gewerkschaftsversammlung um 1958

liche Wochenarbeitszeit in den meisten Wirtschaftsbereichen noch 48 Stunden. Tatsächlich wurde häufig länger gearbeitet; im Durchschnitt länger als in anderen Ländern. Mitte der fünfziger Jahre wurde daher die „Fünftagewoche bei vollem Lohn- und Gehaltsausgleich mit täglich achtstündiger Arbeitszeit" (DGB-Aktionsprogramm 1955) zur tarifpolitischen Kernforderung aller deutschen Gewerkschaften für die folgenden Jahre. Die HBV übernahm sie für das gesamte Organisationsgebiet auf ihrem Gewerkschaftstag 1955. Sie wurde mit der psychischen und physischen Belastung der Arbeitskräfte infolge gestiegener Arbeitsintensität begründet. In der Verkürzung der Arbeitszeit sah man ein wirkungsvolles Instrument, die „Folgen dieser Vorgänge" einzudämmen: „Frühinvalidität, steigende Krankheits- und Unfallzahlen, die in den letzten Jahren eine erschreckende Höhe angenommen haben".[55]

Im Versicherungsgewerbe kam man am schnellsten voran. Während in den meisten Wirtschaftsbereichen die Verhandlungen um eine Arbeitszeitverkürzung auf 45 Stunden noch nicht abgeschlossen waren, galt hier – ab Februar 1957 – bereits die 43,75-Stunden-Woche. In den Banken wurde seit Beginn des gleichen Jahres nur noch 45 Stunden gearbeitet. Der überwiegende Teil der Handelsbeschäftigten mußte noch mehr als ein Jahr auf die tariflich verbriefte Arbeitszeitverkürzung warten.

In den getroffenen Vereinbarungen war der Gewinn an Freizeit allerdings nicht mit vollem Lohnausgleich zu haben. Probleme gab es zudem bei der betrieblichen Umsetzung der kürzeren Arbeitszeiten. Zum einen bedeuteten verkürzte Arbeitszeiten bei gleichbleibendem Arbeitsaufwand und einer gewöhnlich unzureichenden Zahl an Neueinstellungen zwangsläufig eine noch intensivere Beanspruchung des Personals. Zum anderen kam den Beschäftigten im Einzelhandel die Arbeitszeitverkürzung häufig nur in der Form verlängerter Pausenzeiten zugute; das ursprünglich gesetzte Ziel einer längeren zusammenhängenden Freizeit blieb damit unerreicht.

Die Abkoppelung der tariflichen Arbeitszeiten von den Ladenöffnungszeiten zwang die Gewerkschaft, Formen der betrieblichen Arbeitszeitorganisation im Einzelhandel zu finden, die Pausenverlängerungen ausschlossen und zusammenhängende Freizeiten, auch am Wochenende, gewährleisteten. In Zusammenarbeit mit den Betriebsräten der Waren- und Kaufhausunternehmen führten entsprechende Überlegungen bald zu praktischen Erfolgen. Seit 1962 wurden in einer wachsenden Zahl von Filialen einiger Warenhaus-Unternehmen Arbeitszeit- bzw. Freizeitmodelle getestet, die vorsahen, jeder vollbeschäftigten Verkaufskraft innerhalb eines Zeitraums von vier Wochen entweder einen kurzen Samstag und einen weiteren halben Werktag oder einen ganzen Werktag (keinen Samstag) als Freizeit zu gewähren. Bis 1967 konnten solche rollierenden Freizeitsysteme für etwa die Hälfte aller Arbeitnehmer im Einzelhandel zwar nicht tarifvertraglich, aber in Betriebsvereinbarungen festgelegt und damit eine 5-Tage-Woche bei sechs verkaufsoffenen Tagen sichergestellt werden.

In der Frage der Arbeitszeitverkürzung führte die Ende der fünfziger Jahre erreichte und bis zur Mitte der siebziger Jahre nie ernsthaft gefährdete Vollbeschäftigung zu einer Verschärfung der unternehmerischen Interessenpolitik. Die IG Metall bekam dies in einem der größten Arbeitskämpfe in der Bundesrepublik Deutschland, dem

Akteneinsicht bei der Bundesversicherungsanstalt für Angestellte (BfA) um 1960

An der Börse 1961

Nach dem Einkauf

55 Entschließung zur kürzeren Arbeitszeit: GT/P-HBV 1955, S. 448f.

Im Kaufhaus

Menschen im Büro um 1960

Streik in der baden-württembergischen Metallindustrie 1963, zu spüren. Mußte sich schon die größte Gewerkschaft im DGB später mit einer Verschiebung weiterer Schritte zum Ziel der 40-Stunden-Woche abfinden, konnten zunehmende Schwierigkeiten für die gewerkschaftliche Arbeitszeitpolitik im privaten Dienstleistungsgewerbe nicht ausbleiben.

Zwar war es im Bank- und Versicherungsgewerbe 1961 bzw. 1960 noch gelungen, die vollständige Abschaffung der Samstagsarbeit zu erreichen, doch ließ sich bereits dieser Erfolg nicht mit einer weiteren Arbeitszeitverkürzung koppeln. Nur zähneknirschend stimmten die HBV-Gewerkschafter daher für die Annahme der neuen Manteltarifverträge, nach denen für die Einführung der 5-Tage-Woche der Preis verlängerter täglicher Arbeitszeiten zu zahlen war. Die in der zweiten Hälfte der fünfziger Jahre vergleichsweise günstigen Arbeitszeitregelungen bei den Versicherungen und im Bankgewerbe nahmen in ihrer Differenz zu anderen Wirtschaftszweigen ab und gingen ganz verloren. Nachdem in beiden Branchen mit einzelnen Ausnahmen, bis Januar 1962 die Arbeitszeit auf 42,5 Stunden verringert werden konnte, dauerte es bis zur endgültigen Einführung der 40-Stunden-Woche weitere elf (Versicherungen) bzw. zwölf (Banken) Jahre. Auch in der Wohnungsbauwirtschaft dauerte es von der Einführung der 42,5-Stunden-Woche (1962) mehr als zehn Jahre bis zur Verwirklichung des Ziels der 40-Stunden-Woche.

Der auf allen regionalen und sektoralen Arbeitsmärkten spürbare Engpaß nahm im Einzelhandel besondere Ausmaße an. So verließen nach Angaben der Hauptgemeinschaft des Deutschen Einzelhandels im Jahre 1961 25 Prozent der festangestellten Verkaufskräfte die Einzelhandelsbetriebe.[56] Innerhalb der Gewerkschaft HBV versäumte man es nicht, den Mangel an Nachwuchskräften und die hohe Personalfluktuation auch und gerade auf die materiellen (Unterbezahlung) und sozialen Benachteiligungen (lange Arbeitszeiten, unzureichende Freizeitregelungen) der Handelsangestellten zurückzuführen. Als Richtschnur für das eigene Vorgehen und als Angebot an die Arbeitgeber erarbeitete die Hauptfachabteilung Handel einen „Vierstufenplan", in dem wechselweise wöchentliche Arbeitszeitverkürzungen und Urlaubsverlängerungen gefordert wurden. Als Ziel sah der 1961 vom HBV-Vorstand und den Gewerkschaftstagsdelegierten angenommene „Vierstufenplan" bis 1964/65 die Einführung der 40-Stunden-Woche an fünf Arbeitstagen sowie einen Mindesturlaub von 18 bis 24 Tagen vor.

Die tatsächliche Entwicklung blieb weit hinter diesem Forderungskatalog zurück. Vor allem trat bis Mitte der sechziger Jahre ein völliger Stillstand bei der wöchentlichen Arbeitszeitverkürzung ein. Erst 1965/66 gelang es, die 45-Stunden-Woche um zweieinhalb Stunden zu verkürzen. – Folgte der Handel der 42,5-Stunden-Regelung im übrigen Organisationsgebiet in einem zeitlichen Abstand vor rund vier Jahren, ist es bemerkenswert, daß in diesem Sektor des privaten Dienstleistungsgewerbes die Einführung der 40-Stunden-Woche im Jahre 1971 vor der Durchsetzung entsprechender Regelungen im Bank- und Versicherungsgewerbe sowie der Wohnungswirtschaft gelang.

56 *ausblick* 10/1963, S. 3.

„Volksaufstand": Der Kampf um das Ladenschlußgesetz

Die Konsolidierung der Organisation in den ersten anderthalb Jahrzehnten gelang im wesentlichen nicht. Die erhofften Mitgliedererfolge blieben aus und die katastrophal schlechte Finanzlage der Gewerkschaft HBV ließ keinen Spielraum für zusätzliche Anstrengungen bei der Mitgliederwerbung und -betreuung. Auch auf tarifpolitischem Gebiet kam die HBV alles in allem nur mühsam voran. Dem gegenüber stand ein sozialpolitischer Erfolg, der von der Gewerkschaft HBV und der DAG zusammen mit den Arbeitgebern im Einzelhandel durchgesetzt worden war: die gesetzliche Neuregelung der Ladenschlußzeiten.

Ausgangspunkt der gewerkschaftlichen Bemühungen waren die langen Arbeitszeiten im Einzelhandel Anfang der fünfziger Jahre. Das tarifliche Stundenhöchstsoll wurde in dieser Branche weit überschritten. „Effektive" Arbeitszeiten von 60 Stunden an sechs Arbeitstagen waren, wie die Gewerbeaufsichtsbeamten bestätigten, keine Ausnahme. Ausgedehnte Pausen, Vor- und Abschlußarbeiten u. a. m. wurden nicht in die bezahlte Arbeitszeit eingerechnet. Die Ladenöffnungszeit (damals zulässig zwischen 7 und 19 Uhr) und die Arbeitszeit der Verkäuferinnen und Verkäufer waren weitgehend identisch.

Auf tarifvertraglichem Weg war diesem Problem nicht beizukommen. Der kontrollierbare Schutz des Verkaufspersonals besonders in den zahlreichen Kleinbetrieben mit bis zu fünf Arbeitnehmern machte eine bundesgesetzliche Regelung der Verkaufszeiten im Einzelhandel erforderlich. Für mehrere Jahre stand dieses Ziel im Mittelpunkt der gewerkschaftspolitischen Aktivitäten der HBV. Bereits auf dem Verschmelzungsgewerkschaftstag forderten die Delegierten das „freie Wochenende" im Einzelhandel, später ausgeweitet und konkretisiert in der Forderung, die Ladenöffnungszeiten

Kundenberatung will gelernt sein – Berufsschulunterricht

an Samstagen auf 13, an den übrigen Werktagen auf 18 Uhr zu begrenzen.

Als der Deutsche Bundestag am 28. November 1956 das Ladenschlußgesetz verabschiedete, hatten diese und ähnliche Forderungen über mehrere Jahre hinweg die Gemüter in der Öffentlichkeit und im politisch-parlamentarischen Raum erhitzt; und wenig deutete darauf hin, daß der parlamentarische Schlußakt die Diskussion um die Ladenöffnungszeiten verstummen lassen würde. Tatsächlich erwies sich das Gesetz von 1956 immer wieder neu, bis zum heutigen Tag, als „Dauerbrenner" publizistischer und politischer Kontroversen im Schnittpunkt von Arbeitnehmer-, Arbeitgeber- und Verbraucherinteressen.

Wer sich die heftigen Debatten und Auseinandersetzungen in der Bundesrepublik bis zum Jahre 1956 ansieht, kann leicht dem Eindruck erliegen, zu jener Zeit sei es im Einzelhandel um die Durchsetzung bzw. Abwehr erstmaliger staatlicher Eingriffe in das freie Spiel der Marktkräfte gegangen. Davon kann nicht die Rede sein. Die Forderung nach dem 8-Uhr-Ladenschluß stand am Anfang der in den 1880er Jahren einsetzenden Aktivität der Angestelltenverbände für eine staatliche Sozialpolitik. Erfolge stellten sich nur langsam ein, aber seit dieser Zeit regulieren staatliche Ladenschlußbestimmungen den Wettbewerb und die Arbeitszeiten im Einzelhandel. Als Ausgangspunkt der Ladenschlußregelung in Deutschland kann das Gesetz vom 1. Juni 1891 gelten. Es beschränkte die Sonntagsverkaufszeit generell auf fünf Stunden. Rechtsgrundlage für die Ladenschlußfrage nach 1945 war die Arbeitszeitordnung vom 30. April 1938, in der es hieß: „Offene Verkaufsstellen jeder Art, mit Ausnahme der Apotheken, müssen von 19 bis 7 Uhr für den geschäftlichen Verkehr geschlossen sein."[57] Innerhalb dieses Rahmens waren die Verkaufszeiten in der Bundesrepublik zunächst örtlich sehr verschieden geregelt. Das galt insbesondere für die Sonnabende. In manchen Städten schlossen die Läden an diesem Tag bereits um 14 Uhr, während das Wochenende für die Einzelhandelsangestellten andernorts erst um 17, 18 oder gar 19 Uhr begann. Mindestens die 14-Uhr-Regelung sollte nach den Wünschen der Einzelhandelsbeschäftigten bundeseinheitlich festgeschrieben werden. Ihr Kampf für dieses sozialpolitische Anliegen mußte dort mit aller Heftigkeit entflammen, wo einzelne Unternehmen das Rad der Entwicklung zurückzudrehen trachteten und den bereits erreichten frühen Samstag-Ladenschluß bekämpften. Gerichtliche Entscheidungen ebneten dazu den Weg. Von mehreren Verwaltungsgerichten und am 20. Mai 1952 schließlich auch vom Bundesverfassungsgericht mußten sich die Städte und Länder mit eigenen gesetzlichen Ladenschlußregelungen sagen lassen, daß die Arbeitszeitordnung von 1938 weiterhin gültig sei. Nach Auffassung des obersten Gerichts war demzufolge bundeseinheitlich nicht nur geregelt, wann im Interesse des Arbeitsschutzes der Angestellten die Verkaufsläden geschlossen halten mußten, sondern auch, zu welchen Zeiten aus wettbewerbsrechtlichen Gründen die Läden geöffnet sein durften.

Die höchstrichterliche Entscheidung stärkte den Rücken jener, die den zwischenzeitlich eingespielten 14-Uhr-Ladenschluß abzuändern suchten. Die heftigsten Szenen spielten sich im

Ladenschluß-Demonstrationen München 1953/54

Rahmen der Auseinandersetzungen um die Münchener Ladenschlußzeiten ab. In der bayerischen Landeshauptstadt hatte der Stadtrat 1951 den 14-Uhr-Ladenschluß gesetzlich verankert. Der Konflikt wurde entfacht, als der bayerische Verwaltungsgerichtshof die Entscheidung des Stadtrates für ungültig erklärte. Die in München sich niederlassende Firma C & A Brenninkmeyer, die mit einem Reklamefeldzug für die Öffnung der Geschäfte an allen Samstagnachmittagen die Front der Gegner des frühen Ladenschlusses maßgeblich verstärkte, machte zusätzliche Anstrengungen der Gewerkschaften notwendig. Die DAG und die im Münchener Einzelhandel stärker vertretene HBV entschlossen sich zu gemeinsamen Aktionen. Sie organisierten die am 13. und 20. Juni 1953 stattfindenden Demonstrationen von rund 10 000 Einzelhandelsbeschäftigten gegen den Samstagnachmittag-Verkauf bei C & A. Es kam in beiden Fällen zu Ausschreitungen, über die die Gewerkschaftszeitung *ausblick* berichtete: „Eine unübersehbare Menschenmenge legte den Verkehr in der Innenstadt lahm. Eingedrückte Schaufenster und eine wahre Straßenschlacht waren die Folgen eines unnötig scharfen Vorgehens der Polizei sowie der mit Karabinern und Maschinengewehren aufmarschierten bayerischen Bereitschaftspolizei, die u. a. Wasserwerfer eingesetzt hatten. Mehr als 50 Demonstranten wurden verhaftet." Ähnliche Szenen wiederholten sich Anfang 1954. In der Zwischenzeit war unter Vermittlung des bayerischen Staatsministeriums für Arbeit und soziale Fürsorge ein Abkommen erzielt worden, das bei der Lösungssuche der Bonner Ministerialen und Parlamentarier eine wichtige Rolle spielen sollte. Nach der Münchener Regelung blieben die Geschäfte am ersten Samstag im Monat geöffnet, während sie an allen übrigen Samstagen um 14 Uhr zu schließen waren. Verstöße gegen diese Absprache waren die Auslöser erneuter Protestaktionen. – Die Auseinandersetzungen um den Münchener Ladenschluß, die manchem Beteiligten als ein „heroischer Kampf" oder gar als eine „Volkserhebung" in Erinnerung blieb,[58] dauerten mit weiteren Demonstrationen und Gerichtsprozessen bis zur Verabschiedung des Ladenschlußgesetzes an. Sie zeigten hier wie andernorts, daß der Bundesgesetzgeber in dieser Frage gefordert war.

Wäre es nach dem damaligen Bundeswirtschaftsminister gegangen, hätte es in der Bundesrepublik eine Ladenschlußregelung nie gegeben. Ludwig Erhard hielt feste Verkaufszeiten für „unsozial" und wandte sich stets, wie in seinem Buch „Wohlstand für alle", gegen eine Ladenschlußregelung: „Für derartige Gesetze bringe ich kein Verständnis auf. ... Kein Mensch kommt doch z. B. auf die Idee, daß etwa am Samstagnachmittag keine Züge gehen dürften oder keine Post ausgetragen

57 K. Reichert, Das Ladenschlußproblem in der Bundesrepublik Deutschland, Wien 1971, S. 15.
58 GT/P-HBV 1955, S. 63 f.; GT/P- DAG 1957, S. 79.

Polizeieinsatz gegen demonstrierende Einzelhandelsangestellte München 1954

wird, keine Gaststätte geöffnet haben sollte." Dieses Argument leuchtete nicht allen Parteifreunden Erhards ein. Einige von ihnen gaben sich in der Ladenschlußfrage als handlungswillige Adressaten der gewerkschaftlichen Forderungen zu erkennen.

Aus der von der Gewerkschaft erhofften schnellen Verabschiedung einer bundesgesetzlichen Regelung wurde dennoch nichts. Zahlreiche Gesetzesentwürfe und Änderungsvorschläge wurden in Ausschüssen und Ministerien unter Einbeziehung der Verbände beraten und – verworfen. Umstritten war vor allem die Frage, ob und an welchem Halbtag die Läden geschlossen bleiben sollten. HBV und DAG plädierten für den freien Samstagnachmittag, um den im Einzelhandel tätigen Angestellten ein zusammenhängendes Wochenende als notwendige Erholungspause zu sichern und ihnen die Möglichkeit zu geben, stärker als bisher am kulturellen Leben teilzunehmen. Im Kreise der ebenfalls auf eine Ladenschlußregelung drängenden Einzelhändler bestand keine einheitliche Meinung, was angesichts der verschiedenen Unternehmensgrößen und Betriebsstrukturen nicht überraschend war. Die Befürworter des freien Samstagnachmittags, denen zunächst eine etwa gleich große Zahl von Gegnern dieser Regelung gegenüberstand (v. a. die Waren- und Kaufhauskonzerne und der Lebensmitteleinzelhandel), konnten mit der Zeit das Stimmengewicht innerhalb des Spitzenverbandes der Arbeitgeber, der Hauptgemeinschaft des Deutschen Einzelhandels, zu ihren Gunsten verlagern.

Es waren in erster Linie verkaufspolitische Erwägungen, die hinter den konkurrierenden Vorschlägen standen. Das Bundeswirtschaftsministerium trat dafür ein, jedem Arbeitnehmer im Einzelhandel einen von Woche zu Woche wechselnden halben freien Tag ohne vorzeitigen Ladenschluß zu sichern. Unterstützt wurde es dabei von der finanzstarken „Aktionsgemeinschaft Dienst am Kunden", hinter der sämtliche Waren- und Kaufhaus-Konzerne, aber auch kleinere Firmen standen. Aber diese „Lösung" war ebensowenig wie der Vorschlag, den Montagvormittag oder den Mittwochnachmittag als freien Halbtag für alle Einzelhandelsbeschäftigten vorzusehen, geeignet, den Widerstreit der Interessen in der Ladenschlußdiskussion auszugleichen.

Die endgültige Beratung im Bundestag fand schließlich auf der Grundlage eines Gesetzesantrags statt, den der CDU-Abgeordnete Rudolf Meyer-Ronnenberger mit Unterstützung von 126 sozialdemokratischen, 56 christdemokratischen und drei freidemokratischen Abgeordneten im Juni 1955 eingebracht hatte. Der Entwurf kam den gewerkschaftlichen Vorstellungen[59] sowie der Münchener Kompromißlösung von 1953 sehr nahe. Er sah vor, die Geschäfte samstags ab 14 Uhr zu schließen, außer am ersten Samstag des Monats. Im übrigen sollte die Öffnungszeit von 7 bis 18.30 Uhr gelten. Wußte der „Spiegel" damals zu berichten, daß „außer den Vorlagen für die Wehrgesetze... kein anderer Gesetzesvorschlag die Gemüter der westdeutschen Bundestagsabgeordneten in jüngster Zeit so sehr erhitzt (hat)",[60] entspann sich auch in der abschließenden Lesung am 8. und 9. November 1956 eine Diskussion, bei der ohne Rücksicht auf die sonst geübte Fraktionsdisziplin die Meinungen hart aufeinander prallten.[61] Vom „schlechtesten Gesetz, das dieser Bundestag verabschiedet hat", war die Rede; man sah den „Polizeistaat in neuer Form" auferstehen, erwartete von der Ladenschlußregelung katastrophale wirtschaftliche Auswirkungen auf den Einzelhandel und bezichtigte sich gegenseitig der Vernachlässigung von Arbeitnehmer-, Verbraucher- oder Einzelhändlerinteressen. Die Grundsatzdebatte und die Beratung einer Vielzahl von Abänderungs- und Zusatzanträgen standen nur 205 von 487 Bundestagsabgeordneten durch. Nur mit einer knappen Mehrheit von 153 zu 123 Stimmen bei sechs Enthaltungen wurde das Ladenschlußgesetz angenommen. Es legte nach Ablauf einer von den Gegnern für das Jahr 1957 durchgesetzten Übergangszeit (16-Uhr-Ladenschluß am Samstag; Ladenöffnung um 10 Uhr am Montag) den Samstags-Ladenschluß bis auf den ersten Samstag im Monat auf 14 Uhr fest. Die Verkaufszeit an den übrigen Werktagen wurde um eine halbe Stunde verkürzt, von 19 Uhr auf 18.30 Uhr. Von den drei verkaufsoffenen Sonntagen im Dezember blieben nur noch zwei bestehen. Für bestimmte Anlässe, Betriebsformen und Waren sah das Gesetz eine Vielzahl von Sonderregelungen vor.

Wer, wie der CDU-Abgeordnete Sabel, in der Bundestagsdebatte vom 9. November 1956 glaubte, man werde

59 Die HBV schlug zuletzt Verkaufszeiten an allen Samstagen bis 14 Uhr und an den übrigen Werktagen bis 18 Uhr vor. Darüber hinaus wollte sie zwei verkaufsoffene Sonntage – je 5 Stunden – vor Weihnachten akzeptieren; vgl. GT/P-HBV 1955, Entschließung 13, S. 451.
60 Vater braucht eine Joppe, in: *Der Spiegel,* 13.7. 1955, S. 20. Mit ähnlich dramatischen Worten kennzeichnete später Wilhelm Pawlik die Situation bei der Verkündung des Gesetzes, in der „die Bundesrepublik aus den Fugen zu gehen drohte"; GT/P-HBV 1958, S. 64.
61 Vgl. Verhandlungen des Deutschen Bundestages, 2. Sitzungsperiode, 8. u. 9. Nov. 1956, S. 9316–9382.

sich nach der Verabschiedung des Gesetzes „draußen schnell beruhigen" und das Ladenschlußthema ad acta legen, mußte sich durch die weitere Entwicklung eines Besseren belehren lassen. Bis zur aktuellen Auseinandersetzung um den von der Bonner Regierungskoalition angestrebten „Dienstleistungsabend" hat es in den vergangenen 30 Jahren kaum längere Zeitabschnitte gegeben, in denen das Ladenschlußgesetz nicht den verschiedensten Angriffen und Kritiken ausgesetzt gewesen ist. Nicht mehr der 14-Uhr-Ladenschluß an Samstagen, sondern die Frage des Abendverkaufs an den übrigen Werktagen, stand dabei im Mittelpunkt der Debatte.

Aus Sicht der Gewerkschaft HBV verlief der dreißigjährige Kampf um die Erhaltung des „größten sozialpolitischen Fortschritts, der für den Einzelhandel je errungen worden ist" (HBV-Vorsitzender Wilhelm Pawlik, 1958) zweifellos erfolgreich. Bis heute blieb der Kritik an der angeblich „antiökonomischen", „inhumanen", „innovations- und fortschrittsfeindlichen", „markt- und leistungswidrigen", „kundenfeindlichen", „versorgungshemmenden", „verkehrsbelastenden" und „streßfördernden" Ladenschlußregelung[62] die Unterstützung durch eine parlamentarische Mehrheit versagt. Die letzte bedeutsame Änderung geht auf den Oktober 1960 zurück, als die ursprünglich belassenen zwei verkaufsoffenen Sonntage vor Weihnachten abgeschafft und dafür die Laden-

Kaufhaus-Eröffnung in Berlin 1964

öffnung bis 18 Uhr an den vier Samstagen vor Weihnachten beschlossen wurde. Auch mehrere Rechtsstreitigkeiten bis vor die höchsten bundesdeutschen Gerichte, die die juristische Situation bis auf den letzten weißen Fleck eindeutig ausloteten,[63] überstand das Gesetz unbeschadet. Schließlich gelang es HBV im großen und ganzen auch, die anderen DGB-Gewerkschaften hinter ihrer Position zu versammeln. Wenngleich die in der Ladenschlußfrage angelegte Rivalität der Konsumenten- und Arbeitnehmerinteressen auch die gewerkschaftliche Solidarität mitunter arg strapazierte, blieb es stets bei einem einheitlichen Votum der deutschen Gewerkschaften, einschließlich der DAG, für die bestehende Regelung der Ladenöffnungszeiten.

Versuche, das Ladenschlußgesetz einzuschränken oder zu beseitigen, gab es nicht nur auf der Ebene der Justiz und des Bundesparlaments. Von geradezu alltäglicher Normalität waren lokale und regionale Auseinandersetzungen um dieses Gesetz. Ob in Hamburg oder München, Berlin oder Saarbrücken, ob aus Anlaß besonderer Ereignisse wie Messeausstellungen, Bundesgartenschaueröffnungen, Stadtfeste, Olympische Spiele oder zur Belebung des Umsatzes „notleidender" Branchen und zur Förderung des Tourismus – immer wieder wurden Ausnahmeregelungen zugunsten längerer Öffnungszeiten im Einzelhandel beantragt und von Stadt- und Landesbehörden genehmigt. Mitglieder und Funktionäre der Gewerkschaft HBV wandten sich stets dagegen, als „öffentliches Interesse" auszugeben, was in erster Linie der Umsatz- und Gewinnsteigerung einzelner Unternehmen diente und den betroffenen Einzelhandelsangestellten zusätzliche Lasten aufbürdete.

Telefonkosmetik

62 Vgl. zu dieser geballten, die Gegenargumente der Ladenschlußbefürworter keines Kommentars würdigenden „Kritik" die Ausführungen des Geschäftsführers des Bundesverbandes der Selbstbedienungs-Warenhäuser, W. Wichmann, Vom schlechten Kompromiß zur ökonomischen Vernunft – Flexiblere Ladenöffnungszeiten sind überfällig!, in: H. Piepenbrock (Hg.), Ladenschluß kontrovers. Beiträge zur aktuellen Diskussion, Stuttgart u. Herford 1984, S. 165–177.

63 Vgl. Hubertus Tessar, derzeitiger Sprecher der Hauptgemeinschaft des Deutschen Einzelhandels, in: Piepenbrock (Hg.), Ladenschluß kontrovers, S. 128.

Prüfung bestanden 1963

64 Z. B. die Arbeitsgemeinschaft der Verbraucher, der Verband der Selbstbedienungs-Warenhäuser, der ADAC, seit 1979 der „Deutsche Verbraucher-Schutzverband".

65 Vgl. J. Glaubitz, Feierabend statt Dienstleistungsabend, in: Dienst am Kunden. Der Handel zwischen Flexibilisierung und Ladenschluß, Hamburg 1987, S. 15–28.

Auf Aktionen und Stellungnahmen, mit denen die an einer Änderung interessierten Organisationen[64] – gelegentlich unter Regie von Public-Relations-Agenturen – in der Bevölkerung Stimmung gegen das Ladenschlußgesetz zu machen versuchten, folgte die prompte gewerkschaftliche Gegenwehr. Auf Presseverlautbarungen der Ladenschlußgegner folgten gewerkschaftliche Veröffentlichungen; der Gründung des „Aktionskomitees Ladenschluß" 1972 folgte im gleichen Jahr auf dem HBV-Gewerkschaftstag die Bildung des „Arbeitskreises Ladenschluß", der Losung „Kaufen ohne Streß" wurde das Motto „Kaufabende stehlen Feierabende" entgegengehalten usw.

Seit 1980 fordert die HBV die tarifvertragliche Absicherung des Arbeitszeitendes im Einzelhandel. Damit soll einer Lockerung der gesetzlichen Öffnungszeiten, wie sie die derzeitige Bundesregierung in Form des „Dienstleistungsabends" plant, vorgebeugt werden. Die gewerkschaftlichen Bemühungen sind im April 1988 jedoch vorerst gestoppt worden. Der Tarifausschuß beim Bundesarbeitsministerium lehnte es ab, einen den HBV-Forderungen entsprechenden Vertrag im Tarifbezirk Hamburg für allgemeinverbindlich erklären zu lassen. Da infolgedessen solche Betriebe, die keinem Tarifverband angehören, in die Regelung nicht einbezogen werden, blieb gemäß einer entsprechenden Vertragsklausel auch die Hamburger Vereinbarung unwirksam. Wie weit sich das Ladenschlußgesetz als Einfallstor einer staatlichen Flexibilisierungs- und Deregulierungspolitik[65] herausstellt, wird nun entscheidend von den weiteren Auseinandersetzungen um die tarifvertragliche Absicherung des Arbeitszeitendes im Einzelhandel – auch ohne Allgemeinverbindlichkeitserklärungen – und von den Betriebsräten abhängen, die bei der Festlegung von Beginn und Ende der täglichen Arbeitszeit mitbestimmungsberechtigt sind.

Werner Ziemann (1909–1971)
begann seine hauptamtliche Tätigkeit in der Gewerkschaftsbewegung im Juli 1946. Nach kurzer Tätigkeit als DGB-Angestelltensekretär in Niedersachsen und Geschäftsführer der HBV-Ortsverwaltung Göttingen übernahm er im April 1949 die Funktion des HBV-Landesbezirksleiters in Niedersachsen. 1951 wurde er in den Geschäftsführenden Hauptvorstand der Gewerkschaft HBV gewählt. 1961 wählten ihn die Delegierten des 5. Gewerkschaftstages zum 1. Vorsitzenden; nach vierjähriger Amtszeit trat er 1965 zurück.

Großraumbüro in einer Bank um 1968

Standespolitik ohne Perspektive

Am 11. Januar 1958, dem ersten Samstagnachmittag, an dem in der gesamten Bundesrepublik die Geschäfte aller Branchen geschlossen waren, verteilten Mitarbeiter der Gewerkschaft HBV vor den Großbetrieben des Einzelhandels zahlreiche Flugblätter. Mit der Schlagzeile: „Wir haben es geschafft! Jetzt ist es erreicht!" erinnerte man das Verkaufspersonal, das nach einjähriger Übergangszeit endlich in den Genuß der arbeitnehmerfreundlicheren Ladenschlußregelung kam, an den zähen Einsatz der Gewerkschaften für dieses sozialpolitische Ziel. Mancher Gewerkschafter, der bei der Durchführung der Aktion half, wird die schon frühzeitig und wiederholt innerhalb der Gewerkschaft HBV zu hörende Erwartung geteilt haben, die Begrenzung der Ladenöffnungs- und damit der Arbeitszeit werde das Solidaritätsbewußtsein der unorganisierten Arbeitnehmer beflügeln und der Gewerkschaft HBV zu einem mehr oder minder steilen Anstieg ihrer Mitgliederzahl verhelfen.

Dieser Schluß war voreilig. Wie so oft in den schwierigen Anfangsjahren blieb der organisatorische Ertrag gewerkschaftspolitischer Bemühungen aus. Dies lag nicht in erster Linie an der Qualität der Werbemethoden und der Öffentlichkeitsarbeit, an einer unzureichenden Präsentation tarif- und sozialpolitischer Leistungen oder auch an dem mangelnden Engagement einzelner Funktionäre, wie manche Diskussion in den Gremien und auf den HBV-Gewerkschaftstagen suggerierte. Die abnehmende Repräsentativität der gesamten deutschen Gewerkschaftsbewegung seit den frühen fünfziger Jahren legte es nahe, den Blick auf außerorganisatorische Ursachen der Mitgliederstagnation und -schrumpfung zu richten. Die private Wohlstandserfahrung in den fünfziger und sechziger Jahren, die Tendenzen zur individuellen Orientierung auf Leistung, Aufstieg und Konsum förderte und regelmäßige Einkommensverbesserungen zur nicht mehr hinterfragten Selbstverständlichkeit werden ließen, waren hier ebenso in Betracht zu ziehen wie der allgemeine politische Druck, unter dem die Gewerkschaften standen. An massiven Angriffen auf die Einheitsgewerkschaft fehlte es nicht, und auf regierungsamtlicher Seite war es üblich, bei den geringsten Anzeichen wirtschaftlicher Destabilisierung Maßhalteappelle an die Adresse der Gewerkschaften zu richten. Angesichts dieses politischen Rückenwindes für die Unternehmer mußte es die noch schwache HBV schon als Erfolg verbuchen, „daß wir wenigstens in den meisten Bereichen unseres Organisationsgebietes Partner für die Tarifverhandlungen haben".[66]

Zudem hatte es die HBV in den

Schuhverkauf 1967

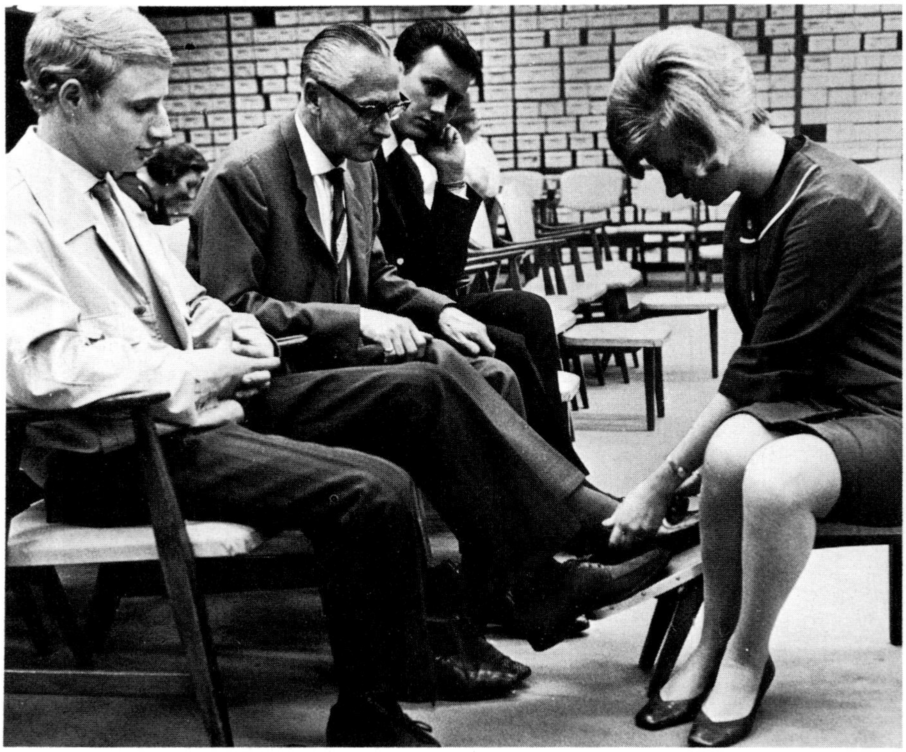

fünfziger Jahren mit sozialpolitischen Restaurationstendenzen zu tun, die den Arbeiter-Angestellten-Unterschied erneut herausstellten. Es erstaunt nicht, daß die DAG, deren Organisationsprinzip dadurch Auftrieb erhielt, eine wichtige Rolle in diesem Prozeß spielte. Mit Hilfe zahlreicher öffentlichkeitswirksamer Kampagnen und im Fahrwasser einer auflebenden staatlichen Mittelstandspolitik gelang ihr die Wiederfestschreibung der arbeits- und sozialrechtlichen Sonderstellung der Angestellten. Ein wichtiges Beispiel dafür ist das Betriebsverfassungsgesetz von 1952, das den Angestellten eine anteilsmäßige Vertretung in den Betriebsorganen garantierte.

Noch größeres Gewicht besaß der Kampf um die Erhaltung der gegliederten Sozialversicherung, in der Weimarer Republik die eigentliche Achse der Differenzierung zwischen Arbeitern und Angestellten. Hatte es in der unmittelbaren Nachkriegszeit zunächst den Anschein, als gehöre die institutionelle Trennung der Arbeiter- und Angestelltenversicherung sowie die Aufspaltung der Krankenversicherung in eine Vielzahl von Krankenkassentypen der Vergangenheit an, scheiterte schließlich das Modell der „Einheitsversicherung" am massiven Widerstand der Neuordnungsgegner.

Den Höhepunkt des Sturmlaufes gegen die „Nivellierung" des Arbeiter-Angestellten-Unterschieds auf diesem Gebiet brachten die Sozialwahlen im Mai 1953. Als deklarierte Gegner der gegliederten Sozialversicherung muß-

Zu spät

66 GT/P – HBV 1964, S. 70 f.

Heinz Vietheer (* 1921)
trat im Januar 1948 der Gewerkschaft ÖTV bei. Ende 1950 wurde er Geschäftsführer der HBV-Ortsverwaltung in Kiel. Von 1955 bis 1958 war er HBV-Landesbezirksleiter in Niedersachsen. 1958 wurde Vietheer Leiter der Abteilung Finanzen/Verwaltung im DGB Niedersachsen und wurde ein Jahr darauf in den Landesbezirksvorstand des DGB gewählt. 1965 übernahm er das Amt des 1. Vorsitzenden der Gewerkschaft HBV, das er 15 Jahre lang, bis 1980, ausübte.

ten die DGB-Gewerkschaften eine schwere Niederlage hinnehmen: Nicht einmal 20 Prozent der zur Wahl gegangenen Angestellten (Wahlbeteiligung: 30 Prozent) stimmten für den DGB, mithin weniger als ein Drittel der in ihm organisierten Angestellten. Dagegen erhielt die DAG mit über 50 Prozent der Stimmen eine deutliche Zustimmung.

Das durch die sozialpolitischen Auseinandersetzungen geschärfte Bewußtsein für die Abgrenzung von Arbeitern und Angestellten fand seinen Niederschlag auch im allgemeinen Sprachgebrauch und der politischen Rhetorik jener Zeit. In der allgemeinen Presse sowie den sozialpolitischen Organen war wieder viel von den Sonderproblemen der Angestellten die Rede. Vom „neuen Mittelstand" zu sprechen wurde wieder normal und Formulierungen, die den „Berufsstolz" und das „Berufsethos" der Angestellten, ihre besondere soziale Geltung als „qualitative Schicht" hervorhoben oder gegenwartskritisch die Nivellierungstendenzen und die „Unterbewertung der geistigen Arbeit" geißelten, waren in aller Munde. Das alles gab Einstellungs- und Verhaltensmustern Nahrung, welche die Erfolgschancen einer auf Solidarität und Gemeinsamkeit verpflichteten Angestelltenpolitik, wie sie die HBV vertrat, durchkreuzten.

Wie weit die mobilisierten ständischen Abgrenzungsbedürfnisse den Organisationserfolg der Gewerkschaft HBV beeinträchtigten, dafür gibt die unterschiedliche Mitgliederstruktur von HBV und DAG in den ersten anderthalb Jahrzehnten einige Anhaltspunkte: Im Vergleich mit der DAG „erreichte" die HBV Männer in geringerem Maße als Frauen (für die es eine mittelständische Tradition nie gab) und sie war deutlich bei jenen Angestellten unterrepräsentiert, deren Selbstverständnis traditionell am stärksten in mittelständischen Geltungsbedürfnissen wurzelte: bei den qualifizierten, fernab der materiellen Produktion arbeitenden und relativ hohes Prestige genießenden Bank- und Versicherungs-Angestellten. Von den insgesamt rund 78000 Gewerkschaftsmitgliedern dieser Gruppe gehörten 1955 mehr als 55000 zur DAG und lediglich 16 Prozent zur HBV. Zehn Jahre später hatte sich das Verhältnis dank kontinuierlicher Mitgliederzuwächse in diesem Bereich zugunsten der DGB-Gewerkschaft verschoben, aber es betrug immer noch vier zu eins.

Doch das allmähliche Verblassen des Angestelltensonderbewußtseins zeichnete sich ab. Nicht nur in der gewerkschaftlichen Mitgliederstruktur der beiden konkurrierenden Verbände; vielmehr auch im öffentlichen Bewußtsein sowie in der Sozialpolitik, in der „Nivellierungstendenzen" die Phase der Restauration ablösten. Vor diesem Hintergrund konnte man in der Gewerkschaft HBV trotz des zurückliegenden langjährigen Mitgliederstillstands die Zuversicht gewinnen, „auf dem richtigen Weg" zu sein.[67]

67 Heinz Vietheer (HBV-Vorsitzender), Wir sind auf dem richtigen Weg, in: *ausblick* 11/1965, S. 3.

Reformen und Aufschwung

Die HBV in den siebziger Jahren

Die zweite Phase in der Organisationsgeschichte der Gewerkschaft HBV unterscheidet sich grundsätzlich von der ersten. Ihr hervorstechendstes Kennzeichen ist eine wachsende Organisationsbereitschaft der Arbeitnehmer im privaten Dienstleistungsgewerbe, die lange Zeit *ausschließlich* der Gewerkschaft HBV zugute kam.

Dieser Wandel in Ausmaß und Richtung gewerkschaftlicher Orientierung war einerseits eingebettet in einen langfristigen Trend der Verringerung des Arbeiter-Angestellten-Unterschieds. Andererseits fand der Wandel in der Gewerkschaftsorientierung statt vor dem Hintergrund weitreichender wirtschaftlicher und politischer Veränderungen in der Bundesrepublik.

Nach 15jährigem ungebrochenem Wiederaufbauboom und nach mehreren Jahren der Vollbeschäftigung erlebte die Bundesrepublik 1966/67 die erste gesamtwirtschaftliche Krise ihrer Geschichte. Obwohl sie nur eine leichte und kurzfristige Dämpfung der Wirtschaftstätigkeit brachte, hinterließ sie in der auf Wachstum, erhöhten Lebensstandard und soziale Sicherheit eingeschworenen Bevölkerung eine tiefe Verunsicherung.

Die Wirtschaftsrezession leitete einen neuen Abschnitt in der westdeutschen Nachkriegsgeschichte ein, der auch die Voraussetzungen und Rahmenbedingungen für die Entwicklung der Gewerkschaften veränderte. Im politischen Raum öffnete sich den Sozialdemokraten das Tor zur Regierungsbeteiligung in Bonn. Zunächst in der Großen Koalition, seit 1969 im Bündnis mit den Freien Demokraten, setzten sie wichtige Reformen durch. In wirtschaftspolitischer Hinsicht zielten sie darauf ab, das marktwirtschaftliche System mit Hilfe des keynesianischen Konzepts der antizyklischen, staatlichen Konjunktursteuerung gegenüber Wirtschaftskrisen zu festigen. Unter dem Leitwort „Mehr Demokratie wagen" reagierte die Regierung Brandt/Scheel im gesellschaftspolitischen Bereich auf weitverbreitete Reformbereitschaft und politische Teilhabeansprüche. Die Gewerkschaften stellten sich im Grundsatz auf die Seite desjenigen Teils der jungen Generation, der sich im politischen Klima der sechziger Jahre gegen die satte Selbstgefälligkeit der „Wohlstandsgesellschaft" und gegen die als verkrustet empfundenen Verhältnisse wandte.

Die Bildung des sozialliberalen Reformbündnisses von 1969 schuf zweifellos günstige Voraussetzungen für die Durchsetzung gewerkschaftlicher Anliegen. Mit ihr verbanden sich Hoffnungen auf eine soziale Reformpolitik, die zuallererst auf dem Gebiet der Mitbestimmung und der „Humanisierung des Arbeitslebens" Früchte tragen sollte. Auch wenn sich manche Erwartungen nicht erfüllten, sind die Erfolge gewerkschaftlicher Politik in dieser Zeit unübersehbar. Seit 1969 bekommen Arbeiter, wie schon vorher Angestellte, im Krankheitsfall sechs Wochen lang den Lohn von ihrem Arbeitgeber weitergezahlt. Das 1972 novellierte Betriebsverfassungsgesetz erweiterte die Mitwirkungsrechte der Betriebsräte an innerbetrieblichen Entscheidungen und verbesserte die Zugangsmöglichkeiten der Gewerkschaften zu den Betrieben. Im gleichen Jahr wurde die flexible Altersgrenze durchgesetzt. Nicht zuletzt schlug sich der schnelle Aufschwung nach der Wirtschaftsrezession in einem deutlichen Anstieg der Löhne und Gehälter nieder. Im Zeitraum bis 1974 gelang es den Gewerkschaften, die Verteilung des Volkseinkommens zugunsten der Arbeitnehmerhaushalte zu verändern.

Die verbesserten Rahmenbedingungen gewerkschaftlicher Politik in der ersten Hälfte der siebziger Jahre können die Mitgliedererfolge der Gewerkschaft HBV – oder auch die der übrigen DGB-Gewerkschaften – nicht allein hinreichend erklären. Wichtig für die Verbreiterung und Ausformung der gewerkschaftlichen Solidarität waren neben dem gesellschaftlichen und bewußtseinsmäßigen Wandel die von der HBV selbst ausstrahlenden Impulse.

„Die Organisation attraktiver machen"

Zu den innerorganisatorischen Maßnahmen, die zur Vergrößerung und Stabilisierung der HBV-Mitgliedschaft beitrugen, gehörte eine Reform des gewerkschaftlichen Unterstützungswesens. Im Mai 1970 folgte die HBV anderen DGB-Gewerkschaften und entschied, das bislang gezahlte Kranken-, Alters-, Sterbe- und Weihnachtsgeld zu streichen und stattdes-

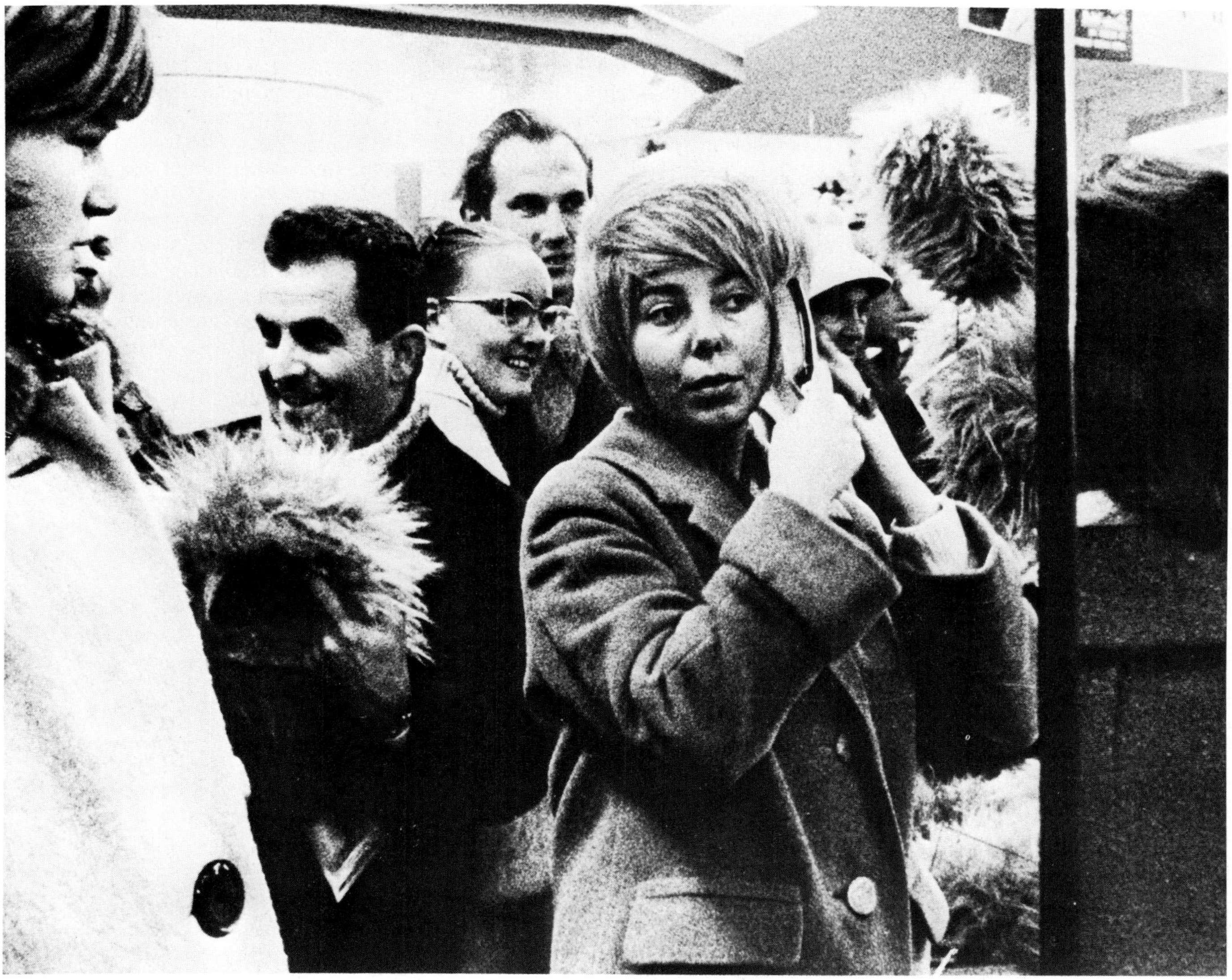

sen für ihre Mitglieder eine durch den Gewerkschaftsbeitrag abgedeckte Freizeitunfallversicherung einzurichten. Diese Verlagerung von sozialen Selbsthilfeaufgaben auf Versicherungsleistungen der Gewerkschaft stellte im Grunde eine konsequente Reaktion auf den Ausbau des öffentlichen sozialen Sicherungssystems in den fünfziger und sechziger Jahren dar.

Eine ersatzlose Streichung kam allerdings nicht in Frage. Gewerkschaftliche Unterstützungsleistungen an Mitglieder erfüllen immer auch zentrale organisatorische Zwecke. Sie sind ein möglicher Anreiz zum Gewerkschaftsbeitritt und stellen einen Weg dar, den Mitgliedern ihre Treue zur Gewerkschaft zu honorieren. In dieser Hinsicht schien den HBV-Führungsgremien die Freizeitunfallversicherung ein vorteilhafter Ersatz für das Kranken-, Sterbe- und Weihnachtsgeld zu sein. Auf der anderen Seite widersprachen vor allem die bereits im Ruhestand befindlichen Gewerkschaftsmitglieder der Ansicht des Vorstands, mit der Umstrukturierung des gewerkschaftlichen Unterstützungswesens „unsere Organisation attraktiver gemacht (zu) haben".[68] Sie zeigten sich über den Fortfall des Sterbegeldes und der Weihnachtszuwendung äußerst ungehalten und gaben dies zum Teil auch durch ihren Gewerkschaftsaustritt zu verstehen.

Im ganzen aber dürfte die Reform des Unterstützungswesens zur Festigung der Organisation beigetragen haben. Um in Härtefällen, und dies zielte vor allem auf die Rentner, besser als bisher helfen zu können, wurde die Notfallunterstützung um das Zwanzigfache erhöht. Durch die Freizeitunfallversicherung wurden die Zahlungsanlässe bei gleichzeitiger Heraufsetzung der Leistungen „pro Fall" erheblich reduziert. Deutlicher als die in geringfü-

Menschen im Warenhaus

68 Anni Moser (Mitgl. des Geschäftsführenden Hauptvorstandes), auf GT-HBV 1972, S. 103.

gige Beiträge zersplitterten und sich im Schatten wohlfahrtsstaatlicher Aufwendungen verlierenden ehemaligen Unterstützungsleistungen, ließ die neue Versicherung den materiellen Beistand der Gewerkschaft für das einzelne Mitglied hervortreten; und dies bei gleichzeitiger Senkung des Gesamtaufwandes. Während die HBV Mitte der sechziger Jahre für die genannten Unterstützungsleistungen fünf Prozent des Beitragsaufkommens ausgab, schrumpfte dieser Anteil bis 1971 auf die Hälfte, bis 1975 auf ein Viertel.[69]

Positive Auswirkungen auf den finanziellen Spielraum der Gewerkschaft HBV hatte auch eine zweite Organisationsreform. Nach mehrjährigen Vorarbeiten im Hauptvorstand gaben die Delegierten des Gewerkschaftstages 1964 grünes Licht für den Umbau der gewerkschaftlichen Verwaltungsstruktur. Er zielte darauf ab, die Zahl der mit Verwaltungs- und Kassenführungsarbeiten betrauten Einheiten innerhalb der Organisation zu verringern und die zentralen Koordinationsmöglichkeiten des Einsatzes personeller und finanzieller Mittel zu verbessern. Mehrere ehrenamtliche Ortsverwaltungen sollten sich jeweils am Sitz eines Geschäftsführenden Sekretärs in neu einzurichtenden „Bezirksverwaltungen" zusammenschließen und diesen sämtliche verwaltungstechnische Arbeiten übertragen. Darüber hinaus wurden die Bezirksverwaltungen für die Koordination der gewerkschaftlichen Maßnahmen und Aktionen zuständig und stellten die zu ihrer Durchführung notwendigen Mittel bereit. Durch den Zusammenschluß wurden die betreffenden Ortsverwaltungen nicht aufgehoben, wenngleich es hier

Rechenzentrum einer Bank

Großraumbüro mit „Fließband"

und da im Zuge der organisatorischen Neuformierung zur Auflösung ehrenamtlicher Ortsverwaltungen kam.

Bis 1968 war die Reorganisation in Baden-Württemberg, Hessen und Nordrhein-Westfalen, bis Ende 1971 auch in den übrigen Landesbezirken weitgehend abgeschlossen. Eine Vielzahl selbständiger, ehrenamtlich geleiteter Ortsverwaltungen hatte ihre Kassen- und Verwaltungshoheit auf knapp 50 hauptamtlich besetzte Bezirksverwaltungen übertragen. Diese Zentralisierung und Professionalisierung entlastete zum einen die Hauptverwaltung, die vormals „weit über 200"[70] vierteljährlich eingehende Beitragsabrechnungen nachzuprüfen und statistisch so gut wie möglich aufzubereiten hatte. Zum anderen lagen der Verwaltungsreform Überlegungen zugrunde, wie die HBV aus der Talsohle ihrer Mitgliederentwicklung herauszuführen sei. Die organisatorische Straffung der Gewerkschaft „sollte durch den Fortfall von zuviel Verwaltungs- und Kassenarbeit ein Mehr an gewerkschaftspolitischen Aufgaben auf der örtlichen Ebene bringen".[71]

Auch bei anderen administrativen Neuerungen hatte man diese doppelte Zielrichtung im Auge: eine wirksamere Gestaltung der Verwaltungsarbeit einerseits, die Freisetzung ehrenamtlicher Kräfte für die Mitgliederwerbung und -betreuung andererseits. Daß sich diese Zielsetzungen zuweilen widersprachen, zeigte sich etwa bei der Einführung des EDV-gestützten bargeldlosen Beitragseinzugs, der die aufwendige, den Kontakt zwischen Organisation und Mitglied aber buchstäblich lebendig haltende Hauskassierung allmählich zurückdrängte.

Die Entlastung der ehrenamtlichen Ortsverwaltungen von organisatorischen Routineaufgaben sollte nicht zuletzt dem verstärkten Aufbau einer betrieblichen Organisation der Gewerkschaft HBV zugute kommen. Seit der zweiten Hälfte der sechziger Jahre rückte der Betrieb als entscheidender

69 W. Streeck, Gewerkschaftliche Organisationsprobleme in der sozialstaatlichen Demokratie, Königstein/Ts. 1981, S. 487.
70 GT/P-HBV 1964, S. 238.
71 Heinz Vietheer auf dem GT-HBV 1968, S. 69.

„Einkaufskultur“

Ansatzpunkt organisationspolitischer Aktivitäten in den Vordergrund. War es bis dahin die „überbetriebliche“ Ebene, der man mit dem Auf- und Ausbau des Ortsverwaltungsnetzes, der örtlichen Fachgruppen usw. vorrangig Beachtung geschenkt hatte, erfuhren nun die Betriebe als „Wurzel der gewerkschaftlichen Arbeit“ eine Aufwertung. „Dort“, so hieß es, „entscheidet sich die Zukunft der Gewerkschaftsbewegung“.[72]

Im Einzelhandel ließ sich besonders an der konkreten Umsetzung tariflicher Arbeitszeitverkürzungen studieren, welche Bedeutung den einzelbetrieblichen Vereinbarungen zukam. In lohnpolitischer Hinsicht rief die wirtschaftliche Rezession von 1966/67 den Gewerkschaften die Notwendigkeit ihrer betrieblichen Verankerung nachdrücklich in Erinnerung. Die Arbeitgeber reagierten auf die Krise nicht nur mit Entlassungen, sondern auch, und dies war im HBV-Organisationsbereich von größerer Bedeutung, mit einer Kürzung von betrieblichen Sozialleistungen und übertariflichen Einkommensbestandteilen. Erstmals, nach einer langen Periode wirtschaftlicher Expansion und Arbeitskräfteknappheit, wurden für eine große Zahl von Arbeitnehmern die negativen Konsequenzen einer lohnpolitischen Entwicklung spürbar, in der sich neben „überbetrieblichen“ Tarifverhandlungen der Betrieb als zweite, eigenständige Entscheidungsebene etabliert hatte. Bedeutende Teile des Arbeitnehmereinkommens waren vom tarifvertraglichen Schutz ausgenommen; ihre Gewährung hing allein vom „guten Willen“ des Arbeitgebers ab. Zwei Schlußfolgerungen wurden daraus in der innergewerkschaftlichen Diskussion gezogen. Erstens galt es, im Rahmen einer betriebsnahen Tarifpolitik unmittelbarer an die einzelbetrieblichen Bedingungen anzuknüpfen, um den ungesicherten und darüber hinaus entsolidarisierenden Spielraum für unternehmerische „Bonbons“ zu verkleinern. Die „freiwilligen“ Leistungen sollten zum Inhalt von Tarifverträgen gemacht und mit einem Rechtsanspruch ausgestattet werden. Zweitens wurde außer der Organisierung der Betriebsräte die Aufgabe betont, in den Betrieben gewerkschaftliche Stützpunkte (Vertrauensleute) auszubauen, die über Kampfmöglichkeiten verfügen und nicht, wie der Betriebsrat, der betriebsverfassungsrechtlichen Friedenspflicht unterliegen.

Die betriebliche Zersplitterung der Beschäftigten grenzte die Erfolgsmöglichkeiten der Gewerkschaft HBV in ihren Bemühungen, sich stärker in den Betrieben zu verankern, erheblich ein. Allerdings konnte die Zahl der Unternehmen, in denen ein Betriebsrat gewählt wurde, stetig ausgeweitet werden. Insbesondere nach Inkrafttreten des Betriebsverfassungsgesetzes von 1972, das den Gewerkschaften den Zugang zu den Betrieben erleichterte und ausdrücklich das Recht der gewerkschaftlichen Betätigung im Betrieb anerkannte, gelang ein deutlicher Sprung nach vorn. Innerhalb des DGB erfaßt nur die IG Metall eine größere Anzahl von Betrieben und Betriebsratsmitgliedern. Seit Ende der siebziger Jahre sind es über 6000 Betriebe, in denen rund 16200 bei der HBV organisierte Betriebsräte die Interessen der Belegschaften vertreten. Den Schwerpunkt ihrer Betreuungsarbeit legte die Gewerkschaft verständlicherweise auf die Mittel- und Großbetriebe. Wegen der hier anzutreffenden „hochzentralisierten Entscheidungsstrukturen, die auf der Ebene der einzelnen Betriebe so gut wie keine autonomen Entscheidungen des Managements zulassen",[73] ging die HBV seit 1972 zur Bildung von Gesamtbetriebsräten über.

Im Vergleich mit anderen DGB-Gewerkschaften nimmt sich der Erfolg der HBV beim Aufbau betrieblicher Arbeitnehmervertretungen wie bei deren gewerkschaftlicher Durchdringung bescheiden aus. Dabei zeigen sich einmal mehr die für den einzelnen Verband nachteiligen Folgen der Gewerkschaftskonkurrenz im privaten Dienstleistungsgewerbe. Während die Eingliederung der Betriebsräte in die Gewerkschaft bei den anderen DGB-Verbänden so ausgeprägt ist, daß fast von einer personellen Identität von gewerkschaftlichen und betrieblichen Interessenvertretern gesprochen werden kann, stellten HBV-Mitglieder in den sechziger und siebziger Jahren durchschnittlich nur etwas mehr als 50 Prozent aller Betriebsräte in den von der DGB-Gewerkschaft erfaßten Betrieben. Die DAG und vor allem unorganisierte Arbeitnehmer teilten sich die restlichen Betriebsratssitze.

Von den Betriebsräten wird der größte Teil der gewerkschaftlichen Betriebsarbeit getragen. Denn bis heute konnten bei der Errichtung der „zweiten Säule" betrieblicher Interessenvertretung keine durchschlagenden Erfolge erzielt werden: das seit Jahren angestrebte Netz gewerkschaftlicher Vertrauensleute und – seit 1972 – Betriebsgruppen ist in den Betrieben des privaten Dienstleistungsbereiches nach wie vor äußerst grobmaschig. Bislang gibt es erst in zehn Prozent der Betriebe aktive Vertrauenskörper und Betriebsgruppen.

„Freizeitkultur"

72 Heinz Vietheer auf dem GT-HBV 1972, S. 54.
73 G. Volkmar, Gewerkschaftliche Strategien der achtziger Jahre, in: *WSI Mitteilungen* 8, 1980, S. 422–425, hier S. 424.

Arbeitskampf an neuen Fronten

Insbesondere der Mitgliederaufschwung sorgte für ein auch finanziell tragfähigeres Fundament der gewerkschaftlichen Organisationsarbeit. „Nahziele", die Wilhelm Pawlik seiner Gewerkschaft schon zu Beginn der fünfziger Jahre gesetzt hatte, konnten nunmehr, 20 Jahre danach, erreicht werden. 1972 wuchs die HBV aus der Rolle des „Kostgängers des DGB"[74] heraus: erstmals zahlte sie den vollen Beitrag an die Dachorganisation. Darüber hinaus war sie in zunehmendem Maße in der Lage, jährliche Überschüsse zu erwirtschaften und einen Teil der Einnahmen dem Streikfonds zuzuführen.[75] Gemessen am Maßstab ihres ehemaligen Vorsitzenden Wilhelm Pawlik überschritt HBV erst jetzt die Schwelle zur „richtigen" Gewerkschaft, „denn eine Gewerkschaft ohne Kampffonds ist keine Gewerkschaft. Sie tut dann nur so, als ob sie eine wäre."[76]

In die Jahre der inneren Konsolidierung der Gewerkschaft HBV fiel die tarifpolitisch erfolgreichste Periode ihrer bisherigen Geschichte. Kräftige Lohn- und Gehaltsanhebungen, die Durchsetzung der 40-Stunden-Woche im gesamten Organisationsgebiet, die erstmalige tarifvertragliche Verankerung von Urlaubsgeld auch im Einzelhandel, zusätzliche Einkommensverbesserungen durch Gehaltstarifreformen und die Beseitigung der Ortsklassenabschläge im Bank- und Versicherungsgewerbe – aus der Summe dieser und anderer Errungenschaften konnte für die erste Hälfte der siebziger Jahre eine tarifpolitisch überaus erfolgreiche Bilanz gezogen werden.

Außer auf den materiellen Gehalt des Erreichten, ist auf Arbeitskampfmaßnahmen hinzuweisen, die im HBV-Bereich weithin eine Neuheit darstellten. Es darf zwar nicht übersehen werden, daß Streiks in den fünfziger und sechziger Jahren generell seltene Ereignisse waren, daß man der Verhandlungslösung den Vorzug gab und wegen großer Verteilungsspielräume auch geben konnte. Richtig ist auch, daß Streikaktionen bzw. Urabstimmungen und Streikbeschlüsse der Gewerkschaft HBV in den ersten zwei Jahrzehnten nicht völlig fehlten. Aber sie lassen sich an einer Hand abzählen und waren auf den Großhandel beschränkt. Die mangelnde Streikbereitschaft der Beschäftigten im traditionell sozialfriedlichen privaten Dienstleistungsgewerbe, die unzureichende betriebliche Verankerung und die fehlende finanzielle Grundlage für gewerkschaftliche Streikaktivitäten waren die wichtigsten Gründe dafür, daß HBV im Unterschied zu anderen DGB-Gewerkschaften über weite Strecken ihrer Organisationsgeschichte auf ein entscheidendes tarifpolitisches Instrument und zugleich auf ein potentielles Mittel verzichten mußte, das Solidaritätsbewußtsein unter den Arbeitnehmern zu schärfen. Wenn sich dies dauerhaft und auf breiterer Front auch erst seit den späten siebziger Jahren ändern sollte, hatten einzelne Arbeitskampfmaßnahmen Jahre zuvor die Konfliktfähigkeit der Organisation bewiesen und die Legende von der immerwährenden Streikabstinenz der Angestellten ins Wanken gebracht.

Einer dieser Streiks fand in deutschen Spielbanken statt. Seine Hauptakteure waren jene verhältnismäßig gut bezahlten Croupiers, die im geübten Umgang mit Kugel und Jetons das Glücksspiel organisieren und beaufsichtigen. Am Silvestertag des Jahres 1966 legten die meisten der in den Spielbanken Bad Neuenahrs und Bad Dürkheims beschäftigten Croupiers ihren Smoking und ihre dienstübliche Zurückhaltung ab und traten in einen zunächst auf drei Tage befristeten Ausstand.

Hauptstreitpunkt in den Auseinandersetzungen zwischen den zu 95 Prozent bei der HBV organisierten Croupiers und dem Geschäftsführer der Spielbanken, Otto Karl Kunkel, war die Verwendung des im „Tronc" gesammelten Trinkgeldaufkommens. Mehrfach hatte der ehemalige ostelbische Gutsherr Kunkel, von dessen eigenmächtiger „Hausjustiz" eine lange Reihe von Rechtsverfahren mit „strafversetzten" oder „gekündigten" Mitarbeitern zeugten, das tarifvertraglich verankerte Mitbestimmungsrecht des Betriebsrates in dieser Frage mißachtet. U. a. hatte er eigenmächtig personelle Maßnahmen verfügt und die entstandenen Kosten aus dem Tronc finanziert. Nicht etwa sein eigenes Verhalten, wohl aber die Streikaktion der Croupiers empfand er als „blanke Gewalt". Ihr wollte er nicht weichen und verweigerte die geforderten tariflichen Grundlagen und die Aufstellung eines Stellenplanes. Stattdessen suchte der Geschäftsführer mit dem kleinen Teil des nicht streikenden, unorganisierten Stammpersonals sowie mit flugs umge-

Streik im Casino 1966/67

schulten Pagen und Studenten, einen beschränkten Spielbetrieb wieder in Gang zu bringen.

Ohne die Schaffung einwandfreier rechtlicher Verhältnisse durch den Abschluß eines neuen Tarifvertrages erreicht zu haben, wurde der verlängerte Streik am 21. März 1967 beendet. Die Geschäftsleitung aber setzte den Arbeitskampf fort, indem sie die während der Streikaktion ausgesprochene Aussperrung für 35 Angestellte über das Ende des Arbeitskampfes hinaus aufrechterhielt. Diese Kampfmaßnahme war der Beginn langjähriger Arbeitsgerichtsverfahren zwischen der HBV und der Spielbankendirektion. Sämtliche Instanzen wurden bemüht. Von gewerkschaftspolitisch allgemeiner Bedeutung war dabei das Urteil des Großen Senats des Bundesarbeitsgerichts (BAG) in Kassel vom 21. April 1971. Es fällte eine vom DGB seit Jahren geforderte Grundsatzentscheidung in der Frage, ob – wie bei der Spielbankenaussperrung – Arbeitsverhältnisse durch Aussperrungen automatisch aufgelöst werden (so hatte der Große Senat des BAG 1955 entschieden), oder ob die Arbeitsverhältnisse nur ruhen und nach dem Streikende automatisch fortgesetzt werden (so die Auffassung des 1. Senats des BAG 1968 im Zusammenhang mit dem Croupier-Streik, die

74 GT/P-HBV 1951, S. 65.
75 Vgl. Bayer, Organisation, S. 199–202.
76 GT/P-HBV 1951, S. 59.

eine erneute Stellungnahme des Großen Senats erforderlich machte). Das 1971er Urteil ging über eine Sowohl-als-auch-Regelung nicht hinaus. Zwar wurde immerhin, anders als 1955, die Aussperrung mit lösender Wirkung zum Ausnahmefall erklärt; im allgemeinen, hieß es, würden die Arbeitsverhältnisse nur suspendiert. Wann aber genau der Ausnahmefall eintreten würde, blieb hinter Allgemeinformeln verborgen. Wie die gegensätzlichen Folgerungen, die aus dem Kasseler Grundsatzurteil für das Schicksal der ausgesperrten Croupiers abgeleitet wurden, zeigen, trübte der Kompromißcharakter des Richterspruchs seine juristische Klarheit. Während die HBV davon überzeugt war, daß den Weiterbeschäftigungsklagen der Spielbankenangestellten im folgenden Entscheid des 1. Senats nun stattgegeben werden müsse, sah das *Handelsblatt* die Prozeßniederlage der Kläger als unvermeidlich an. Das *Handelsblatt* irrte. Im Oktober 1971 erklärte der 1. Senat des Bundesarbeitsgerichts die lösenden Aussperrungen gegenüber den betroffenen Spielbanken-Angestellten für rechtswidrig.

Nach vier Jahren, in denen die ausgesperrten Croupiers vom Einkommen aus Gelegenheitsarbeiten und gewerkschaftlichen Darlehen lebten, erreichte die HBV ihre Wiederbeschäftigung. In einem weiteren Schritt wurden dann eine Vielzahl von Leistungsklagen eingereicht, um die rückständigen Gehaltsansprüche der betroffenen Arbeitnehmer sicherzustellen. Bis in die zweite Hälfte der siebziger Jahre zogen sich die Gerichtsverfahren hin.

Sparkassenstreik Saarbrücken 1971

Anfang der siebziger Jahre bewiesen bundesdeutsche Bank- und Sparkassenangestellte ihre Bereitschaft, für die Durchsetzung tarifpolitischer Forderungen auch gewerkschaftliche Kampfmittel einzusetzen. Im Mittelpunkt entsprechender Aktionen standen die saarländischen Kreditinstitute. Ein deutlich über dem Bundesdurchschnitt liegender Organisationsgrad – 1971 lag er in den saarländischen Banken und Sparkassen bei über 60 Prozent – der hier beschäftigten Angestellten machte es 1969 erstmals möglich, eine Urabstimmung im Kreditgewerbe durchzuführen, in der sich 88 Prozent der HBV-Mitglieder für Kampfmaßnahmen aussprachen. Die Arbeitgeber reagierten mit Zugeständnissen, die den im übrigen Bundesgebiet abgelehnten HBV-Forderungen entsprachen. Der erste Ausstand deutscher Bankangestellter seit 1919 war noch einmal vermieden worden. – Zwei Jahre später aber fand er statt. Nachdem Anfang März die bundesweiten Tarifverhandlungen für die Bank- und Sparkassenangestellten gescheitert waren, sprachen sich 95 Prozent der HBV-Mitglieder im saarländischen Kreditgewerbe für die Durchführung von Arbeitskampfmaßnahmen aus. Am 31. März 1971 blieben die saarländischen Bank- und Sparkassenangestellten ihren Arbeitsplätzen fern und erzwangen die weitgehende Schließung der Kreditinstitute. Das Ergebnis blieb gleichwohl bescheiden. Einmal mehr machte sich das Vorhandensein konkurrierender Gewerkschaften im Organisationsbereich nachteilig bemerkbar, die zum vorzeitigen Tarifabschluß mit den Arbeitgebern bereit waren. Die HBV-Tarifkommission, getragen von einem klaren Votum der HBV-Mitglieder (90 Prozent), lehnte die unzureichenden Arbeitgeberangebote ab. Die HBV blieb tariflos und führte in den folgenden Wochen zahlreiche Protestversammlungen und -demonstrationen von Bankangestellten im gesamten Bundesgebiet durch.

Zu der bis dahin umfangreichsten Streikaktion der Gewerkschaft HBV kam es im November 1972. Zusammen mit den in einer Tarifgemeinschaft wirkenden DGB-Gewerkschaften IG Chemie, Papier, Keramik und IG Bergbau und Energie organisierte die HBV

Gewerkschaftskundgebung Saarbrücken 1971

einen 17tägigen Streik bei der fünftgrößten deutschen Mineralölfirma, der „Deutschen Texaco GmbH". Zuvor waren die Verhandlungen für gescheitert erklärt worden. Ausschlaggebender Grund war die Weigerung des Unternehmens, seine Haustariflöhne und -gehälter durch eine vierprozentige Vorweganhebung an das Tarifniveau anderer internationaler Mineralölgesellschaften anzugleichen.

Die HBV war für die ca. 2000 Beschäftigten der Vertriebsgesellschaft zuständig, von denen rund 800 Arbeitnehmer bei der HBV organisiert waren. In Schwerpunktbereichen der „Deutschen Texaco Verkaufs GmbH" wurde der Streik durchgeführt. 125 HBV-Mitglieder in den Lägern Düsseldorf, Duisburg, Hamm, Hagen und Münster legten ihre Arbeit nieder. Der Duisburger Gewerkschafter Albert Ansel erinnert sich, wie es damals „vor Ort" aussah: „Man muß sich diese Herbst-/Winterzeit vor Augen führen: es regnete, es war naßkalt, die Polizei war da, dort stand das Streikbüro in einem Wohnwagen und die Transparente mußten gehalten werden. Und dann, bedingt durch die Streikbrecher, ging es jeden Tag darum: Wie können wir den Streik retten? Wir wollten ihn unter keinen Umständen zusammenbrechen lassen."[77] Demgegenüber zielten Maßnahmen der Unternehmensleitung darauf, die Streikfront aufzuweichen. Außerbetriebliche Angestellte wurden als Streikbrecher abkommandiert, Hausbesuche wurden unternommen, persönliche Briefe an alle Mitarbeiter und ihre Familien verschickt und schließlich auch Streikbrecherprämien unterbreitet. Auch wenn diese Maßnahmen nicht völlig erfolglos blieben, war die von zahlreichen Solidaritätsadressen aus dem In- und Ausland getragene Geschlossenheit der streikenden Arbeitnehmer doch gefestigt genug, um ihnen insgesamt zu widerstehen. Das Ergebnis: Nach fast drei Wochen wurde der Abschluß eines Tarifvertrages erreicht, in dem die Forderung nach einer Vorweganhebung weitgehend erfüllt und darüber hinaus eine von der Mehrheit der Kollegen akzeptierte, mit den Abschlüssen in anderen Bereichen Schritt haltende prozentuale Einkommensverbesserung erreicht wurde.

„Dieser Streik brachte nicht nur materielle Ergebnisse für die Arbeitnehmer", resümierte das damalige HBV-Vorstandsmitglied Fritz Baumann, „sondern auch einen Strauß von Erfahrungen für die Organisation, die uns sicherlich noch in mancher Hauptvorstandssitzung beschäftigen werden."[78] Neben Lernerfahrungen hinterließ der Streik bei allen Beteiligten ein Gefühl der Befriedigung. An wichtiger Stelle hatte man nicht nur mit Arbeitern, sondern auch mit Angestellten einen knapp dreiwöchigen Streik geführt und – entgegen skeptischer Befürchtungen inner- und außerhalb der eigenen Reihen – durchgestanden.

77 Vorwärts und nicht vergessen. Die Geschichte unserer HBV-Ortsverwaltung Duisburg, Duisburg o. J.
78 *ausblick* 1/1972, S. 10.

Frauen auf dem Vormarsch

Das Wachstum der Gewerkschaft HBV in den siebziger Jahren wurde überproportional von den Frauen getragen. Hier hat sich der Vorsprung gegenüber der DAG noch stärker vergrößert als im Gesamtdurchschnitt. In diesem Zusammenhang kam es zu einer Belebung der gewerkschaftlichen Politik *für* Frauen und *von* Frauen. Aufbauend auf frühere Ansätze wurden Anliegen und Probleme neu formuliert und offensiv angegangen.

Der Anteil erwerbstätiger Frauen im privaten Dienstleistungsgewerbe hat sich seit dem ausgehenden 19. Jahrhundert beständig erhöht. Zu einem kräftigen Schub kam es insbesondere in den zwanziger Jahren. Auch in der Bundesrepublik schritt die „Feminisierung" der privaten Dienstleistungsbereiche weiter voran. Der Frauenanteil kletterte auf über 50 Prozent. Im Einzelhandel waren in allen Jahren sogar mehr als zwei Drittel der Beschäftigten weiblich.

Lediglich die IG Metall und die Gewerkschaft ÖTV zählen absolut mehr weibliche Mitglieder in ihren Reihen als die HBV. Während der HBV-Anteil an der Gesamtmitgliedschaft des DGB 1980 4,5 Prozent (1960 = 2,1 Prozent) ausmachte, organisierte sie im gleichen Jahr zwölf Prozent (1960 = 7,1 Prozent) aller in den DGB-Gewerkschaften organisierten Frauen.

„Die Geschichte der Frauen in den Gewerkschaften ist bis 1933 weitgehend eine Geschichte der vergeblichen Liebesmüh' der Funktionärinnen, die Verbände zur praktischen Umsetzung der Gleichheitsparolen zu bewegen."[79] Diese Feststellung gilt für die Arbeiter- ebenso wie für die Angestelltenbewegung. Sie gilt für jene Verbände, die sich, wie die meisten Angestelltenorganisationen, bis 1918 gegen eine Aufnahme weiblicher Mitglieder ausgesprochen hatten wie auch für den Zentralverband der Angestellten, dessen Mitglieder zum großen Teil Frauen waren. Auf den Gewerkschaftskongressen dieser Verbände kritisierten weibliche Delegierte immer wieder die geringe Beachtung, die dem Problem der niedrigen Bezahlung und der spezifischen Arbeitsbedingungen von Frauen in Tarifverhandlungen zuteil wurden und sie beanstandeten die geringe Vertretung von Frauen in den gewerkschaftlichen Entscheidungsgremien.

Konsequenter als ihre „Vorläufer" nahm die HBV *frauenspezifische Forderungen* von Anfang an in ihren Katalog gewerkschaftlicher Zielsetzungen auf. Sie trat ein für das Recht der Frauen auf Arbeit und berufliche Ausbildung, für gleiche Zugangs- und Aufstiegsbedingungen im Beruf sowie für gleichen Lohn bei gleichwertiger Arbeit.[80] Solche Forderungen hatten es im gesellschaftlichen und politischen Klima der fünfziger Jahre schwer. In dieser Zeit, als es keine Vollbeschäftigung gab und traditionelle Leitbilder familiärer Ordnung (strikte Aufgabenteilung in weibliche Hausarbeit und männliche Lohnarbeit) wieder fest im Bewußtsein verankert wurden, lebten auch die Vorurteile gegen die weibliche Erwerbsarbeit in neuer Frische auf. Der verbreitete Unmut traf zuallererst die weiblichen „Doppelverdiener". Die HBV mußte in vielen Fällen dafür sorgen, daß sogenannte Zölibatsklauseln, mit denen Unternehmer die Weiterbeschäftigung von Frauen bei deren Heirat auszuschließen versuchten, aus den Arbeitsverträgen verschwanden.

HBV-Mitgliederentwicklung: Männer – Frauen 1950 bis 1987

Jahr	Männer	Frauen
1949	24619	19153
1950	33620	29980
1955	47959	63201
1960	52475	74812
1965	61090	67762
1970	80432	77239
1975	127204	129919
1980	160354	190974
1987	158355	226811

Hauptfrauenausschußsitzung der Gewerkschaft HBV 1958

79 C. Pinl, Das Arbeitnehmerpatriarchat. Die Frauenpolitik der Gewerkschaften, Köln 1977, S. 17.
80 Vgl. z. B. die Entschließung 16 zur Frauen-Berufsarbeit, GT/P-HBV 1955, S. 453.

Ausverkauf

Im übrigen zielte die Interessenvertretung für Frauen vorrangig auf besondere Schutzmaßnahmen im Arbeitsrecht, den Mutterschutz und die Beseitigung geschlechtsspezifischer Einkommensbenachteiligungen.

Ein Schwerpunkt lag zweifellos auf dem Gebiet des Arbeitsschutzes. Der Einzelhandel stand dabei im Vordergrund, wozu die hohen körperlichen und psychischen Arbeitsbelastungen des Verkaufsberufs genügend Anlaß gaben. In den fünfziger und frühen sechziger Jahren war es z. B. noch gang und gäbe, daß Verkäuferinnen an offenen Verkaufsständen vor den Ladeneingängen selbst in der Herbst- und Winterzeit und ohne ausreichenden Schutz gegen Kälte, Zugluft und Niederschlag Waren anpreisen mußten. Nach jahrelangen gewerkschaftlichen Bemühungen schritt der Gesetzgeber ein. Inzwischen ist die Liste weiterer Arbeitsschutzverbesserungen lang. Sie reicht von der Bereitstellung ausreichender hygienischer Einrichtungen über die Beschaffung von Sitzgelegenheiten für Verkäuferinnen und Hilfsmitteln zum Heben und Tragen der Waren bis hin zu dem in den achtziger Jahren erfolgreich geführten Kampf gegen extrem gesundheitsgefährdende Kassenarbeitsplätze („Umpackkassen"). Die Kontrolle der bestehenden Vorschriften für den Arbeitsschutz und die Unfallverhütung blieben durchweg ein großes Problem. Die von der HBV seit Beginn der fünfziger Jahre geforderten Handelsaufsichten bei den Gewerbeaufsichtsämtern ließen lang auf sich warten und deren personelle Besetzung blieb ein ständiger Grund zur Klage.

Es steht außer Frage, daß die Frauen am sozialen Fortschritt der Arbeitnehmer im privaten Dienstleistungsgewerbe teilgenommen haben. Nach wie vor werden Frauen schlechter entlohnt als Männer, verfügen nicht über dieselben Aufstiegsmöglichkeiten und „arbeiten überwiegend auf qualifikationsarmen, aber streßreichen und gesundheitsge-

fährdeten Arbeitsplätzen, die zudem als erste der Rationalisierung zum Opfer fallen".[81] Aber es gab auch Erfolge bei der Verringerung der geschlechtsspezifischen Einkommensungleichheit.

Daß die in Artikel 3 des Grundgesetzes festgeschriebene Gleichberechtigung von Mann und Frau auch für die Tarifvertragsparteien unmittelbar geltendes Recht war, wurde Anfang 1955 eigens durch ein Urteil des Bundesarbeitsgerichts bekräftigt. Erst nach diesem höchstrichterlichen Spruch konnten Frauen-Abschlagsklauseln in den Tarifverträgen des Handels vollständig beseitigt werden. Im Bank- und Versicherungsgewerbe war dies schon zu Beginn der fünfziger Jahre durchgesetzt worden.

Das damit formalrechtlich gelöste Problem der Frauenlohndiskriminierung schlüpfte freilich nur in ein anderes, scheinbar geschlechtsneutrales Gewand. Während sich die Arbeiterinnen in „vorgeschalteten" und „nachgeschalteten" Lohngruppen für sog. „leichte" und deshalb geringer zu vergütende Arbeiten wiederfanden, wurde die Frage geschlechtsspezifischer Entlohnung im Angestelltenbereich zu einem Problem der Zuweisung von Tätigkeiten und des beruflichen Aufstiegs.

In den Grenzen des tarifpolitisch Möglichen konnte die HBV die lohn- und gehaltspolitische Benachteiligung der weiblichen Beschäftigten in den Versicherungs- und Bankbetrieben vergleichsweise erfolgreich zurückdrängen. Durch den Abbau von Leichtlohngruppen, Verbesserungen der Tarifgruppeneinteilung, Eingruppierungskorrekturen sowie die schrittweise überproportionale Anhebung der unteren Tarifgruppen und (Alters-/Berufs-)Jahresstufen (die in erster Linie Frauen zugute kam) konnte sie in den siebziger Jahren die ohnehin relativ geringere Einkommensdifferenz zwischen Männern und Frauen deutlicher als in den industriellen Wirtschaftszweigen verringern.[82] Es ist anzunehmen, daß die HBV nicht zuletzt wegen dieser Leistung im Unterschied zur DAG, die als Gegner der „nivellierenden" Tarifgruppenpolitik bekannt ist, bei den weiblichen Angestellten der Banken und Versicherungen in den siebziger Jahren deutliche Zugewinne verbuchen konnte.

Die generelle Zunahme des weiblichen Mitgliederanteils in den Gewerkschaften ist vor dem Hintergrund der allgemeinen Politisierung der Bevölkerung im sozial-liberalen Reformklima der frühen siebziger Jahren zu sehen. Daß dieser Trend bei der weiblichen Bevölkerung erkennbar ausgeprägter war, lag an einem ganzen Bündel von Faktoren: an Veränderungen des öffentlichen „Klimas"; an der Bildungsexpansion seit den sechziger Jahren, die das Bildungsgefälle zugunsten der Frauen verringerte; an der zunehmenden Verstädterung, die die Infragestellung traditioneller Rollenmuster begünstigte; und nicht zuletzt an dem anhaltenden Trend zur Berufsarbeit verheirateter Frauen und Frauen mit Kindern. Erwerbstätigkeit ist immer weniger bloß eine vorübergehende Phase in der Lebensplanung von Frauen, vielmehr Basis der Lebensgestaltung, des Selbstwertgefühls und sozialer Kontakte. Deshalb und weil es berufstätigen Frauen auf dem Arbeitsmarkt immer noch schwer gemacht wird, eine dauerhafte und entwicklungsfähige Berufskarriere durchzuhalten, nahm ihre Bereitschaft zu, gegen Benachteiligungen mit gewerkschaftlichen Mitteln vorzugehen. In diesem Prozeß hat die gewerkschaftliche Frauenarbeit und mit ihr die Diskussion um Gleichberechtigung und Emanzipation in der Gewerkschaft HBV einen deutlichen Aufschwung genommen. Ihm wurde mit der seit 1980 gültigen Satzungsbestimmung, vor jedem Gewerkschaftstag eine Bundesfrauenkonferenz stattfinden zu lassen, Rechnung getragen.

Das Problem der geringen Vertretung der Frauen in gewerkschaftlichen Gremien, auf Kongressen und sonstigen Veranstaltungen hat eine ebenso lange Tradition wie die gewerkschaftlichen Forderungen zu den Rechten der Frauen als Berufstätige. Auch in der Gewerkschaft HBV konnte es noch nicht befriedigend gelöst werden. Allerdings sieht es bei weitem nicht mehr so schlecht aus wie auf den beiden ersten Gewerkschaftstagen, auf denen 1949 nicht eine bzw. 1951 nur acht (von 86) weibliche Delegierte zugegen waren.

Immerhin wurde in einer der wenigen Entschließungen des Verschmelzungsgewerkschaftstages 1949 die Schaffung eines hauptamtlich besetzten Frauenreferats beim Hauptvorstand gefordert. Dies war eine von zwei institutionellen Voraussetzungen für eine eigenständige gewerkschaftli-

Bundes-Frauenkonferenz des DGB in Berlin Mai 1965 (Maria Weber)

81 S. Bleicher, Probleme und Perspektiven gewerkschaftlicher Angestelltenpolitik, in: *Gewerkschaftliche Monatshefte* 36, 1985, S. 577–582, hier S. 581.
82 Vgl. GB-HBV 1973–1976, S. 271–275; GB-HBV 1977–1980, S. 288–294 u. 316 f.; GB-HBV 1981–1984, S. 105–108.

Männer und Frau beim Gewerkschaftskongreß 1980

che Frauenarbeit, die in den frühen fünfziger Jahren innerhalb der Organisation durchgesetzt wurde. Die andere konnte mit der Bildung von Frauenausschüssen auf allen Organisationsebenen geschaffen werden.

Vorläufer einer eigenständigen Frauengliederung gab es im Bereich der Angestelltenverbände nur im Gewerkschaftsbund der Angestellten. Während er bereits seit 1921 Frauengruppen einrichtete, die seit 1924 von einem Frauenarbeitsausschuß koordiniert wurden, lehnte der Zentralverband der Angestellten die Durchführung einer besonderen Frauenarbeit 1921 mit der Begründung ab, „daß tatsächlich in unserer Organisation spezifische Frauenfragen nicht zu erledigen sind, weil wir auf dem Standpunkt stehen, daß die Frau gleiche Rechte besitzt wie der Mann".[83] Diese Argumentation ähnelt derjenigen, die in der Gewerkschaft HBV lange Zeit gegen die Institutionalisierung einer speziellen Frauenarbeit geltend gemacht wurde. In einer Gewerkschaft mit einem hohen weiblichen Mitgliederanteil, hieß es, sei eine besondere Frauenarbeit nicht notwendig, da alle gewerkschaftspolitischen Maßnahmen der Mitgliederstruktur Rechnung tragen müßten und damit die Vertretung der Belange der Frauen gesichert sei.

Wenn sich demgegenüber jene durchsetzten, die in der besonderen Frauenarbeit ein unverzichtbares Mittel sahen, sowohl die Werbung unter den weiblichen Angestellten erfolgreich zu gestalten, als auch deren gewerkschaftspolitische „Defizite" aufzuarbeiten, dann geschah dies in der Überzeugung, daß die gewerkschaftliche Frauenarbeit nur etwas Vorübergehendes sein dürfe: „Es ist unser Wunsch, durch die Frauenarbeit die Frau zum echten Gewerkschafter zu machen, der nicht mehr die gewerkschaftliche Arbeit vom Standpunkt der Frau sieht, sondern ansieht vom Standpunkt eines gewerkschaftlichen Mitgliedes, das im Augenblick eine differenzierte Behandlung erfordert."[84] Die Frage, ab wann es spezieller Einrichtungen zur Wahrnehmung des Standpunktes der Frau in der gewerkschaftlichen Arbeit nicht mehr bedürfe, er gleichsam automatisch im Interessenkampf für „den" Arbeitnehmer mitbedient werde, löste zuletzt Mitte der siebziger Jahre eine kontroverse Diskussion um den Sinn und Zweck der eigenständigen Frauenvertretung aus. Zu Recht verwies der Hauptfrauenausschuß auf die fortbestehenden gesellschaftlichen Diskriminierungen und forderte die Beibehaltung der Frauenausschüsse als wichtiges Instrument, um Frauenprobleme in der Organisation zur Geltung zu bringen. Die Delegierten des Gewerkschaftstages 1976 stimmten dieser Ansicht auch deshalb zu, weil „die Kolleginnen in allen gewerkschaftlichen Gremien und auf Kongressen weit unterrepräsentiert" seien.[85]

Zweifellos wirkten sich die Doppelbelastung als Erwerbstätige und Hausfrau bzw. Mutter, die Familienorientierung oder auch die ungünstige Arbeitsdauer und -lage im Einzelhandel hinderlich auf das betriebliche und gewerkschaftliche Engagement der Frauen aus. Als ausschließliche Begründung für eine immer wieder beklagte Unterrepräsentanz von Frauen wollten die HBV-Gewerkschafterinnen diese Hinweise aber niemals gelten lassen. Immer auch verwiesen sie auf die mangelnde Sensibilität der organisierten und beschäftigten Kollegen gegenüber Fraueninteressen und nicht zuletzt – mit Blick auf die Wahlen zu gewerkschaftlichen Gremien – auf die unzulängliche Praxis der vielbeschworenen Solidarität von Männern und Frauen.

Auf dem Gewerkschaftstag 1961 wurde mit der Wahl Anni Mosers in den Geschäftsführenden HBV-Vorstand der jahrelang vertretenen Forderung der Gewerkschafterinnen entsprochen. Im November 1962 übernahm Anni Moser als erste Frau in der Bundesrepublik das Amt einer 2. Gewerkschaftsvorsitzenden.

Ein Abbau der Unterrepräsentanz weiblicher Mitglieder auf den Gewerkschaftstagen und in den betrieblichen und gewerkschaftlichen Vertretungsorganen kam damit allerdings nur allmählich in Gang. Vielleicht signalisieren die in den achtziger Jahren gestiegenen Frauenanteile unter den Gewerkschaftstagsdelegierten (von 20 Prozent 1980 auf 28 Prozent 1984) und den HBV-Betriebsräten (von 35 Prozent 1981 auf beachtliche 39 Prozent 1984) sowie die Tatsache, daß seit 1984 zwei zusätzliche Frauen im Hauptvorstand vertreten sind, die Beschleunigung des vor allem seit den siebziger Jahren deutlicher ausgeprägten Trends.

Anni Moser, HBV-Vorstandsmitglied von 1961 bis 1976 und als erste Frau in der Bundesrepublik zur 2. Vorsitzenden einer DGB-Gewerkschaft gewählt.

Mensch vor Maschine

83 Frevert, Traditionale Weiblichkeit, S. 521.
84 Wilhelm Pawlik auf GT-HBV 1955, S. 147 f.
85 GT-HBV 1976, Antrag 61, S. 614; ferner der angenommene Antrag 61 a, S. 615 f.

„35 Stunden sind genug“

Die Dienstleistungs-Gewerkschaft der achtziger Jahre

Das Gefühl, an einem neuen Anfang zu stehen, tarifpolitisch erfolgreich agiert, die Organisation modernisiert und endlich auch finanziell auf die eigenen Füße gestellt zu haben, kurzum die Erwartung, „daß für die HBV die Zukunft begonnen hat“,[86] erscheint in der Rückschau kennzeichnend für das Selbstverständnis der Gewerkschaft HBV in den frühen siebziger Jahren. Neu waren in der Tat die Erfolge, aber auch die Probleme, die auf die nun „rasch, ja geradezu stürmisch sich entwickelnde Gewerkschaft“ (H. O. Vetter) zukamen.

Die schon in den späten siebziger Jahren einsetzende, seit 1982 politisch-institutionell verankerte „Wende“ vermittelte den Gewerkschaften jedoch bald das Gefühl, „mit dem Rücken an der Wand (zu) stehen“.[87] In wieder konfliktreicheren und gegenüber den frühen siebziger Jahren länger andauernden Tarifrunden konnten die Unternehmer eine Umverteilung zu ihren Gunsten durchsetzen. Demgegenüber mußten die Arbeitnehmer zeitweise nicht nur Reallohnverluste, sondern seit Ende der siebziger Jahre, also noch in der Zeit der sozial-liberalen Koalition, Kürzungen bei den staatlichen Sozialleistungen hinnehmen. Begleitet waren diese Einschnitte in den sozialen Besitzstand der abhängig Beschäftigten von Versuchen, Arbeitnehmer- und Gewerkschaftsrechte einzuschränken. Die Verfassungsklage der Arbeitgeber gegen das 1976er Mitbestimmungsgesetz, die ausgedehnten Flächenaussperrungen in der zweiten Hälfte der siebziger Jahre und die nunmehr wieder verstärkt beschworene Gefahr einer politischen Machtübernahme durch die Interessenvertretungen der Arbeitnehmer in einem sog. „Gewerkschaftsstaat“ waren Stationen auf diesem Weg. Seit der christlich-liberalen Regierungsübernahme 1982 erhielten solche Bestrebungen massive Unterstützung aus dem Regierungslager. Beispiele dafür waren in den Jahren 1984/85 die Einschaltung der Regierung in die Auseinandersetzungen um die Arbeitszeitverkürzung zugunsten der Arbeitgeber und die ohne erkennbaren Handlungsbedarf angestrebte und durchgesetzte Änderung des Paragraphen 116 des Arbeitsförderungsgesetzes.

Daß die HBV von direkten politischen Angriffen nicht verschont blieb, wie die mit viel publizistischem Eifer gegen sie geführte Kampagne um eine angebliche „kommunistische Unterwanderung“ Ende der siebziger Jahre zeigte, lag weniger an den realen Vorkommnissen als an der Tatsache, daß sie sich gesellschaftspolitisch stark exponierte. Das machte sich auf den Gewerkschaftstagen in einem Übergewicht allgemeinpolitischer Themen bemerkbar. Die von der Ökologie-, Frauen- und Friedensbewegung artikulierten Betroffenheiten und Problemlagen

Verwaltung einer Versicherungsgesellschaft

86 Heinz Vietheer auf dem GT-HBV 1972, S. 63.
87 H. O. Vetter, Gewerkschaftliche Konzepte stehen bereit – gemeinsames Handeln tut not, in: *Gewerkschaftliche Monatshefte* 1982, S. 1–4.

Angestellten-Arbeit am Computer

fanden innerhalb der HBV eine breite Resonanz. Dies erklärt sich aus mehreren Zusammenhängen. Erstens lag die soziale Basis der neuen Protestbewegungen eindeutig im Dienstleistungsbereich. Angestellte, Frauen, Jugendliche – das waren und sind jene Bevölkerungsgruppen, die sich überproportional stark in Bürgerinitiativen, Friedensgruppen usw. engagierten und die zugleich die wichtigsten Mitgliedergruppen der Gewerkschaft HBV repräsentieren. (Der Anteil der jugendlichen Mitglieder unter 25 Jahren machte 1980 gut ein Viertel aus. Die HBV war damit die „jüngste" Gewerkschaft im DGB. Die Hälfte der Mitglieder war nicht älter als 35 Jahre.[88]) Das dürfte die Bereitschaft gefördert haben, sich der „neuen" Themen anzunehmen. Ein zusätzlicher Impuls ging zum anderen von der Erwartung aus, den zu Beginn der achtziger Jahre rückläufigen Jugendanteil durch eine kritische Offenheit der Gewerkschaft für allgemeinpolitische Themen stabilisieren zu können. Zur Realisierung dieses Anspruchs verfügte HBV über eine große Zahl junger, vielfach erst in der Phase der Mitgliederexpansion eingestellter Gewerkschaftssekretäre. Schließlich ist es plausibel, die immer noch vergleichsweise geringe betriebliche Verankerung der Gewerkschaft HBV als Erklärung ihrer gesellschaftspolitisch engagierten Haltung in Betracht zu ziehen. Für außerbetriebliche und allgemein-politische Fragen bestand so eher die Aussicht, zum Thema der gewerkschaftlichen Diskussion zu werden.

Der politische Druck auf die HBV führte weder zur Spaltung noch zu einer nennenswerten Abwanderung von Mitgliedern. Im Gegenteil hielten die starken Zugewinne bis Anfang der achtziger Jahre an. Danach fielen sie auf ein deutlich niedrigeres Niveau zurück. Eine Lähmung der gewerkschaftspolitischen Aktivitäten spiegelte sich darin freilich nicht, wie z. B. die Gegenwehr gegen Rationalisierungspolitik und -folgen im privaten Dienstleistungssektor deutlich zu machen vermag.

Im Unterschied zu der nur leichten und kurzfristigen Dämpfung der Konjunktur 1966/67 hinterließ die Wirtschaftskrise Mitte der siebziger Jahre tiefe Risse im Gefüge des wachstumsverwöhnten Wohlfahrtsstaates. Am sichtbarsten zeigten sie sich auf dem Arbeitsmarkt. Die Zahl der Arbeitslosen überschritt 1975 erstmals seit 1955 wieder die Millionengrenze. Ein Rückgang blieb in den nachfolgenden konjunkturellen Erholungsphasen aus. Stattdessen erreichte das Problem infolge verstärkter Rationalisierungsmaßnahmen und erneuter Wachstumseinbrüche zu Beginn der achtziger Jahre ungeahnte Größenordnungen. Sie spiegeln sich nur unzureichend in der Zahl von seither durchschnittlich 2,3 Millionen *registrierter* Arbeitsloser.

Als Reaktion auf diese Entwicklung wurden seit Ende der siebziger Jahre Fragen der Rationalisierung und der Arbeitszeitverteilung zu zentralen Themen innerhalb und außerhalb der Gewerkschaften. Ihr Gewicht wuchs mit

88 Vgl. GB-HBV 1976–79, S. 43.
89 Vgl. Baethge/Oberbeck, Zukunft, S. 306.
90 Von 1977–1986 nahm die Zahl der sozialversicherungspflichtigen Teilzeitbeschäftigten von 352 000 auf knapp 440 000 zu. Über das Ausmaß versicherungsfreier Teilzeitarbeitsverhältnisse sind nur schwer zuverlässige Daten zu gewinnen. Hinweise bei: U. Teske/J. Wiedemuth, Arbeitszeit im Einzelhandel. Humane Gestaltung oder Flexibilisierung? in: *WSI Mitteilungen* 5/1986, S. 347–356: „Seit 1972 hat die Zahl der geringfügig Beschäftigten insgesamt um ca. 600 000 zugenommen. Allein im Einzelhandel ... hat sich die Zahl der ‚Pauschalkräfte' um rund 100 000 auf 230 000 erhöht. Der Anteil der Pauschalkräfte an den Frauen beträgt mittlerweile über 50 vH." (348).
91 Vgl. Baethge/Oberbeck, Zukunft, S. 350–384.

der Auffassung, daß der Dienstleistungssektor als „Auffangnetz" für die in anderen Wirtschaftsbereichen „freigesetzten" Arbeitskräfte ausgedient habe und daß ein zur Überwindung der Arbeitslosigkeit ausreichendes Wirtschaftswachstum weder möglich noch wünschbar sei.

Im Bereich von Handel, Banken und Versicherungen lassen sich die Wirkungen dieses dramatischen Umbruches verdeutlichen. Nach den großen Rationalisierungsschüben im industriellen Sektor erreichte die Revolutionierung der Technologie mit dem Ende der siebziger Jahre auch das Dienstleistungsgewerbe. Die wachsenden Anwendungsmöglichkeiten der Mikroelektronik legten den Grundstein für umfassende Rationalisierungsaktivitäten, die den Personalbedarf in allen Bereichen einschränkten. Im Handel ist dies bis heute am stärksten zu spüren. Seit Jahren ist der Beschäftigtenabbau hier in vollem Gange. Die Folgen schlagen sich nicht nur in hohen Arbeitslosenzahlen,[89] sondern überdies im steigenden Anteil von Teilzeitarbeitsplätzen auf Kosten von Vollzeitarbeitsplätzen nieder.[90] Die Teilzeitarbeit einschließlich der berüchtigten zeitvariablen Arbeit auf Abruf (Kapovaz = kapazitätsorientierte variable Arbeitszeit) hat besonders im Einzelhandel einen erheblichen Anteil (etwa 35 Prozent) erreicht. Aufgrund der zunehmenden Verbreitung von EDV-gestützten Warenwirtschaftssystemen, bei denen die Scanner-Kassen (die den Strichcode der Warenetiketten lesen können) eine Schlüsselrolle spielen, wird eine weitere Arbeitszeitflexibilisierung als Folge eines minutiös planbaren Personaleinsatzes möglich. Vor diesem Hintergrund ist zudem ein weiterer Beschäftigtenabbau sowie eine höhere Arbeitsdichte und lückenlosere Leistungskontrolle zu erwarten.

Ähnliches gilt – allerdings bisher ohne den damit im Handel verbundenen Arbeitsplatzabbau – für den Bereich der Banken, Versicherungen und Wirtschaftsdienste. Die Ausweitung der Datenverarbeitungs- und Informationssysteme schreitet auch hier seit Ende der siebziger Jahre beschleunigt voran. Geldausgabeautomaten, Bildschirmgeräte, automatische Korrespondenzsysteme, Dialog-Terminals und die Vernetzung der einzelnen Anlagen zu Verbundsystemen sind Beispiele für den Einsatz der neuen Kommunikationsmedien mit unmittelbaren

Tante-Emma-Laden 1988

Folgen für die gesamte Betriebs- und Arbeitsorganisation. Daß sich dies im Versicherungs-, vor allem aber im Bankgewerbe noch nicht in einem Arbeitsplatzabbau niedergeschlagen hat, ist allein der überproportional zur Personalentwicklung expandierenden Geschäftstätigkeit zu verdanken. Steigende Intensität der Arbeit und eine massive Bedrohung der Individualität im Arbeitshandeln werden von den Angestellten auch dieser Dienstleistungsbereiche allerdings zunehmend beklagt.[91]

Mit einer breiten Palette gewerkschaftlicher Forderungen und Maßnahmen hat die HBV auf die Risiken und

Medien-Mix

Chancen der neuen Technologien reagiert. Sie reicht von Aktivitäten zur Besitzstands- und Qualifikationssicherung, die den Unternehmen die Möglichkeit nehmen sollen, tarifvertragliche Einkommensansprüche durch technologische und arbeitsorganisatorische Maßnahmen zu unterlaufen (z. B. Abgruppierungsschutz bei Um- und Versetzungen), über Maßnahmen zum Abbau der Arbeitsbelastungen (menschengerechte Arbeitsplatzgestaltung; Verhinderung weitgehender Arbeitsintensivierung) bis zu dem weiten Feld der Arbeitsplatzsicherungs- und Beschäftigungspolitik. Hierzu gehört die Verbesserung des Kündigungsschutzes besonders für ältere Arbeitnehmer. Bedeutsame Schutzrechte für die Beschäftigten konnten darüber hinaus in vorbeugenden Rationalisierungsschutzabkommen, wie sie 1983 zuerst bei Banken und Versicherungen vereinbart wurden, erreicht werden. Die Gewerkschaft beschränkte sich damit nicht mehr nur – wie in den siebziger Jahren üblich – auf die Abmilderung von Kündigungsfolgen (Abfindungsregelungen). Sie sorgte vielmehr dafür, daß über eine verbesserte arbeitsrechtliche Position der Arbeitnehmer und stärkere präventive Einwirkungsmöglichkeiten der betrieblichen Interessenvertretung negative Rationalisierungsauswirkungen von vornherein abgewehrt werden können.

Den Schwerpunkt der Arbeitsplatzsicherungs- und Vollbeschäftigungspolitik bildeten zweifellos die Arbeitszeitforderungen. In allen Tarifbereichen konnte Anfang der achtziger Jahre der 6-Wochen-Mindesturlaub durchgesetzt werden. Als zentrales gewerkschaftspolitisches Anliegen trat das Ziel der 35-Stunden-Woche in den Vordergrund. Gegenüber allen anderen Formen der Arbeitszeitverkürzung bevorzugte die HBV diese Forderung, da keine realistischerweise zu erwartende Wachstumsrate einen Ausgleich auf dem Arbeitsmarkt herbeiführen könne. Als Voraussetzung für ein erfolgreiches gewerkschaftliches Vorgehen machte sich HBV für eine enge tarifpolitische Zusammenarbeit im DGB stark. Auf dem DGB-Kongreß 1982 wurde ein von ihr eingebrachter Antrag zur „solidarischen Tarifpolitik“ angenommen, der alle Gewerkschaften zur verstärkten Koordination aufforderte – insbesondere „für Vorreiter-Auseinandersetzungen um Arbeitsbedingungen…, die von einzelnen Gewerkschaften in ihren Tarifbereichen aufgenommen werden".[92]

Für das private Dienstleistungsgewerbe stellte die HBV Ende 1983 die Signale auf Arbeitszeitverkürzung. Die Entscheidung, die 35-Stunden-Woche tarifpolitisch in Angriff zu nehmen, wurde ausdrücklich auch als Unterstützung der IG Metall und der IG Druck und Papier getroffen. In harten Arbeitskämpfen gelang es diesen beiden Gewerkschaften 1984, die von den Arbeitgebern bis dahin hartnäckig verteidigte 40-Stunden-Woche (Tabukatalog) zu durchbrechen.

Die „Normalisierung" des umstrittenen Themas legte die Grundlage für den Erfolg der Gewerkschaft HBV in dieser Frage, der ihr 1984 noch versagt blieb. Anfang des Jahres 1985 führte HBV zentrale „Sondierungsgespräche" mit der Hauptgemeinschaft des Deutschen Einzelhandels. In einer gemeinsamen Erklärung, die den Rahmen für die nachfolgenden regionalen Tarifverhandlungen bildete, signalisierten die Arbeitgeber ihre Bereitschaft, ab Januar 1986 die 38,5-Stunden-Woche tariflich festzulegen. Im Verlauf der Tarifauseinandersetzungen im Frühjahr 1985 dokumentierten eine große Zahl von Warnstreiks den Höhepunkt einer Entwicklung, die bereits Ende der siebziger Jahre begonnen hatte.

1978 war im Einzelhandel das erste Mal zum Mittel des Warnstreiks gegriffen worden, zumeist aus Anlaß von Tarifauseinandersetzungen. Darüber hinaus kam es zu Demonstrationen, Kundgebungen und Solidaritätsaktionen (Kurzstreiks) für streikende Arbeitnehmer (Stahlarbeiter) in anderen Wirtschaftsbereichen. Spätestens die ein Jahr darauf folgenden Arbeitsniederlegungen, wiederum vor allem im Einzelhandel, aber auch im Großhandel und bei den Banken, machten deutlich, „daß die tarifpolitische Friedhofsruhe bei HBV endgültig der Vergangenheit angehört".[93] Nachdrücklich bestätigte sich diese Einschätzung 1985. In fast 150 Einzelhandelsbetrieben wurde unter Beteiligung von bis zu 400 Beschäftigten erfolgreich für die tarifvertragliche Verankerung der 38,5-Stunden-Woche gestreikt. Daß diese Aktionen „entscheidend von den Frauen geprägt wurden",[94] ist ein zusätzlicher Beleg für das wachsende gewerkschaftliche Engagement der weiblichen Beschäftigten im privaten Dienstlei-

Günter Volkmar (*1923)
begann 1949 seine gewerkschaftliche Laufbahn als Rechtschutzsekretär beim DGB in Essen und wurde noch im gleichen Jahr vom DGB-Vorsitzenden Hans Böckler zur neugegründeten Gewerkschaft HBV „delegiert". Dort war er zunächst als Sachbearbeiter in den Abteilungen „Arbeitsrecht" sowie „Banken und Versicherungen" tätig. Dem Geschäftsführenden Hauptvorstand gehört er seit 1955 bis heute ununterbrochen an. 1976 wurde er zum 2. Vorsitzenden, 1980 zum 1. Vorsitzenden der Gewerkschaft HBV gewählt.

An der Börse
1986

92 DGB-Kongreß 1982, Antrag 283, S. 384–386.
93 So die Einschätzung der HBV-Führungsgremien, zit. n. H. Achenbach u.a., Arbeitskampf an neuen Fronten, Frankfurt/M. 1980, S. 31.
94 J. Glaubitz, Weibliche Angestellte im Einzelhandel, in: *WSI Mitteilungen* 8/1985, S. 456–461, hier S. 461.

stungsgewerbe, das in diesem Bereich mit einer deutlichen Einstellungsveränderung zugunsten gewerkschaftlicher Arbeitskampfmaßnahmen in den achtziger Jahren einhergeht.[95]

Der frühe Durchbruch zur 38,5-Stunden-Woche im Einzelhandel war ein großer Erfolg, auch wenn weitergehende Forderungen der Gewerkschaft HBV zur Abwehr von Arbeitszeitflexibilisierungen und für eine tarifvertragliche Regelung der Arbeitsbedingungen von Teilzeitbeschäftigten (Minimum von 20 Wochenstunden; volle sozialrechtliche Absicherung; Festlegung der Arbeitszeitlage im Arbeitsvertrag; Zustimmung des Betriebsrates zu jeder Art von Arbeitszeitvariation) noch nicht durchgesetzt werden konnten.

Während der Einzelhandel im Frühjahr 1985 erstmals in der Spitzengruppe tariflicher Arbeitszeitregelungen lag, kam es im Großhandel Ende 1986/Anfang 1987 zur Einführung der 38,5-Stunden-Woche. In der Wohnungswirtschaft gilt seit Juni 1987 die 38-Stunden-Woche und es ist bereits fest vereinbart, die wöchentliche Arbeitszeit 1989 um eine weitere Stunde zu reduzieren. Bei den Versicherungen und insbesondere im Bankgewerbe erwies sich die wöchentliche Arbeitszeitverkürzung als ein nur schwer durchzusetzender Verhandlungsgegenstand.

Bei den Tarifauseinandersetzungen im Bank- und Versicherungsgewerbe 1984 ergab sich das uneinheitliche Bild, daß die DAG in dem einen Tarifbereich

95 Vgl. U. Kadritzke, „Angestelltenbewußtsein" und Anknüpfungspunkte für die gewerkschaftliche Angestelltenarbeit, in: *WSI Mitteilungen* 8/1985, S. 446–456, hier S. 451.

(Banken) die HBV-Forderung nach dem Einstieg in die 35-Stunden-Woche kritisierte und sich mit den Arbeitgebern auf eine Vorruhestandsregelung einigte, während sie in dem anderen Tarifbereich (Versicherungen) mit HBV an einem Strang zog. Zwar ließen sich auch die Arbeitgeber des Versicherungsgewerbes „lediglich" eine Vorruhestandsregelung abringen, doch machte die Beteiligung der Gewerkschaft HBV an dem Verhandlungskompromiß eine günstigere Lösung als bei den Banken möglich.

Während in den folgenden Jahren Verbesserungen der Vorruhestandsregelungen im Bankgewerbe erreicht werden konnten, kamen die Beschäftigten des Versicherungsgewerbes ab Januar 1987 in den Genuß einer kürzeren Wochenarbeitszeit (38,75-Stunden-Woche). Im Bankgewerbe wird nach dem Tarifabschluß 1988 die Arbeitszeit vom 1. April 1989 an um eine auf 39 Wochenstunden verkürzt. Die Arbeitgeber dieser Branche hatten sich den gewerkschaftlichen Forderungen bislang mit dem Argument widersetzt, der Mangel an qualifizierten Sachbearbeitern verbiete eine wöchentliche Arbeitszeitverkürzung. Ihre Ablehnung verbanden sie 1987 mit der Forderung an die Arbeitnehmervertreter, einen neuen Gehaltstarifvertrag mit einer Vereinbarung über flexiblere Arbeitszeiten sowie Abend- und Samstagsarbeit zu koppeln. In umfangreichen Warnstreiks und Protestdemonstrationen der Bank- und Bausparkassenangestellten sowie dem aufsehenerregenden Streik in zwei Rechenzentren der Deutschen Bank konnte dieses Ansinnen der Arbeitgeber zurückgewiesen werden. Statt kürzerer Arbeitszeiten für die Arbeitnehmer und flexiblerer Arbeitszeiten im Interesse der Banken legte die Tarifvereinbarung vom Mai 1987 neben Gehaltsverbesserungen eine Fortschreibung des Vorruhestandstarifvertrages bis Ende 1989 fest. Er reicht damit über die Ende 1988 auslaufende gesetzliche Frist hinaus.

Tarifverhandlung

END
LICH
Am 12. und 19. November können Sie
im HANSE-VIERTEL bis 21 Uhr einkaufen!
Viel Spaß! Donnerstags - After Six.

Der schönste Kuss ist der nach Ladenschluss 18.30 Uhr
GEWERKSCHAFT HBV DUISBURG

Nach vierzig Jahren

Aus der Perspektive der achtziger Jahre stellt sich die vierzigjährige Entwicklung der Gewerkschaft HBV als eine Erfolgsgeschichte dar. Das bei ihrer Gründung besonders unter den Angestellten des privaten Dienstleistungsgewerbes umstrittene Industrieverbandsprinzip hat sich zunehmend bewährt. Ausgehend von einer sehr schmalen Mitgliederbasis konnte die HBV – zunächst nur langsam und nicht ohne Rückschläge, dann aber um so eindeutiger und in beispiellosem Tempo – Beschäftigte für die Idee der einheitlichen Interessenvertretung gewinnen. So gelang dem einstigen „Ziehkind" des DGB in den siebziger Jahren der Durchbruch zu einer organisatorisch gefestigten Gewerkschaft, deren Stimme im DGB kräftiger wurde und die in der gewerkschaftlichen Interessenvertretung der Arbeitnehmer des privaten Dienstleistungsgewerbes inzwischen den Ton angibt.

Dennoch ist nicht zu übersehen, daß gravierende Probleme ungelöst blieben. Seit längerem verfolgte tarifpolitische Ziele konnten noch nicht erreicht werden, sozialpolitische Erfolge wie das Ladenschlußgesetz sind immer wieder erneut Angriffen ausgesetzt und mußten stets aufs Neue – dies allerdings weithin erfolgreich – verteidigt werden. Vor allem aber: Die Grenzen des organisatorischen Erfolgs der Gewerkschaft HBV werden angesichts des riesigen Potentials noch unorganisierter Angestellter im privaten Dienstleistungsbereich sichtbar. Der HBV-Organisationsgrad liegt bei etwas über zehn Prozent, während die anderen Gewerkschaften des DGB durchschnittlich 30 Prozent der Arbeitnehmer ihres jeweiligen Organisationsgebietes zu ihren Mitgliedern zählen. So gesehen ist die HBV, nach den Mitgliederzahlen die sechstgrößte DGB-Gewerkschaft, doch noch eine relativ schwache Arbeitnehmerorganisation.

Im Vergleich zu den Arbeitern zeigen Angestellte weiterhin größere Gewerkschaftsdistanz. Ihr gruppenspezifischer Organisationsgrad lag Mitte der achtziger Jahre bei 23 Prozent.

Die Ursachen sind vielschichtig und kompliziert. Als sicher kann allerdings gelten: Ein einheitliches Angestelltenbewußtsein, zumal eines, das sich durch ständische Abgrenzungsbedürfnisse auszeichnet, gibt es so wenig wie eine einheitliche Angestelltenschaft. Trotz fortbestehender Arbeiter-Angestellten-Unterschiede wird es immer schwieriger und realitätsferner, von „den Angestellten" zu sprechen. Auch und gerade durch die wachsende Anwendung neuer Technologien in den Dienstleistungsbetrieben haben sich gewerkschaftliche Politikkonzepte darauf einzustellen, daß es nicht nur zwischen Arbeitern und Angestellten, sondern auch innerhalb der Angestellten keine einheitliche Betroffenheit und unterschiedliche Probleme und Interessenlagen gibt. Die Anforderungen, Beschäftigteninteressen im Angestelltenbereich zu koordinieren, werden daher in Zukunft steigen. Inwieweit dies der Gewerkschaft HBV gelingt und inwieweit sie den positiven Trend der gewerkschaftlichen Organisierung von Angestellten in den vergangenen Jahren fortsetzen kann, läßt sich aus der Geschichte nicht erschließen. Das ist eine Aufgabe der Praxis. □

TEIL 2

ANGESTELLTEN-ARBEIT

ACHT PORTRÄTS

Jeden Tag zwei bis fünf Tonnen mit links

Arbeitsalltag einer Kassiererin

von Ingeborg Wahle-Homann
Fotos Ulrich Baatz

HEIRATEN WOLLTE Rosemarie eigentlich nie. Die Welt ihrer Mutter erschien ihr viel zu klein und deren Schicksal nicht sonderlich erstrebenswert: ein Leben hinter den geschlossenen Gardinen eines mühsam ersparten Eigenheims, einzig ausgerichtet auf das Wohl des Ehemannes und der vier Kinder. Rosemarie wollte nicht nach vorgestanzten Mustern leben. So wie ihre Mutter es ihr vorführte, brauchte das Leben nicht notwendig zu sein. Rosemarie konnte zwar ihren Traum von einem erfüllten Leben zu keiner Zeit und bis ins letzte eindeutig benennen. Ihre Lebensbedürfnisse gingen allerdings stets über ein bloßes Hausfrauen- und Mutterdasein hinaus. Und sie war mutig genug, sich immer wieder neuen Situationen auszusetzen und unter den jeweiligen Bedingungen zu fragen, ob das nun die Erfüllung ihres Traumes war oder was sie dafür noch tun mußte.

Am liebsten wäre sie immer auf Entdeckungsreise. Rosemarie, 1941 in der Nähe von Pinneberg geboren, war ein ausgesprochen aufgewecktes und neugieriges Kind mit einem früh ausgeprägten eigenen Willen. Bei Fliegeralarm rannte sie davon, wie alle anderen auch – allerdings irgendwo hin, nur nicht in den Luftschutzkeller. Mit fünfzehn wollte sie bereits von zu Hause fort und konnte es gar nicht erwarten, volljährig zu sein. Ihr Ziel: Hamburg.

In Pinneberg war ihr alles zu eng geworden: das kleinstädtische Milieu, die beschränkten Wohnverhältnisse – Rosemarie mußte ihr winziges Zimmer mit der älteren Schwester teilen –, die starren Lebensorientierungen und Erziehungsmuster der Eltern, die nicht einmal den kleinsten Raum ließen, sich von den elterlichen Erwartungen zu lösen und eigene Vorstellungen zu verwirklichen. Rosemaries Eltern bestimmten allein, was aus ihren Kindern werden sollte. Die beiden Jungen durften einen anständigen Beruf erlernen und die Realschule besuchen. Die Mädchen sollten zu guten Hausfrauen erzogen werden. Zu diesem Zweck sollte Rosemarie in einem Privathaushalt Grundkenntnisse der Haushaltsführung erwerben. Sie aber weigerte sich. Kochen, aufräumen, fremden Leuten den Dreck wegmachen, ständig für andere da sein – das war nicht das Leben, wonach sie sich sehnte. Sie wollte lieber auf eigenen Beinen stehen, ihr Leben selbst gestalten, viele nette Leute um sich haben. Und sie wollte gut aussehen, schick frisiert und hübsch gekleidet sein. Sie setzte sich durch und begann, als Verkäuferin zu arbeiten. Jetzt also lernte sie früh Geld zu verdienen, es auszugeben und zu sich selbst zu stehen. Wie stolz war sie, als sie ihr Konfirmationskleid mit eigenem Geld bezahlen und sich die erste Dauerwelle von ihrem Selbstersparten leisten konnte.

Drei Monate vor ihrem 21. Geburtstag begann dann ihr „ideales Leben", wie sie heute sagt. Endlich war sie erwachsen und brauchte die elterlichen Ratschläge nicht mehr zu befolgen. Sie packte ihre Sachen, verließ schon vorzeitig das Elternhaus und fand bald Arbeit und Unterkunft in Hamburg. Dort lernte sie auch ihren Mann kennen, heiratete ihn allerdings erst sehr viel später, nach vier Jahren Verlobungszeit – und das auch nur, weil sie zusammen Urlaub machen wollten und schon oft Schwierigkeiten bekommen hatten, wenn sie als unverheiratetes Paar ein Doppelzimmer in einem Hotel beziehen wollten.

In diesen ersten Jahren in Hamburg ging es ihr richtig gut. Rückblickend konnte sie zwar ihr Leben nicht ganz so gestalten wie sie es wollte, denn es mangelte ihr immer an Geld. Aber sie brauchte sich keine großen Sorgen zu machen, da ihr Mann sie unterstützte, wenn sie mal einen Wunsch außer der Reihe hatte, den sie sich selbst nicht erfüllen konnte. Rosemarie arbeitete wieder als Verkäuferin, später als Substitutin, verdiente allerdings recht wenig. Und was sie verdiente, ging fast vollständig drauf, um ihren Lebensunterhalt zu finanzieren. Denn das Leben in der Großstadt war teuer. Sie konnte auf ihrem Zimmer nicht selbst kochen, deswegen mußte sie häufig essen gehen. Die Fahrtkosten für den Weg zur Arbeit mußte sie selber tragen. Der Friseur und modische Kleidung waren nicht gerade billig in Hamburg. Und schließlich verreiste sie gerne und viel. In bester Erinnerung hat sie den Urlaub im Jahr 1962: Neun Wochen Spanien, zusammen mit „Männe", der bereits ein eigenes Auto fuhr – und das zu einer Zeit, als noch niemand von ihren Freunden daran dachte, in Spanien Urlaub zu machen und von den Betonbauten an der Costa del Sol nichts zu sehen war. Diese Reise wurde ihr zum Maßstab für Lebensqualität.

Die Arbeit selbst machte ihr Spaß und vermittelte ihr häufig ein befriedigendes Gefühl, etwas Sinnvolles in eigener Verantwortung zustande gebracht zu haben. Dies stärkte ihr Selbstvertrauen. „Im Geschäft konnte ich schalten und walten wie ich wollte. Meine Chefs ließen mich einfach machen." Sie tat manches sogar zusätzlich, was gar nicht zu ihren Aufgaben zählte. Beispielsweise putzte sie die Fenster, wenn gerade keine Kundschaft da war. Das war ihr lieber als bei Leerlauf einfach so rumzustehen. Oder sie änderte die Dekoration, wenn diese schon zu lange in der Auslage lag und keinerlei Aufmerksamkeit mehr auf sich zog. Sie hatte vieles im Blick, war umsichtig und konnte oft schon weit im voraus absehen, wann eine Ware ausverkauft sein würde und entsprechende Nachbestellungen aufgeben. Damit schaffte sie sich *ihre* Bereiche, die sie eigenständig ausfüllen konnte.

Ihre positive Haltung zur Arbeit machte das Geldverdienen leichter und zufriedenstellender. Aus ihrem Tätigsein bezog sie Anerkennung, und ihr Selbstbewußtsein wuchs in dem Maße, wie sie die Erfahrung machte, daß sie etwas zu leisten imstande war, was bei anderen, zu denen sie sich auch persönlich hingezogen fühlte, gut ankam. Ein gutes Betriebsklima, ein netter Kreis von Kolleginnen und Kolle-

Arbeitsalltag einer Kassiererin: „Manchmal vergessen die Leute, daß hier ein Mensch sitzt".

Die „Nebenbeschäftigung" einer Kassiererin: Im Lager aushelfen, Schamponierer ausleihen, Zigaretten und Süßwaren verkaufen.

gen, in dem sie sich aufgehoben und von dem sie sich auch gefordert fühlte, ist für sie daher immer von größter Bedeutung gewesen. Und je größer der Kreis war, desto stärker waren für sie die Herausforderungen und die Möglichkeiten, sich zu bewähren. Ein Angebot, als Drogistin zu arbeiten, schlug sie in dieser Zeit deswegen aus, weil in der Drogerie zu wenig Leute beschäftigt waren. Der Aufgabenbereich wäre allerdings für sie sehr interessant gewesen. „Ein Zwei-Mann-Betrieb ist nichts für mich. Ich mach gerne was mit vielen Leuten zusammen. Außerdem kannte ich die Leute schon", so rechtfertigt sie mir gegenüber ihre damalige Entscheidung.

In der Rückschau stellt sie fest, daß sie, bis auf eine Ausnahme, alle vier bis sechs Jahre ihren Arbeitsplatz gewechselt hat. Nach dieser Zeitspanne fühlte sie sich meistens wieder zu sehr eingeengt. „Ich kannte das ganze System. Es gab nichts Neues mehr. Vieles machte man schon im Schlaf. Nach soviel Jahren mußte ich raus, mal wieder etwas anderes sehen, neue Kolleginnen und Kollegen kennenlernen."

Die eine Ausnahme war ihre 13jährige Tätigkeit als Verkäuferin und Kassiererin in einem Geschäft der „Pro"-Ladenkette, ganz in der Nähe ihrer Wohnung. Sie blieb gezwungenermaßen so lange, denn ihr Leben hatte sich inzwischen drastisch geändert.

Rosemarie war Mutter geworden. Sie hatte lange gezögert, aber irgendwann kam dann doch der Wunsch nach einem Kind auf. Bis dahin hatten sie und ihr Mann schon einiges von der Welt gesehen, und ihr Drang in die Ferne war etwas abgeebbt. Jetzt wollten sie nicht nur die Ferien, sondern auch Zufriedenheit im Alltag erleben, sich ein Zuhause einrichten und es sich gemütlich machen. Rosemarie sollte auch nicht mehr arbeiten gehen. Ihr Mann beklagte schon längere Zeit, daß ihnen beiden kaum Zeit füreinander blieb. Rosemarie war es zu diesem Zeitpunkt auch ganz recht, mal „auszusteigen", mehr Muße zu haben, um abends entspannt mit ihm ins Theater, Kino oder zum Essen zu gehen. Und ihr Mann erwartete auch nicht von ihr, daß sie sich nun zum perfekten Hausmütterchen mauserte.

Doch das erhoffte kleine Glück währte nicht allzu lange. Ihre Tochter Regina war gerade drei Monate alt, als ihr Mann mit dem Auto schwer verunglückte. Er erlitt eine doppelte Schädelfraktur, verlor große Teile seines Erinnerungsvermögens und konnte sich kaum noch bewegen. Zunächst war er ans Bett gefesselt. Später schaffte er es, durch ständiges Sprech- und Bewegungstraining, jeden Tag etwas besser, den Haushalt zu führen und die Tochter großzuziehen. Seinen Beruf konnte er allerdings nicht mehr ausüben. Er starb 1975 an den Folgen des Unfalls. Regina war gerade acht Jahre alt.

Der Unfall und später der Tod ihres Mannes markieren gewaltige Einschnitte in Rosemaries Leben. Glücklicherweise hatte ihr Mann gut vorgesorgt, so daß sie sich 1970 eine kleine Eigentumswohnung in Hamburg-Wandsbek leisten konnten. Rosemarie blieb die ersten vier Jahre nach seinem Unfall zu Hause. Dann aber reichte seine kleine Rente für alle drei zum Lebensunterhalt nicht mehr aus. Rosemarie ging wieder arbeiten. Aber was jetzt auf sie zukam war nicht nur Doppel-, sondern war Drei- und Vierfachbelastung: Rosemarie war Hausfrau und Mutter, Berufstätige und Pflegeperson in einem.

Was ihr früher nie in den Sinn gekommen wäre, sich eine Arbeit in Wohnungsnähe zu suchen – sie fühlte sich dadurch zu sehr an einen Ort gebunden, von allen anderen Eindrücken abgeschnitten –, jetzt war sie darauf angewiesen. Und flexibel sollte die Arbeitseinteilung sein, damit Rosemarie im Notfall und bei Bedarf zu Hause bleiben konnte.

Von nun an war sie immer auf dem Sprung: Hin- und Herpendeln zwischen Arbeitsstelle und Wohnung, mehrfach am Tag. Es gab keine Festabsprachen über ihre Arbeitszeit, sie arbeitete auf Abruf. Der Chef oder ein Mitarbeiter tauchten plötzlich vor ihrer Haustür auf. Sie hatte augenblicklich alles stehen und liegen zu lassen und mitzukommen. Da sie auf diesen Zusatzverdienst angewiesen war, gehorchte sie prompt. Ihr einziger Widerstand: gelegentlich „überhörte" sie die Haustürklingel und wies die Familie an, sich mucksmäuschenstill zu verhalten.

Das Ergebnis dieser Jahre war ihre zunehmende Isolation. Rosemarie konnte keine Treffs mehr mit ihren Freunden und Freundinnen ausmachen. Also löste sich allmählich der Freundeskreis um sie herum auf. Zu den neuen Kolleginnen und Kollegen nahm sie keinen Privatkontakt auf, weil sie nach der Arbeit sofort wieder nach Hause mußte. Und doch bedeutete ihr die Arbeit bei „Pro" weit mehr, als nur Quelle zum Broterwerb. Sie wurde ihr – mit der Zeit immer stärker – zum Fluchtpunkt aus der bedrückenden privaten Situation, die einzige Brücke zur Außenwelt, zu anderen Menschen schlechthin.

Unter Leuten zu sein ist ihr bis heute das Wichtigste an ihrer Arbeit geblieben. Als Kassiererin in einem Supermarkt hat sie daran keinen Mangel. Daher gefällt ihr diese Tätigkeit nach wie vor gut – trotz der enormen Belastungen und der ungerechten Entlohnung. Zudem arbeitet sie an der Kasse relativ selbständig.

Seit nunmehr vier Jahren ist Rosemarie als Drei-Tages-Kraft mit einem 25½-Stunden-Vertrag im „Comet-Center" Wandsbeker Straße beschäftigt. Dieser Supermarkt liegt wieder etwas weiter von ihrer Wohnung entfernt. Ein Zeichen dafür, daß sie dabei ist, allmählich ihren Aktionsradius wieder zu erweitern.

Am „langen Samstag", wenn es so richtig hoch her geht, ist Rosemarie in ihrem Element. Die Warteschlange vor ihrer Kasse ist bereits auf zehn Meter angewachsen. Den Kunden steht ihre Befindlichkeit im Gesicht geschrieben: die meisten sind extrem genervt. Preise müssen verglichen, auf Durchsagen zu aktuellen Angeboten gehört und die Kinder unter Beobachtung gehalten werden. Warteschlangen an der Wursttheke, am Gemüsestand und nun auch noch an der Kasse. Einige geben ihren Unmut direkt an ihre Umwelt weiter. Rangeleien, sobald jemand es wagt, sich dazwischen zu drängen. Die Stimmung ist mitunter hochexplosiv. Rosemarie bietet dann ihr Kontrastprogramm:

Gelassen bleiben, freundlich sein, Ruhe bewahren. Kritische Situationen entspannen hat sie nicht erst durch ein Trainingsprogramm damals bei „Pro" gelernt. Hinter ihrem Verhalten steckt aufrichtige Teilnahme. Sie weiß, daß Einkaufen in einem Großmarkt für niemanden ein Freizeitvergnügen ist. Den gestreßten Leuten möchte sie mit Menschlichkeit begegnen. Sie grüßt, small-talk über Preise, Kinder und Wetter. Sie fordert Nörgelanten auf, die sich über „überzogene" Preise mokie-

Rosemarie Riemann: „Ohne mal ein Späßchen zu machen, hält man das hier nicht durch."

ren, den Kassenbon nachzuprüfen. Ab und zu mal eine witzige Bemerkung, wenn's nicht weitergeht, weil ein Kunde eine beschädigte Ware umtauschen muß („Ich mach inzwischen mein Abendgebet!"). „Ohne mal ein Späßchen zu machen, hält man das hier nicht durch." Allerdings fordert Rosemarie im Gegenzug, selbst auch wie ein Mensch, nicht wie eine Maschine behandelt zu werden. „Manchmal vergessen die Leute, daß hier Menschen sitzen."

Tatsächlich hat ihre Arbeit etwas Unmenschliches an solchen Tagen. Das Tempo ist mörderisch, höchste Anforderungen an die Konzentration, funktionieren wie ein Präzisionswerkzeug, ständiger Rhythmuswechsel, Schwerstarbeit, Dauerstreß.

Rosemarie hüpft von ihrem wackeligen Drehstuhl, schaut in den leeren Einkaufswagen, den ein Kunde gerade an der Kasse vorbeischiebt, prüft auch die Tragfläche unter dem Einkaufskorb, damit nichts an ihr vorbeigemogelt wird. Sie setzt sich wieder hin, nimmt jede einzelne Ware in die Hand, die der Kunde zuvor auf das Transportband gepackt hat – und hebt auf diese Weise pro Tag zwei bis fünf Tonnen Ware mit der linken Hand –, tippt mit der rechten die Preise der ersten Waren ein, drückt jedesmal eine bestimmte Zusatztaste, je nachdem, ob es sich um Lebensmittel, Fleisch- und Wurstwaren, Obst und Gemüse oder um Pfandflaschen handelt, schiebt die Ware hinter sich in die Kundenbox, betätigt das Fußpedal, damit das Förderband weiterlaufen kann. Zwischendurch: bücken, um auf Wunsch eine Plastiktüte herauszugeben; Auskunft geben, ob die Trauben aus Südafrika sind oder nicht, wann die Ware soundso wieder zu haben ist; der Kollegin an der Nebenkasse eine Rolle 5-DM-Stücke herüberreichen; den Preis einer Ware nachfragen, die fälschlicherweise nicht ausgezeichnet wurde; Kassenrollenwechsel in weniger als 20 Sekunden; Nase putzen; auf Verlangen hin die Zwischensumme ziehen; einem bekannten Gesicht zulächeln, wenn sie mal von den Mänteln und Händen, die an ihr vorbeilaufen, aufschaut; Beschwerden annehmen und freundliche Worte finden, wenn es einem Kunden nicht schnell genug geht. Dann die Endsumme: 76,53 Mark, der Kunde gibt einen 100-DM-Schein, diese 100 Mark werden registriert, die Kasse wirft den Wechselgeldbetrag aus, das Geld

wird dem Kunden zurückgezahlt. Und schon schiebt der nächste Kunde seinen Einkaufswagen vorbei...

Soweit ist alles Alltagsroutine. Ins Schwitzen gerät Rosemarie manchmal, wenn sie sich vertippt hat und einen Fehlbon ausstellen muß. Dann muß sie die Kollegin aus der Abrechnung herbeiklingeln, damit diese den Fehlbon abzeichnet – und das nimmt Zeit. Oder auch, wenn keine der anderen Kolleginnen an den Kassen den Preis einer nichtausgezeichneten Ware kennt. Dann muß sie die Kasse abschließen, sich aus ihrem Plexiglaskabinchen herauszwängen, an den ungeduldigen Kunden in der Warteschlange vorbei, quer durch den Laden sausen und den Preis ausfindig machen. Ganz ohne ist auch das neue Service-Angebot der Hamburger Warenhäuser nicht, Euro-

Als Drei-Tages-Kraft mit 25,5 Stunden im Comet-Center Hamburg-Wandsbek: „Da fühlt man sich wie auf Mallorca."

Verschnaufpause im Supermarkt: Das Arbeitstempo ist mörderisch – ständiger Rhythmuswechsel, Schwerstarbeit und Dauerstreß.

schecks anzunehmen und den Höchstbetrag von 400 Mark auszuzahlen, obwohl der Kunde nur für 1,40 Mark Waren eingekauft hat. Gerade am „langen Samstag" machen viele davon Gebrauch. Das erfordert zusätzliche Arbeitsgänge und einigen Zeitaufwand. Nicht immer ist an diesen Tagen mit Hochbetrieb eine Ablösung zu bekommen, da alle Kolleginnen und Kollegen total eingespannt sind. Der Gang zur Toilette oder in die Pause wird dann einfach gestrichen.

Ein gutes Betriebsklima, nette Kolleginnen und Kollegen – das ist von größter Bedeutung.

Mutter und Tochter: Am liebsten immer auf Entdeckungsreise

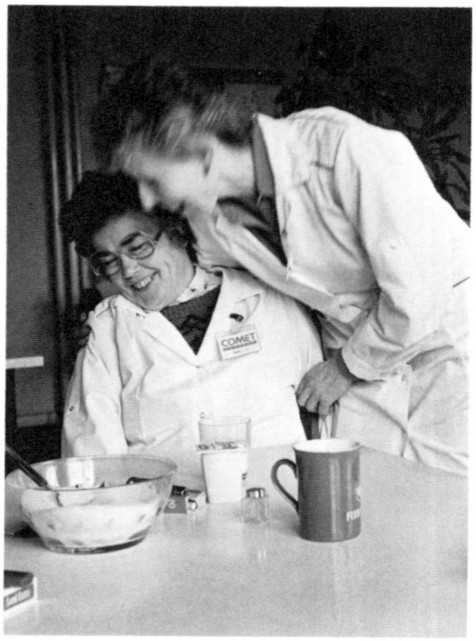

An *ihrer* Kasse „betreut" Rosemarie zusätzlich noch den Shamponierer, muß also bei Bedarf Shamponiergerät und Flüssigseife herausgeben und sich von Kunden den Personalausweis aushändigen lassen, der als Pfand hinterlegt wird. Zudem ist sie verantwortlich für die Zigarettenständer neben ihrer Kasse. Und mitunter muß sie auch in der Süßwaren-Abteilung, am Zeitschriftenständer oder im Lager aushelfen. Das macht sie äußerst ungern. Nicht genug, daß sie dann aus ihrer Kassentätigkeit herausgerissen wird und sich anschließend nicht mehr so gut konzentrieren kann. Diese Zusatzarbeiten „verhelfen" ihr dazu, 400 bis 500 Mark weniger am Monatsende herauszubekommen. Denn für sie gilt der Haustarif, der eine Vergütung als Kassiererin nicht vorsieht. Rosemarie wird danach als ganz normale Verkäuferin mit Kassentätigkeit bezahlt, bekommt also zu ihrem Verkäuferinnengehalt von 1465 Mark brutto pro Monat lediglich 54 Mark Kassengeld dazu, obwohl sie fast den ganzen Tag lang hinter ihrer Kasse sitzt. Im Vergleich zu Kassiererinnen in anderen Warenhäusern empfindet sie ihre Bezahlung einfach ungerecht.

Überhaupt „stinkt" ihr einiges an ihren Arbeitsbedingungen. Beispielsweise die ständige Zugluft, die vor allem im Winter ewig krank macht. Das „Comet-Center" ist in einer ehemaligen Lagerhalle untergebracht, die zweckmäßig und modern gestaltet wurde, aber noch immer an der Decke Löcher aufweist, durch die es höllisch zieht und hereinregnet. „Man will zwar modern sein", kommentiert sie die Umbauarbeiten, „aber irgendwo wird immer gespart". Aus Heizungsschläuchen wird warme Luft in die Halle geblasen, sie konzentriert sich allerdings in der Mitte der Halle und gelangt kaum in Kassennähe. Die Plexiglasscheiben hinter der Kasse bieten nur geringen Kälteschutz, ebenso die Heizstrahler an dem heruntergezogenen Deckengerüst über den Kassen, die auf den Nackenbereich der Kassiererinnen gerichtet sind. „Da fühlt man sich wie auf Mallorca." Sie strahlen nämlich viel zu heiß, deswegen läßt man sie besser aus. Rosemarie befürchtet ohnehin, daß sie dadurch verweichlicht und nur noch anfälliger für Erkältungen wird. „Und dann heißt es schnell: die feiert doch immer nur krank."

Was Krankheiten betrifft, so beugt Rosemarie „fix vor", wie sie sagt. Noch immer muß sie hin und wieder raus, etwas anderes sehen, verreisen. Es ist schon vorgekommen, daß sie und ihre Tochter dreimal in einem Jahr verreisten. Vorzugsweise fahren sie im Frühjahr und Herbst in Urlaub und immer in Länder, in denen es warm ist. Rosemarie braucht Wärme wegen ihres Rückenleidens: ganz „normale" Verschleißerscheinungen an der Wirbelsäule im Nacken- und Beckenbereich, wie sie jede Kassiererin nach mehrjähriger Berufstätigkeit bekommt. Außerdem hat sie neuerdings Rheuma. Jugoslawien, Marokko, Kenia – das haben die beiden bereits hinter sich. In diesem Jahr steht Florida auf dem Programm.

Auch vor diesem Hintergrund, ihren Gesundheitszustand nicht weiter zu verschlimmern, arbeitet Rosemarie nur an drei Tagen in der Woche: montags, mittwochs und freitags. Dazwischen liegt immer ein Tag, an dem sie sich erholen kann. Sie weiß zwar genau, daß bei Teilzeitarbeit die Ausbeutung am größten ist. Allerdings beobachtet sie an ihren Kolleginnen, was es bedeutet, diesen Beruf fünf Tage in der Woche auszuüben: Mitte 20 sind einige Kassiererinnen bereits verschlissen und chronisch erkrankt: Blasenkatarrh, Muskelverspannungen, Unterleibs„geschichten". Rosemarie will sich nicht kaputt machen, nur um ein paar Pfennige mehr zu bekommen. „Wofür lebt man denn eigentlich?" Eine neue Einbauküche und ein modern eingerichtetes Wohnzimmer sind ihr nicht wichtig. Noch immer spiegeln sich in ihrer Wohnungseinrichtung die sechziger Jahre wider. Manchmal ist es ihr peinlich, fremden Besuch in ihrer Wohnung zu haben. Dem wird dann schon mal mitgeteilt, daß Mutter und Tochter gerade dabei sind, sich neu einzurichten und daß die neuen Möbel noch nicht geliefert sind.

Wichtiger als materieller Glanz und modisches Blendwerk sind ihr heute, in viel stärkerem Maße noch als früher, andere Dinge.

Ihre Bewegungsfreiheit etwa. Ein Telefon besitzt sie nicht. Darauf kann sie verzichten – nicht aber auf ein Auto. Samstags wird es von Hand gewaschen und gepflegt.

Oder ihre Selbständigkeit in ihrer Lebensführung. Jegliche Bevormundung ist ihr ein Greuel. Rosemarie fordert Respekt: vor ihrer Person, ihrem Alter, der Tatsache, daß sie eine Frau ist. Wenn beispielsweise im Lager vorübergehend ausgeholfen werden muß oder donnerstags beim Fischstand – dann sollen das mal vorrangig die jungen Kolleginnen tun. „Ich will an der Kasse alt werden." Bei Dienstleistungen, für die sie bezahlt, möchte sie ein Wörtchen mitreden. Wenn sie ein Nichtrauchertaxi bestellt, dann soll es auch, bitteschön, im Auto nicht nach abgestandenem blauen Dunst riechen. Ansonsten kann das Taxi mit einer Leerfahrt wieder abziehen. Und wenn Rosemarie in einem Restaurant von einem Kellner einen Platz „hinten in der Ecke" angeboten bekommt – sie hat oft die Erfahrung gemacht, daß Frauen ohne männliche Begleitung gerne in solche Winkel abgeschoben werden – dann besteht sie mitunter recht heftig darauf, an der Sonnenseite platznehmen zu dürfen, weil diese ihr besser gefällt. Manchmal mag ihr Selbstbehauptungswille etwas überzogen sein. So vertraut sie ihrer Bank ihre alltäglichen Geldgeschäfte nur ungern an. Nach wie vor erledigt sie Einzahlungen am liebsten persönlich, sei es die Stromrechnung bei den Hamburger Elektrizitätswerken oder der Gewerkschaftsbeitrag: Rosemarie kommt persönlich vorbei, zahlt per „cash auf die Hand", unterhält sich ein wenig und erfährt auf diese Weise viel Neues.

Schließlich: ihr Aufgehobensein in persönlichen Zusammenhängen. Mit ihrer einundzwanzigjährigen Tochter lebt sie in enger Gemeinschaft. Ihr Verhältnis zueinander gleicht eher dem von zwei Freundinnen als einer Beziehung zwischen Mutter und Tochter. Für den Außenstehenden ist es nicht leicht herauszufinden, wer sich eigentlich auf wen stützt. Hinzu kommt: Rosemarie ist langjähriges Mitglied eines Kleingartenvereins. Dort mischt sie sich gerne unter. Sie interessiert sich für Baumschnitt, Kompostierung und Gemüseanbau und liest viel darüber in ihrer Freizeit. Der Garten ist ihre Sommerresidenz. Hier verbringt sie ihre Abende, viele Wochenenden und etliche fröhliche Feste im Kreise alter Freunde. Und Rosemarie ist seit über zehn Jahren Gewerkschaftsmitglied. Gewerkschaft – das ist für sie eine große Familie. Das ist ihr wieder einmal vor kurzem ins Bewußtsein gekommen, als sich die gesamte Belegschaft des „Comet-Centers" an den Aktionen gegen die Verlängerung der Ladenschlußzeiten beteiligte. Alle 26 Beschäftigten sind gewerkschaftlich organisiert. Das Familiäre zeigt sich ihr auch in Seminaren, an denen sie als Vertrauensfrau häufig teilnimmt. Sie schätzt die Selbstverständlichkeit, mit der sie „mal dumm nachfragen" kann, wenn ihr etwas nicht ganz klargeworden ist, ohne gleich verständnislose Blicke zu ernten. Im übrigen entgeht ihr kaum eine der zahlreichen Freizeitaktivitäten ihrer Gewerkschaft. Auf dem Herbstball, auf Barkassenfahrten freut sie sich dann riesig über das Wiedersehen mit ehemaligen Kolleginnen und Kollegen – und überhaupt weil alles, jung und alt, mal wieder auf den Beinen ist.

Langsam dürfte wieder die Zeit kommen, wo es ihr zu eng an ihrem Arbeitsplatz wird. Doch Rosemarie will im „Comet-Center" noch eine Weile bleiben. Diesmal hat sie andere Pläne. Ein neunstöckiges Appartementhaus versperrt ihr seit kurzem die Sicht auf den Michel. Seitdem trägt sie sich mit dem Gedanken, umzuziehen. Sie muß mal wieder raus, etwas anderes sehen.

Eine Banker-Karriere – vom Wertpapierberater zum Betriebsratsvorsitzenden

von Claus Eilrich
Fotos Wolf Haug

1966 WAR SCHLUSS. Nach der zehnten Klasse verließ Peter Haimerl das Luitpold-Gymnasium am Englischen Garten in München. „Ich hatte die Nase voll, bin 'runtergegangen und habe dann bei der Bank angefangen", schildert der heute 39jährige die damalige Entwicklung. „Warum ich gerade Bankkaufmann geworden bin, das weiß ich heute auch nicht mehr. Ich weiß nur noch, daß ich in Wirtschaftslehre relativ gut war. Und darum wollte ich einen kaufmännischen Beruf. Die Dresdner Bank war die erste, bei der ich mich vorgestellt habe; die hat mich auch gleich genommen – obwohl meine Zeugnisse nicht so berühmt waren." Doch die Zeugnisse spielten für Peter Haimerls weitere Entwicklung kaum eine Rolle. Er entwickelte sich bereits während seiner zweieinhalbjährigen Ausbildung in der Dresdner-Bank-Zweigstelle am Münchener Marienplatz zum Fachmann in Sachen Wertpapiergeschäft. Wertpapiergeschäft? „Wertpapiergeschäft, das ist der Verkauf von Wertpapieren aller Art. Aktien, Pfandbriefe, Investmentpapiere. Geldanlagen an sich. Also Vermögen verwalten und es möglichst im Sinne der Kunden vermehren."

Peter Haimerl spricht auch heute noch mit deutlich erkennbarer Begeisterung von dieser Zeit. Die Zweigstelle am Marienplatz war schon in der zweiten Hälfte der sechziger Jahre die umsatzstärkste und größte Wertpapierzweigstelle der Dresdner Bank in München. Und in dieser Zweigstelle arbeitete ein „alt eingesessener und hoch angesehener Wertpapierberater, der mich gleich ins Herz geschlossen hat". Er weihte den angehenden Bankkaufmann in die Geheimnisse des Bank- und speziell des Wertpapiergeschäfts ein. „Ich habe schon als Lehrling mit unserer prominenten Kundschaft Wertpapiergeschäfte gemacht. Ich hatte unheimliches Glück, da hineinzukommen. Ich habe mich sehr wohlgefühlt." Die Zweigstelle in Münchens Stadtzentrum hatte bereits damals interessante Kundschaft. Stichwort: gehobenes Bürgertum. Und die verlangte gerade im Wertpapiergeschäft eine anspruchsvolle Beratung. „Also mußte ich schon früh auf den internationalen Märkten firm sein. Das war das, was mir Spaß gemacht hat." Doch das Wertpapiergeschäft brachte Peter Haimerl nicht nur Spaß, sondern auch eine beachtliche berufliche Entwicklung – eine Banker-Karriere.

Sein Förderer, der bisherige Wertpapierberater in der Zweigstelle am Marienplatz, ging schon bald in Rente. In der Bank gab's keine langen Diskussionen. Die Entscheidung war klar: Peter Haimerl übernahm die Nachfolge. Er war jetzt der allein Verantwortliche für das Wertpapiergeschäft der Dresdner Bank am Marienplatz. Damit schien der weitere Lebensweg des damals 20jährigen vorgegeben. Er, der die Prüfung nach Abschluß seiner Ausbildung ohne Probleme und mit einer Auszeichnungsurkunde („In der Berufsschule war ich toll – obwohl ich eigentlich nicht viel gemacht habe") absolvierte, entwickelte sich zu einem der besten Wertpapierberater der Dresdner Bank in München. Er machte ausgesprochen gute Geschäfte. Und das wurde anerkannt. Schon als 23jähriger erreichte er die Tarifgruppe 9, die höchste des Banken-Tarifvertrages. Was will ein junger Bankangestellter mehr? Attraktive berufliche Entwicklungsperspektiven, eine Bilderbuch-Karriere in einem der größten Geldhäuser der Republik vor Augen. Peter Haimerl standen alle Möglichkeiten offen.

Doch der junge Bankangestellte wollte mehr. Er wollte nicht nur gute Wertpapiergeschäfte machen. Er wollte auch in anderen Arbeits- und Lebensbereichen Veränderungen mit in Gang bringen. Ein entscheidender Grund dafür dürften seine Kindheit und sein Elternhaus sein. Der 1949 im oberbayerischen Neu-Egling bei Murnau geborene Peter Haimerl wuchs in bescheidenen Verhältnissen auf. Seine Mutter verkaufte in München Waschmaschinen. Sein Vater war bei der Stadt – als Straßenbahnfahrer. Und auch die Dritte im Bunde – die Großmutter – war früher bei der Stadt tätig. Sie machte die Straßenbahnschienen sauber. Berufsbezeichnung: Schienenritzenreinigungsfrau. Peter Haimerl, seine beiden Brüder und die Eltern wohnten damals in der städtischen Straßenbahner-Wohnung der Großmutter in München-Haidhausen – direkt am Straßenbahn-Depot. Zwei Zimmer standen der Großfamilie zur Verfügung. „Das Problem war hauptsächlich der Schichtdienst vom Vater, der zu den unterschiedlichsten und unmöglichsten Zeiten aufstehen mußte und ins Bett gegangen ist", erinnert sich Peter Haimerl. „Und das hat sich alles in einem Zimmer abgespielt." Hinzu kam: Mutter und Großmutter verstanden sich nicht sonderlich gut, weil – so Peter Haimerl heute – „meine Mutter war ein Preuß'. Und die Großmutter war halt eine eingefleischte Münchnerin. Da gab es öfters Spannungen. Besonders harmonisch verlief das nicht." 1961 gab's dann die erste eigene Wohnung für die Haimerls in München-Steinhausen – mit eigenen Zimmern für die Kinder. Der Vater fuhr weiter Straßenbahn, die Mutter verkaufte Waschmaschinen.

„Mein Vater war immer in der ÖTV", erinnert sich Peter Haimerl heute. „Und ich habe immer gewußt, daß meine Eltern SPD wählen." Bei Peter Haimerl sprang der Funke Ende der sechziger Jahre über. 1969 gab's in München eine Wählerinitiative für Willy Brandt. Peter Haimerl machte mit; der 20jährige wurde SPD-Mitglied. Bereits zwei Jahre vorher – Peter Haimerl hatte gerade seine Banklehre begonnen – war er Mitglied der Deutschen Angestellten-Gewerkschaft geworden. Warum zur DAG und nicht zur Gewerkschaft Handel, Banken und Versicherungen? „Ganz einfach. Ich war damals an Politik und Gewerkschaften noch nicht so heiß interessiert. In unserer Zweigstelle am Marienplatz gab es aber einen alten Bürodiener, der war Mitglied in der DAG. Und dann bin ich zur DAG gegangen, weil der mich halt angesprochen hat."

Doch die DAG-Mitgliedschaft hielt keine fünf Jahre. Anfang 1972 wurde Peter Haimerl Mitglied der Gewerkschaft HBV. Und „verantwortlich" dafür war das damals für den Personalbereich zuständige Dresdner-Bank-Vorstandsmitglied Dr. Karl-Friedrich Hagenmüller. Der wollte „tüchtige junge Leute fördern" und lud sie daher zu einem Gespräch in die Frankfurter Unternehmenszentrale ein. Und, das war entscheidend, er lud auch Dieter Steinborn zu diesem Treffen mit dem Dresdner-Bank-Nachwuchs ein. Steinborn, heute 2. Vorsitzender der Gewerkschaft HBV, war damals Sekretär der Hauptfachabteilung Banken in der Düsseldorfer Zentrale. „Der Dieter hat damals nicht nur mich, sondern auch etliche andere gleich für HBV vereinnahmt", erinnert sich Haimerl.

Von diesem Zeitpunkt an änderte sich für den Wertpapierberater vieles. Peter Haimerl, zuvor auch schon als Jugendvertreter tätig, engagierte sich

Wolkige Sprüche und ideologiebeladene Phrasen kommen bei Bankern nicht an. Gefragt sind Sachlichkeit und Kompetenz.

Was will ein junger Bankangestellter mehr? Attraktive berufliche Entwicklungsperspektiven und eine Bilderbuch-Karriere in einem der größten Geldhäuser der Republik. Doch Peter Haimerl wollte mehr.

mehr und mehr in der betrieblichen Gewerkschaftsarbeit. Bereits als Sprecher der Jugendvertretung nahm er auch an den Sitzungen des Betriebsrats teil. „Das fand ich damals furchtbar langweilig; da war überhaupt nichts los." Doch das entmutigte den jungen Banker nicht; im Gegenteil. Im Vorfeld der Betriebsratswahl 1972 suchte er Mitstreiter für eine aktivere und engagiertere Betriebsratsarbeit. Und er fand sie. In der Dresdner Bank München – damals eine Hochburg der Deutschen Angestellten-Gewerkschaft – bekannten sich ein Dutzend Kolleginnen und Kollegen zu ihrer Mitgliedschaft in der Gewerkschaft HBV. Der „harte Kern" waren fünf Kolleginnen und Kollegen: Hannelore Hornburger, Gernot Kara, Jürgen Rose, Joachim Wierlemann und natürlich Peter Haimerl. „Wir waren alle – bis auf Hannelore Hornburger, die im Bereich Datenerfassung, Datenbearbeitung, Rechenzentrum tätig war – Wertpapierleute und kannten uns von daher auch gut." Und diese „kleine verschworene Bande" (Jürgen Rose) wagte den Sprung ins kalte Wasser. Sie trat mit dem Slogan „Wählt die Aktiven" und der Forderung, alte Zöpfe endlich abzuschneiden, zur Betriebsratswahl an. Und sie hatte Erfolg. Alle fünf schafften auf Anhieb den Einzug in den Betriebsrat.

Doch aller Anfang ist schwer. Das galt auch für die HBV-Mannschaft im Betriebsrat. „Wenn wir neue Sachen machen wollten, flogen wir immer mit zehn zu fünf Stimmen gegen die DAG-Mehrheit durch." Doch Peter Haimerl, Hannelore Hornburger, Gernot Kara, Jürgen Rose und Joachim Wierlemann steckten nicht auf. Sie verfolgten konsequent ihre Vorstellungen von Betriebsratsarbeit und brachten sie auch in die Betriebsversammlung ein. „Die Betriebsversammlung war damals was neues, und daß wir dann auch dort noch was gesagt haben, das war schon ein Ereignis." Die HBV-Mannschaft im Betriebsrat sammelte langsam aber stetig Punkte – auch bei der 1972 vollzogenen Reform des Gehaltstarifvertrages. Peter Haimerl: „Da mußten alle Bankangestellten in die neuen Tarifgruppen eingruppiert werden. Und bei dieser Eingruppierungsaktion haben wir mit unserem Sachverstand schon beeindruckt." Das Ergebnis dieser Arbeit: Sowohl die anderen Betriebsräte als auch die Kolleginnen und Kollegen in der Bank sahen, „so schlimm sind die ja gar nicht" und „die haben ein paar ganz gute Ideen". Und diese Ideen und dieser Sachverstand wurden anerkannt. Zunächst stellte die DAG-Mehrheit im Betriebsrat Hannelore Hornburger für die Betriebsratsarbeit frei, und 1974 – zwei Jahre nach seiner erstmaligen Wahl in den Betriebsrat – wurde Peter Haimerl zum Betriebsratsvorsitzenden der Dresdner Bank München gewählt.

Acht Jahre Banken- und Wertpapiergeschäft lagen zu diesem Zeitpunkt hinter dem damals 25jährigen. Was veranlaßt einen jungen Mann, dem alle Türen der Dresdner Bank offen stehen, zum Wechsel in die Position eines freigestellten Betriebsratsvorsitzenden? „Ich hatte da gerade so eine Phase, wo ich gesagt habe, jetzt mache ich schon lange genug Wertpapierberater, und irgendwann mußt du mal was anderes machen. Hinzu kam, die Hannelore (Hornburger) und der Jürgen (Rose) haben mich bedrängt, ich sollte das doch machen. Und da mir die Arbeit im Betriebsrat Spaß gemacht hat, habe ich mich entschlossen, als Vorsitzender zu kandidieren." Das Risiko dieses Wechsels erschien Peter Haimerl nicht allzu groß: „Unter mangelndem Selbstbewußtsein habe ich noch nie gelitten. Ich habe immer gesagt, wenn's nicht klappt als Betriebsratsvorsitzender, dann gehe ich wieder zurück in den Wertpapierbereich. Und entsprechende Angebote von anderen Banken hatte ich damals schon."

Doch Peter Haimerl blieb bei der Dresdner Bank. Und er blieb in der betrieblichen Gewerkschaftsarbeit. In die kniete er sich rein. Noch 1974 wurde er auch Mitglied des Gesamtbetriebsrats der Dresdner Bank, der heute mehr als 28 000 Mitarbeiter vertritt. Ein Jahr später (1975) erreichten Peter Haimerl und seine Mannschaft erstmals eine HBV-Mehrheit im Münchener Betriebsrat. 1978 gab's mit zehn Mandaten für HBV und fünf für die DAG eine Zwei-Drittel-Mehrheit. Und heute sitzen zwölf HBV-Kolleginnen und Kollegen drei DAG-Kollegen im Betriebsrat gegenüber. Doch nicht nur in der Zusammensetzung des Betriebsrates schlug sich der Erfolg der Arbeit nieder. 1975 hatte sich die Zahl der HBV-Mitglieder in der Bank auf etwa 100 erhöht. Grund genug, eine HBV-Betriebsgruppe zu gründen. Vorsitzender der Betriebsgruppe wurde einer der Männer der ersten Stunde: Jürgen Rose, der damals schon eine Führungs-

Peter Haimerl: Neue, auch flexible Konzepte realisieren und veränderte Anforderungen von Angestellten aufgreifen.

position im Wertpapierbereich hatte und der heute unverändert dabei ist. Er ist sich selbst und der HBV-Mannschaft in der Dresdner Bank treu geblieben – auch als Direktor und Leiter der Wertpapierabteilung der Niederlassung München. Unter seiner Leitung erhöhte sich die Mitgliederzahl der HBV-Betriebsgruppe von Jahr zu Jahr: 1978 waren es mehr als 200, 1980 über 300, und heute sind mehr als 500 Kolleginnen und Kollegen Mitglied der Gewerkschaft HBV. Mit welchem Erfolg die betriebliche Gewerkschaftsarbeit in der Dresdner Bank in München gemacht wird, zeigte sich auch bei der jüngsten Aufsichtsratswahl. Von den insgesamt abgegebenen 1150 Stimmen erreichten die Kandidaten der Gewerkschaft HBV 883. Über 76 Prozent – ein Traumergebnis. Die Münchener trugen damit entscheidend dazu bei, daß sechs der zehn Arbeitnehmervertreter im Aufsichtsrat der Dresdner Bank aus den Reihen der Gewerkschaft HBV kommen.

Was ist das Geheimnis dieser Erfolge? „Ein Geheimnis", so Peter Haimerl, „gibt es nicht. Da sind viele Dinge zusammengekommen. Ein Teil unseres Erfolges ist sicherlich, daß wir unsere Arbeit Anfang der siebziger Jahre mit – wie man in Bayern sagt – gestandenen Leuten begonnen haben. Wir waren zum größten Teil Wertpapierberater. Wir waren anerkannt bei den Kolleginnen und Kollegen. Und: Wir haben von Anfang an nie einen Zweifel daran aufkommen lassen, wo wir gewerkschaftlich stehen und warum wir da stehen." Doch das allein war's nicht. „Wir haben bei jeder Gelegenheit – das hat 1972 mit der Eingruppierungsreform angefangen – unsere Kompetenz unter Beweis gestellt. Wir haben sehr zuverlässig und sehr präzise Einzelprobleme aufgegriffen und sie in vernünftiger Form erledigt. Wir haben andererseits nie mehr versprochen und als Ziel genannt, wie wir auch tatsächlich verwirklichen konnten." Ein weiterer Grund des Erfolges: Peter Haimerl und seine Betriebsräte haben sich niemals im Büro verschanzt. „Wir sind immer präsent im Betrieb. Zusammen mit der fachlichen und der persönlichen Kompetenz hat das sehr schnell dazu geführt, daß am Betriebsrat keiner mehr vorbeikommt." Das gilt auch für die Niederlassungsleitung der Bank. Mün-

Was in München funktioniert, muß doch in anderen Bereichen auch möglich sein – Betriebsratsarbeit in der Dresdner Bank.

chens Dresdner-Bank-Chef Uwe Spaniol hat sich nicht nur mit dem Betriebsrat und der HBV-Mannschaft arrangiert. Er akzeptiert Peter Haimerl und seine Kolleginnen und Kollegen als kompetente Gesprächspartner. Und das gilt umgekehrt in gleicher Form. Niederlassungsleitung und Betriebsrat arbeiten – ohne in Mauschelei zu verfallen – kooperativ zusammen. Das schließt freilich harte Diskussionen und auch Auseinandersetzungen nicht aus. Profitiert haben von diesem sachlich-konstruktiven Verhältnis zwischen Betriebsrat und Chefetage alle: Die 1400 Mitarbeiter der Niederlassung München ebenso wie die Bank. Ein Beleg dafür: die Dresdner Bank München mit ihren über 50 Filialen zwischen Regensburg, Freilassing, Füssen und Passau ist heute die Nummer eins aller Niederlassungen der Bank.

Noch ein Erfolgsgeheimnis fällt Peter Haimerl ein: „Wir haben immer darauf geachtet, daß sich alle Mitarbeiter im Betriebsrat wiederfinden, von der Kollegin in der Küche bis zum Zweigstellenleiter." Die derzeitige Zusammensetzung des Betriebsrates zeigt, daß das bis heute gelungen ist. Neben einem Schlosser und einem Fahrer sitzen Sachbearbeiter, Kundenbetreuer, Wertpapierberater, Baufinanzierungs- und Kreditfachleute sowie auch ein Zweigstellenleiter im Betriebsrat.

Zu Kopf gestiegen sind Peter Haimerl all diese Erfolge nicht. „Peter steht fest mit beiden Beinen auf dem Boden; er hebt nicht ab", urteilt sein Freund und Weggefährte Jürgen Rose. „Er ist sehr selbstbewußt, manchmal dominierend, verliert auch hin und wieder schon mal die Geduld." Und was sonst noch: „Er ist völlig unbestechlich, sehr sachbezogen, hat viel Fingerspitzengefühl und macht keine Schaukämpfe, um sich selbst schön darzustellen." Jürgen Rose trifft mit diesen Beschreibungen den Kern. Vor mir im Betriebsratsbüro sitzt – mit Blick auf den Münchener Dom – ein Mann, der weiß, wie er's anpacken muß. Peter Haimerl drängt sich nicht in den

Vordergrund, aber er weiß was er will. Und er weiß, daß er Bankern nicht mit wolkigen Sprüchen oder ideologiebeladenen Phrasen kommen kann. Gefragt sind Sachlichkeit und Kompetenz. Und gefragt sind Umgangs- und Gesprächsformen, die Banker überzeugen. Peter Haimerl bringt – ohne Heiligenschein – all das mit. „Er ist überall geachtet, seine Meinung hat Gewicht – bis hin zum Vorstand in Frankfurt", weiß Jürgen Rose.

Das ist die eine Seite Peter Haimerls. Die andere Seite ist der Privatmann Peter Haimerl, der sich mit seiner Frau Erika zwölf Kilometer südlich von München ein kleines Einfamilienhaus gemietet hat. Wenn Peter Haimerl abends oder am Freitagnachmittag in seinen Wagen steigt, versucht er abzuschalten, die Bank, die Betriebsratsarbeit zu vergessen. Zu Hause dann die andere Seite Peter Haimerls. Er kann stundenlang auf der Terrasse sitzen und Amseln und Dompfaffen im Garten beobachten. Er wandert gern, geht auch zum Bergsteigen. Und auch im Urlaub zieht's die beiden Haimerls in die Natur und nach Möglichkeit in die Einsamkeit. Zum Beispiel nach Finnland, in ein Ferienhäuschen ohne Strom und ohne fließendes Wasser. Und schließlich Musik. Sie ist aus dem Leben Peter Haimerls nicht wegzudenken. Das gilt für Mozarts Klarinettenkonzert ebenso wie für Beethovens Violinkonzert und Franz Liszt Ungarische Rhapsodien. „Ich bin mehr für ruhigere, leise Töne", erzählt Peter Haimerl und blättert derweil in einem der von seiner Frau verfaßten Mundartgedichte. Der Titel: „Allein gegen die Raffia". Erika Haimerl – sie war früher auch als Bankangestellte tätig – hat darin ihre Erlebnisse aus dem Arbeitsalltag einer Bankerin niedergeschrieben.

Arbeitsalltag. Den gibt's Montagmorgen auch für Peter Haimerl wieder. Und im Arbeitsalltag kommen dem 39jährigen auch schon mal Zweifel, ob er für seine Kolleginnen und Kollegen auch die nächsten 20, 25 Jahre in dieser Form als Betriebsratsvorsitzender arbeiten sollte, mit all dem Ärger, dem Streß und der Hektik. „Ich habe nie befürchtet, daß ich nicht wiedergewählt werden könnte. Aber ich habe mir überlegt, was mach' ich, wenn ich mal keine Lust mehr zu meiner bisherigen Arbeit als Betriebsratsvorsitzender haben sollte. Und dann muß ich schauen, daß ich nicht wieder am Punkt Null anfange." Gesagt, getan. Peter Haimerl legte 1977/78 seine Freistellung als Betriebsratsvorsitzender für ein Jahr nieder und „setzte sich auf die Schulbank". In der Dresdner-Bank-Filiale in Augsburg absolvierte er eine Kreditausbildung. „Das war für mich eine relativ harte Zeit der Doppelbelastung. Aber es war wichtig für mich, die praktischen Notwendigkeiten im Betrieb wieder mal hautnah zu erleben. Und hinzu kam: Diese Kreditausbildung hat mir das Gefühl vermittelt, wieder etwas unabhängiger zu sein – sowohl von Entscheidungen des Unternehmens als auch von Wählermeinungen. Das ist sehr wichtig für mich."

Nach dieser Kreditausbildung verstärkten sich Peter Haimerls Zweifel. „Da hatte ich die Phase, wo ich gesagt habe, ich höre jetzt auf. In der Bank ging's nicht so richtig voran, und dann hat meine Frau, die ich damals kennengelernt habe, gesagt, komm', wir ziehen nach Niederbayern und machen unseren Bauernhof." Peter Haimerl war Feuer und Flamme: „Ich war relativ schnell dabei, das auch zu machen." Die Bank bot ihm eine attraktive Filiale im niederbayerischen Deggendorf an. Die Landschaft sagte ihm zu und auch erschwingliche Bauernhöfe gab's in Deggendorf und Umgebung. Doch aus dem Traum vom Bauernhof wurde nichts. „Ich hab' dann festgestellt, als Filialleiter kannst du das Leben, das dir vorschwebt, auch nicht führen. Gerade in solchen Städten nicht, wo du als Filialleiter überall mitmachen mußt, in den Vereinen, im Stadtrat, in der Kirche. Letztendlich bin ich dann bei den Fahnen geblieben."

Peter Haimerl blieb nicht nur bei den Fahnen. Nach der Kreditausbildung in Augsburg baute er sein gewerkschaftliches Engagement weiter aus. Neben dem Betriebsratsvorsitz in München und der Arbeit im Gesamtbetriebsrat kam 1984 die Mitgliedschaft im Hauptvorstand der Gewerkschaft HBV hinzu. Und auch für die kommenden Jahre hat sich Peter Haimerl viel vorgenommen. Das gilt sowohl für die Weiterentwicklung der Arbeit in München als auch für sein Engagement im Gesamtbetriebsrat. Und – das ist ein ganz zentraler Punkt seiner Zukunftsüberlegungen: Er will die gewerkschaftliche Arbeit mit und für die Bankangestellten weiter nach vorn bringen. In der Dresdner Bank München haben Peter Haimerl und seine Kolleginnen und Kollegen unter Beweis gestellt, daß Bankangestellte nicht nur für die

Unterstützung der gewerkschaftlichen Arbeit zu gewinnen sind, sondern auch für die direkte Mitarbeit und die Mitgliedschaft. Und was in München funktioniert, muß doch in anderen Bereichen auch möglich sein. Oder?

Für Peter Haimerl ist das keine Frage. Es ist möglich. Man muß es nur richtig anpacken. „Wir können keine andere Politik machen als sie unsere Mitglieder wollen", predigt Peter Haimerl und mahnt, sich auf neue Entwicklungen – auch in der Tarifpolitik – rechtzeitig einzustellen. „Wir müssen tarifvertragliche Regelungen für den Angestellten faßbar machen. Er muß sich darunter was vorstellen können. Wenn ich dem sage, ich fordere Arbeitszeitverkürzung und will dafür Blockfreizeiten, dann kann der sich nicht vorstellen, wann, wo und wie Blockfreizeiten möglich sein sollen, ohne daß der Laden zusammenbricht." Entscheidender als starre Arbeitszeitregelungen sind für Peter Haimerl eindeutige Regelungen zur maximalen täglichen Arbeitszeit, zur Eingrenzung ungünstig gelegener Arbeitszeiten am Abend und zur Sicherung des freien Wochenendes. „Wir müssen der Politik der Unternehmen, das Wochenende anzugreifen, eine Politik entgegensetzen, die das Wochenende verlängert – beispielsweise durch einen Frühschluß am Freitag." Dafür ist Peter Haimerl bereit, diese an einem langen Wochenende wegfallenden Zeiten in der Woche aufzustocken. Ein anderer Baustein in Peter Haimerls Überlegungen ist das Arbeitszeitkonto. „Wir können doch für bestimmte Funktionen andere als die Regelarbeitszeiten zulassen. Da könnte dann auch mal mehr als 38 oder 40 Stunden in der Woche gearbeitet werden. Dafür muß es dann allerdings einen attraktiven Ausgleich geben. Entweder mit einem langen Wochenende oder mit der Verbuchung der Plusstunden auf einem Arbeitszeitkonto." Diese Plusstunden könnte man über maximal ein Jahr sammeln und so dann ein paar zusätzliche Urlaubstage einlegen. „Das wäre für viele Bankangestellte ausgesprochen attraktiv." Dreh- und Angelpunkt bei all diesen Überlegungen ist für Peter Haimerl freilich, daß das Unternehmen während dieser zusätzlichen Freizeiten auch das notwendige Ersatzpersonal zur Verfügung stellt. Stichwort: Mehr Mitsprache bei der Stellenplanung, der Einsatzplanung.

Zweiter Bereich, in dem Peter Haimerl Weiterentwicklungen für notwendig hält, sind die Einkommensregelungen im Bankgewerbe. „Das höchste Tarifgehalt plus Zulagen liegt zur Zeit bei knapp 5 000 Mark. Darüber hinaus gibt es den immer größer werdenden Bereich der außertariflich bezahlten Angestellten. Wir wollen zwar die Tarifgruppen aufstocken, aber das ist auch keine Geschichte, die den hochqualifizierten Bankangestellten groß hinter dem Ofen hervorlockt. Der kriegt sein Geld so oder so und ist über den Einzelvertrag auch relativ gut abgesichert." Sinnvoller und für diesen Kreis der Bankangestellten attraktiver wären nach Meinung von Peter Haimerl tarifvertragliche Regelungen zu leistungsbezogenen Provisionen. „Schon die Betreuer ab Tarifgruppe 7 verkaufen zusätzlich Produkte des eigenen oder auch anderer Unternehmen und bekommen dafür Provisionen. An diese Provisionen müssen wir mit dem Tarifvertrag ran. Zum Beispiel in der Form, daß wir einen bestimmten Anteil dieser Provisionen – wenn sie über einen längeren Zeitraum gezahlt wurden – zum festen Gehaltsbestandteil machen." Vom positiven Echo und dem Erfolg solcher Konzepte ist Peter Haimerl überzeugt. „Wenn ich solche Dinge mache und sie auch rüberbringe in diesen Kreis, dann horchen die natürlich auf. Die sagen, das ist erstmals eine gewerkschaftliche Forderung, die mich absichert, die nicht aus der Luft gegriffen ist, sondern die mich aufgrund einer zunächst mal von mir erbrachten Leistung absichert."

Nur mit der Realisierung solch neuer, auch flexibler Konzepte lassen sich – davon ist Peter Haimerl überzeugt – die Veränderungen und die Herausforderungen im Angestelltenbereich in den nächsten zehn, fünfzehn Jahren erfolgreich bewältigen. „Ich glaube, die Gewerkschaften werden sich diesen Entwicklungen überhaupt nicht entziehen können. Sie sollten die veränderten Anforderungen von Angestellten an die gewerkschaftliche Arbeit vielmehr auch für sich nutzen. Wir müssen agieren statt immer nur reagieren. Nur dann haben wir die Chance, nicht jeden Unsinn, den uns die Arbeitgeber als gut verkaufen wollen, mitmachen zu müssen. Wir müssen eigene, betriebsnahe Konzepte entwickeln und den Arbeitgeberpositionen gegenüberstellen. Wenn uns das gelingt, dann kommen wir in der Angestelltenarbeit ein großes Stück weiter."

Elias II – Prophet einer neuen Versicherungswelt

von Volker Hermsdorff
Fotos Ulrich Baatz

WÄRE NICHT der freundliche Empfangspförtner mit der gelben Krawatte in der Eingangshalle, der fast alle, die an ihm vorbeieilen, mit ihren Namen grüßt, könnte man glauben, in ein Kaufhaus geraten zu sein, wenn man das Gebäude der Allianz-Versicherung am Großen Burstah in Hamburg betritt. Während einige in den Aufzügen an der Seite verschwinden, drängen die meisten der Angestellten auf den stählernen Rolltreppen in der Mitte der Halle zu ihren Büroetagen.

Vor 18 Jahren, als der größte bundesdeutsche Versicherungskonzern gegenüber Börse und Rathaus der Hansestadt dieses Hochhaus errichten ließ, um hier seine Zweigniederlassung für Norddeutschland unterzubringen, mag die Architektur vielleicht futuristisch, ja sogar etwas kühn gewirkt haben. Mitarbeitern wie Gästen auf den ersten Blick das Image des Unternehmens signalisierend: modern, sachlich, aufstrebend und korrekt. Heute vermittelt der Bau aus Glas, Beton, Stahl und Chrom den Eindruck von etwas Kaltem und Unpersönlichem.

Hunderte strömen hier von montags bis freitags zwischen viertel vor Sieben und neun Uhr über die metallblanken Rolltreppen, die in jedem Stockwerk von einer Art Galerie mit Teppichboden und modernen Bildern oder Fotos an den Wänden umgeben sind, an ihre Arbeitsplätze. Von den Galerien geht es durch Gänge in viele Großraumbüros, in denen die meisten der 1600 Hamburger Allianz-Mitarbeiter ihren Arbeitstag verbringen. Einer von ihnen ist Norbert Blix.

Norbert Blix ist natürlich erst einmal einer von rund 200000 Versicherungsangestellten in der Bundesrepublik. Aber er ist auch jemand, mit dem man es zu tun bekommen kann, wenn man von einem norddeutschen Autofahrer angefahren wird, der „allianzversichert" ist. Wer Ansprüche gegenüber dem rabiaten oder fahrlässigen Autofahrer stellt, landet bei einem der 120 Innendienst-Beschäftigten in der Allianz-Kraftschadenabteilung. Und möglicherweise meldet sich beim Anruf in der Hamburger Niederlassung dann eine trainierte Versicherungsstimme: „Kraftschaden, Blix".

Der Sohn eines Werkzeugmachers kam 1949 in der malerischen Eulenspiegel-Stadt Mölln auf die Welt, obwohl die Eltern damals in Schwarzenbek wohnten, wo der Vater in der Werkzeugfabrik Fette arbeitete. Aber in Mölln war das nächsterreichbare Krankenhaus und Norbert war eine Frühge-

Warnung vor Illusionen: „Seit Anfang der 70er Jahre sind die Versicherungsbestände kontinuierlich angestiegen, ohne daß das Personal proportional mitgewachsen ist. Und diese Schere klafft immer weiter auseinander."

burt vor dem siebten Monat, was zu der Zeit noch äußerst problematisch war. Durch Zufall erfuhr er vor kurzem, daß der Sohn des Professors, der ihm damals auf die Welt half, heute ein Kollege von ihm bei der Hamburger Allianz ist.

Während Norberts Schulzeit zogen die Eltern von Schleswig-Holstein nach Hamburg und irgendwann stellte sich für den damals noch schmächtigen Schüler die Frage: „Was machst Du nun eigentlich beruflich?" – Das Büro sei für ihn immer eine Perspektive gewesen, sagt Norbert Blix, „weil ich handwerklich nicht so begabt war, wie mein Vater". Der begann damals nebenbei für die Volksfürsorge als Nebenberufsvertreter Klinken zu putzen, und so sprach man in der Familie häufiger über Versicherungen, wenn auch gelegentlich spöttelnd nach dem Motto: „Und ist ihm immer noch nichts gelungen, dann macht er in Versicherungen."

Dennoch ergriff der auslernende Schüler 1964 die Chance, als ihm ein dreiwöchiges Praktikum bei der „Frankfurter Versicherung", einer Allianz-Tochter, in Hamburg angeboten wurde. „Ich kam als Praktikant, der glaubte, er bekäme nun den großen Einblick in die Arbeitswelt", erinnert er sich heute. „Tatsächlich sah es aber so aus, daß ich erst einmal eineinhalb Wochen in der Post- und Materialstelle zusehen und die anderen eineinhalb Wochen in der Registratur Ablage sortieren durfte. Ich fand' das ganz nett, aber viel mitbekommen habe ich damals eigentlich nicht."

Einige Zeit später – das gab es damals wirklich noch – meldete das Unternehmen sich dann von selbst bei seinem Praktikanten und fragte Norbert, ob er nicht Lust hätte, Versicherungskaufmann zu lernen. Das hatte er, und deshalb begann er am 1. April 1965 mit der Lehre. Nachdem er ausgelernt hatte, war er rund zehn Jahre lang in der Kraftbetriebsabteilung überwiegend mit Verträgen beschäftigt, bis er Ende der siebziger Jahre auf seinen Wunsch in die interessantere Kraftschadenabteilung versetzt wurde. Dort ist Norbert Blix, nach sechsjähriger Freistellung als Betriebsrat, seit März 1987 zu seiner Freude auch wieder beschäftigt: „Für mich hat sich bestätigt, daß die Arbeit hier interessanter ist, als in der Vertragsgestaltung."

Weil sich für alle Angestellten jeden Morgen aufs Neue die Preisfrage stellt, ob es ihnen heute gelingen wird, einen

Terminal, Tastatur und Telefon auf acht Quadratmetern Arbeitsplatz: „Kraftschaden, Blix."

der wenigen Parkplätze zu ergattern, fährt er lieber gleich mit dem Bus von seiner Wohnung am Eimsbütteler Kaiser-Friedrich-Ufer die paar Kilometer bis zum Büro. Jedenfalls meistens.

Von dem unpersönlichen Glas-Beton-Stahl-Hauptgebäude gelangt man durch Verbindungsgänge in einen Anbau, in dem die Kraftschadenabteilung untergebracht ist. Die Bereiche „Nord" und „Süd" sind in jeweils fünf Arbeitsgruppen aufgeteilt, die wiederum aus jeweils einem Gruppenleiter und neun bis zehn Sachbearbeitern bestehen.

Trotz Großraumbüro mit Computerlicht und erkältungsfördernder Klimaanlage wirkt die Atmosphäre hier gelöster, wozu das leise Klappern der Terminal-Tastaturen, das dezente, kaum hörbare Läuten der Telefone und die jeden Schritt dämpfende Auslegware beitragen. Das Arbeitsklima hier „stimmt". Das spürt sogar ein Fremder. Und bis etwa neun Uhr – dann wird es geschäftiger – wird das eine oder andere Tagesthema diskutiert. Heute erregt PER im Olivenöl die Gemüter. Kaum vorstellbar scheint es, daß ein gewerkschaftliches Thema auch nur annähernd so engagiert besprochen würde.

Wenn Norbert Blix sich hier morgens an seinen Schreibtisch setzt, stellt er als erstes den ITT-Terminal an. Sechs bis acht Quadratmeter klein ist der Arbeitsplatz für jeden. Darauf finden Schreibtisch mit Terminal, Tastatur und Telefon, ein Regal und der Schreibtischstuhl gerade eben Platz. Mit einem individuellen Kaffeebecher und winzigen Sträußchen getrockneter Blumen versuchen die meist weiblichen Angestellten unbewußt, wenigstens ein Minimum ihrer persönlichen Note zu retten. „Der Mensch darf nicht zum Endgerät des Computers werden", sagt Norbert Blix später in einem völlig anderen Zusammenhang. Aber das Bild paßt hier auch.

Daß neue Technik die Arbeitsabläufe der Menschen grundlegend und sichtbar verändert, bemerken Betriebsfremde deutlicher als die hier Beschäftigten. Schließlich ist der Allianz-Konzern ein absoluter Vorreiter in der Branche und verfügte bereits frühzeitig über einen EDV-Standard, der von manchen Konkurrenten bis heute nicht erreicht ist. Das Unternehmen, das allein in Hamburg für den norddeutschen Raum mehr Versicherungsverträge verwaltet als viele andere Gesellschaften in der ganzen Bundesrepublik, führte als erste Versicherung in Europa einen Großcomputer und zumindest in der Bundesrepublik als erstes Unternehmen die Terminals ein.

Das zog tiefgreifende Veränderungen nach sich, die allerdings kaum noch von den Betroffenen wahrgenommen werden. Noch gibt es zum Beispiel in dieser Abteilung richtige Akten, weil sich komplizierte Haftpflicht- und Schmerzensgeldregulierungen bislang nicht EDV-gerecht systematisieren lassen. In anderen Bereichen, wie etwa der Vertragsabteilung, sind die Akten dagegen längst verschwunden. Und mit ihnen zahlreiche Arbeitsplätze in der Registratur. „Aktenlose Bearbeitung", heißt das Zauberwort, das in den Augen der Manager ein Leuchten, auf den Stirnen von Betriebsräten und Gewerkschaftern Sorgenfalten entstehen läßt.

Gewerkschafter ist Norbert Blix seit dem 1. April 1965: „Als ich gleich am ersten Lehrtag zu unserem damaligen Betriebsratsvorsitzenden ging und ihm sagte, daß ich in die Gewerkschaft eintreten will, hat der mich angeguckt wie ein Auto ohne Benzin. So etwas war ihm im Angestelltenbereich noch nie passiert."

Dabei war dieser Schritt für den Sohn eines Werkzeugmachers und aktiven IG Metall-Mitgliedes völlig selbstverständlich gewesen: „Ich bin schon als Steppke mit meinem Vater, der mittlerweile in Hamburg bei Kolbenschmidt angefangen und Vertrauensmann der IG Metall geworden war, bei jeder Mai-Demonstration mitgelaufen. Damals kamen am 1. Mai noch riesige Menschenmassen in den Stadtpark, während wir heute schon froh sind, wenn wir am ‚Kampftag der Arbeit' ein paar Zehntausend auf die Beine kriegen."

Trotz dieser frühen Gewerkschaftserfahrungen war Norbert Blix völlig verblüfft, als er während seines Praktikums erfuhr, daß es in der Versicherung neben der DGB-Gewerkschaft HBV noch eine weitere, die DAG, gab und beide miteinander konkurrierten. „Ich habe damals als vollkommen unverständlich empfunden", erinnert er sich heute, „daß die Angestellten offenbar meinten, sie seien etwas Besseres und müßten nun auch noch eine eigene Gewerkschaft haben."

Wenig später wurde der junge Lehrling Jugendvertreter, weiß aber bis heute noch nicht so genau, wie das eigentlich kam: „Wahrscheinlich hat mich mal irgendeiner gefragt, ob ich

Versicherungskaufmann Norbert Blix: „Der Mensch darf nicht zum Endgerät des Computers werden."

das nicht machen will, weil ich im Betrieb ab und zu Widerworte gegeben habe, wenn etwas nicht einzusehen war." Bereut hat er den Schritt jedenfalls nicht. Schon bald war er in der gewerkschaftlichen Jugendarbeit so engagiert, daß er drei Wochen Urlaub nahm, um ein Grundseminar in Oberursel besuchen zu können.

In den Betriebsrat wurde Norbert Blix 1970/71 zum ersten Mal gewählt. Damals stellte HBV, auf deren Liste er kandidierte, ganze zwei der 15 Mitglieder in der Arbeitnehmervertretung. Mittlerweile hat sie sich auf ein Verhältnis von sieben zu acht hochgearbeitet, was respektabel ist, aber eben nicht die Mehrheit. Deshalb mußte Norbert, nachdem er ab 1981 für zwei Amtsperioden freigestellt worden war, seit März 1987 auch „wieder arbeiten", wie Kolleginnen und Kollegen frozzeln. Doch auch als nichtfreigestelltes Betriebsratsmitglied gibt es für den engagierten Gewerkschafter mehr als genug, wofür er als Arbeitnehmervertreter streitet.

Betriebsräte, die eine Belegschaft vor Nachteilen aus der Anwendung neuer Technologien wirksam schützen wollen, so fürchtet er, werden schon bald durch die rasante Entwicklung der Technik vor Anforderungen gestellt, die von ihnen kaum noch zu bewältigen sein werden: „Inwieweit ist ein Betriebsrat überhaupt noch in der Lage, Dateien durchzusehen? Und wenn, weiß er dann überhaupt, wonach er suchen soll? Und wenn er das weiß, weiß er dann, wo er suchen soll?"

Welchen Ansprüchen die Qualifikation der Arbeitnehmervertreter heute schon genügen muß, zeigen die Auswirkungen, die ELIAS II den Allianz-Beschäftigten beschert. ELIAS II ist nicht etwa ein Nachfolger des berühmten Propheten aus dem Alten Testament, sondern heißt Elektronisch-Integriertes-Allianz-System und ist das große Rationalisierungskonzept der Allianz. Dieses Konzept, meint der EDV-Profi Norbert Blix, wird die Arbeitsbedingungen nachhaltiger verändern, als jede bisherige Rationalisierungsmethode. Und was heute beim Vorreiter Allianz eingeführt wird, ist morgen garantiert auch bei technisch weniger entwickelten Unternehmen gängige Praxis.

Die Stichworte dieses Rationalisierungskonzeptes heißen „aktenlose Bearbeitung", „anlaßgesteuerte Sachbearbeitung" und „Atomisierung der Arbeit". Ihre Konsequenzen sind so weitreichend, daß sie nach Ansicht der Allianz-Betriebsräte nicht nur für die Zukunft des Unternehmens, sondern auch für die gesellschaftliche Entwicklung in der Bundesrepublik bedeutsam sein können.

Der erste Schritt, die aktenlose Bearbeitung, ist bereits soweit vorangeschritten, daß viele Abteilungen in der Hamburger Zweigniederlassung des Versicherungs-Riesen, überhaupt keine Akten mehr haben. Alles wird direkt am Bildschirm bearbeitet.

„Das ist der Trend", sagt Betriebsrat Blix, „und die Folgen sind klar: Wenn du kein Papier mehr brauchst, um etwas zu bearbeiten, dann kannst Du das halt überall tun. Dann wird der Versicherungsvertreter bald mit einem tragbaren Gerät direkt vom Kunden über das Telefon die Daten in den Zentralrechner geben. Als nächste Stufe können später die Kunden sogar selbst ihre Daten einbuchen, zum Beispiel über BTX. Mit der Verkabelung der Bundesrepublik werden dafür Stück für Stück die Voraussetzungen geschaffen."

Die Vordenker des Branchenführers haben dafür sogar ein philosophisch klingendes Schlagwort gefunden: „Hin zur Quelle des Geschehens." Das heißt aber nur, daß etwas dort bearbeitet werden soll, wo es „passiert". Und wenn viele tausend Vertreter in der Bundesrepublik die Daten direkt weiterleiten, heißt das in der Allianz-Sprache: „Atomisierung der Arbeit".

Auch hinter dem harmlos klingenden Begriff „anlaßgesteuerte Sachbearbeitung" verbirgt sich Umwälzendes. Das Prinzip ist ebenso einfach wie logisch: Der Sachbearbeiter gibt nur noch den Anlaß ein, der zu bearbeiten ist (etwa „Fahrzeugwechsel" oder „Änderung der Zahlungsweise"), und alles weitere erledigt der Computer dann von selbst. „Die Allianz hat durch Untersuchungen festgestellt, daß sich zwischen 70 und 80 Prozent aller Arbeiten schematisieren und damit auf den Computer bringen lassen", weiß Norbert Blix.

Die Folgen daraus sind, seiner Überzeugung nach, neben einem Abbau von Arbeitsplätzen und steigender Leistungsverdichtung, vor allem Veränderungen an Anforderungen und Qualifikation von Sachbearbeitern und anderen Angestellten: „Ich fürchte, daß es langfristig zu einer Dequalifizierung kommt. Und ich glaube, daß es ein großes und wachsendes Heer von Eingabesachbearbeitern und einen kleineren Kreis von qualifizierten Sachbearbeitern geben wird, die alles das bearbeiten, was aus dem Schema herausfällt und nicht von der Maschine gemacht werden kann."

Norbert Blix kann sich vorstellen, daß aus den derzeit rund 200 000 Versicherungsangestellten in der Bundesrepublik in nicht allzu ferner Zukunft 150 000, wenn nicht weniger, werden: „Und die Entwicklung muß ja nicht damit aufhören, daß nur die Vertreter Vorgänge alleine bearbeiten. Alles deutet doch darauf hin, daß die Unternehmen verstärkt von der Möglichkeit Gebrauch machen werden, elektronische Heimarbeit einzuführen, was aus gewerkschaftlicher Sicht zu verheerenden Folgen für Arbeitsbedingungen führen würde."

Der Betriebsrat, der auch Vorsitzender der Fachgruppe Versicherungen in der Hamburger HBV ist, warnt vor der Illusion, daß Rationalisierungen in den Dienstleistungsbereichen auch in Zukunft ohne nennenswerte Entlassungen erfolgen würden: „Seit Anfang der siebziger Jahre sind die Versicherungsbestände (Verträge und die zu bearbeitenden Schäden) kontinuierlich angestiegen, ohne daß das Personal proportional mitgewachsen ist, und diese Schere klafft immer weiter auseinander."

Derartige Entwicklungen erforderten mehr als je zuvor starke Gewerkschaften, die Information und Orientierung vermitteln, meint der Praktiker: „Ich sehe ihre Funktion aber nicht so sehr darin, bei jeder Gelegenheit gewerkschaftliche Doktrin zu verbreiten." Er kann sich auch nicht vorstellen, daß es seine Kolleginnen und Kollegen vom Hocker reißt oder rasend interessiert, wenn er ihnen „brandaktuell" vom Gewerkschaftstag der HBV oder anderen Funktionärszusammenkünften berichten würde.

„Die Gewerkschaft wird nur bestehen können durch Fachkompetenz ihrer betrieblichen Repräsentanten", prophezeit Norbert Blix. Kompetente Information sei allemal mehr gefragt als Agitation und Propaganda.

Schwarz-Weiß-Malerei ist nicht seine Sache. So sehr er vor den Gefahren gesellschaftlicher Fehlentwicklungen durch neue Technologien warnt, so sehr weiß der Realist in ihm, daß der Zug „Neue Technik" längst abgefahren ist: „Wir können und sollten das nicht aufhalten wollen", sagt er. „Aber wir wollen mehr mitbestimmen und stärker gestalterisch tätig sein. In verschiedenen Formen gibt es heute ganz unterschiedliche technische Entwicklungsstände. Gemeinsam ist dabei nur, daß die Technik meistens ‚neben' den Kolleginnen und Kollegen entwickelt wird, irgendwann einfach da ist und sie dann zwingt, das zu tun, was der Com-

Glas, Beton, Stahl, Chrom, Metall, blanke Rolltreppen – die Allianz-Versicherung am Großen Burstah in Hamburg.

„Die Gewerkschaft wird nur bestehen können durch Fachkompetenz ihrer betrieblichen Repräsentanten." Kompetente Information ist allemal mehr gefragt als Agitation.

puter von ihnen fordert. Das wollen und können wir ändern, denn der Sachbearbeiter darf nicht das Endgerät des Computers werden."

Daß Norbert Blix der Technik viel Positives abgewinnt, merkt jeder, der ihn in seiner kleinen Wohnung besucht, von der man einen herrlichen Blick auf den Isebekkanal und, weil sie im obersten Stock liegt, über die Dächer von Eimsbüttel hat: TV, HiFi-Anlage, Videorecorder und CD-Player, alles von bester, professioneller Qualität und mit CD-Discs und Videofilmen bestückt, die jedes Herz höher schlagen lassen, verraten einen Bewohner, der technische Geräte für den eigenen Genuß durchaus einzusetzen weiß.

Natürlich hat sich der gelernte Versicherungskaufmann auch zu Hause einen Personal-Computer hingestellt. Aber, gesteht er, „eigentlich nur so zum Zeitvertreib und ohne, daß ich den wirklich richtig nutzen kann."

Der Kraftschadensachbearbeiter ist dennoch alles andere als ein Techno-Freak. Allerdings sieht er auch nicht auf den ersten Blick wie der Typ aus, der seit Jahren die Grünen wählt und auch sonst ein Unterstützer alternativer Gedanken ist. So aber ist er tatsächlich. Wer für jeden Menschen eine passende Schublade haben muß, wird an Norbert Blix garantiert verzweifeln.

In seiner Freizeit liebt er das Bowling im Verein, nennt als sein größtes Hobby, „das ich leider im Moment sehr vernachlässige", aber wieder die Fotografie, etwas künstlerisch-musisches. „Ich wollte immer gerne einen Beruf mit Fotografie erlernen, oder schreiben", sagt er. Das mit der Fotografie wäre auch fast etwas geworden, scheiterte letzten Endes aber daran, daß er das Geld für eine Ausbildung nicht zusammenbekam.

Ein Traum, den er sich wohl erhalten wird, denn daß er sein Leben und den Beruf noch einmal total umkrempelt, glaubt er nicht: „Ich schätze, daß eine feste Arbeit viele Vorteile hat", spricht wieder der Realist aus ihm. „Und es ist ja auch ganz gut, wenn man eine Arbeit hat, die einem Spaß macht, so wie das bei mir tatsächlich ist."

Daneben verbringt er viel freie Zeit mit Lesen. Satire und heitere Texte liest er ebenso gern wie Zeitbezogenes. Heinz Ehrhardt zum Beispiel, „den ich für einen der größten Humoristen halte, die es je gegeben hat". Aber auch ein großer Loriot-Fan ist Norbert Blix. Und bei dem Gespräch für diese Reportage liegen Dieter Hildebrandts „Anmerkungen zu 30 Jahren Kabarett: Was bleibt mir übrig" auf seinem Couchtisch.

Stark beeindruckt hat ihn Bertrand Russels „Warum ich kein Christ bin". Denn, sagt er, „ich bin auch keiner und weiß seit diesem Buch eigentlich noch besser, warum nicht". Fasziniert hat ihn auch Joachim Fests Hitler-Biographie: „Weil ich durch die Auseinandersetzung mit der Person und dem Werdegang Hitlers bis hin zu den größten Verbrechen in der mir bekannten Geschichte immer stärker davon überzeugt worden bin, daß so etwas auch wieder passieren könnte."

Die Auseinandersetzung mit den Verbrechen der Nazi-Diktatur ist für ihn allerdings schon seit seiner Kindheit selbstverständlich gewesen. Sein Vater war nicht nur Metaller, sondern, erinnert der heutige Grünen-Wähler, „hat auch immer der SPD treu die Fahne gehalten". In seinem Distrikt gehörte der uralte Sozialdemokrat natürlich auch dem Vorstand an: „Ich kannte meinen Vater in meiner Kindheit nur als typischen SPD-Arbeiter, der vom Plakate kleben bis zur Versammlung alles mitmachte. Das fand ich damals ganz toll." Natürlich war Norbert auch selbst dabei, klebte „Willy-Plakate" und trat schließlich ganz selbstverständlich in die SPD ein.

Politisch hat ihn aber wohl die 68er-Bewegung wesentlich stärker geprägt als die Partei, die sich von der unruhigen Jugend distanzierte und versuchte,

Norbert Blix privat: Kein Techno-Freak, aber ein Mensch, der technische Geräte einzusetzen weiß.

mit Unvereinbarkeitsbeschlüssen, Disziplinarverfahren und Rausschmissen kritische Protestler in erlaubte Parteibahnen zu zwingen.

Wie Tausende in den Tagen des Februar 1968 engagierte sich Norbert Blix damals lieber für das, wofür er und eine ganze Generation kämpfen wollten: Für die Beseitigung des Springer-Monopols in der Bundesrepublik, die Beendigung des Völkermords der USA in Vietnam und die Verhinderung der Notstandsgesetze. Polizeiknüppel bei Vietnam-Demonstrationen und Wasserwerfereinsätze bei Springer-Blockaden nach dem Dutschke-Attentat gehörten zu seinen ersten Erfahrungen mit der Staatsgewalt: „Da hat sich bei mir politisch viel bewegt."

Noch heute bekommt der gestandene Gewerkschafter glänzende Augen, wenn er sich an den ersten und bisher einzigen Streik in seinem Leben erinnert: „Das war während der 68er-Auseinandersetzungen. Ich war damals Klassensprecher in der Berufsschule, und wir organisierten dort einen Streik." – Da viele Berufsschüler Angst hatten, daß sie ihren jeweiligen Lehrherren gemeldet würden, wenn sie sich daran beteiligten, sei das gar nicht so einfach gewesen, meint er heute.

Später fand der Auszubildende und ausgelernte junge Versicherungskaufmann in der gewerkschaftlichen Jugendarbeit stets mehr Rückhalt und Bestätigung seiner politischen Vorstellungen und Ziele, als in der ihm immer fremder werdenden Partei. Irgendwann trat er dann schließlich aus der SPD aus und wählt seitdem immer grün. „Nur bei der letzten Hamburger Bürgerschaftswahl habe ich wieder SPD gewählt", verrät er und gesteht, daß er sich „hinterher darüber ganz furchtbar geärgert" hat.

Jedes Dogma ist für den Mann, der seit über zwanzig Jahren immer auch Funktionär seiner Gewerkschaft HBV ist, ein Greuel. Im Gespräch lebt er auf, wenn er über Menschen redet. Von sich selbst glaubt er, daß er ein ausgeprägtes Gerechtigkeitsempfinden hat, das für ihn auch so eine Art Triebfeder ist.

Im Unternehmen war er denn auch aktiv beteiligt, als im Allianz-Betriebsrat ein Arbeitskreis gebildet wurde, der alkoholkranken Kolleginnen und Kollegen Rat und Hilfe bieten sollte. Und als

Allianz-Versicherungsakten – bald nur noch Historie. Das Ziel ist die aktenlose und anlaßgesteuerte Sachbearbeitung.

die HBV-Liste als Siegerin aus den Vertreterwahlen der Betriebskrankenkasse (BKK) hervorging, wurde Listenführer Norbert Blix logischerweise zum Vorsitzenden der BKK-Vertreterversammlung gewählt.

Das bringt ihm weniger Ehre als Arbeit ein: „Aber ich find' es gut, wenn mich Kolleginnen und Kollegen ansprechen, weil so eine für viele doch unheimlich wichtige Institution dadurch etwas von ihrer bedrohlichen Anonymität verliert."

Menschen sind es, die den Versicherungsangestellten Norbert Blix am stärksten interessieren. Damit kann man sogar den Realisten und Pragmatiker aus der Fassung bringen. Zum Beispiel, wenn man ihn ganz unvermutet danach fragt, wo er gerne leben, wo er alt werden möchte.

„Griechenland", sagt er, ohne eine Sekunde über die Antwort nachzudenken. Und dann könnte er einen ganzen Abend erzählen: Von kleinen, felsigen Inseln im tiefblauen Meer, deren Gassen zwischen niedrigen schneeweißen Häusern immer vom Wind gefegt werden. Vom Sitzen an kleinen wackeligen Tavernentischen, unter türkisblauem Himmel und vor würzigem Mokka. „Kárpathos, die Dodekanes-Insel, ist ein Geheimtip", verrät er.

Doch die Inseln der Ägäis reizen ihn nicht in erster Linie wegen ihres angenehmen Klimas. „Ich mag die Art der Menschen, ihre Lebensweise, ihre Mentalität", schwärmt Norbert Blix, der einen Traum hat, wie es sich auf angenehme Art alt werden läßt.

„Ich habe das Bild eines alten Mannes vor mir", sagt er auf das Stichwort „alt werden", „der auf seinem Stuhl mitten auf dem Bushalteplatz in Thira, dem Hauptort der Kykladen-Insel Santorini, sitzt. Ein Seebär, der aussieht wie Jean Gabin, mit einer Schirmmütze, deren Schirm rechts abgegriffen ist vom Grüßen. Im Mund, zwischen kurzen Bartstoppeln, steckt eine winzige Zigarettenkippe, so kurz, daß sich ein Teil der Oberlippe vom Nikotin gelb gefärbt hat. Dieser Mann strahlt etwas aus, was ich toll finde, obwohl ich es nicht richtig beschreiben kann." Und nochmals bekräftigt er: „Ich mag diesen Menschenschlag mit seiner Herzlichkeit so gerne. Da könnte ich alt werden." Doch schon ist der Realist Blix wieder auf der Matte und schränkt ein, daß das wahrscheinlich eine etwas idealistische Sicht der Dinge sei: „Das Bild ist wirklich toll. Aber die Wirklichkeit ist vielleicht etwas weniger romantisch."

Das, was er sich vornimmt, liegt denn auch erst einmal in größerer zeitlicher Nähe: Er möchte als „progressiver Pragmatiker" in den nächsten Jahren einige Akzente setzen. Zum Beispiel im Umgang mit der Weiterentwicklung im technologischen Bereich und in der Entwicklung zukunftsfähiger gewerkschaftlicher Strategien.

Persönlich und politisch ist die nächste Betriebsratswahl im Jahre 1990 für ihn das möglicherweise einschneidendste Ereignis: „1990 wird die Allianz hundert Jahre alt, ich habe 25jähriges Betriebsjubiläum, und es wird darüber entschieden, ob ich als HBV-Kandidat Betriebsratsvorsitzender werde oder nicht."

Und wenn's nicht klappt? Enttäuschung vom vergeblichen Strampeln in der Watte? Was bedeutet so etwas für ihn: Weitermachen oder Hinschmeißen? – „Weiß nicht", sagt Norbert Blix. „Aber ich glaube, daß ich – vielleicht aus Gerechtigkeitsempfinden – nicht aufhören könnte, als Gewerkschafter zu arbeiten." □

Am Fuß der großen weiten Welt
Arbeiten in einem Touristikunternehmen

von Hans Otto Hemmer
Fotos Wolf Haug

BEI DEN AUTOMOBILHÄNDLERN in Köln, bei denen sie sehr erfolgreich eine kaufmännische Lehre absolviert und anschließend auch noch kurz als Bürokauffrau gearbeitet hatte, ging es Karola Pleßmann zu bürokratisch zu. Auch bei der „Rationalisierungsgemeinschaft des Handels" (RGH), wo sie für die Organisation von Seminaren zuständig war, gefiel es ihr nicht. Danach, Anfang der siebziger Jahre, suchte der Kaufhof Personal für ein neu aufzubauendes Reiseunternehmen – sie meldete sich und fing als kaufmännische Angestellte bei „International Tourist Services" (ITS) an. Warum hat sie sich, nach den negativen beruflichen Erfahrungen, gerade für einen Reiseveranstalter entschieden? „Ich habe mir in diesem expandierenden Wirtschaftszweig Aufstiegschancen erhofft."

Ist der Aufstieg für Frauen in diesem Bereich tatsächlich leichter oder schneller möglich? Die Zahlen und Fakten sprechen dagegen. Zwar sind insgesamt zwei Drittel aller bei ITS Angestellten Frauen – im Verkaufsbereich sind es sogar 80 Prozent –, aber nach wie vor ist die Zahl der Frauen in Führungspositionen oder selbst auf der mittleren Ebene klein. Geschäftsführung und Personalleitung sind allerdings einsichtig, und Karola Pleßmann ist stolz darauf, daß es der Betriebsrat, dessen Vorsitzende sie ist, nach einigen Diskussionen erreicht hat, daß bei Neubesetzungen von Bezirksverkaufsleiterstellen vor kurzem endlich Frauen zum Zuge gekommen sind. Bezirksverkaufsleiter betreuen die Reisebüros in einer bestimmten Region, es handelt sich um Positionen im Abteilungsleiterrang, die bislang noch nie mit Frauen besetzt worden waren. Neuerdings ist auch im Einkauf, der immer von Männern beherrscht war, eine Frau tätig. Aber diese Einzelerfolge ändern nichts an der „Normalverteilung": Die große Zahl der Frauen ist auch in diesem Unternehmen in der Hierarchie durchweg unten angesiedelt, während die eher wenigen Männer die Führungspositionen innehaben.

„Die bisherigen Verbesserungen stehen nicht mit meinen generellen Vorstellungen von Frauen im Berufsleben im Einklang", sagt Karola Pleß-

Von einem besonderen Flair umgeben? Das Geschäft mit der Freizeit ist für die, die es zu betreiben haben, business as usual.

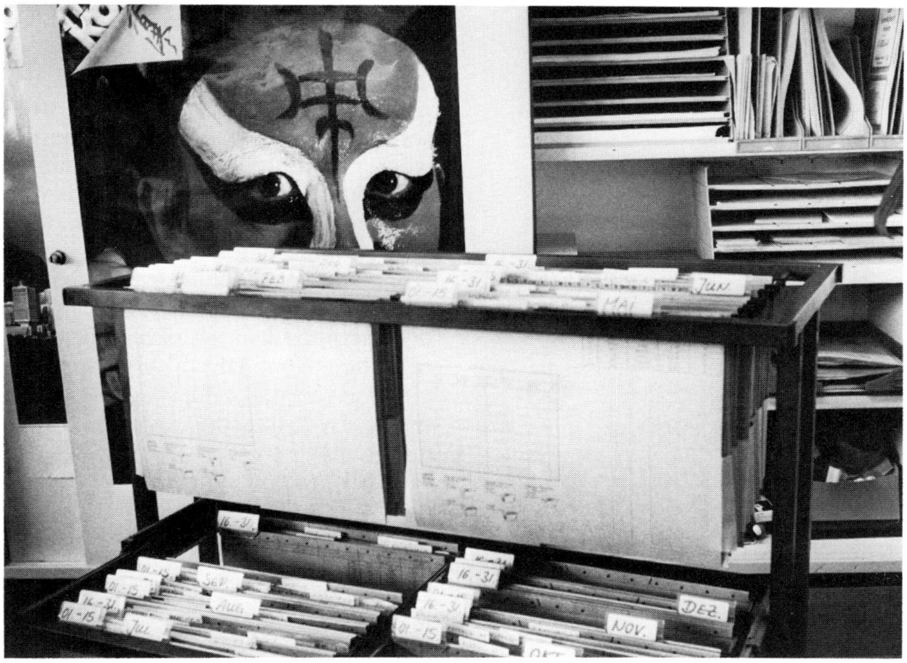

Weltmeister im Reisen: „Die Freizeit rückt zunehmend in den Mittelpunkt der Lebensorientierung"

mann. Das oft wiederholte Argument, wonach Frauen für Familie und Kinder gern auf Karriere verzichten, läßt sie so nicht gelten. Denn es mag auf manche Frauen zutreffen, darf aber keineswegs verallgemeinert werden. Sie will weiter daran mitwirken, daß Frauen bei ITS und anderswo mehr Aufstiegsmöglichkeiten bekommen, und sie sieht nicht zuletzt deshalb gewisse konkrete Chancen dafür, weil auch die Unternehmensleitung diese Notwendigkeit mehr und mehr einsieht.

Wie steht es um ihre eigene Karriere? Sie hat sozusagen einen „Sonderweg" beschritten – mit respektablem Erfolg. Offenbar ist sie selbst immer noch ein wenig erstaunt darüber, denn mit Gewerkschaften und Betriebsratsarbeit war sie eigentlich in Schule, Ausbildung und frühem Berufsleben weder theoretisch noch praktisch in Berührung gekommen. Inzwischen ist sie bereits seit Ende 1982 freigestellte Betriebsratsvorsitzende.

Eigentlich war der Kontakt der Geschäftsführer-Sekretärin Karola Pleßmann mit dem früheren Betriebsrat eher zufällig; die Aufforderung, bei der Betriebsratswahl zu kandidieren, kam für sie überraschend. Karola Pleßmann vermutete, daß Sekretärinnen eher im Ruf stünden, „alles nach oben zu petzen". Aber sie ließ sich überreden, kandidierte als Ersatzmitglied und wurde bei der nächsten Betriebsratswahl mit dem dritthöchsten Stimmenergebnis gewählt: Es hatte sich herumgesprochen, daß man sich mit Problemen an sie wenden kann, daß sie sich kümmert, daß sie hilft, wo sie kann. Da sie sehr schnell gemerkt hat, daß man ohne gewerkschaftlichen Rückhalt als Betriebsrat „nur herumhampelt", ist sie unverzüglich in die Gewerkschaft Handel, Banken und Versicherungen eingetreten. Kaum war das geschehen, mußte sie auch schon einen Kollegen bei einer Sitzung der Tarifkommission vertreten. Heute ist sie das dienstälteste Mitglied in dieser gewerkschaftlichen Kommission.

Ämter und Funktionen haben nicht auf sich warten lassen – als sozialdemokratische Stadträtin ist sie in der Kommunalpolitik ihres Wohnorts Erkrath (bei Düsseldorf) und in der regionalen Gliederung der „Arbeitsgemeinschaft für Arbeitnehmerfragen" (AfA) ihrer Partei aktiv. Im März 1988 kandidiert sie für einen Sitz im Aufsichtsrat der Kaufhof AG, dem Mutterunternehmen von ITS. Es gibt eine ganze Reihe von Bewerbern auf mehreren Listen; die Lage ist – wohl auch für das Wählergremium – unübersichtlich, die gewerk-

Setzt auf Verhandlungen, Gespräche und Ausgleich, ohne notwendigen Auseinandersetzungen aus dem Wege zu gehen – Karola Pleßmann

schaftliche Linie nicht so recht erkennbar. Nachdem die vielen Wahlgänge vorüber sind (für die Wahl hat eigens das weitläufige Congress Centrum in Düsseldorf angemietet werden müssen), ist klar, daß Karola Pleßmann es nicht geschafft hat.

Ärgert sie sich? Ein bißchen schon, aber sie sieht ein, daß das eine Quittung ist für die Querelen bei der Listenaufstellung. Und worauf führt sie die zurück? Auf unterschiedliche politische Grundeinstellungen: etliche Betriebsräte und Gewerkschafter sind wohl prinzipiell auf Konfrontation zu den Arbeitgebern eingestellt, setzen auf eine vorwiegend klassenkämpferische Gewerkschaftspolitik. Sie zweifelt am langfristigen Erfolg solcher Ansätze bei den Belegschaften im Dienstleistungsbereich – auch wenn sie zum Beispiel um die miese Lage und Stimmung vieler Verkäuferinnen weiß, die hart arbeiten müssen und schlecht bezahlt werden. Karola Pleßmann setzt auf Verhandlung, Gespräch, Ausgleich – auf diese Weise hat sie ihre Erfolge als Betriebsrätin erzielt und darin sieht sie auch das Erfolgsrezept für die Zukunft – was natürlich nicht bedeutet, daß sie einer notwendigen Auseinandersetzung aus dem Weg geht. Ein paar Stunden nach der für sie enttäuschenden Aufsichtsratswahl hat sie entschieden, daß sie sich noch stärker politisch engagieren will – inzwischen ist sie zur Vorsitzenden der AfA im Kreis Mettmann gewählt worden.

Karola Pleßmann ist im Laufe der Jahre zur Politikerin geworden – eine Entwicklung, die für parteipolitisch engagierte und aktive Betriebsräte, Betriebsrätinnen zumal, nicht untypisch sein dürfte: ein Reservoir für Politikernachwuchs aus der Arbeitnehmerschaft. Bleibt bei einer derartigen zeitlichen Beanspruchung, bei so vielfältigem Einsatz die Beziehung zur Basis, zum Berufsalltag erhalten? Karola Pleßmann ist fest davon überzeugt – auch wenn sie die Gefahren des Multi-Engagements sieht. Sie weiß sich mit den Problemen und Nöten ihrer Kolleginnen und Kollegen bestens vertraut, sieht sich in der betrieblichen Praxis fest verankert.

Ihr kleines Büro liegt, wie die Arbeitsplätze aller Beschäftigten in der ITS-Zentrale, sozusagen am Fuß der großen weiten Welt: das ITS-Bürogebäude steht auf dem Areal des Köln-Bonner Flughafens.

Gibt es noch mehr Anzeichen dafür, daß die Branche, die eine so große Bedeutung für die Freizeitgestaltung hat, daß deren Arbeitnehmer mit einem besonderen Flair umgeben sind? Die Betriebsratsvorsitzende verneint. Und der Gang durch den Betrieb bestätigt das: zahlreiche Bildschirm-Arbeitsplätze in den Großraumbüros, rege Telefontätigkeit, ansonsten die übliche Büroausstattung mit Schreibtisch, Stuhl und viel Papier. Und die große weite Welt: Sie ist präsent durch das eine oder andere bunte Plakat und die vielen, vielen Prospekte und Preislisten, die zum unverzichtbaren Arbeitsmaterial gehören. Hier, wo die Freizeit für zahllose Menschen geplant

Ämter und Funktionen: SPD-Stadträtin in Erkrath und Vorsitzende der Arbeitsgemeinschaft für Arbeitnehmerfragen im Kreis Mettmann

Mehr Aufstiegsmöglichkeiten für Frauen – ein Ziel der Gewerkschafterin und Politikerin Karola Pleßmann

wird, wo für die Freizeit bezahlt werden muß, gehören weder Hängematten zur Grundausstattung noch bestimmen Animateure den Tagesablauf. Vielmehr dröhnt so manche Kundenreklamation im Telefonhörer, verwirrt die eine oder andere komplizierte Sonderleistung Kunden wie Verkäufer. Das Geschäft mit der Freizeit ist für die, die es zu betreiben haben, business as usual. Natürlich gibt es auch die Reiseleiter, die Einkäufer, die Animateure, die an den Tatorten der Freizeitgestaltung eingesetzt werden. Aber die sind weit weg. Es soll nicht unerwähnt bleiben, daß die erste Sitzung der Tarifkommission, an der Karola Pleßmann teilnahm, auf Mallorca stattfand. Es ist der einzige Ausflug dieser Art geblieben.

Als wir auf die aktuelle Diskussion um Arbeitszeitverkürzung ohne Lohnausgleich zu sprechen kommen, weist Karola Pleßmann darauf hin, daß die Tarifeinkommen in der Touristik-Branche nur knapp an jene Richtzahl heranreichen, bei der Einkommensverzicht beginnen soll: 5000 Mark.

Vielleicht liefern diese Zahlen auch ein bißchen Hintergrund für das Wohlergehen der Touristik-Branche in der Bundesrepublik, die 1986/87 Rekordergebnisse erzielte: Die Bundesdeutschen sind Weltmeister im Reisen und die Unternehmen, die das Vergnügen im großen Stil organisieren, verdienen kräftig daran. Die Vermutung ist gestattet, daß die 1,5 Millionen Menschen, die in den Sparten Touristik, Fremdenverkehr und Gastgewerbe beschäftigt sind, von den erheblichen Sümmchen, die die vielen Millionen urlaubsreifer Sonnenanbeter in die Kassen zahlen, weniger sehen als die Reisekonzerne, die sich über ihre Gewinne ungern auslassen. Jedenfalls machte der Branchenführer TUI 1986/87 über drei Milliarden Mark Umsatz, und ITS, vierter im Bunde, erzielte immerhin fast 600 Millionen Mark Umsatz. Der Drang der Deutschen nach Süden, ihre Sehnsucht nach Sonne bringt die Freizeit-Industrie immer mehr auf Touren, und die Aussichten sind weiterhin rosarot. Es scheint ja ausgemacht, daß die Freizeit der meisten Deutschen weiter wächst – die Freizeitgesellschaft rückt in greifbare Nähe. Und sehr, sehr viele wollen in der freien Zeit reisen, die Welt kennenlernen. Ja, sie erhoffen sich die Erfüllung des Lebens in dessen arbeitsfreiem Teil: „Die Freizeit", so lautet ein Forschungsergebnis, „rückt zunehmend in den Mittelpunkt der Lebensorientierung."

Reist die Betriebsratsvorsitzende des Touristik-Unternehmens selbst gern? Ja, allerdings ist ihr die Kombination mit der Ruhe wichtig, und sie erinnert sich deshalb besonders gern an eine beschauliche Reise an die Fjorde Norwegens mit ihrem Mann.

Zieht der Massentourismus nicht massive ökologische Folgen nach sich? Sind die Reiseströme, wie sie etwa von der Bundesrepublik ausgehen, für Spanien, Italien, Griechenland auf Dauer verkraftbar? Karola Pleßmann sieht die Gefährdungen; sie weiß, daß Touristikunternehmen inzwischen damit anfangen, über Umweltkonsequenzen des massenhaften Tourismus, etwa für Strände, für Gebirge und andere Landschaften nachzudenken – und auch über ihre Verantwortung für die Folgen. Aber da steht man noch am Anfang, und diese Überlegungen sollen sicher nicht dazu beitragen, daß die Urlaubszahlen dieses Jahres die des Vorjahres unterschreiten.

Das ökonomische Wohlergehen des Unternehmens ist auch für den Betriebsrat eine höchst relevante Größe. Karola Pleßmann ist sicher, daß für die Beschäftigten in jeder Beziehung viel weniger zu erreichen ist, wenn die Bilanz nicht stimmt: „Man sägt doch nicht an dem Ast, auf dem man sitzt." Die Liste der Betriebsvereinbarungen, die in den vergangenen Jahren abgeschlossen wurden, ist lang: eine eng beschriebene Seite, die mehr als 20 Einzelpunkte enthält, von Urlaubsinformationsreisen bis zur Regelung von Arbeitszeitverkürzung. Werden diese Ergebnisse der Betriebsratsarbeit, diese gewerkschaftlichen Erfolge, von der Belegschaft hinreichend gewürdigt? „Im großen und ganzen schon", meint Karola Pleßmann nachdenklich, „obwohl das Interesse vieler Angestellter an diesen Dingen nach wie vor nicht besonders ausgeprägt ist." Sie führt das auf ein ziemlich fest verankertes „Angestelltenbewußtsein" zurück, in dem die individuellen Möglichkeiten und Fähigkeiten eine größere Rolle spielen als kollektive Vorstellungen. Auf diese Weise hätten viele Kolleginnen und Kollegen auch kaum Einblick in die komplizierten Verhandlungen, die Gewerkschaften und Betriebsräte in tariflichen und betrieblichen Fragen mit Arbeitgebern und Unternehmensleitungen zu führen haben.

Ob dieses „Bewußtsein" immer mit

„Manche meinen ja, wir seien etwas besonderes – mit Arbeitsplatz auf dem Flughafen. Aber das hat nur den Anschein. Die Arbeit ist hier genauso wie anderswo".

den Realitäten im Einklang steht, bezweifelt Karola Pleßmann. Jedenfalls bleibt in dieser Branche noch einiges an Überzeugungsarbeit zu leisten, um den Organisationsgrad zu erhöhen. Gibt es dafür ein Patentrezept? In erster Linie gehört der verläßliche, kontinuierliche Einsatz für die Interessen der Beschäftigten dazu – auch wenn das ein mühsamer und langwieriger Weg ist. Oft genug ist es anstrengend und zeitraubend, bei den vielen kleinen und großen Querelen des Alltags ausgleichend zu wirken. So ist zum Beispiel auf einer hier und da im Betrieb aushängenden Einladung zum Ausstand eines Kollegen eine Karikatur zu sehen, die einen knollennasigen Pascha zeigt, der von einigen nackten Frauen umsorgt wird. So etwas hat es im Betrieb bisher nicht gegeben, und von diesem „Ausreißer" geht die Welt nicht unter, aber die eine oder andere Kollegin ärgert sich doch, und auch Karola Pleßmann geht das zu weit. Kurzer Anruf beim Einladenden: der weiß von nichts, ist drauf und dran, den Ausstand abzusagen. Karola Pleßmann redet ihm gut zu; er läßt sich beruhigen. Inzwischen sind die Einladungen bereits durch andere ersetzt, die weniger Anstößiges zeigen. Eine Betriebsratskollegin hatte sich rasch und unauffällig um die Angelegenheit gekümmert. Weiß Gott, eine Kleinigkeit, aber sie will bereinigt werden, und das braucht eben Zeit und Mühe.

Anschließend gleich kurze Besprechung mit ihrer Stellvertreterin im Betriebsrat: Sie gehen die Post durch, informieren sich gegenseitig, verteilen Arbeit. Spurenlos sind Belastung, Hektik und Streß nicht an Karola Pleßmann vorbeigegangen: Seit etwa einem Jahr verstärken sich die Rückenbeschwerden, sie hat sich deswegen schon in stationäre Behandlung begeben müssen. Kommt sie überhaupt dazu, sich zu entspannen, abzuschalten, Hobbies zu pflegen? Kaum – sie schwimmt gern, fährt gern Rad, kocht gern. Aber für all das gibt es nur wenig Gelegenheit, denn ihr Mann ist ebenfalls politisch aktiv.

Betriebsratsarbeit und Politik füllen sie aus, nehmen sie gefangen. Es kommt vor, daß an einem Tag, in einer Woche, Termin auf Termin folgt, daß sie erst ganz spät erschöpft nach Hause kommt. Und trotzdem bleibt noch so viel zu tun: In der Betriebsratsarbeit liegt ihr der Erfahrungsaustausch, eine verstärkte Zusammenarbeit mit Kolleginnen und Kollegen aus anderen europäischen Ländern besonders am Herzen. In dieser weltweit tätigen Branche und angesichts der Planungen zur europäischen Integration scheint ihr das so naheliegend wie zwingend. Sie hat deshalb schon Kontakt mit Arbeitsrechtlern aufgenommen, die sich in der europäischen Szene gut auskennen.

In ihrer Kreis-AfA fehlte es ihr bislang an Betriebsräten und engagierten Angestellten, die deren spezifischen Nöte und Sorgen einbringen könnten. Darum wird sie sich ebenso kümmern wie um die Belange der Frauen im Arbeitsleben. Karola Pleßmann wird ihre Arbeit konsequent und erfolgreich fortsetzen – ohne Illusion, mit Augenmaß und Realitätssinn, wie es ihre Art ist.

„Manche meinen ja, wir seien etwas Besonderes – mit Arbeitsplatz auf dem Flughafen. Aber das hat nur den Anschein", sagt sie einmal. „Die Arbeit ist hier genauso wie anderswo." □

„Was die verdammt nicht leiden können, ist, wenn du kein Obrigkeitsdenken hast"

von Heiko Tornow
Fotos Wolf Haug

Montag morgen, 8.15 Uhr. Mein Arbeitsbeginn im Textilkaufhaus. Mit dem Anlegen der schwarz-weißen Tracht reihe ich mich ein in die große C&A-Familie. Ich schaue mich auf meiner Etage um und habe das Gefühl, nach dem langen Samstag gar nicht zu Hause gewesen zu sein. Viel zu kurz war der Sonntag mit Hausarbeit und Familienpflichten.

Marliese Viehl mag diese freud- und farblosen Sachen nicht. Schwarzer Rock, weiße Bluse, schwarze Schuhe, weiße Strümpfe, schwarze Jacke, weißer Pullover, schwarz-weiß kariertes Kleid oder irgendeine andere Schachbrett-Kombination, die sich aus 18 Teilen C&A-Textilien zusammenstellen läßt. 18 Einzelstücke Arbeitskleidung dürfen sich die Mitarbeiterinnen pro Jahr aus dem Angebot ihres Arbeitgebers aussuchen. Dafür gibt es einen 50prozentigen Rabatt.

Kleidungsstücke, die gefallen, bekommt man im Personaleinkauf mit einem Nachlaß von nur 20 Prozent. Die männlichen Kollegen können in der Regel mehr einkaufen als für die üblichen 5 000 Mark im Jahr. Sie gelten meist als „Haupternährer" und dürfen die betriebsfremde Gattin deshalb kostengünstiger einkleiden als die Frauen der Belegschaft ihre Partner.

Meinem Lager geht es ähnlich wie mir. Die Herrensport-Abteilung zeigt noch Spuren des vergangenen langen Samstag. Bevor der erste Kunde kommt, gilt es, diese zu beseitigen; aufräumen, Ware aufbügeln, Reißverschlüsse schließen, glatthängen. Mein Substitut übergibt ein Reduzierungsschreiben: „Das wird natürlich heute erledigt." Der erste Kunde sagt: „Fräulein, bedienen Sie?"

Marliese Viehl bedient seit 15 Jahren in den verschiedensten Abteilungen des Saarbrücker C&A-Kaufhauses. Während der ersten acht Jahre wurde sie als Aushilfe mit Kettenverträgen im Abrufsystem beschäftigt. „Kapovaz" nennt man diese variable Arbeitszeitorganisation, die sich nicht in erster Linie an den Bedürfnissen der Menschen orientiert.

Es sind Arbeitsverträge mit höchstmöglicher Flexibilität und geringstmöglicher vertraglicher Bindung. Das Ziel des Arbeitgebers ist die vollkommene Anpassung der Beschäftigtenstunden an die Umsatzerwartungen. „Arbeitsmengenangepaßter Personaleinsatz" nennen die Manager der Kaufhauskonzerne diese Organisationsstruktur, von der sie behaupten, sie käme den an Teilzeitarbeit interessierten Frauen entgegen, die sich schließlich auch noch daheim um Mann und Kinder kümmern müßten.

Die Kapovaz-Verkäuferin hat keinen festen Arbeitsvertrag, keinen Kündigungsschutz, nicht den vollen Schutz des Betriebsverfassungsgesetzes. Sie wird dann ins Geschäft gerufen, wenn der Betrieb es verlangt. Mal muß sie am Mittwoch nachmittag kommen, mal am Montag früh oder den ganzen langen Samstag, aber in der nächsten Woche, im nächsten Monat, kann das wieder ganz anders sein.

Eine Planung der privaten Lebensführung war Marliese Viehl nur schwer möglich. Oft klingelte das Telefon ausgerechnet dann, wenn gerade die beiden Söhne die Mutter brauchten, mit dem Mann ein Einkaufsbummel verabredet war oder mit der Freundin ein Kaffeeklatsch.

Eine Freizeithose ist zu kürzen. Abstecken, abmessen. Das Telefon klingelt. Eine Kollegin vom Haus Saarlouis bittet um einen bestimmten Trainingsanzug. Ich notiere die Artikel-Nummer, vertröste den wartenden Kunden und suche den Anzug. Der Kollegin Bescheid geben, dem Kunden den Änderungsbeleg ausschreiben, Ware sortieren. Rasch, bevor der Betrieb noch größer wird. Ich melde mich ab. In der Warenannahme packe ich einen Wagen voll mit Paketen, Turnhosen, Socken, Badehosen, Turnschuhen und fahre damit zur Verkaufsetage.

Aus dem erhofften Sitz im Stadtrat wurde nichts – eine Architektin boxte sie aus dem Rennen.

Vor sieben Jahren wurde ein Teil der Aushilfen fest eingestellt. Marliese Viehl erhielt einen Teilzeitvertrag über 60 Prozent des Arbeitsumfangs einer Vollzeitkraft. Sie arbeitet montags und mittwochs jeweils neun Stunden, an normalen Samstagen vier, an den langen Samstagen acht Stunden. Seit sie diese festgelegten Dienstzeiten hat, kann sie ihre Freizeit planen und neben Haushalt und Beruf auch ihren politischen und sozialen Interessen nachgehen.

Die 44 Jahre alte Verkäuferin aus Sulzbach bei Saarbrücken ist konservativ und katholisch. Sie ist CDU-Mitglied und Mitglied der Gewerkschaft Handel, Banken und Versicherungen. Paßt so etwas zusammen?

Gar nicht paßt das, eigentlich. Im Ortsverband ihrer Partei muß die Gewerkschafterin sich anhören, daß eine ordentliche Christdemokratin nichts in dieser linkslastigen und sozialdemokratisch infizierten Gesellschaft zu suchen habe. Die teilzeitbeschäftigte C&A-Angestellte gilt dort als mitverantwortlich für den parteischädigenden Kampf des DGB gegen den Antistreikparagraphen 116 des Arbeitsförderungsgesetzes.

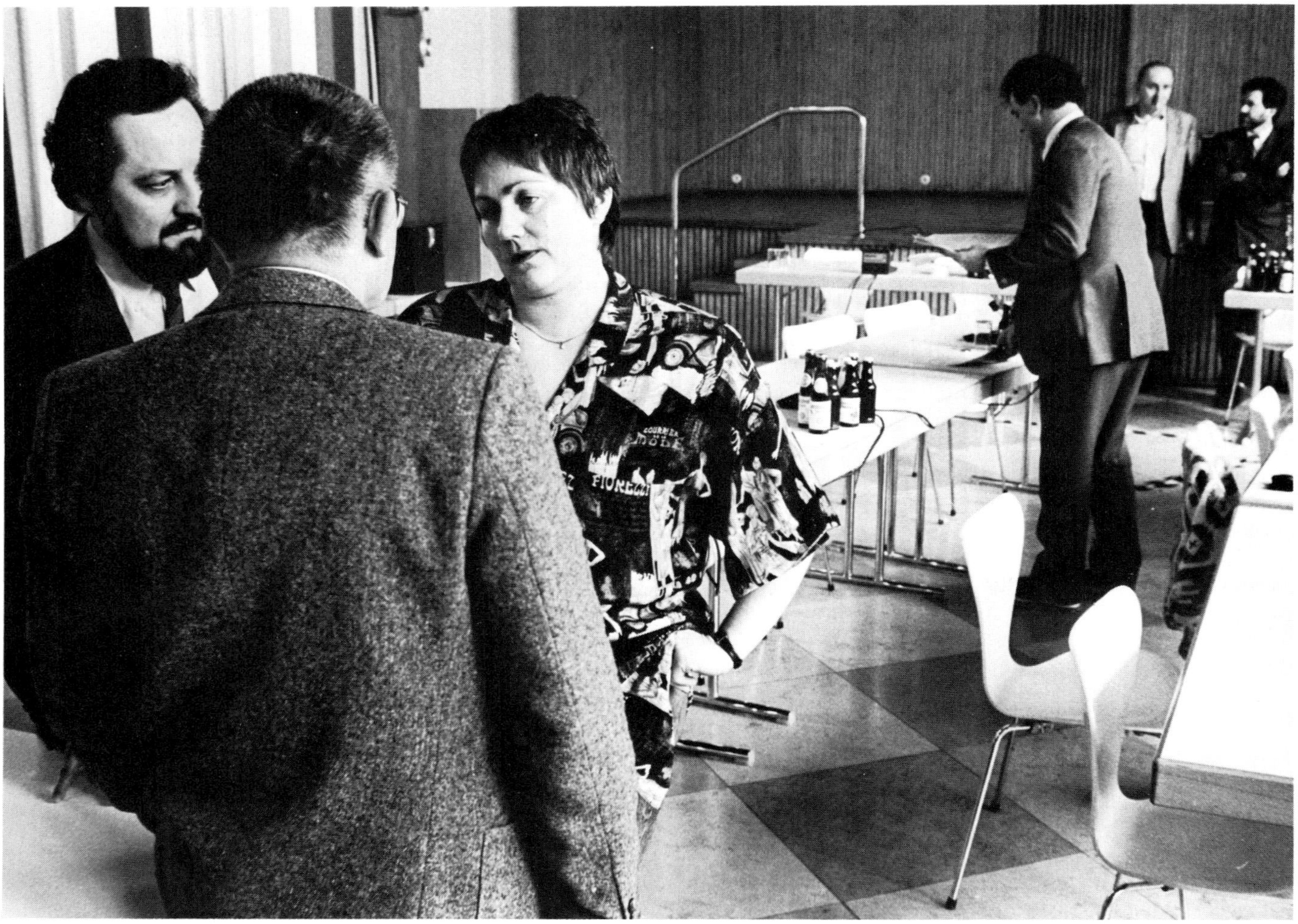

9.30 Uhr. Frühstückspause, 15 Minuten. Mit dem Aufzug in die Kantine zu den Kolleginnen. Wir schlürfen Kaffee und erzählen uns Neuigkeiten.

Die Verkäuferin wird haftbar gemacht für den wirtschaftsfeindlichen Angriff auf die 40-Stunden-Woche. Man verlangt von ihr Rechenschaft für die von den Gewerkschaften unterstützte Friedensbewegung, die an USA und christlicher Union kein gutes Haar ließ. So etwas, erfuhr Marliese Viehl zum Beispiel in der CDU-Frauenvereinigung von Sulzbach, sei hinderlich für eine etwa geplante Parteikarriere.

Es wurde dann auch nichts mit dem erhofften Sitz im Stadtrat. Eine Architektin boxte sie aus dem Rennen. „Frauenvereinigung", sagt Marliese Viehl, „ist das unbefriedigendste, was es gibt." Der Konkurrenzkampf um die wenigen Posten, die die Männer den Frauen zubilligen, belastet die politische Arbeit.

Mittlerweile leitet sie die christdemokratische CDA-Arbeitnehmertruppe in Sulzbach. Das ist ein kleiner Verein, übersichtlich und solidarischer. Sie ist daneben Mitglied der CDU-Fraktion im Saarbrücker Stadtverband, einer Art Kreistag für den Großraum der saarländischen Landeshauptstadt.

Wieder im Verkauf. Ich packe Ware aus, räume sie ein. Schuhe zusammenbinden, Papier entfernen, Ware auf Stellagen placieren. Zwischendurch ist Auskunft zu geben, sind Fragen nach Größen, Material und seinen Eigenschaften zu beantworten. Jetzt fange ich an, Reduzierungen herauszusuchen. Etiketts sind abzureißen, Belegtüten zu schreiben.

In ihrer Gewerkschaft wird die Christdemokratin Marliese von Kollegen schon mal mitverantwortlich gemacht für den Sozialabbau der Regierung Kohl. Ein Saarbrücker Sekretär hielt ihr persönlich Norbert Blüms Angriff auf die Streikfähigkeit der DGB-Gewerkschaften vor. Die Tatenlosigkeit der CDU-Parteioberen angesichts der Massenarbeitslosigkeit findet sie gleichfalls auf ihrem persönlichen innergewerkschaftlichen Schuldkonto.

Auch am Arbeitsplatz muß sie sich gelegentlich rechtfertigen, weil sie in dieser „linkslastigen" Organisation ist. Das ist nicht immer leicht. „Die von der HBV äußern sich nicht immer so, wie ich es wünschen würde." Sich selbst gegen die Angriffe zu wehren, fällt schwer. „Das ist mir zu blöd", sagt sie.

Während einer HBV-Funktionärskonferenz erfuhr Marliese Viehl Unterstützung von einem Sozialdemokraten. Zu einem Kollegen, der seinen Ärger über die Bonner Politik mal wieder an der Verkäuferin aus Sulzbach auslassen wollte, sagte er: „Wenn Du ehrlich bist, hätten wir alle schon mal unsere Parteibücher abgeben müssen."

11.15 Uhr, der erste Transport hat mir fünf Rollständer Ware beschert. Ich beginne, Jogging- und Tennisanzüge abzuhüllen und überlege, wie ich die Ware präsentiere. Eines der Modelle fällt mir auf. Es ist schlecht verarbeitet. Ich räume zwei Ständer ab. Einer davon, im Blickfeld gleich vor der Rolltreppe, ist für die Reduzierungen gedacht, damit diese schnell gekauft werden.

Natürlich hat auch Marliese Viehl schon mal an einen Parteiaustritt gedacht. Während der Debatte um das von ihr als arbeitnehmerfeindlich erkannte Beschäftigungsförderungsgesetz hätte sie beinahe die CDU verlassen.

Aber: „Es ist wichtig, als Gewerkschafterin in der CDU Arbeitnehmerpositionen zu verteidigen." Auf der anderen Seite: „Es ist für jeden Arbeitnehmer wichtig, in der Gewerkschaft zu sein, egal, was er wählt."

Und außerdem: Ist die HBV nicht eine Einheitsgewerkschaft? Darf da nicht jedes Mitglied unabhängig von seinem politischen Standort Achtung und Toleranz einfordern? Für Marliese Viehl ist das Betriebsverfassungsgesetz die Grundlage ihrer Gewerkschaftsarbeit und nicht das Grundsatzprogramm ihrer Partei oder die Regierungserklärung von Helmut Kohl.

Die Kasse läutet. Ein Kassenschein fehlt. Kaum zurück, werde ich wieder von dem Geläut zurückgerufen. Die Größen eines Freizeitanzuges sind vertauscht. Jakke 52, Hose 50 – der Kunde ist verärgert. Ich mache mich auf die Suche nach dem passenden Gegenstück, kann es nicht finden und erkläre dem Kunden, daß er den Anzug so nicht kaufen kann. Er will sich beschweren.

Für ihre Gewerkschaft ist Marliese Viehl ein ganz wichtiger, ein geradezu unverzichtbarer Aktivposten. Es gibt nicht sehr viele Arbeitnehmer, die den

Alltag einer C & A-Verkäuferin: „Eine Kundin wirft alles drunter und drüber. Ich bitte sie, doch wieder aufzuräumen. Ganz lieb sage ich das. Die Kundin: wozu sind Sie denn da? Das ist doch Ihre Sache, dafür werden Sie ja bezahlt."

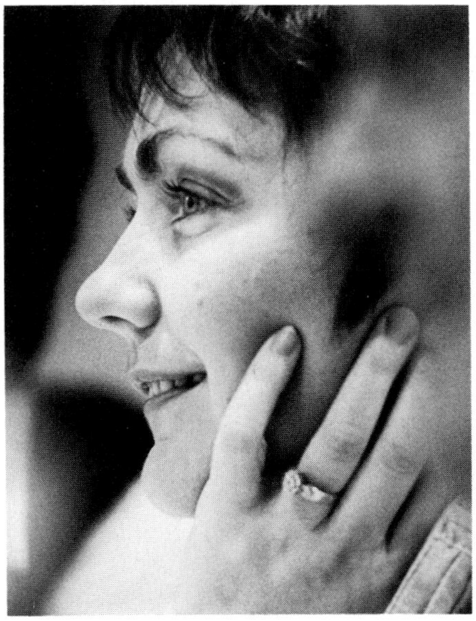

„Es ist wichtig, als Gewerkschafter in der CDU Arbeitnehmerpositionen zu verteidigen."

Streß aushalten, gleichzeitig in der CDU und in der Gewerkschaft HBV zu sein. Solche Mitglieder, zumal, wenn sie, wie Marliese Viehl, nicht auf den Mund gefallen sind, eignen sich vorzüglich als Beleg für die Behauptung, der DGB und seine Mitgliedsgewerkschaften seien keineswegs ein Wurmfortsatz der SPD. Ein kritisches Argument von der Gewerkschaft Handel, Banken und Versicherungen gegen die Bonner Unionspolitik läßt sich dann nicht so leicht als feindliche Propaganda einer gegnerischen Organisation abtun, wenn die Kritik aus dem Mund einer ausgewiesenen Unionsanhängerin kommt.

1985, auf dem Höhepunkt der Auseinandersetzung um das sogenannte Beschäftigungsförderungsgesetz, erfüllt die Saarländerin genau diese Erwartungen. Vor Funktionären wettert sie gegen Heiner Geißler: „Er müßte wie Norbert Blüm wissen, daß dieses Gesetz zur Rationalisierung und sogar zur Arbeitsplatzvernichtung herangezogen wird. Ich vermag nicht einzusehen, was diese Politik mit der christlichen Soziallehre zu tun hat. Diese Politik stärkt die Starken und schwächt die Schwachen."

Ich räume weiter Ware auf die Ständer und achte darauf, daß die Teile von der Art und der Farbe möglichst gut zusammenpassen. Die Anzüge, die mir gut gefallen, hänge ich ganz nach vorne. Die Dekoration der Rückwand gefällt mir nicht mehr. Ich hänge Tennisanzüge und Shirts ab und präsentiere neue Teile in Frühjahrsfarben. Ich betrachte mein Werk und bin zufrieden.

In der HBV-Zeitschrift *Argumente* fand sich im Herbst 1985 ihr Bild. Den Lesern wurde sie vorgestellt als CDA-Mitglied und Betriebsratsvorsitzende C&A Saarbrücken, und sie wurde zitiert mit dem Satz: „Leider muß ich immer mehr feststellen, daß die Bundesregierung und damit unsere Partei mit ihren gesetzgeberischen Maßnahmen die Interessenvertretung der Arbeitgeber übernommen hat."

Marliese Viehls politische Einstellung hat viel zu tun mit ihrem Elternhaus. Der Vater war Bergmann und, wie fast alle Kumpel im Saarland, gläubiger Katholik. Bischöfliche Hirtenbriefe gaben, nicht nur vor Wahlen, den Kirchenschäfchen die notwendigen politischen Handlungsanweisungen. Die heilige Barbara, die Schutzheilige der Bergleute, und die CDU bildeten die fest gefügten Fundamente eines gesellschaftlichen Weltbildes, das über Jahrhunderte übrigens auch die Bergleute im Ruhrgebiet prägte: konservativ, aber entschieden kollegial und sozial.

Solche Menschen halten nicht still, wenn sie im Betrieb Ungerechtigkeiten selbst erleiden oder bei anderen entdecken. Solche Menschen mosern nicht nur, sie engagieren sich. Marliese Viehl, auch so eine, kandidiert 1983 erfolgreich für den Betriebsrat, sogar für den Vorsitz.

Ich melde mich ab und gehe auf 17, die Toilette. Beim Händewaschen ein kurzes Schwätzchen mit einer Kollegin. „Ist das heut' wieder ein Betrieb, und dann allein für zwei Lager zuständig." – „Du hast halt nur zwei Hände, und was du nicht packst, bleibt eben liegen." – „Die könnten ja mehr Kolleginnen bestellen."

Bis zur Wahl war sie noch eine sogenannte „Unabhängige", eine Unorganisierte. Gegenüber dieser „ganz roten Gewerkschaft war ich sehr skeptisch". Aber nach vier Wochen bereits hatte sie gemerkt: „Es geht nicht ohne." Nicht ohne Gewerkschaft, nicht ohne Rückendeckung, ohne Beratung, ohne Schulung, ohne den Erfahrungsaustausch mit organisierten Kolleginnen und Kollegen in anderen Betrieben.

Aber es ging leichter mit der Erfahrung und dem Mut einer HBV-Kollegin im eigenen Betrieb. Diese Frau kämpft seit Jahren einen ziemlich einsamen Kampf im Betriebsrat um mehr Mitbestimmung und vor allem um mehr Selbstbewußtsein ihrer Kolleginnen.

Mit „großer Hochachtung" erzählt Marliese Viehl von dieser Kollegin, die in Saarbrücken das Amt der Ortskartellvorsitzenden hat. Im Betrieb verlor diese engagierte, kritische Kollegin ihre Funktion als Teamführerin. Sie wurde mit Abmahnungen der Geschäftsleitung belästigt. Und nicht wenige Kolleginnen sehen in ihr eher eine Störerin des geheiligten Betriebsfriedens als eine Verbündete.

Und dennoch geht sie mit aufrechtem Gang durch den Betrieb. Vor ihr ist Marliese Viehl gewarnt worden, weil „die doch in der Friedensbewegung ist". In Saarbrücken und anderswo macht so ein Engagement halt verdächtig.

Zurück im Verkauf gehe ich in die Damen-Sport-Abteilung. Die dort zuständige Kollegin hat heute ihren Rolltag. Ihr Lager sieht aus wie ein Schlachtfeld. Das Gröbste aufräumen, mehr kann ich wirklich nicht tun. Jetzt bringe ich Einzelteile in den Stauraum.

Im Betriebsrat aber ging es zunächst einmal nicht um Abrüstung oder um die Bonner Regierung. Die beiden HBV-Frauen wollten ihre Mitbestimmungsrechte in Sachen Arbeitszeit einfordern. Das stieß auf entschiedenen Widerstand in der Geschäftsleitung und auf gelegentliches Kopfschütteln bei einigen Kolleginnen. „Viele kümmern sich um nichts. Wenn sie nur ihre übertariflichen Leistungen kriegen, dann nehmen sie hin, was der Arbeitgeber verlangt und sagen: Kleinigkeit."

Auf einer DGB-Konferenz im Jahre 1985 beschrieb Marliese Viehl die Lage der arbeitenden Frauen bei C&A in Saarbrücken so: „Unser Betrieb arbeitet zur Zeit mit rund 180 Arbeitnehmern mit festen Arbeitsverträgen, dazu kommen Aushilfskräfte. Davon sind 46 Prozent vollbeschäftigt, ca. 26 Prozent haben in den Wochentagen festgelegte Teilzeitverträge und etwa 28 Prozent variable Teilzeitverträge. Von den zusammen 54 Prozent Teilzeitkräften sind mehr als die Hälfte unter 20 Wochenstunden beschäftigt. Mit Aushilfen, welche über ein bis drei Monate ebenfalls variable Verträge erhalten, wurden in diesem Jahr schon über 50 Verträge abgeschlossen. In unserer Firma

Marliese Viehl: „Der Konkurrenzkampf um die wenigen Posten, die die Männer den Frauen zubilligen, belastet die politische Arbeit."

werden durch Fluktuation oder Umwandlung von Voll- auf Teilzeit wegfallende Vollzeitplätze so gut wie nicht mehr ersetzt. Vielen meiner Aushilfskolleginnen wurde ein Vertrag, wie ich ihn dann später erhielt, nicht angeboten. Ihre Verträge wurden über zwei bis drei Monate abgeschlossen. Dann folgten arbeitsfreie Zeiten von vier bis acht Wochen.“

12.30 Uhr Mittagspause. Essen, Beine hochlegen, entspannen, recken, aussprechen, Dampf ablassen. Die Dreiviertelstunde scheint viel zu kurz.

Aus dem Bericht der C&A-Verkäuferin: „Lediglich eine Mindestarbeitszeit von acht Stunden wöchentlich war garantiert. So schwankte die Monatsarbeitszeit zwischen 50 bis 170 Stunden. Der Abruf erfolgte in der Regel einige Tage im voraus; manchmal innerhalb von Stunden.

Der Status der Aushilfen war sehr gering. Sie kamen sich vor wie das fünfte Rad am Wagen. Kranksein leisteten sie sich so gut wie nie und wenn, so baten sie darum, ein paar Tage nicht bestellt zu werden.

Kamen Aushilfen einem Abruf nicht immer prompt nach, so wurden sie nicht mehr bzw. immer seltener bestellt. Es wurde ihnen gesagt: Sie wissen doch, wieviele Arbeitslose wir im Saarland haben.

Einerseits hörten die Teilzeitkräfte, nach dem Vertragsende sei die Bindung an das Unternehmen und aus dem Unternehmen erloschen. Andererseits wurde ihnen die Inanspruchnahme der Arbeitslosenversicherung erschwert. So hieß es: Natürlich können Sie zum Arbeitsamt gehen, aber ob Sie dann nochmals einen Vertrag erhalten? Die Praxis der Kettenverträge, welche umstritten war, sollte beim Arbeitsamt nicht bekannt werden.

So konnte das Unternehmen, das diesen Personaleinsatz bundesweit betrieb, expandieren und Gewinne scheffeln wie wohl kein anderer Konzern dieser Branche. Und das zum großen Teil auf dem Rücken dieser Beschäftigtengruppe.“

Zwei Rollis Anoraks sind nach Größen einzuräumen. Eine Kundin wirft alles drunter und drüber. Ich bitte sie, doch wieder aufzuräumen. Ganz lieb sag ich das. Die Kundin: „Wozu sind Sie denn da? Das ist doch Ihre Sache, dafür werden Sie ja bezahlt.“

Als Marliese Viehl 1983 in den Betriebsrat gewählt wird, versucht sie, gemeinsam mit ihren HBV-Kollegen dafür zu sorgen, daß die betroffenen Kolleginnen feste Teilzeitverträge erhalten. In einigen Fälle sollte dies auch gelingen. Sie mußte aber auch feststellen, wie gering die Solidarität bei der Belegschaftsgruppe mit festen Verträgen gegenüber den Aushilfen war: „Sogar Betriebsratsmitglieder vertraten die These der Betriebsleitung, wenn die Aushilfen auf mehr Verdienst angewiesen seien, so sollten sie sich andere Arbeit suchen. Sie hätten keine Ansprüche zu stellen.“

Und weil viele Menschen dazu neigen, die Verhältnisse, die sie nicht ändern können, als gut und richtig zu erachten, verteidigen sie die Ungerechtigkeiten, unter denen sie leiden. Bei C&A rechtfertigen sie deshalb gegenüber den Betriebsratskolleginnen schon mal den Leistungsdruck durch die Geschäftsleitung. Marliese Viehl: „Sehr viele aktive und bewußte Kolleginnen gibt es nicht. Es macht ihnen oft nichts aus, wenn ihre Arbeitszeit mal so oder mal so verlegt wird. Man hat den Eindruck, sie sind in erster Linie am Umsatz interessiert und fühlen sich nicht wohl, wenn mal kein Kunde kommt und nichts zu tun ist.“

Der Manager kommt vorbei. Ich mache ihn darauf aufmerksam, daß große Rennhosen fehlen, zeige ihm die mangelhaft verarbeiteten Freizeitanzüge. Beim Aufräumen finde ich das Gegenstück zum vertauschten Anzug von heute morgen.

Genau genommen muß Marliese Viehl nicht unbedingt arbeiten. Ihr Mann ist Schulleiter in Sulzbach. Sein Einkommen reicht natürlich aus, um den Lebensunterhalt zu bezahlen. Aber ein Dasein nur als Hausfrau, das konnte sie sich nicht vorstellen. Als die Kinder groß genug waren, suchte sich die gelernte Einzelhandelskauffrau den Nebenjob bei C&A. Arbeit ist eben mehr als nur Geld verdienen.

Klar, daß eine Arbeitnehmerin, die nicht unbedingt auf ihren Verdienst angewiesen ist, die jedenfalls nicht in Not gerät, wenn sie ihren Job verlöre, es ein wenig leichter hat mit dem aufrechten Gang. Marliese Viehl: „Die meisten Kolleginnen sind natürlich erpreßbarer als ich.“

Aber die wirtschaftliche Unabhängigkeit stützt nur wenig den Mut, der gebraucht wird, wenn es gilt, Interessen von Arbeitnehmern gegen die Geschäftsleitung durchzusetzen: „Angstfrei? Nein, ich kann nicht sagen, daß ich als Betriebsrätin angstfrei war." Jeder kleine Kampf war eine große und wichtige Auseinandersetzung, solange er dauerte. Und nur selten konnte ein kleiner Sieg gefeiert werden.

Eine gehbehinderte Kundin sucht Sportkleidung. Das verlangt nach intensiver Bedienung, auch wenn dafür eigentlich keine Zeit ist. Beratung darüber, was sie alles benötigt. Herausfinden der Preisvorstellung, Suche nach geeigneter Ware, Erklären der Rohstoffe und Trageigenschaften, Mithilfe bei der Anprobe und Anleitung zur richtigen Pflege. Ich habe ein gutes Gefühl und denke, etwas Sinnvolles getan zu haben.

Jeden Morgen hat es geheißen: „Frau Viehl hoch. Zum Chef." Bei jeder Kleinigkeit gab es Auseinandersetzungen. Sie bekommt Schwierigkeiten, ihr Wahlamt im Saarbrücker Stadtverband auszuüben, weil einige Termine in die Arbeitszeit fallen. Die Gewerkschafterin fühlte sich ganz besonders kontrolliert und beobachtet. Sie versucht, keine Fehler zu machen, die man aufbauschen könnte.

Das zerrte an den Nerven. Aber auch die Vorgesetzten zeigten Wirkung. Da hatten sie es mit einer zu tun, die nicht zu allem Ja und Amen sagte, was die Herren sich ausdachten: „Was die partout nicht leiden können, ist, wenn du kein Obrigkeitsdenken hast."

Unbeliebt „bei denen da oben" machten sich die beiden Betriebsrätinnen auch dadurch, daß sie immer wieder auf die gesetzeswidrige Ungleichbehandlung von Frauen und Männern bei C&A hinwiesen. Die Position der Substituten, der Abteilungsleiter, oder gar noch höhere Posten sind fast ausschließlich von den Herren der Schöpfung besetzt. Mancher einfachen Verkäuferin bleibt nach Marliese Viehls Beobachtung die vage Hoffnung, „in diese Kreise hineinheiraten zu können".

Vor einiger Zeit eröffnete die Geschäftsleitung zehn Frauen die Substitutenlaufbahn. Zehn Alibi-Substitutinnen für alle C&A-Kaufhäuser in der Bundesrepublik. „Immerhin", sagt Marliese Viehl, „ein Anfang. Das war auch eine der Forderungen, da haben die meisten Kolleginnen mitgezogen."

16.10 Uhr. Ist die Klimaanlage angestellt? Ich habe das Gefühl, es ist kein Sauerstoff mehr in der Luft. Die Beine fangen an, mir weh zu tun. Ich wechsle die Schuhe und gehe zur Pause. 15 Minuten ausspannen, Tee trinken, Beine hochlegen.

Nach drei Jahren teilweise aufreibender Arbeit im Betriebsrat kandidiert Marliese Viehl 1987 nicht mehr. Die HBV-Liste erhält bei C&A in Saarbrükken nicht die erforderliche Zahl an Unterschriften. Es gibt nicht genügend Kolleginnen, die den Mut aufbringen, ihren Namen auf das Papier zu setzen.

Zwar hat sich einiges an den Arbeitszeitverhältnissen gebessert, die ehemaligen Aushilfen haben bessere Verträge, sie können anders als früher über ein monatlich gleichbleibendes Gehalt verfügen, aber der bescheidene Fortschritt hat noch nicht dazu geführt, daß die Belegschaft selbstbewußt genug ist, ihre eigene Vertretung auch zu stützen. Marliese Viehl: „Mal sehen, bei der nächsten Wahl klappt es vielleicht."

18.15 Uhr. Ich bin auf einem Tiefpunkt angelangt, gehe auf 17 und wasche mir die Hände. Wieder auf der Etage, setze ich mich, lege meine schmerzenden Beine hoch und denke, gleich muß die Durchsage kommen. „Es ist 18.30 Uhr. Wir wünschen unseren Kunden und Mitarbeitern einen schönen Feierabend." □

Konservativ, kollegial und sozial: Solche Menschen halten nicht still, wenn sie im Betrieb Ungerechtigkeiten selbst erleiden oder bei anderen entdecken.

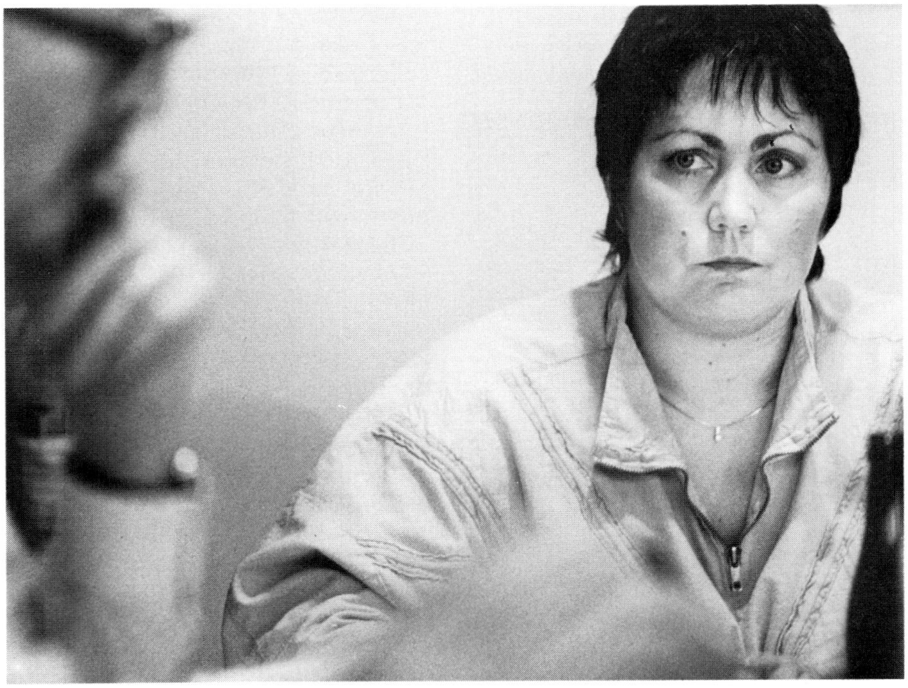

Ohne den Kollegen Computer geht nichts

von Burkhard von Pappenheim
Fotos Wolf Haug

„Genosse Generaldirektor" stellte die Weichen – das Betriebsklima bei der Karlsruher Lebensversicherung stimmt auch heute.

MIT DER MUTTERMILCH hat er die Gewerkschaftsarbeit nicht gerade eingesogen. Der Beruf hingegen war ihm sozusagen in die Wiege gelegt. Peter Becker ist heute Versicherungskaufmann, angestellt als Sachbearbeiter bei der Karlsruher Lebensversicherung. Er ist Mitglied der Gewerkschaft Handel, Banken und Versicherungen und Jugendvertreter. Er ist ein freundlicher junger Mann, dem man durchaus einen Gebrauchtwagen und auf jeden Fall einen Versicherungsvertrag abkaufen würde. Er ist beliebt bei den Kollegen, offensichtlich angesehen beim Betriebsrat, geachtet von seinen Vorgesetzten. Und er ist weit entfernt von den Vorstellungen, die man landauf landab vom klinkenputzenden Vertreter von Haarbürsten und Versicherungen hat. Der 25jährige hat seit eineinhalb Jahren ausgelernt, er wurde vom Unternehmen übernommen. Nun richtet er sich auf das Leben ein, in und außerhalb des Berufes. In Offenburg hat er eine Altbauwohnung mit seiner Frau Agnes bezogen, die zuvor in Eigenarbeit hergerichtet worden ist. Mit viel Sorgfalt, so wie er auch seine Arbeit macht.

Becker ist 1963 in Bayern geboren. Sein Vater, damals noch Autoverkäufer, zog mit Sack, Pack und Familie mehrfach um, bis sie alle in Offenburg landen, wo Peter zunächst das Gymnasium und dann das Wirtschaftsgymnasium besucht. Sein Vater ist inzwischen ein höchst erfolgreicher Versicherungsmakler. Auch der Bruder arbeitet in der Branche, eine Familie voller Sicherheit. Der Schritt zur Karlsruher Lebensversicherung war deshalb logisch, wenn auch nicht zwingend: Eigentlich wäre Peter lieber Architekt geworden. Ein Berufsberater hat ihm diesen Wunsch freilich mit dem Hinweis auf die desolaten Beschäftigungschancen schnell ausgeredet. Und ein Studium nach der Lehre hat den jungen Mann schließlich auch nicht mehr gelockt: „Ich wollte nicht von meinem Vater abhängig sein." Seit Peter im vergangenen Jahr Agnes geheiratet hat, sind Experimente ohnehin nicht mehr vorgesehen. Er richtet sich auf ein Leben mit Versicherungen ein.

Die Übernahme in das Unternehmen erfolgte sozusagen automatisch, denn die Karlsruher Lebensversicherung bildet nach Bedarf aus. Als Gewerkschafter sieht Peter Becker die Ausbildung nach Bedarf eher mit einem weinenden Auge. Während andere Branchen bereits wieder nach Lehrlingen schreien, stehen sie bei den Banken und Versicherungen immer noch Schlange. Als Auszubildender hatte Peter der Unternehmensstrategie auch Positives abzugewinnen: „Man steht nicht ständig unter Druck und ist nicht zum Buckeln gezwungen." Mit der Übernahme ins Büro „3D" ist die Lernzeit freilich noch nicht beendet. Häufig müssen die jungen Leute bei den „alten Hasen" nachfragen. Im Unterricht sind doch nicht alle möglichen und unmöglichen Fragen von König Kunde vorgekommen. Möchte der junge Versicherungsmann weiterkommen (und das möchte er eigentlich schon), muß er sich zudem weiterbilden. Im Herbst will Becker einen weiteren Schritt auf der Qualifizierungsleiter machen und Versicherungsfachwirt lernen. Außerhalb der Arbeitszeit, wie angemerkt werden muß.

Mit dem erfolgreichen Versicherungsmakler als Vater und dem Abschluß auf dem Wirtschaftsgymnasium war Peter „nicht gerade prädestiniert" für einen Eintritt in die Gewerkschaft. Heute ist er nicht nur Jugendvertreter, sondern auch Mitglied in der SPD. Als Becker im Frühjahr 1984 zunächst als Aushilfe in die Büros der Karlsruher Lebensversicherung einzieht, kennt er nur „die häßlichen Gewerkschafter, Scargill und so". Die Diskussion um die wöchentliche Arbeitszeitverkürzung ist auf dem Höhepunkt, IG Metall und IG Druck und Papier schicken sich an, in einem der längsten Arbeitskämpfe der Republik den Einstieg in die 35-Stunden-Woche zu erkämpfen. Gegen solche Ansinnen kämpft der 21jährige mit Unternehmerargumenten, er lernt in der Schule und am heimischen Couchtisch.

Im Büro der Versicherung, die einst „Genosse Generaldirektor" Alex Möller geführt hat, sitzt ein Jugendvertreter, Mitglied der Gewerkschaft HBV und dort Anhänger des ganz linken Flügels. An ihm wetzt der konservative Becker sein Mundwerk – und bekommt mit gleicher Münze zurückgezahlt. Es beginnt ein Prozeß, den Becker heute so beschreibt: „Ich bin mir klar geworden, daß ich Arbeitnehmer und nicht Unternehmer bin." Beim nächsten Schritt wurde er von der „Notwendigkeit einer Interessenvertretung" überzeugt und auch vom Sinn und Zweck einer Betriebsratswahl. „Eigentlich wollte ich das erste Mal DAG wählen, aber die HBV hatte die jüngere Truppe." Und so vollzog sich, „langsam aber sicher", der Weg zum gewerkschaftlichen Engagement. Im September 1984 wird Peter zum Kollegen Becker und im Dezember desselben Jahres schon zum Jugendvertreter. Er wird außerdem 1987 zum Ersatz-Betriebsratsmitglied gewählt und sitzt seit 1985 in der HBV-Tarifkommission Versicherungen. Aus dem konservativen jungen Mann ist jemand geworden, der nach eigener Einschätzung „weiß, wer meine Interessen vertritt". Der Eintritt in die SPD war somit nur ein logischer Schritt. Becker vollzieht ihn zwei Tage vor der jüngsten Bundestagswahl. Der Vater freilich ist „hellauf entsetzt". Der Haussegen mag für eine ganze Weile schiefgehangen haben. Heute hat sich die Familie arrangiert. Und außerdem muß der Versicherungsmakler einsehen, daß die Gewerkschaften vor allen Dingen diejenigen schützen, mit denen er seine Verträge macht: Die Kleinsparer können so manche Tariferhöhung in Versicherungen für den Lebensabend ummünzen.

Von Kindheit an mit der Jagd nach Kunden zumindest mittelbar vertraut, hat sich Peter Becker zunächst auf sicheres Parkett begeben wollen. Gefördert mit einem Anruf seines Vaters, hat er den Gang zum Vorstellungsgespräch angetreten. Das ist dann so verlaufen, daß er den Eindruck hatte, er wäre „auch ohne Vitamin B" dort angekommen. Das ist wichtig für ihn und für sein ruhiges Gewissen. Er hat Zweifel, ob er andernfalls die Ausbildungsstelle angenommen hätte. Zunächst einmal eine Lehre und dann vielleicht Arbeit in der Agentur seines Vaters, das war die Marschrichtung. Daß er heute im Büro „3 D" im Innendienst sitzt, hat mit seinem ausgeprägten Bedürfnis nach Sicherheit zu tun („Das sieht man auch an den zahlreich abgeschlossenen Versicherungen", fügt Peters Frau Agnes verschmitzt hinzu). Abhängig von der Provision im Außendienst – das lockt ihn heute nicht ungeheuer.

Das Rüstzeug für einen solchen Job freilich hätte er. Peter Becker ist davon überzeugt, daß er bei der Karlsruher Lebensversicherung „optimal ausgebildet worden ist". Im September 1984 hat er dort angefangen, für den Beruf zu lernen. Zweieinhalb Jahre ist ihm das Einmaleins der Versicherungen beigebracht worden, eingepaukt in Theorie und Praxis. Die Ausbildung ist in Blöcke unterteilt. Auf fünf bis sechs Wochen Lernen im Betrieb folgen drei bis vier Wochen in der Schule. Das Unternehmen hat eine eigene Ausbildungsleiterin. Er hat ordentlich Stoff verabreicht bekommen. Die Ausbildungsleiterin betreut ihre Schützlinge auch während des Schulblocks, einmal in der Woche eineinhalb Stunden.

Das A und O des Geschäfts: Der unübersehbare Mittelpunkt auf jedem Schreibtisch, in jedem Büro – der Bildschirm.

Ausgeprägtes Bedürfnis nach Sicherheit: Peter Becker richtet sich auf ein Leben mit Versicherungen ein.

Geht es auf Prüfungen zu, wird öfter gepaukt.

Fünf bis sieben Abteilungen stehen auf dem Plan der Auszubildenden. Dort arbeiten sie ohne Produktionszwang, aber es wird natürlich aufgepaßt, „ob wir schnell begreifen". Die angehenden Versicherungskaufleute bekommen Fälle auf den Tisch wie jeder andere – wenn vielleicht auch nicht die kniffligsten. Wer die Sachbearbeiter besonders gut mit Fragen löchert, der lernt am schnellsten und am leichtesten. A und O des Geschäfts, der unübersehbare Mittelpunkt auf jedem Schreibtisch, in jedem Büro, ist der Bildschirm, verbunden mit dem Zentralcomputer. Die Arbeit mit dem Elektronengehirn ist Hauptinhalt im Tageslauf des Sachbearbeiters und deshalb auch ganz oben auf der Liste der unabdingbaren Lernobjekte. Angst oder gar Abneigung gegen die neue Technik ist gar nicht auszudenken. Zwar werden noch erstaunlich viele Akten durch die Gänge geschleift, Papier mit lautem „Plopp" gestempelt, aber ohne den Kollegen Computer geht nichts. Er hat alle Daten gespeichert, kann Briefe schreiben und rechnen, hilft aus Notlagen und produziert selbige. Ruft ein Kunde an, ist der erste Griff zur Tastatur: „Moment einmal, ich sehe mir Ihre Police an." Das muß aus dem Handgelenk gehen, die Code-Wörter und Abkürzungen müssen sprudeln.

Und so ist der Computer, einst lediglich Freund rationalisierungsbegeisterter Unternehmensführungen, dann immer unentbehrlicherer Helfer in den Büros, zum Objekt der Lernbegierde der Auszubildenden geworden. Hauptziel in der praktischen Ausbildung: den Computer beherrschen. Abkürzungen ergeben tiefe Einblicke in das Leben einer Police und ihres Besitzers – man muß nur ihren Sinn kennen. Mächtig abgegriffen ist die Liste von Peter Becker mit ominösen Buchstabenfolgen gleich spaltenweise. Oft hat er sie hervorziehen müssen, und er braucht sie auch heute noch. Denn auch der freundlichste Schreibtischnachbar kann nicht im Frieden leben, wenn es dem Vielfrager nicht gefällt. Der Umgang mit dem schnellen „Gehirn" lernt sich am besten in der Praxis – und so macht das Hantieren am Gerät den Hauptteil der Beschäftigung der Auszubildenden aus. Wie im richtigen Leben.

Die Kollegen, berichtet Peter, seien immer überaus freundlich gewesen. Einen Grund dafür, mit dem er freilich nicht die ganze Zuwendung erklären will, hat er ausgemacht: Bei der Ausbildung nach Bedarf kann es „durchaus passieren, daß man den einstigen ‚Stift' alsbald zum Bürokollegen hat". Da ist es dann angebracht, den übellaunigen Besserwisser gegenüber dem Auszubildenden nicht allzu penetrant zum Vorschein kommen zu lassen. Aber natürlich, auch Becker ist angepflaumt worden. „Ihr verdient zu gut", ist die häufigste Kritik, die sich die jungen Leute mit 650 Mark Nettoeinkommen anhören müssen. Und gewiß auch den Spruch, daß „wir früher beim Pförtner fünf Mark abgeben mußten, um überhaupt hereinzukommen". Aber Schikane? Nein, die gibt es nicht. Im Großbetrieb geht es nicht so zu wie beim freien Versicherungsvertreter, der keinen Zusatzurlaub gewährt oder nach der Block-Schulausbildung noch ins Büro bittet, wie bei einem Schulfreund von Peter Becker geschehen. In Karlsruhe wird „nach Recht und Gesetz" ausgebildet, und da hat der Jugendvertreter Becker natürlich auch ein Auge drauf.

Nicht allein den Computer gilt es allerdings zu bedienen als Sachbearbeiter. Die jungen Auszubildenden müssen auf eine Vielzahl von Fällen vorbereitet werden, die zu behandeln sind. Seit der Karlsruher Lebensversicherung die Rationalisierung verordnet worden ist, werden immer mehr Abteilungen zusammengelegt. Die Versicherungskaufleute müssen heute beherrschen, was früher mehrere Spezialisten bearbeitet haben. Die Anforderungen wachsen ständig. Peter Becker muß heute „alles zwischen Vertragsunterzeichnung und Vertragsende" im Griff haben. Entsprechend weit gefächert ist auch der Ausbildungsstoff, besonders in der Praxis: Freistellung von den Beitragspflichten für Kunden in Zahlungsschwierigkeiten; Ruhen des Versicherungsschutzes; Behandlung von gepfändeten Versicherungen; Kündigung und Beratung des Kunden, wie er zumindest einen Teil seines Geldes retten kann; Umgang mit Verträgen im Rahmen des Vermögensbildungsgesetzes bei Arbeitslosigkeit oder Firmenwechsel; Bearbeitung der verschiedensten Fälle, auch ohne Akten.

Auf den Tisch der Sachbearbeiter kommen im Büro „3D" die Versicherungen, „mit denen es Schwierigkeiten gibt". Die schlechte Arbeitsmarktlage macht sich bemerkbar. Besonders aus dem Norden (für einen Badener ist dabei das Ruhrgebiet eingeschlossen) gibt es häufig Anfragen von Leuten mit Zahlungsschwierigkeiten, hat Becker festgestellt.

In der Schule bekommen die angehenden Versicherungskaufleute vor allem die Rechtsgrundlagen für ihr Tun eingebleut, und zwar allumfassend. Auszubildende aus allen Branchen der Versicherung lernen im Blockunterricht, was etwa zu tun ist, wenn ein Kunde seine Beiträge nicht mehr zahlt. Peter Becker ist so in den Genuß von Unterricht über das Seerecht gekommen. Sein Fazit aus dem Berufsschulleben: „Nicht alles kann man später gebrauchen."

„Es gibt immer kleine Dinge, die man verändern müßte", meinte der junge Versicherungskaufmann. Aber eigentlich gebe es in seinem Haus nur „Problemchen". Und dann fällt ihm doch noch etwas ein, ein richtig ausgewachsenes Problem: „Das leidige Beurteilungssystem." Jedes System dieser Art, so hat er feststellen müssen, habe eine Schwäche, und die liegt an der gefährlichsten und nicht zu entschärfenden Stelle. Im Menschlichen. Auch im ausgefeiltesten Beurteilungsbogen führt der Mensch die Feder, und der verteilt nun einmal seine Gunst recht unterschiedlich. Und der Geist, der die Abteilung durchweht, der läßt auch die Beurteilung rascheln. Jeder lege die Maßstäbe anders aus, klagt der Jugendvertreter. Die Bestnote neun werde beispielsweise von einigen als solche angesehen, weil sie nicht zu erreichen sei. Andere wiederum seien schon bereit, sie für eine Höchstleistung herauszurücken. Zwar wird jede Beurteilung diskutiert, den Faktor Mensch kann das jedoch nicht ausschließen.

In der Karlsruher Versicherung arbeiten zur Zeit rund 70 Auszubildende. Sie werden, wie Peter Becker festgestellt hat, gut vorbereitet auf die Fährnisse des Berufslebens. Die Lernzeit dauert zweieinhalb Jahre, und da fällt dem Jugendvertreter wieder etwas ein, was ihn wurmt. Die früher auch von der Geschäftsleitung tolerierte Mög-

lichkeit einer Abkürzung der Ausbildungzeit auf zwei Jahre „bei entsprechend guten Leistungen" wird heute durch Druck der Ausbildungsleitung zu verhindern versucht, weil angeblich in der kürzeren Zeit der volle Stoff nicht bewältigt werden kann. Wer unbedingt nach zwei Jahren seine Prüfung ablegen will, kann dies tun. Freilich, so hört man in Karlsruhe, wird dann schon mal der Hinweis gegeben, daß es mit der Übernahme vielleicht Schwierigkeiten – etwa organisatorischer Art?? – geben könnte. Das letzte halbe Jahr aber verbringt man bereits in der Abteilung, in der man später auch arbeiten soll. Das riecht stark nach Ausnutzung der billigen Arbeitskraft, obwohl Becker das nicht so sagt.

Als Jugendvertreter, versichert Peter, habe er mit der Geschäftsleitung niemals irgendwelche Probleme gehabt. Im Betriebsrat wird ebenfalls betont, daß die Zusammenarbeit mit der Chefetage „gut bis zufriedenstellend" sei. Das Klima, das einst der Sozialdemokrat Alex Möller bestimmt hat, scheint sich nur wenig verändert zu haben. Becker hat allerdings auch schon festgestellt, daß beim Geld der Spaß aufhört. Als Auszubildender hat er versucht, für sich und seine Kollegen einen Fahrtkostenzuschuß auszuhandeln. Bis zu 300 Mark müssen einige von ihrem Monatseinkommen für die Fahrt mit Bahn oder Auto berappen. Die Geschäftsleitung aber blieb hart. In einer Jugendversammlung sind damals offene Worte gegenüber dem Personalchef gefallen – ohne Spätfolgen. Ganz eingesehen hat Becker bis heute die Weigerung nicht. Bei der Lehrzeit im Außendienst, argumentiert er, fielen ja auch Kosten in Höhe von 700 bis 800 Mark an, die klaglos getragen würden. „Aber das sind ja erwünschte Kosten", gibt er sich selbst die Antwort.

Die Kosten dieser Art werden sich für die Arbeitgeber auch in Zukunft kaum verringern lassen. Zwar wird auch in Karlsruhe etwa durch die Zusammenlegung von Abteilungen künftig rationalisiert, Nachwuchs muß aber weiterhin her. Die Belegschaft ist in den vergangenen Jahren bei der Lebensversicherung in etwa gehalten worden, nach Ansicht Peter Beckers auch aufgrund der Arbeitszeitverkürzung. Die normalen Abgänge durch das Erreichen der Altersgrenze oder Kündigungen müssen jedoch aufgefangen werden. Der Dienstleistungsbereich gewinnt derweil in der Bundesrepublik als Arbeitgeber immer mehr an Gewicht. 1985 haben nach einer Berechnung des Institutes der deutschen Wirtschaft in dieser Branche 900 000 mehr Menschen Arbeit gefunden als 1978. Demgegenüber schrumpfte die Zahl der Arbeitnehmer in der Industrie und am Bau im gleichen Zeitraum um 610 000. Den höchsten Beschäftigungsanteil erreichte nach diesen Zahlen der Dienstleistungssektor im Norden. Der Süden kann dafür den größten Zuwachs vorweisen. 1987, so die neuesten Zahlen, war gut jeder Zweite der 26 Millionen Erwerbstätigen in der Bundesrepublik im Dienstleistungsbereich tätig. 1950 war es noch jeder Dritte. Nicht nur in der Industrie wurden die Arbeitsplätze weniger. Nach Angaben des Statistischen Bundesamtes ging die Entwicklung zur „Dienstleistungsgesellschaft" besonders zu Lasten der Landwirtschaft, aus der seit Jahren Beschäftigte in andere Branchen drängen. Die zunehmende Beschäftigung bei den „Dienstleistern" spiegelt sich auch im Anteil dieses Wirtschaftszweiges an der bundesdeutschen Gesamtproduktion wider. Er brachte es 1986 auf eine Bruttowertschöpfung von knapp 800 Milliarden Mark gegenüber rund 685 Milliarden im warenproduzierenden Gewerbe und in der Landwirtschaft.

Ständigen Aufschwung im Reigen der Anbieter von Leistungen für die Bürger kann die Versicherungswirtschaft verzeichnen. Der Gesamtverband der Versicherungswirtschaft hat errechnet, daß 1987 in der Bundesrepublik von privaten Haushalten und Unternehmen etwa 119 Milliarden Mark für den Schutz gegen das Risiko ausgegeben worden sind. Den größten Batzen aus dem Kuchen haben sich dabei die Lebensversicherer herausgeschnitten, die Beitragseinnahmen von etwa 50 Milliarden Mark verbuchen konnten. 1976 lagen die Gesamteinnahmen aller deutschen Versicherer mit 53 Milliarden nur knapp über dieser Summe. Auch als es der Konjunktur im Lande schlecht ging und die gesamtwirtschaftliche Entwicklung sich wenig rosig darstellte, hatte die Versicherungswirtschaft eigentlich immer Grund zu Optimismus. Praktisch jedes Jahr waren Steigerungsraten zu vermelden. Weiterhin gilt, was die Versicherungswirtschaft schon vor zwei Jahren feststellte: „Ein nachlassendes Sicherheitsbedürfnis ist nicht erkennbar.

Angesichts weiter wachsender Risiken sind die Perspektiven günstig." Allerdings droht den deutschen Versicherern von 1992 mit der Schaffung des europäischen Binnenmarktes ausländische Konkurrenz.

Diese positive Tendenz schlägt sich auch auf dem Ausbildungsmarkt nieder. Allerdings ergeben sich ganz erhebliche Unterschiede zwischen den einzelnen Zweigen des Dienstleistungsbereichs. Banken und Versicherungen können noch immer aus dem Vollen schöpfen. Für ihre Stellen steht immer gleich eine ganze Reihe von Bewerbern Schlange. Heftige Klage hört man dagegen von der Gastronomie, die ihre Ausbildungsplätze nicht besetzen kann, was wohl in erster Linie an den äußerst unattraktiven Arbeitszeiten liegt. In Baden-Württemberg wird zudem beklagt, daß sich der Lehrstellenmarkt zunehmend spalte: Zuviele junge Leute wollen in den kaufmännischen Bereich, zu wenige in den gewerblichen. Die stetige Zunahme der Ausbildungsplätze allein, so das Fazit, könne die Lehrstellenmisere nicht beheben. Dabei bildeten Handel und Dienstleistungsgewerbe 1986 in Baden-Württemberg bereits allein 56 Prozent aller Lehrlinge aus.

Peter Becker, der vor vier Jahren einer der glücklichen mit einem Ausbildungsplatz in der begehrten Branche war, sitzt heute „warm und trokken" an einem Schreibtisch in Karlsruhe. Die Zukunftsaussichten der Branche sind trotz allem Wehklagen über die Bedrohung durch europäische Anbieter von Sicherheit nicht schlecht. Damit kann auch Peter gelassen über seinen Lebensweg nachdenken. Der Hobby-Archäologe und Münzensammler läßt die Sache erst einmal ruhig angehen. Aus der Sicherheit seiner Jugend kann er sich Zeit lassen mit Weiterungen. Die Einrichtung der gerade neu bezogenen Wohnung ist zur Zeit wichtiger als Karriere-Planung. Freilich kann sich der junge Mann schon heute ausrechnen, wann er die höchste Einkommensstufe als Sachbearbeiter (heute etwa 3650 Mark brutto monatlich) erreicht hat: Mit 32 Jahren. Und dann?

„Beinahe täglich", so berichtet Peter Becker, erreicht ihn der Ruf aus der väterlichen Firma. Ihm hat er sich bisher verschlossen. Die Weiterbildung vom Versicherungskaufmann zum Versicherungsfachwirt soll weitere Möglichkeiten in der Karlsruher Lebensversicherung (oder auch anderswo) eröffnen. Der Weg zum Bürochef oder gar zum stellvertretenden Abteilungsleiter ist für Nichtakademiker möglich. „Jede Menge Bewährung" und freiwillige Weiterbildung braucht es allerdings, um die Stufen der Karriere-Leiter zu nehmen. Der freundliche junge Mann Peter Becker sieht solchen ehrgeizigen Plänen mit einer ordentlichen Portion Skepsis entgegen. Er könnte sich, wie es scheint, auch als grau werdender, Münzen sammelnder Sachbearbeiter vorstellen, was ja auch nichts Verwerfliches in sich birgt. Manchmal blitzt die Idee auf, daß man ja vielleicht etwas ganz anderes machen könnte. So etwa eine hauptamtliche Arbeit in der Gewerkschaft HBV. Vom Engagement der einzelnen, so hat Peter festgestellt, hängt in der Gewerkschaftsarbeit eine Menge ab. Als umtriebigen Jugendsekretär könnte er sich durchaus vorstellen. Allerdings, und da wird der Jugendvertreter gleich wieder nachdenklich, müßte er dann die badische Heimat eventuell verlassen, und das ist ihm eine eher grausliche Vorstellung.

Erst einmal bedient Peter Becker ohnehin Computer, Telefon und Stempel. Eingebettet in das soziale Umfeld des Büros fühlt er sich wohl. Seine Arbeit hat er im Griff, die Kunden dürften seinen verbindlichen Ton schätzen. Schwer vorstellbar ist, daß Peter einmal große Abstriche an seinem Privatleben macht, um sich hochfliegenden beruflichen Plänen zu widmen. In seiner frisch bezogenen Offenburger Altbauwohnung nennt er die Devise, nach der er sein Leben einrichten möchte: „Nur nicht verzetteln." □

„Nur nicht verzetteln." Die Einrichtung der neuen Wohnung ist dem Versicherungskaufmann Peter Becker zur Zeit wichtiger als die Karriere-Planung.

„Lina, kannst Du mal kommen, ich muß auf 17"

von Waltraut Rohloff
Fotos Ulrich Baatz

Der junge Mann mit dem modischen „Outfit" aus der Herrenoberbekleidungsabteilung tritt in der Mittagspause flott und mit lässigen Gesten an unseren Tisch. Er redet von der bevorstehenden Modenschau des Kaufhauses und meldet für über ein Dutzend Beschäftigte Mehrarbeit wegen der abendlichen Einsätze an. Der vom Betriebsrat vor fast zwei Stunden angemahnte Antrag dazu liegt nunmehr schriftlich auf dem Tisch. Ob denn auch dafür gesorgt sei, daß die Kolleginnen und Kollegen nach der Modepräsentation noch etwas zu essen bekommen, will Lina Schneider bei dem zuständigen Abteilungsleiter sicherstellen. Er schiebt einen Bissen der gefüllten Hähnchenbrust in den Mund: „Lina", sagt er, „die Leute kommen doch erst am Vormittag und nicht schon am Morgen zur Arbeit." Aber sie besteht darauf: ein Essen für die Beteiligten der Modenschau muß her. Die neue Umgangsform, den Gesprächspartner mit dem Vornamen anzureden aber zugleich zu siezen, kommt bei Lina Schneider nicht an. Diese Art von Vertrautheit liegt ihr nicht. Sie hält's in dieser Angelegenheit mit der Tradition: Sie bleibt beim Sie und der Verwendung des Nachnamens.

Vertraut klingt es dagegen von der Pforte: „Lina, kannst Du mal kommen, ich muß auf 17." – „17" heißt, der Kollege muß zur Toilette und sucht deshalb für kurze Zeit eine Vertretung. Lina Schneider nimmt dann so lange seinen Platz ein. Das gilt ebenso für die Kollegin im Reisebüro und auch in anderen Abteilungen des Kaufhauses, mit Vorliebe für die Strickwarenabteilung.

Lina Schneider ist freigestellte Betriebsratsvorsitzende bei Karstadt in Siegen. Ihr tabellarischer Lebenslauf: Nach dem Besuch der Wirtschaftsschule eröffnet sie mit ihrer Mutter ein Feinkost- und Milchgeschäft (1944), danach von den Nazis dienstverpflichtet für acht Monate, 1947/48 Heirat und Umzug nach Niederfischbach bei Siegen, Geburt von zwei Töchtern, quasi in Heimarbeit Vertretung von Wirkwaren (bis 1963), Beschäftigung bei einer Kleiderfabrik, Wechsel zur Kaufhalle in Siegen, dann zu Neckermann, dort Vorsitzende des ersten Betriebsrates (1972), Mitglied der Karstadt-Belegschaft seit der Elefantenhochzeit im Jahre 1976 und seitdem erneut Betriebsratsvorsitzende, Mitglied der Gewerkschaft HBV seit 1969. Verwitwet seit 1981, Großmutter von zwei Enkelsöhnen, FWG-Gemeinderätin im Niederfischbacher Gemeindeparlament, zahlreiche weitere Ehrenämter. „Lina Schneider ist bei Karstadt inzwischen eine Institution", sagt die HBV-Gewerkschaftssekretärin Anita Kirfel über die heute 61jährige. Die mütterliche Umsicht, die sie zum Beispiel wegen des Essens für die Beteiligten der Modenschau zeigt, ist nur eine Seite von Lina Schneider. „Wer sich richtig mit ihr anlegt, muß sich warm anziehen. Ich möchte nicht ihre Kontrahentin sein", charakterisiert die Gewerkschaftssekretärin die resolute Betriebsrätin.

Unsere Terminabsprache für ein mindestens ganztägiges Treffen gestaltet sich schwierig. Am Telefon ging Lina Schneider Tag um Tag den Kalender durch – und das über dreieinhalb Wochen: Reisen in den verschiedensten Funktionen nach Düsseldorf, Essen, Berlin, dort eine Konferenz, da eine Tagung, dazwischen Parlaments- und Ausschußsitzungen in Sachen kommunale Finanzen, Gerichtstermin. Für die vierte Woche klappte dann die Verabredung. Erkennungszeichen: natürlich die HBV-Plakette für Ladenschluß um 18.30 Uhr.

Vor unserer Begegnung wollte sie noch einkaufen. Sie schaffte aber nur einen geringen Teil dessen, was sie sich vorgenommen hatte. Lina Schneider hatte sich wieder zum Pförtnerdienst bereiterklärt. „Ich kann doch keinen Kollegen hängen lassen, nur weil es überall an Personal fehlt." Sie weiß aber, daß sie damit, mit ihrer Hilfsbereitschaft und Kollegialität, teilweise auch die Forderung nach mehr Personal untergräbt.

Während der Heimfahrt aus dem nordrhein-westfälischen Siegen, über die Landesgrenze nach Niederfischbach in Rheinland-Pfalz, wird die Personal- und Arbeitszeitpolitik des Karstadt-Konzerns noch einmal Thema. Zwei teilzeitbeschäftigte Kolleginnen beklagen sich über die anhaltende Mehrarbeit, die immer wieder von ihnen verlangt wird: „Wir arbeiten so lange wie Vollzeitbeschäftigte." Überstunden abzufeiern ist bei der dünnen Personaldecke nur schwer möglich, bleibt also die finanzielle Vergütung. „Da stehen wir dann viel schlechter da." Hinzu kommt, daß die Sonderleistungen sich wiederum nur an der Teilzeitbeschäftigung orientieren. Generelle Frage: „Warum Teilzeitarbeit, wenn ich dann so viel arbeiten muß wie die Vollzeitbeschäftigten?"

Die Probleme der Kolleginnen („Wir haben ausschließlich Frauen als Teilzeitbeschäftigte") brennen Lina Schneider schon lange auf der Seele. Zur Verbesserung gerade ihrer Situation beizutragen, das ist eines ihrer vordringlichsten Ziele. Daß sie mit ihren Anliegen bei Lina Schneider gut aufgehoben sind, wissen die Beschäftigten bei Karstadt Siegen. Allerdings, und das weiß wiederum Lina Schneider, wird oft darüber geklagt, daß die freigestellte Betriebsrätin häufig außerhalb des Hauses unterwegs ist. „Aber das kommt ja allen wiederum zugute", versucht die 61jährige ihr ungutes Gefühl dann zu beruhigen, das sie wegen der Kritik gelegentlich doch hat.

„Es wird immer notwendiger, daß Betriebsräte gut geschult und bestens informiert sind und dieses Wissen dann in möglichst vielen Gremien als Arbeitnehmervertreter einbringen", begründet Lina Schneider ihr Engagement. Manchmal wäre sie auch lieber zu Hause, hätte gerne mehr Freizeit, um sich um ihre beiden Enkel zu kümmern, das Haus in Ordnung zu halten, zu lesen oder ihr liebstes Hobby auszuüben: Nähen. Bei dem Wort nähen kommt ihr eine Erinnerung an die Jugendzeit: „Meine Mutter hat mir gesagt, ich darf erst heiraten, wenn ich nähen kann. Ich hab's dann in der Schule gelernt."

Der Arbeitstag von Lina Schneider hat oft mehr als zwölf Stunden. Zu ihrer Tätigkeit als Betriebsrätin und Vorsitzende des siebenköpfigen Gremiums im Karstadt-Haus in Siegen kommt noch eine Vielzahl anderer Nebenämter: Mitglied im HBV-Bezirksvorstand, Vorsitzende der Fachgruppe Einzelhandel auf Ortsebene und Vertreterin in der Landesfachgruppe Einzelhandel, Mitglied des Rentenausschusses der Berufsgenossenschaft im Einzelhandel, Bundesvorstandsmitglied der Karstadt-Betriebskrankenkasse, seit acht Jahren ehrenamtliche Arbeitsrichterin, Mitglied der Tarifkommission und, und, und.

Dabei hat Lina Schneider in den vergangenen Jahren die Ämterliste schon abgespeckt. Da gab es von 1981 bis 1983 noch die Mitgliedschaft im Aufsichtsrat und in der HBV-Verhandlungskommission bei den Tarifverhandlungen für den nordrhein-westfälischen Einzelhandel. Nach vier Jahren gab sie diesen Posten auf: „Das war

Die miesen Praktiken einer Kleiderfabrik waren das Signal: „Wir müssen mit aller Kraft darauf achten, daß der Mensch auch ein Mensch bleibt."

Verkäuferin und Betriebsrätin Lina Schneider: „Ich kann doch niemand hängenlassen, nur weil es überall an Personal fehlt."

mir zu aufreibend." Die Argumente der Arbeitgeber verletzten zu oft und zu tief ihr Ehrgefühl und ihren Sinn für Gerechtigkeit und Wahrhaftigkeit.

Vor nicht allzu langer Zeit begeisterte sich Lina Schneider dann wieder für ein neues Betätigungsfeld. Ihrer oft an den Nerven zehrenden Betriebsarbeit und dem gewerkschaftlichen Engagement fügte sie eine weitere Aktivität hinzu. Sie engagierte sich in der fast 5 000 Einwohner zählenden Gemeinde Niederfischbach kommunalpolitisch. Nicht für die Sozialdemokraten, wie man vermuten könnte (Lina Schneider: „Das hat mit Personen vor Ort zu tun"), sondern für die Freie Wählergemeinschaft (FWG). Aber sie steht der SPD generell schon sehr nahe. Das hat sie unter anderem dadurch bewiesen, daß sie 1985 als einzige FWG-Gemeinderätin („das Zünglein an der Waage") die 40jährige CDU-Regentschaft in der konservativen Siegerland-Gemeinde gebrochen hat. Galt die FWG zu früheren Zeiten als „Steigbügelhalter der CDU", so läutete Lina Schneider Schlag 19 Uhr mit ihrer Stimmabgabe für den SPD-Bürgermeisterkandidaten ein neues Zeitalter in Niederfischbach ein. „Vom Siegerländer Dom schallten gerade die Glocken, als ich den Wahlzettel in die Urne steckte", erinnert sie sich. Der Sturz der CDU brachte der Kommunalpolitikerin, die unabhängig Politik machen will, einige böse Worte ein. Seit 40 Jahren wohnt sie in dem kleinen Haus, das ihre Schwiegereltern gebaut haben. Und dennoch war die gebürtige Licherin plötzlich wieder eine „Zugezogene". Aber das tut ihr heute nicht mehr weh, hat sie auch damals nicht tief verwundet. Denn sie ist es gewohnt, sich Angriffen auszusetzen, nimmt auch bewußt Nachteile in Kauf und keine Rücksicht, um Ungerechtigkeiten und Unzufriedenheiten auch öffentlich zu machen.

Das war schon so, als sie selbst dringend Geld brauchten und der Arbeitsplatz ihres Mannes als Dreher in einer Hütte in Gefahr war. Motiviert von ihrem Mann, sich nichts gefallen zu lassen, stieg sie aus dem Beschäftigungsverhältnis in einer Kleiderfabrik kurzerhand aus. Das Feilschen um einen halben Pfennig mehr Lohn für Akkordarbeiterinnen empfand sie als entwürdigend. Aber niemand vertrat die Interessen der Frauen. „Gewerkschaft gab's da keine im Betrieb." Für sie waren diese „miesen" Praktiken dann Signal, sich gewerkschaftspolitisch zu engagieren. 1969 trat sie in die Gewerkschaft HBV ein.

Aber auch im nächsten Betrieb wollte sie nicht länger bleiben. Sie war mit der Politik des Betriebsrates „nicht einverstanden", fühlte sich selbst in einem Streitfall nicht entsprechend vertreten und ungerecht behandelt. Also wechselte sie – inzwischen schrieb man das Jahr 1971 – erneut. Das Kaufhaus Neckermann bot sich an. Gewerkschaftlich inzwischen nicht nur motiviert, sondern auch bereits geschult, kandidierte sie 1972 für den Betriebsrat. Neckermann hatte zu jener Zeit etwa 500 Beschäftigte (davon etwa 400 „Stamm"-Mitarbeiter). Neun Betriebsratsmitglieder wurden gewählt, Lina Schneider übernahm den Vorsitz.

Die Wochen vor der Elefantenhochzeit zwischen Neckermann und Karstadt gehören wohl zu Lina Schneiders sorgen- und leidvollster Zeit im Berufsleben. „Es ging um Sein und Nichtsein." Die Belegschaft wußte freilich nur, daß es kriselt, nicht aber, daß alle Arbeitsplätze in Gefahr waren. Für Lina Schneider war es eine schwere Last, zu den wenigen zu gehören, die genauestens informiert waren und unter strengster Schweigepflicht standen. Erst als das Kartellamt in Berlin nach einem Sitzstreik des Gesamtbetriebsrates von Neckermann – darunter auch Lina Schneider – und einer zweieinhalbstündigen Anhörung dem Zusammenschluß zustimmte und das Bundeswirtschaftsministerium am Samstag vor der für Montag angedrohten Schließung sein Einverständnis erklärte, wurden die Beschäftigten aufgeklärt: Karstadt übernimmt die 22 000 Neckermann-Beschäftigten, darunter auch die 296 Belegschaftsangehörigen in Siegen.

Das Haus wurde zunächst geschlossen, und im September 1977 eröffnete Karstadt mit 500 Mitarbeiterinnen und Mitarbeitern. Lina Schneider rückte in die HBV-Fraktion im Gesamtbetriebsrat auf und war zwei Jahre lang Aufsichtsrätin. Ihre Einschätzung: „Mein Anliegen war und ist es, mit beiden Beinen auf der Erde zu bleiben, mich nicht über, sondern neben die Kolleginnen und Kollegen zu stellen." Sie wollte auch als Aufsichtsrätin Verkäuferin bleiben.

Seit damals hat sich rund um Lina Schneider viel geändert. Die Zahl der Beschäftigten in Siegen ist unter 300 geschrumpft – mit der Konsequenz,

Drängt auf den Abschluß einer Betriebsvereinbarung für Teilzeitbeschäftigte – der Siegener Karstadt-Betriebsrat.

daß die Zahl der Betriebsräte sich ebenfalls reduziert hat. Inzwischen hat der Betriebsrat also nurmehr noch sieben statt bisher neun Mitglieder. Die Freistellung stände der Vorsitzenden nicht mehr zu. „Die Geschäftsleitung hat aber eingesehen, daß es besser so ist", kommentiert die Betriebsratsvorsitzende die Entscheidung für ihre Freistellung. Wobei inzwischen der Berechnungsschlüssel noch geändert wurde. Früher, sagt Lina Schneider, wurden Abteilungsleiter und Auszubildende bei Personalberechnungen ausgeklammert, heute werden sie mitgezählt. Die aktuelle Lage zur Zeit unserer Begegnung: von den 286 Beschäftigten haben 16 (davon drei Frauen) Abteilungsleiter(innen)funktion, 28 junge Leute sind in der Ausbildung, zehn Beschäftigte sind in der gehobenen Position von Ersten Kräften.

Die derzeit laufende Wahlperiode von Lina Schneider als Betriebsratsvorsitzende geht regulär 1990 zu Ende, dann will die engagierte Frau auch mit ihrer Berufstätigkeit aufhören. Vorher in Rente zu gehen, kann sie sich finanziell nicht erlauben, denn sie hat es sich als Aufgabe gestellt, ihren beiden Enkeln („die sind mir sehr wichtig"), die derzeit mit ihrer Mutter bei Lina Schneider im Haus wohnen, „den Start ins Leben zu erleichtern".

Bis zum Ruhestand hat sich Lina Schneider auch betriebsintern noch viel vorgenommen. „Vorausgesetzt, mir passiert nichts", lacht sie und schielt auf den Kaffee und die Schachtel Zigaretten. Beides genießt sie gerne und in großen Mengen.

Urplötzlich kommt sie sogar auf die Zeit nach ihrer Ära bei Karstadt zu sprechen. Die unauffällig agierende, bescheiden auftretende Frau rückt sich während unserer vielstündigen Begegnung nur einmal in den Mittelpunkt: „Ich kann mir gar nicht vorstellen, wie es dann weitergeht." Aber gleich reduziert sie sich wieder: Der von ihr favorisierte Nachfolger entwickele sich „schon sehr gut". Sorge hat sie aber nicht nur um die Nachfolge, sondern um das gewerkschaftliche Engagement generell. „Mit der derzeitigen Resignation, die sich breit macht, kann ich mich nur schwer abfinden", gesteht sie. Sie sucht deshalb gerne den Kontakt vor allem zu jungen Leuten, nimmt sich besonders der Jugendvertretung an, macht Mut, ihre Rechte wahrzunehmen, mahnt aber auch die Pflichten an.

Das Verstummen, der bloße Groll, das scheinbare Hilflosigkeit demonstrierende Achselzucken aus den Reihen der Belegschaft bringt sie schon mal auf. Besonders dann, wenn sie in dem ständig nur durch Kunstlicht erleuchteten engen Betriebsratsbüro aus der Schreibtischschublade ihre erste Protokoll-Kladde kramt und darin blättert. Dann fallen ihr immer wieder Geschichten ein, die sie an den vollen Einsatz und hohen Kraftaufwand erinnern, an ungute Gefühle und Ängste.

Lina Schneider ist eine Institution: „Wer sich mit ihr anlegt, muß sich warm anziehen."

Von ihrer ersten Betriebsversammlung, die sie als Vorsitzende abhielt, weiß sie noch: „Ich stand auf der Rolltreppe, die Kolleginnen und Kollegen etwas unter mir im Laden. Kurz nach 9 Uhr war plötzlich die Kundschaft im Kaufhaus." Der Geschäftsführer hatte die Türen öffnen lassen, um die Versammlung abzubrechen. Ergebnis der folgenden Auseinandersetzung zwischen Geschäftsleitung und Betriebsrat: Die Versammlung wurde wiederholt und die Zeit der Belegschaft als Mehrarbeit vergütet.

Damals, gesteht die heute versierte Betriebsrätin, sei sie „ganz schön nervös gewesen". Ein ähnliches Gefühl stieg in ihr auf, als sie 1984 an die Spitze des ersten Warnstreiks im größten Kaufhaus der Stadt gestellt wurde. Ziel der Aktion: Arbeitszeitverkürzung sowie Lohn- und Gehaltserhöhung.

Schon um sechs Uhr bezog der größte Teil der Karstadt-Beschäftigten vor den über ein Dutzend Eingängen des Siegener Kaufhauses Posten, unterstützt von Kolleginnen und Kollegen anderer DGB-Gewerkschaften. Die Geschäftsleitung hatte versucht, Mitarbeiterinnen und Mitarbeiter aus dem Gießener Haus für Streikbrecherarbeit einzusetzen – doch ohne Erfolg, atmet Lina Schneider noch heute hörbar auf. Der bis zehn Uhr befristete Warnstreik mit Demonstration durch die Innenstadt habe die Beschäftigten zueinandergeführt.

Rund vier Jahre nach diesem Tarifkampf registriert die Betriebsrätin wieder eine der Solidarität entgegenlaufende Tendenz. Der Abbau der Belegschaft um annähernd 50 Prozent bei einem Umsatzanstieg von 25 Prozent in Siegen, das muß nach Ansicht der genauen Kennerin der Szene auch im Konzern zu einer Verschlechterung des Betriebsklimas führen: weniger Personal, mehr Überstunden für die Mitarbeiter – das bringt mehr Streß

Meist mehr als zwölf Stunden unterwegs – Lina Schneider auf dem Weg zum Arbeitsplatz.

und weniger Kommunikation. Kontrolle der Beschäftigten untereinander und Anprangern von Fehlern statt solidarisch zu sein, das erschwert dem Betriebsrat seine Arbeit und stärkt zugleich die Geschäftsleitung in der knallharten Konzernpolitik.

Die Politik der Konzernmanager der bundesrepublikanischen Nummer eins der Warenhausbranche ist bekanntlich ehrgeizig und strebt nach glänzendem Wachstum. Und das Ganze auf der Grundlage einer „strategischen Neuausrichtung". Dazu gehört unter anderem auch, daß die Zahl der Filialen eher ab- als zunehmen wird, während der Trend im Einzelhandel als Schrittmacher der Binnenkonjunktur weiter nach oben gerichtet zu sein scheint. Ende vergangenen Jahres verbreitete zumindest der Präsident der Bundesarbeitsgemeinschaft der Mittel- und Großbetriebe (BAG) des Einzelhandels Zuversicht. Von Erntezeit im Einzelhandel war die Rede. Einer Umfrage der BAG zufolge würde 1988 ein Drittel mehr in Rationalisierungsinvestitionen gesteckt als 1987, während der Mitarbeiterstamm weiter abgebaut wird.

Lina Schneider sucht deshalb ständig nach Wegen, damit sich die Auswirkungen der Flexibilisierung nicht noch tiefer in die Belegschaft hineinfressen, sie gegeneinander aufbringen und spalten. Der diffizilen Zermürbung des Personals durch ständig steigenden Druck in Form von Mehrarbeit, schlechtere Arbeitsbedingungen und schließlich auch Angst vor Arbeitslosigkeit hält Lina Schneider Offenheit, Aufgeschlossenheit und persönliche Zuwendung entgegen. Sie weist niemanden zurück, bezieht Positionen. Das gilt sowohl für Anliegen vom Küchen- über das Reinigungs- bis zum Verkaufspersonal als auch für die Chefetage (mit allen unteren Führungspositionen). Bei einem gemeinsamen Rundgang durch das Haus gibt es dafür ausreichend Bestätigung. „Ich geh' dem nach", verspricht sie immer wieder. Lina Schneider tröstet jedoch nicht nur, sie flapst und scherzt auch mal gerne. „Der Ton macht die Musik", heißt einer ihrer Maßstäbe.

Die Wünsche und Konflikte (mitunter „nur" Kleinigkeiten), die an die Betriebsratsvorsitzende herangetragen werden, werden dann in aller Regel in den Donnerstagssitzungen des Betriebsrates erörtert. Dabei zieht sich Lina Schneider in voller Absicht schon immer mehr aus der Sitzungsleitung zurück. Sie will nicht dominieren, bei den jüngeren Kollegen vor allem nicht „allwissend" und deshalb vielleicht bremsend wirken. Lina Schneider will motivieren, will, daß in den Sitzungen jeder zu Wort kommt. Als es um die Probleme der Teilzeitbeschäftigten geht, macht Lina allerdings Dampf. Sie will, daß eine Kommission den Entwurf einer Betriebsvereinbarung für Teilzeitbeschäftigte formuliert, nachdem sich die Geschäftsleitung nicht zu einem Konzept durchringt.

Der Entwurf in der anschließenden Kommissionssitzung macht keine Probleme – es sind HBV-Positionen für mehr Rechte der Teilzeitbeschäftigten und gegen die Kapovaz-Praktiken, die Arbeit auf Abruf, wie sie gerade auch bei Karstadt immer häufiger praktiziert werden. Methoden, die hauchzart unter der gesetzlichen Mitbestimmungsgrenze durch den Betriebsrat liegen.

Lina Schneider ist trotz ihrer langjährigen, mitunter herben Erfahrungen nicht abgebrüht. Ja selbst nach 16 Jahren Betriebsratsarbeit als Vorsitzende tritt sie vor die Belegschaftsversammlung noch immer mit leicht „nervösem Gefühl im Bauch". Allerdings legt es sich heute rascher, gibt sie zu.

Die aktive Gewerkschafterin und engagierte Betriebsrätin Lina Schneider so vorzustellen, wie sie tatsächlich ist, ist schwer. Eine Vielzahl scheinbarer Gegensätze tut sich zunächst auf. Da prallen zwei Formen von „konservativ" aufeinander. Als fortschrittliche Gewerkschafterin sucht sie die Errungenschaften des Sozialstaates zu wahren und zu beschützen, verteidigt alte Positionen gegen die moderne Politik der Flexibilisierung des Kapitals und der Konservativen. In ihrem Häuschen in einem Seitental der Niederfischbacher Hauptverkehrsader schlägt die Tradition dann aber voll durch. „Ich kann mich eigentlich von nichts trennen", schaut sich Lina Schneider in ihrer kleinen Dachwohnung um. In die Mansarde ist sie nach dem Tod ihres Mannes gezogen, als sie auch eine ihrer Töchter mit den beiden Lausbuben in ihr Haus aufnahm.

Zwei Dinge gibt es, wegen denen sich Lina Schneider selbst nur wenig Freizeit gönnt: auf der einen Seite Betrieb und Gewerkschaft, auf der anderen Seite die beiden munteren Enkel, für die sie sich mit zuständig glaubt, mit denen sie Vokabeln übt, die sie bei Hausaufgaben unterstützt oder mit denen sie spielt.

„Ich gehe dem nach" – Lina Schneider und die großen und kleinen Sorgen von 286 Kolleginnen und Kollegen.

„Eigentlich", so denkt Lina Schneider laut nach, „eigentlich so richtig Zeit für mich habe ich schon lange nicht mehr gehabt." Urlaub? Antwort: „An dem alten Haus gibt es ja auch immer mal etwas zu tun und zu reparieren." Und „sooo viel" würden ja Verkäuferinnen nun auch nicht verdienen. Laut Tarifabschluß des Jahres 1988 verdient eine „Angestellte mit einfacher kaufmännischer Tätigkeit" (also der Gehaltsgruppe, in der die Mehrheit der Karstadt-Beschäftigten eingestuft ist) zwischen 1550 Mark im ersten Berufsjahr und 2295 Mark im sechsten Berufsjahr. „Große Sprünge kann da niemand machen." Bei den Beschäftigten, die vorher bei Neckermann waren, kommt erschwerend hinzu, daß diese Zeit der Tätigkeit nicht voll auf die Rente angerechnet wird. „Das bereitet einigen schon Probleme", weiß Lina Schneider aus ihrer ausgiebigen Rentenberatung. Sich selbst zieht sie in die Problematik mit ein: „Um die Betriebsrente zu bekommen, muß ich noch weitermachen."

Das Thema Rente spielt gerade bei denen, mit denen Lina schon zu Nekkermanns Zeiten zusammen war, eine sehr große Rolle. Ein Aspekt mehr, der die „Alten" der Belegschaft zusammenschweißt. Sie lassen denn auch mit sich nicht mehr so umspringen wie die Jüngeren. „Fast kann heute schon mit denen gemacht werden, was die oben wollen", schimpft ein Betriebsmitglied. „Es ist ja nicht mehr schön hier." Geklagt wird darüber, daß „vor allem die Frauen hin und her geschoben werden" in den Abteilungen. Der Betriebsrat wird erst dann gefragt, wenn ein längerer Einsatz der Verkäuferin oder des Verkäufers außerhalb der angestammten Abteilung geplant ist. Und das ist erst nach vier Wochen. In dieser Zeitspanne kann der Arbeitgeber den/die Beschäftigte(n) dahin schieben, wohin er ihn (sie) gerade haben will, wie er es für eine für ihn möglichst optimale Besetzung eben braucht.

Wenig Zeit für Haus und Garten

Zu den Faktoren „wer" und „wo" kommt nun noch der Faktor „wann". Immer seltener heißt Teilzeitarbeit im Handel Arbeit am Vor- oder Nachmittag. Für Karstadt-Frauen in Siegen und den weiteren 157 Filialen heißt dies, daß sie sich ohne genaue Vereinbarungen oder Dienstpläne für Spitzenzeiten bereithalten müssen, zum Beispiel zwischen 11 und 14 Uhr, wenn die meisten Kunden erwartet werden.

„Wir müssen mit aller Kraft darauf achten, daß ein Mensch auch ein Mensch bleibt", bäumt sich Lina Schneider gegen die neuen Strategien im Karstadt-Unternehmen auf. Die Willkür weitet sich in raschem Tempo aus, wenn der Betriebsrat – mit der entsprechenden Rückenstärkung durch die Belegschaft – ihr nichts entgegenzustellen hat.

Über 15000 Arbeitsplätze wurden allein im Karstadt-Unternehmen seit 1978 abgebaut, und es werden sicher noch mehr. Sich als einzelne „kleine Verkäuferin" gegen solche Brachialgewalt zu wehren, wäre der Versuch, dem Ochsen ins Horn zu petzen.

Es gehören unendlich viele Gespräche dazu, den Frauen die Angst vor Repressalien und gar Arbeitsplatzverlust zu nehmen, sie davor zu warnen, sich nicht auszuliefern, resümiert Lina Schneider. Um so mehr drängt sie auf die Betriebsvereinbarung für Teilzeitbeschäftigte. Allerdings: zu optimistisch ist die gestandene Gewerkschaftsfrau mit der jahrzehntelangen Erfahrung nicht, daß der Entwurf für Siegen abgesegnet wird oder gar eine Vereinbarung für alle Karstadt-Häuser im Bundesgebiet durch den Gesamtbetriebsrat zustande kommt.

Einmal lächelt Lina Schneider fast überlegen: Als ich ihr sage, daß es natürlich auch einmal mein „Traumberuf" war, Verkäuferin zu sein: Umgang mit Menschen, modische Klamotten, Personalrabatt bei Einkäufen... Nichts ahnend von den Problemen und anstrengenden Aufgaben, die es damals schon gab, und von dem Druck, der heute vor allem auf den Frauen im Handel lastet. □

„Da hab' ich mir den aufrechten Gang vorgenommen"

von Thomas Kröter
Fotos Ulrich Baatz

SIEHT SO die Filialleiterin einer Großbank aus? Das sportlich elegante Kostüm mit der Seidenbluse fehlt ebenso wie die dezent, aber sichtbar regelmäßig gestylte Frisur. Jeans hat Uschi Duwe an, und wenn das Gespräch etwas temperamentvoller wird, rückt sie wahlweise den locker um den Hals geschlungenen Flatterschal zurecht oder streicht die Haartolle aus der Stirn. Von einer Bilderbuch-Bankerin würde man auch kaum erwarten, daß sie es liebt, im Schneidersitz zu hocken und dabei aus einem abgegriffenen Beutel Tabak für Zigaretten zu bröseln. Und ein Plakat für den Kampf der Sandinisten in Nicaragua in der Küche... Da dürfte es manchem potentiellen Kunden grausen, der sein Geld bei der Commerzbank vor revolutionären Umtrieben sicher wähnte.

Das ist es auch, nicht nur weil Uschi Duwe, 44, parteilos, es nur bis zur stellvertretenden Chefin in einer Commerzbankfiliale in Köln gebracht hat. Da sitzt auch keine leibhaftige Umstürzlerin beim Kaffee in der Wohnküche und erzählt aus ihrem Leben, sondern bloß eine stellvertretende Betriebsratsvorsitzende. Aber selbst das reicht ja manchem schon, nicht nur in Bankkreisen.

Von der Nummer Zwei in einer Bankfiliale zur Nummer Zwei in einem elfköpfigen Betriebsrat, eine von zwei freigestellten Arbeitnehmervertretern für die Kölner Commerzbank-Beschäftigten: Das hätte sich die 16jährige Uschi nicht träumen lassen, als sie 1961 bei dem drittgrößten privaten Geldinstitut anfing. Das Zeugnis der Mittleren Reife hatte sie in der Tasche, damals

eine ganze Menge, besonders für ein Mädchen. Wie ihre Schwester beim Finanzamt hinterm Schreibtisch „versauern" wollte sie nicht; aber hinter dem Schalter stehen, mit Kunden zu tun haben, stellte sie sich interessant vor. Es gab sogar das Angebot einer Lehrstelle, so hießen die Ausbildungsplätze zu dieser Zeit noch. Aber die Offerte

„Ein bißchen ‚bekloppt' muß wohl auch sein, wer eine Bankenkarriere aufgibt, um Betriebsrätin zu werden, wer Zehn-Stunden-Arbeitstage in Kauf nimmt, damit andere die 38,5-Stunden-Woche bekommen."

„Streik im Nadelstreifen" – Da gab es Lernprozesse, mit denen keiner gerechnet hatte.

kam „nur" von der Sparkasse. „Und da setzte ein heute für mich unbegreiflicher Standesdünkel ein", erinnert sich Uschi Duwe kopfschüttelnd. „Ich bin lieber als Ungelernte zur Bank gegangen. Das schien mir was Besseres." Ausbildung gab es in den vermeintlich besseren Kreisen nur für das vermeintlich stärkere Geschlecht, die Männer, oder die vermeintlich höheren Stände. „Ein Fräulein von Soundso, die hat 'ne Lehrstelle bekommen."

Daß Banker sich für „was Besseres" halten, damit hat die Betriebsrätin und Gewerkschafterin auch über 25 Jahre später noch zu tun; damit, daß sie sich in einer Welt bewegt, in der Führungspositionen fast ausschließlich den Männern vorbehalten sind, ebenso. Auch im Kölner Betriebsrat ist die Nummer Eins ein Mann, obendrein einer, der als Vorsitzender des Gesamtbetriebsrats der Commerzbank oft außerhalb Kölns zu tun hat, in vielen Gewerkschaftsgremien sitzt. Die Hauptarbeit vor Ort bleibt Uschi Duwe. Eine typische Rollenverteilung: Er repräsentiert, sie macht die Arbeit im Stillen? Die Betroffene widerspricht: „Mir macht das mehr Spaß. Außerdem müßte ein Mann als Vize die gleiche Arbeit..." Typisch für die nach wie vor herrschenden Verhältnisse bleibt es trotzdem.

Rückblende: Vor 27 Jahren, als Uschi Duwe hoffnungsvoll bei der Commerzbank anfing, steckte die elektronische Datenverarbeitung noch in den Kinderschuhen. Dieser Tatsache hatte sie ihre erste, neben Kaffeekochen, Telefonbedienen und Ähnlichem, verantwortungsvolle Tätigkeit zu verdanken: Sie durfte die Kontoauszüge der Kunden auf Kontokarten kleben. „Da hab' ich es manchmal bitter bereut, daß ich nicht zur Sparkasse gegangen bin." Heute kann sie darüber lachen. Damals wirkte diese stupide Arbeit immerhin soweit bewußtseinsbildend, daß die Jung-Bankerin ihre „erste Drohung" ausstieß: „Wenn ich weiter kleben muß, gehe ich. Daß man unten anfangen muß, hatte ich verinnerlicht. Aber schließlich mußte es ja auch mal weitergehen..." Uschis Drohung hatte Erfolg: „Dann kamen Studenten, denen durfte ich erklären, wie das funktioniert mit dem Kleben." Der erste Aufstieg.

Und es ging weiter. In kleinen Schritten, versteht sich – schließlich dürfen die Bäume kleiner Bankmädchen nicht in den Himmel wachsen – und mit viel Arbeit, auch am Abend: Steno, Schreibmaschine, Kaufmännische Berufsschule, Buchführung, Rechnungswesen und so weiter. Schließlich war sie Sachbearbeiterin im

Sparbereich; und irgendwann fand sie sich im Vorzimmer des Zweigstellenleiters wieder. Da lernte sie „den ganzen Laden kennen" und machte alles, was eben so anfällt in einer Zweigstelle. Dann kam doppeltes Glück hinzu: Ein Mann erwies sich als so unfähig, daß es nicht mehr zu verbergen war. Ein anderer schätzte ihre Fähigkeiten so, daß er zumindest nicht allzulange nachgrübelte, ob das denn auch gehe: eine Frau und dann auch noch eine ohne Banklehre... Kurz: Als ein frisch installierter Stellvertreter sich als Fehlbesetzung erwies, schlug ihr damaliger Chef Uschi Duwe als Nachfolgerin vor: „Sie machen die Arbeit ja sowieso."

Eine Selbstverständlichkeit also? Das dachte die Beförderte zunächst. Deshalb war sie auch verwundert, als „einer der hohen Herrn bei meiner Einführung erzählte, wie toll das alles sei: ich als Frau und ohne Banklehre..." Natürlich fing auch die Gerüchteküche an zu brodeln, wie es bis heute üblich ist, wenn eine Frau einen guten Posten bekommt. „Die hat das doch nur geschafft, weil sie mit einem ins Bett gegangen ist." Das tat sie zwar auch, aber der war nicht bei der Bank. Und auch die Abhängigkeit war eher umgekehrt: Ihr späterer Mann studierte Architektur. Weil seine Eltern zwar gut betucht, aber äußerst knauserig waren, finanzierte Uschi Lebensunterhalt und Studium zum großen Teil. Die Examensarbeit hat sie – versteht sich – auch getippt. Inzwischen leben sie getrennt. Aber sie verstehen sich noch immer. Vor kurzem haben sie die Wohnungen getauscht. Sie zog in die kleinere ihres Ex-Mannes; er kehrte in die große, ehemals gemeinsame Altbauwohnung zurück. „Er brauchte sie dringender. Schließlich hat er wieder Familie. Und der Kölner Wohnungsmarkt ist eng", erzählt Uschi Duwe und setzt gleich hinzu, weil sie die Reaktionen auf diese Geschichte kennt: „Manche sagen, ich bin bekloppt. Aber das gehört eben zu mir."

Ein bißchen „bekloppt" muß wohl auch sein, wer eine mittlere (aber immerhin) Bankkarriere aufgibt, um Betriebsrätin zu werden; wer Zehn-Stunden-Arbeitstage in Kauf nimmt, damit andere die 38,5-Stunden-Woche bekommen; wer nächtelang Flugblätter schreibt, um sich hinterher freuen zu können, daß zwölf Leute bei einer Versammlung sind. Die „Bekloppte" formuliert das anders: „Man muß die HBV lieben oder verlassen." Das ist ironisch

„Ursula muß lernen, still zu sitzen und weniger vorlaut zu sein".

gemeint. Aber nicht nur. Es drückt ihre Verbundenheit mit der Organisation aus, der sie seit 1973 angehört. Im gleichen Jahr, als sie den Sprung zur stellvertretenden Filialleiterin schaffte, wurde Uschi Duwe Gewerkschaftsmitglied.

Sozial engagiert war sie schon als Jugendliche gewesen, arbeitete in einer kirchlichen Gruppe mit. Schon im ersten Schulzeugnis stand, Uschi Duwe kann den Satz auswendig: „Ursula muß lernen stillzusitzen und weniger vorlaut zu sein." Später bei der Bank hatte sie sich schon einmal in den Betriebsrat wählen lassen, in den sechziger Jahren, zu Zeiten des alten Betriebsverfassungsgesetzes. Freistellungen gab es da nicht, und sie war nicht nur die einzige Frau, sondern auch „eine der wenigen ohne Titel". In den Sitzungen sei es oft hoch hergegangen, erinnert sie sich nicht ohne Spott. „Jetzt gehen wir aber mal hoch, hat es dann geheißen. Hoch, das war die Chefetage. Und dann haben wir vorsichtig angeklopft, tja, und dann sind wir zusammengefaltet wieder runtergekommen." Irgendwann war sie die großen Sprüche und die kleinen Taten leid und ist ausgeschieden.

Daß sie in eine Gewerkschaft ging, war also durchaus folgerichtig. Aber warum in die HBV, die damals im Bankenbereich noch wenig Einfluß hatte und zudem im Ruf stand, ein ziemlich linksradikaler Haufen zu sein? „Darüber gab es für mich überhaupt keine Diskussion", behauptet Uschi Duwe. „Eine Angestelltengewerkschaft kam nicht in Frage. Angestellte allein haben nie was Vernünftiges erreicht." Das mag ein bißchen plump klingen, aber so hat sie es wohl erlebt. Durch das Studium ihres Mannes hat sie zudem die Ausläufer der Studentenbewegung miterlebt. „Mit den 68ern ist es eben schief gelaufen, weil es die Studenten nicht geschafft haben, wirklich mit den Arbeitern zusammenzukommen." Das sollte der Bankangestellten nicht passieren, deshalb die DGB-Gewerkschaft.

Aber warum der Eintritt in dem Moment, als sie einen Karrieresprung machte? Sicher, da spielten Zufälle mit, etwa der, daß einer der ehemaligen Auszubildenden (heute ihr Betriebsratsvorsitzender) sie gerade zu diesem Zeitpunkt auf die Gewerkschaft ansprach. Aber sie hätte ja auch sagen können: Klar, ich komme, aber vielleicht nicht gerade jetzt! Uschi Duwe scheint heute selbst verwundert, daß die beiden so entscheidenden Ereignisse ins gleiche Jahr fielen.

Aber vielleicht ist das nicht so verwunderlich, vielleicht wollte sie sich rückversichern, um nicht abzuheben von den Kollegen? Wenn sie über die Zeit als Vizechefin in der Zweigstelle berichtet, ist vor allem vom guten Arbeitsklima die Rede, daß sie sich so benahm, wie man es von Chefs bis heute leider nicht immer gewohnt ist. Als sie zugibt, wie schwer es ihr manchmal gefallen sei, die von ihr selbst angeregte Kritik auch wirklich auszuhalten, fällt ein charakteristischer Satz: „Irgendwo wollte ich ja auch ein bißchen Vorgesetzte sein." Irgendwo, ein bißchen – ganz identifizieren konnte sie sich mit dieser Rolle wohl nie.

Jedenfalls ließ sie sich durch ihre Positon nicht hindern, 1975 wieder für den Betriebsrat zu kandidieren, als Vorgesetzte und als Gewerkschafterin: „Es muß kein Gegensatz sein, Karriere machen und in der Gewerkschaft sein. Bei uns sind gerade erst zwei HBV-Mitglieder in den ziemlich hoch vergüteten außertariflichen Bereich befördert worden." Uschi Duwe will die Probleme nicht verharmlosen, die irgendwann jeder bekommt, der konsequent

für die Interessen seiner Kollegen eintritt, aber sie hat auch die Erfahrung gemacht: „Die da oben wollen selbstbewußte Leute, bei denen sie wissen, woran sie sind."

Doch es ist auch für die Engagierten selbst nicht einfach, Engagement und Karriere unter einen Hut zu bringen. In fast 13 Jahren als stellvertretende Filialleiterin wurde der Widerspruch für Uschi Duwe immer schwerer auszuhalten. Das lag vor allem an zwei Aufgaben: So hatte sie sich um die sogenannten „notleidenden Engagements" zu kümmern. Im Klartext: Schulden eintreiben, Kunden zuleibe rücken, die ihr Konto über Gebühr überziehen, die fällige Kreditzinsen nicht mehr zahlen können. Je nach Einstellung des Sachbearbeiters sind Hilfestellungen, Eselsbrücken möglich, am Grundsatz aber ändert sich nichts: Am Ende will die Bank ihr Geld sehen, gleich ob sie den Kunden damit ruiniert (es sei denn, es wäre ein Großkunde, der sie selbst ins Trudeln brächte). Aber nicht nur „den Leuten notfalls das letzte Hemd auszuziehen", machte Uschi Duwe zu schaffen, sondern auch der verstärkte Umgang mit der besonders solventen Kundschaft, „denen man dann um den Bart gehen muß, und wo man bei manchen ins Grübeln kommt, was die wohl sagen, wenn sie wüßten, daß ich in der Gewerkschaft bin."

Sicher, es wäre schön, wenn das zusammenginge, aber der Bank-Vorstand mit HBV-Mitgliedsbuch wird wohl noch eine Weile Utopie bleiben. Und vielleicht lag es, bei allem Erfolg, doch nicht nur an der fehlenden Lehre, daß Uschi Duwe 13 Jahre lang Stellvertreterin in der Filiale am Ebertplatz blieb. Vor die Frage weiteren beruflichen Aufstiegs wurde sie jedenfalls nicht gestellt, dafür vor die kaum einfacher zu beantwortende, ob sie nicht Full-Time-Betriebsrätin werden wolle. Das war mitten in einer Wahlperiode. Nach eineinhalb Jahren mußte sie sich wieder zur Abstimmung stellen. Was, wenn sie nicht gewählt würde? Uschi Duwe nahm Bedenkzeit. Richtig lachen muß sie allerdings, wenn sie an ihr zweites Problem bei der Entscheidung denkt: Sie überlegte, ob sie auch genug zu tun hätte. Als bei diesen Überlegungen fünf eng beschriebene Seiten mit potentiellen Aufgaben herauskamen, war sie beruhigt. Sie griff zu.

Und wieder hat sie dazulernen müssen, auch wenn ihr die neue Rolle leichter fiel als die alte ihr inzwischen geworden war. Ihre erste öffentliche Rede halten mußte sie zum Beispiel. Das bereitet schon mal eine schlaflose Nacht. Aber schließlich mußten die Kollegen, die sie zu agitieren hatte, noch weiter über ihren Schatten springen als sie selbst: Warnstreik im Bankgewerbe, „Streik im Nadelstreifen", das war etwas, das 1987 Schlagzeilen machte. Ein fast historischer Durchbruch, auch wenn es sich um, im Vergleich zu anderen Branchen, eher schüchterne Streikaktionen handelte. Da gab es Lernprozesse, mit denen sie selbst nicht gerechnet hatte. „Wollt Ihr mich verarschen", fragte sie Kollegen, die stolz ankündigten, ihre Abteilung werde geschlossen mitmachen. Nur wenige Monate zuvor hatte eisiges Schweigen geherrscht, wenn sie in deren Büro Betriebsrats-Infos verteilte.

Erfolgreiche Aktionen, erfolgreiche Frau: die erste mit Handlungsvollmacht in der Bank, die einzige in der Manteltarifkommission Banken – ein gewerkschaftliches Heiligenbild? Wenn alle so wären wie Uschi... ist man versucht zu seufzen, vielleicht aber auch mit Tucholsky: Ham' se's nicht 'ne Nummer kleena? Daß sie sich einmal so engagieren würde, dafür gibt es auch Gründe in ihrer Familiengeschichte. Sieben Jahre alt war Uschi Duwe, als die Mutter starb, die Schwester drei Jahre älter, der Vater kleiner Angestellter in einer kleinen Firma: „Da lernte man früh, sich durchzusetzen." Gelernt hat sie auch vom Beispiel ihres Vaters, gelernt vor allem, daß sie das nicht mit sich machen lassen wollte, was er mit sich machen ließ. „Er erinnert mich an den Willi Loman aus dem ‚Tod eines Handlungsreisenden'", sagt sie, nicht ohne Mitleid in

„Sie machen die Arbeit ja sowieso." – Aus einem „kleinen Bankmädchen" wurde die stellvertretende Leiterin einer Kölner Commerzbank-Filiale.

der Stimme. „Was er alles tat, nur um seinen Job nicht zu verlieren. Am Ende ist er auch körperlich richtig krumm gegangen. Da hab' ich mir das mit dem aufrechten Gang vorgenommen."

Aus dieser Erinnerung bezieht sie aber auch eine Erkenntnis für die gewerkschaftliche Arbeit in einer Bank, wo Gewerkschaftsarbeit eben noch nicht so selbstverständlich ist, wie anderswo: daß sie nämlich andere nicht überfordern darf, daß sie erst geduldig zuhören muß, wenn sie überzeugen will: „Ich kann von einem Familienvater mit mehreren Kindern nicht die gleiche Konsequenz erwarten wie von mir." Dabei ist es Uschi Duwe anzumerken, wie schwer ihr diese Geduld oft fallen mag. Das zeigt auch eine Anekdote aus ihrer Filialleiterzeit: „Montagmorgens, da bin ich immer besonders optimistisch gewesen. Da wollte ich immer gleich alles neu machen. Bis mich die Kolleginnen und Kollegen mal drauf aufmerksam gemacht haben, daß es den meisten montagmorgens ganz anders zumute ist." Im Keller der Zweigstelle gab es einen alten Schrank, da ist sie oft hinuntergegangen und hat heftig dagegengetreten, wenn ihr etwas gegen den Strich ging.

Uschi Duwe ist eine der Frauen, die – modisch gesprochen – „unheimlich viel Power" ausstrahlen. Aber was ist der Preis dafür? Darüber hat sie auch selbst begonnen nachzudenken, auch nachzufühlen, wie es um ihre Person bestellt ist bei dem ganzen Engagement. Sie hat einsehen müssen, daß es nicht reicht, mal gegen einen Schrank zu treten, um die eigenen Gefühle zu verarbeiten. Die Frauenbewegung hat ihr dabei auf die Sprünge geholfen. Sie liest viel, diskutiert viel mit anderen Frauen, freut sich, daß sie Freunde hat, die ihr sagen, wenn sie sich wieder einmal zuviel zumuten will. Und manchmal hilft das sogar. Aber sie braucht die Aktivität, die manchmal auch etwas Rastloses hat. „Ein Arzt hat mir einmal gesagt, ich brauchte mir keine Sorgen zu machen, daß ich ein Magengeschwür kriege oder einen Herzinfarkt, weil ich alles nach außen trage", tröstet sie sich. Uschi Duwe zieht die Beine zu einer Art Yoga-Position auf den Stuhl und lacht wie so oft beim Gespräch in ihrer gemütlichen Wohnküche. Aber ein bißchen klingt es so, als müsse sie sich von ihrem Optimismus manchmal erst selbst überzeugen. □

Es gibt so viele Gründe, alles beim Alten zu lassen, und nur einen einzigen, doch endlich etwas zu verändern: Du hältst es einfach nicht mehr aus!

(Ein Spruch in Uschis Küche)

Die konkreten Vorschläge
der Regierung zur Bekämpfung
der Massenarbeitslosigkeit
So nicht!
Der Feierabend
gehört uns –
und nicht der Bank

TEIL 3

ANGESTELLTEN-GESELLSCHAFT

ZUKUNFTSTRENDS

Utopie der nachindustriellen Gesellschaft

von Sven Papcke

„Mit der Zeit wandelt sich alles"
Leonardo da Vinci 1508

ALLE WELT HAT den Blick mittlerweile fest auf das Jahr 2000 gerichtet, von dem kalendarischen Ereignis geht eine eigentümliche Faszination aus. Ist etwas Unerwartetes im Schwange? Vor dem Ende des ersten Milleniums waren die Gefühle der Menschen nicht viel anders. Auch damals herrschte trübe Stimmung. In der zweiten Hälfte des 10. Jahrhunderts verbreiteten sich immer wieder messianische Bewegungen über Westeuropa, die den Tausenderwechsel für die Endzeit der irdischen Welt hielten. Dieser „Millenarismus" prägte nicht nur nachhaltig das Denken des Alten Kontinentes, auch die künstlerische Entwicklung erhielt einen mystischen Zug. Vor allem: Mahnpredigten gegen den Sittenverfall waren an der Tagesordnung. Je näher der entscheidende Sylvestertag rückte, desto größer wurden die Scharen der Geißler, die büßend durch die Lande zogen. Dabei war ihre Angst durchaus mit Hoffnung untermischt. Vielleicht stehe die Wiederkunft Christi bevor und nicht die Herrschaft des Antichristen, den andere kommen sahen. Ganz sicher waren sich aber weder die Anhänger der einen noch der anderen Prophezeiung. Es war also eine Woge der gemischten Empfindungen, wie sie angeblichen oder wirklichen Umbruchphasen eigen sind. Nimmt es daher wunder, wenn unsere heutige Gemütslage durchaus an jene Tage vor 1000 Jahren erinnert?

Angst begleitet die Menschheit von ihren ersten Tagen an, und vielleicht kann die Zivilisation überhaupt nur als Leistung der Angstverarbeitung ganz verstanden werden. Angst pflegt den Tatendrang zu lähmen, verbannt jedenfalls einen Großteil der historischen Kulturenergien in das Außersinnliche. Später hat sie aber auch dazu angespornt, innerweltliche Sicherheit zu finden, und dieser Stimulus war jener „Wille zur Daseinsvorsorge", den schon der französische Frühsoziologe Saint-Simon 1821 abzugrenzen suchte von aller „Jenseitsschwärmerei". Damit aber wurde die Vorausbestimmung zur Domäne der menschlichen Imagination erklärt. So gibt es also eine neuzeitliche „Geschichte der Zukunft", eine Bezeichnung, die Saint-Simon zuerst und mit großen Erwartungen verwendet hat, der als Meisterdenker am Anfang aller Planungs-Euphorie steht. „Da wir erkannt haben, daß wir in einer Zeit des Übergangs leben, machen wir uns einen Plan, damit sich der Übergang so schnell, reibungslos und friedlich wie möglich vollzieht." Spätestens in seiner Zeit hob – mit dem Wissen um die Existenz einer „Epoche des Umbruchs" – die Moderne an. Die alten Gewißheiten wurden unglaubwürdig, nun ging es darum, in der Lebenswelt der Gegenwart neuen Sinn zu stiften und dadurch die Daseinsangst womöglich zu bannen. Wenn nun die letzten Jahrzehnte unseres Jahrhunderts einer technologischen Herausforderung gegenüberstehen, deren Änderungsdruck doch nur zufällig mit dem Jahrtausendwechsel zusammenfällt, so machen sich in unseren Tagen immerhin auch wieder allerlei Zukunftslehren breit, die von „Postindustrialismus" und „Postmoderne", mit Roderick Seidenberg gar von „Postgeschichte" träumen und der Öffentlichkeit weismachen, es werde alles ganz anders, wenn auch nicht unbedingt besser.

Durch derlei Visionen werden wir gewahr, daß dem Epochenwechsel baldigst durch unser verändertes Verhalten auf die Sprünge geholfen werden muß. Mit Blick auf das kommende Zeitalter werden wiederum sehr gemischte Gefühle wach, nicht zuletzt geht Zukunftsangst um. Mehrere Szenarien ringen dabei miteinander um Glaubwürdigkeit, die von unterschiedlicher Seite als mögliche Lösung der Menschheitsprobleme vertreten werden, wobei schon die Diagnosen dieser Schwierigkeiten kaum auf einen Nenner zu bringen sind.

Zeitenwende?

Das Konzept des „Postindustrialismus" ist heute in aller Munde. Vorgeschlagen hat es schon Mitte der siebziger Jahre der amerikanische Kulturwissenschaftler Daniel Bell in seinem Buch „The Coming of Post-Industrial Society" („Die nachindustrielle Gesellschaft"). Seine Vermutung sorgte seinerzeit auch hierzulande für einige Aufmerksamkeit, wonach Technologie und Wissenschaftssystem für die Zukunft der Gesellschaftsstrukturen wichtiger seien als der leidige Streit um die gerechte Güterverteilung. Die Zurkenntnisnahme der Bellschen Vorhersagen blieb aber letztlich auf intellektuelle Zirkel beschränkt. Nicht besser erging es seinem ein Jahr später übersetzten Werk über „Die Zukunft der westlichen Welt". Klarblickend erkannte Bell in diesem Buch einen Dauerkonflikt zwischen „Effizienz", „Gleichheit" und „Hedonismus" als den obersten Handlungsmaximen der drei tragenden Subkulturen der Moderne (Wirtschaft/Politik/Kultur). Ein Jahrzehnt später hat Rolf Kreibich in einer „Die Wissenschaftsgesellschaft" genannten Studie eindringlich nachgezeichnet, weshalb diese und andere Prognosen über anstehende Formverwandlungen der Arbeits- und Sozialwelt zwar zur Kenntnis genommen wurden, aber doch ohne Handlungsanreize blieben. Ausgangspunkt des kritischen Resümees von Kreibich war das Zurückfallen der Bundesrepublik im Wettbewerb um die Technikmärkte von morgen, obschon nach den inzwischen vorliegenden Zahlen von 1984 noch 17 Prozent (Japan 26 Prozent) der zukunftsträchtigen Erfindungen, die zum Patent angemeldet wurden, aus der Bundesrepublik stammten.

Bürgerliches berufstätiges Ehepaar 1927/28

Erst nachdem also Konjunkturflauten und Strukturkrisen die Zweifel an der Tragfähigkeit etablierter Denk- und Produktionsweisen geweckt hatten, begannen Politik und Öffentlichkeit lauthals über Innovationshemmungen nachzusinnen. Die langjährige Blindheit gegenüber dem Wandel aber hat eindeutig mit der Trägheit des Erfolges zu tun. In der Bundesrepublik lief der anhaltende Exportboom mit mitteltechnischen, aber erstklassig verarbeiteten Waren noch erfreulich, als man sich anderswo schon mit viel Mut zum Risiko technologische Umwälzungen leistete. Die Selbstgefälligkeit der hiesigen Entscheidungsträger in Staat, Management und Verbänden – Gewerkschaften eingeschlossen – wurde freilich von den esoterischen und abgehobenen Debatten über den Nachindustrialismus kaum erreicht. „Wissen, um vorauszuplanen!", wie Auguste Comte die Steuerbarkeit der Entwicklung durch antizipatorische Überlegungen schon zu Anfang des 19. Jahrhunderts beschwor, auf diese ausschließlich theoretische Erkenntnis mochte offenbar die Praxis nie hören. Überdies blieb das Zukunftsthema in den vergangenen Jahrzehnten eingebettet in einen eher modischen Futurologie-Boom an den Universitäten, oder es schlug sich als Planungslyrik der Parteien nieder – man denke nur an den „Orientierungsrahmen '85" der SPD –,

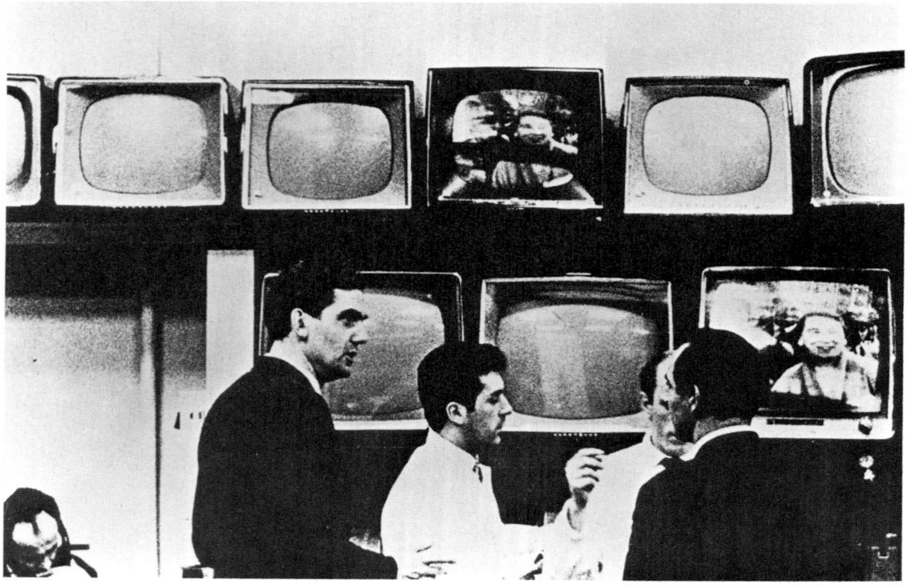

in allen Fällen wurde das Übermorgen gedanklich nur in ziemlich wirtschaftsfernen Bildern gemalt.

Dennoch sahen sich mögliche Konfliktkonstellationen der zukünftigen Wirtschaftswelt beizeiten von dem französischen Soziologen Alain Touraine in seinem Buch „Die postindustrielle Gesellschaft" veranschaulicht. Obschon 1972 im angesehenen Suhrkamp-Verlag veröffentlicht, erreichte auch diese Arbeit ihre Adressaten nicht. Gleichwohl ist Touraines Vorhersage eingetroffen, daß starke und anti-industriell eingestellte Sozialbewegungen zu erwarten seien. Touraine betrachtete sie als Antwort auf den Widerspruch zwischen den technisch sehr tiefgreifenden Modernisierungsprozessen der Fabrikwelt und den Bedürfnissen der Bevölkerung nach Übersichtlichkeit. Da östlich des Rheins aber die Zukunft der Wirtschaftsmoderne überhaupt noch nicht erörtert wurde, konnten diese Fingerzeige nicht einmal das Verständnis der Politiker für die „Bürgerinitiativbewegung" fördern.

Dagegen gab es im westlichen Ausland anregende Dispute über wichtige Veränderungen der technischen, geistigen und handelspolitischen Gegebenheiten sowie über die Voraussetzungen zukünftiger Produktion, die auch für das hiesige Wirtschaftsmanagement von Interesse gewesen wären. Genannt sei nur die lesenswerte Arbeit über „Landmarks of Tomorrow" (Grenzlinien von morgen) von Peter Drucker, der früh genug (1957) hingewiesen hat auf den *objektiven* Zwang zur Erneuerung – „Innovation bedeutet Wagnis" – als Lebenselixier einer weltweit vernetzten Produktionsära, die uns heute so zu schaffen macht. Auch Drucker sprach bereits 1957 von einer „post-modernen Welt", in der sich das Beharren auf eingespielten Produktionsserien ebenso bedrohlich auswirken würde wie Tarifregeln, die aus der erfolgreichen Sozialgeschichte des einen oder anderen Weltmarkt-Anbieters stammten. Umsichtig wies er auf die Wettbewerbsnachteile derartiger Errungenschaften hin, etwa auf ungünstige Lohnstückkosten, da vor allem die fernöstlichen Konkurrenten ohne solche Auflagen produzieren könnten. Der Verfasser ging aber auch schon von einem internationalen *Technologiedarwinismus* aus, der weder wirtschaftliche Abschottungen noch Vorbehalte gegenüber einer sich überschlagenden Neuerungswelle dulde, geschweige denn Leistungsminderungen der Arbeitskraft... Seine Prognose lag aber quer zur anhebenden Debatte über das richtige Arbeitsethos in der Hochmoderne: Seinerzeit war eher von „Postmaterialismus" die Rede, von Massenbedürfnissen, die in der Arbeits- wie der Lebenswelt befriedigt werden müßten, was im Zeitalter der wachsenden Freizeit auch möglich zu sein schien. Wer wollte, wie Drucker, die Schatten sehen, welche die Wirtschaftskraft einiger neu-industrialisierter Regionen schon auf den Weltmarkt zu werfen begann? Diese Länder hatten nicht nur einen ungeheuren Nachholbedarf an Gütern und damit eine ungebrochene Arbeitsbereitschaft. Um daran zu erinnern: 1987 war die tarifliche Jahresarbeitszeit für Industriearbeiter in Japan 2138 Stunden, in den

USA betrug sie 1912 Stunden. Das entspricht einer Mehrleistung der japanischen Arbeitnehmer von 53 Arbeitstagen oder fast elf Arbeitswochen, wobei der tatsächliche Unterschied eher noch größer ist, weil es sich in Japan um tatsächlich gearbeitete Stunden handelt, in Deutschland dagegen nur um die Sollzeit. Drucker verwies in diesem Zusammenhang auf das Fortwirken konfuzianischer, werksgemeinschaftlicher oder anderer traditioneller Arbeitsethiken vor allem in Ostasien, mit denen der Westen in Zukunft zu rechnen hätte.

Der „Postindustrialismus" blieb, wie wir heute wissen, hierzulande ein Thema für den Salon. Was wohl auch damit zu tun hatte, daß im Umkreis dieser Erörterungen zumeist ältere Fragestellungen aufgegriffen wurden, die seit dem Beginn der industriellen Revolutionen als Armut, Massenarbeitslosigkeit oder Finanzkrise der öffentlichen Hände immer wieder zu klären waren. Dieser Überhang an Herkömmlichem ließ leicht übersehen, daß es tatsächlich neue Faktoren gab, die das Leistungsgebaren in Zukunft nachhaltig verändern würden. Der Umgang mit diesen Problemen änderte sich erst, als sich auch der Zeitgeist wandelte. Als in den Medien immer häufiger von einer „Postmoderne" und dem damit angeblich verbundenen Ende der Neuzeit die Rede war, schreckte man auch hierzulande auf. Man nahm mit der Angebotsökonomie eine Wende der Weltinnenpolitik wahr, die nicht mehr nur auf einem Klimawechsel zu beruhen schien. Immer wieder war jetzt vom Anbruch einer neuen Ära zu hören, die in Form technologischer Innovationen wie der Roboterisierung (der Weltmarktabsatz für Industrieroboter [1987: 25000] verdoppelt sich alle fünf Jahre), Computerisierung (gegenwärtig arbeiten bereits 25 Prozent aller Berufstätigen am „Kollegen Computer") oder dem Siegeszug neuer Büro-

Palast des Konsums

techniken (Teletex, Telefax etc.) die Arbeits- und Lebenswelt der Menschen umzugestalten begann.

Ein Postindustrialismus, von dem so lange als Utopie die Rede war, schien mit einem Male der Gegenwart über den Kopf zu wachsen, wobei keine Menschenseele – am wenigsten, wie üblich, die der Betroffenen – mehr wußte, was diese Veralltäglichung des Neuen tatsächlich bewirken würde: „Eine ratlose Gesellschaft", so beschrieb die *Frankfurter Allgemeine Zeitung* vom 18. 9. 1987 abfällig ein Treffen des angesehenen „Vereins für Socialpolitik" in Berlin, bei dem die Konzeptlosigkeit unübersehbar schien. Und über eine Tagung der SPD zu ihrem 125. Jubiläum hieß es in diesem Frühjahr kurzangebunden: „Die Arbeiterparteien wissen nicht wohin" (*Frankfurter Rundschau* vom 5. 3. 1988). Handelte es sich um neue Gegebenheiten, oder befand man sich mitten in einer der unzähligen Anpassungskrisen der Wirtschaftsmoderne? Diente die Beschwörung vom Ende der Neuzeit und einer bevorstehenden „Postmoderne" der Erhellung der Lage? Oder sollte die Orientierungskrise ausgenutzt werden, um soziale Gewinne aus den Kämpfen zwischen Kapital und Arbeit abzuschaffen, weil sie noch einer Epoche der Wirtschaftsgeschichte entstammten, die zusammen mit Hochöfen und Kohlegruben eigentlich schon abgetan war? Standen nun gar Leitmotive der europäischen Rechtstradition auf dem Spiel, wenn in diesem Zusammenhang immer wieder das Ende des Subjektes anklang, wenn immer wieder auf die Tüchtigkeit jener Arbeitsgesellschaften nicht nur in Asien hingewiesen wurde, die keinen Begriff der Individualität ausgebildet hatten?

Die Ideologie des „Post"

Das göttliche Angebot, alles wissen zu können, wollte der Aufklärer Gotthold Ephraim Lessing dankend ablehnen. Wäre das Erdendasein im Besitze dieser Fähigkeit nicht geradezu sterbenslangweilig? Die Philosophie der Aufklärung verstand Geschichte lieber als Wagnis, begonnen zu einem guten Zweck und Ausgang. Aber dieser ersten – sieht man von der vielschichtigen Renaissance einmal ab – Epoche der europäischen Menschheitsgeschichte, auf die Martin Heideggers Formel von der „Geworfenheit" gut passen will, machten gleichwohl Fortschrittsunsicherheiten zu schaffen. Dies Ärgernis sah sich von den Aufklärern aber wagemutig als Ansporn verstanden, das Unbekannte als noch Unerkanntes zu behandeln. Jener „Ausgang des Menschen aus seiner selbst verschuldeten Unmündigkeit", von dem Kant im Dezember 1783 so provokant gesprochen hat, schien damals vor allem Lebensglück zu verheißen. Die zeitgenössische Intelligenz dachte außerdem nur mit Schaudern an die Knechtschaft ihres Standes unter den Fittichen einer metaphysisch gestimmten Privilegienordnung, die immerhin seit Jahrhunderten in Europa das Ruder führte. Endlich galt es, die menschliche Selbstbestimmung zu erproben, anstatt auf die Gnadenwahl im Jenseits zu warten. Zukunftsoffenheit war mithin geradezu das Lebenselixier jener aufsteigenden Schichten, die sich als unternehmendes Bürgertum und als Reflexionselite in den Nischen einer morschen Feudalordnung schon hatten einrichten können. Dabei ist freilich zu beachten, daß sich schon hier zwei Entwicklungen gegenseitig bedingten, aber auch miteinander konkurrierten, wenngleich dem Zeitgeist diese merkwürdige Verquickung nicht immer bewußt gewesen sein mag. Man kann in diesem Zusammenhang von einem Wettstreit zwichen „Moderne" und jenem „Projekt Moderne" sprechen, das die Aufklärung der Neuzeit mit auf den Weg zu geben versuchte. Wie ist das zu verstehen?

„Die Lücken der Geschichte bemerkt der Mensch erst", so vertraute Friedrich Hebbel seinem „Tagebuch" an, „wenn sie ausgefüllt werden; keine Ahnung vorher." Zur Erläuterung dieser Bemerkung fügt er dieser Notiz im September 1848 lapidar das Wort „Dampfschiffe" hinzu. Hier kommt jene Überraschung durch die Hervorbringung der Geschichte zum Ausdruck, daß die Welt jederzeit aus den Angeln zu heben ist. Es war nun freilich nicht mehr jener Horror vor Naturereignissen, die sich noch an der Reaktion eines Voltaire auf das Erdbeben von Lissabon (1755) ablesen läßt. Vielmehr gleicht auch der gesellschaftliche Wandel zunehmend einer Innovationslawine, die – ohne eigentlich gewollt zu sein – uns ständig herausfordert. Hoffnungsfroh hatte der Geschichtsphilosoph Giovanni Battista Vico zu Anfang des 18. Jahrhunderts noch auf die Beherrschbarkeit der Geschichte gesetzt: Wenn wir nur erst genau das machen könnten, was wir wollten, dann würden Absicht und Effekt übereinstimmen, der Gang der Zukunft wäre berechenbar. Und wer mochte damals daran zweifeln, daß die so geleitete Entwicklung auch vernünftig verlaufen würde? Die Vico-Gleichung ist nicht aufgegangen, wie wir wissen, obschon allerlei soziale Bewegungen wie etwa der Marxismus immer wieder auf ihre Erfüllung zu hoffen gewagt haben. Um diese zu erreichen, sah sich die Gleichung versuchsweise erweitert: Es ging bald nicht mehr nur um technische Vervollkommnungen; hinzu traten organisatorische Investitionen, die Struktur der Gesellschaft selbst mußte mit den Vernunftsmustern in Deckung gebracht werden. Alle diese Anstrengungen fruchteten nichts, der Realsozialismus war der bittere Beweis des Gegenteils von einem Triumph der Vernunft.

Aber dies Scheitern einer Planung der Zukunft ließ sich sehr verschieden bewerten. Von den einen wurde entschuldigend angeführt, daß der Entwicklungsstand einfach noch nicht weit genug gediehen war, als man Vi-

Blumen aus dem Automaten, Kartoffeln aus der Dose

Jugendliche auf dem Arbeitsamt 1987

cos Formel praktizieren wollte; andere verwiesen auf die Zähigkeit traditioneller Bestände, die eine Vollverplanung der Sozialmaterie so unglaublich schwierig machte. Durchgängig aber ließen die hellhörigen Zeitgenossen schon in der Spätaufklärung einen pessimistischen Unterton vernehmen, der vor allem durch die – im Namen der Vernunft ausgeführten – Exzesse der Französischen Revolution ausgelöst wurde: Das 19. Jahrhundert stellte sich unter das Signum der menschlichen Vernunft, sicher, wer oder was aber sollte *dieser* den Weg weisen? Unter Stichworten wie „Entfremdung", „Verdinglichung", „Anonymisierung" stritt schon die Romantik, diskutierte vor allem der Nachhegelianismus, philosophierten später Schopenhauer und dann ausgiebig Nietzsche ernüchtert und erschrocken zugleich über die Erfahrung, daß jener „Sachzwang", auf den sich das Frühbürgertum noch beim Widerstand gegen die Aristokratie so hoffnungsfroh verlassen hatte, den Menschen jetzt über den Kopf zu wachsen drohte.

Immer wieder ging es in den Folgejahren um die theoretische Durchdringung und Einordnung der Modernisierung: In seinem 1927 abgeschlossenen Riesenwerk „Der moderne Kapitalismus" hat Werner Sombart eine Entwicklung vom „Frühkapitalismus" über den „Hochkapitalismus" zum „Spätkapitalismus" beschrieben und dies letzte Stadium mit dem Ende unserer Kultur gleichsetzen wollen, weil inzwischen alle liebgewonnenen Lebenswelten zu verkommen drohten: „Wir können das Heil nur in einer Umkehr und Abkehr von ihm erblicken." Geradezu verzweifelt sieht sich hier ein „Post" – irgendeines – gefordert, weil die Wirtschaftsentwicklung überdrehte, weil aus der versprochenen Wohltat nun auch für die konservative Modernitätssicht eine Plage geworden war. Und so in allem: Jede Spekulation über das, was nach der Neuzeit kommen soll oder kann, konnte nur fortschrittliche oder rückschrittliche Mutmaßung über den Eigenverlauf dieser Moderne sein. Skepsis über das, worauf man sich eingelassen hatte, kam freilich schon auf, als jener aufklärerische Optimismus, welcher die über 60 000 Artikel der „Encyclopédie" aus den Jahren 1751 bis 1780 durchwehte, an den harten Tatsachen der gleichzeitig entfesselten Fabrikwelt zu scheitern drohte. Mit dem „Utilitarismus" eines Jeremy Bentham hatte sich das Industriezeitalter inzwischen seine eigene Weltanschauung maßgeschneidert. Mit den vorgeblich besten Absichten wurden Menschen und Sachen mit unwiderlegbarer Logik auf ihre Nützlichkeit abgeklopft. Kaum verwunderlich also, daß jenes „Projekt Moderne", von Immanuel Kant als Mündigkeit und Weisheitspflicht entworfen, bald mit dieser Eigendynamik der Rendite (sprich Moderne) kollidierte.

Einen Zwist über den Zustand der Gegenwart gab es übrigens schon an der Schwelle zur Moderne. Jener „Auseinandersetzung zwischen Altem und Neuem" ging es dabei um die Abwägung der Vorzüge beider Zeitalter. In einer „Digression sur les anciens et les modernes" überschriebenen Abhandlung versuchte der Philosoph Fontenelle diesen Streit zu schlichten: Bereits die Frage sei falsch gestellt, so beschied er 1688, weil das Neue immer ein Produkt des Alten darstelle und derart das Eine im Anderen aufgehoben bleibe. Derart sachlich ist es seither nicht mehr zugegangen, die „Post"-Visionen sind seit langem hochideologisch gestimmt. Und wenn heute wieder einmal laut davon die Rede ist, daß ein „Post" bevorsteht, dann nur, weil der Unterschied zwischen dem „Projekt Moderne" und der Wirtschaftswelt nicht mehr oder immer noch nicht wahrgenommen wird. In Wirklichkeit geht es aber um die Dialektik beider Größen. Auch das „Projekt Moderne" bezog im Sinne von Fontenelle seine Vernunft einst aus der Vormoderne, indem es die in der „Moralökonomie" Alteuropas gegenwärtige Tradition der Caritas in die Neuzeit hinüberretten wollte, allerdings in Form eines formalen Anspruchs auf die Menschenrechte. Es kann also auch in unserer Zeit gar nicht um die Festlegung gehen, ob wir uns schon in der Postmoderne oder im Postindustrialismus – beide hängen wie Moderne und Industrialismus miteinander zusammen – befinden oder nicht. Diese Stufenabfolge kann es gar nicht geben, vielmehr handelt es sich nach wie vor um die Verwirklichung des „Projektes Moderne", also noch immer um die vernünftige Gestaltung der Welt. Wer aus Enttäuschung über deren Verzögerungen oder mit Blick auf ihre Mühen von allerlei Post-Ideologien schwärmt, hat nicht nur Teil am säkularen „Verrat der Intellektuellen", von dem Julien Benda in diesem Zusammenhang schon 1927 gesprochen hat. Wer seiner Aussteigermentalität frönt, der überläßt das Marktgeschehen allein der interessierten Wirtschaftsseite. Diese möchte uns Europäer Mores lehren, indem sie mit erhobenem Zeigefinger auf die Arbeitswut Ostasiens verweist. Ein Nacheifern macht hierzulande aber keinen neuen Industrialismus der Postmoderne aus, sondern wiederholt die Ellenbogenlogik einer rein wirtschaftlichen Sachlichkeit und damit eben jene klassische Wirtschaftsmoderne ohne jedes Wenn und Aber.

Harter Durchgang in die Zukunft

Wenn auch unser Zeitgeist gerade alles in einen Topf wirft: „Postmoderne" oder „Postindustrialismus" – beides sind im wirtschaftlichen Bereich gleichermaßen Ideologien. Sie weisen darauf hin, wie drastisch sich unser Lebensgefühl gewandelt hat. Offenbar ist die Einschätzung der Tatsachen durch die Menschen bedeutsamer für ihr Handeln geworden als diese Tatsachen selbst. Auch diese atmosphärischen Veränderungen haben freilich damit zu tun, daß sich die Spielräume und Voraussetzungen erfolgreichen Wirtschaftens in den vergangenen Jahren dramatisch verlagert haben. Ein Exportland wie die Bundesrepublik kann sich den Weltmarkttendenzen sicherlich kaum entziehen. Mit den herkömmlichen Rezepten scheint den Herausforderungen nicht länger beizukommen zu sein. Was also tun?

Seit Mitte der siebziger Jahre löst eine Krise – Öl, Weltfinanzsystem, Renten, Staatsfinanzen, Umwelt etc. – die andere ab, parallel dazu läßt sich ein stetiger Zug zu konservativen Einstellungen verzeichnen. Damit verbunden ist die Ausbreitung einer Art von „corporate culture": Die Epoche scheint es leid zu sein, von immer größeren und immer teureren Bürokratien in Staat und Gesellschaft betreut zu werden, die am Ende nur Unmündigkeit bewirken, jedoch keine Probleme lösten. Die Grundstimmung ist ablehnend, zuweilen apokalyptisch, der Rückgriff auf das Überschaubare begehrt, *small is beautiful.* Auf diesem Gefühlsboden breitet sich aber auch ein Narzißmus aus, das Indiz für eine Kultur, die sich zwar rasend wandelt, deren Zukunftsaussichten aber schrumpfen. Ein Leben im Jetzt ist er-

Wohlstandssymbole made in Japan 1961

wünscht, nach mir die Sintflut. Wir trachten nach Abwechslung (über 40 Milliarden Mark geben die Bundesbürger jedes Jahr für Reisen aus), „Genuß ohne Reue" und ewiger Jugend, was schert uns jener „Reformkapitalismus", den unsere Vorväter in der Auseinandersetzung mit dem Renditeprinzip erzwungen hatten. Solches Rückzugsverhalten ist erklärlich, auch verständlich, es ist vor allem auch schichtübergreifend, jener vielbeschworene Wertewandel betrifft die gesamte Bevölkerung, die im Zeitalter der Medienkultur überhaupt nur noch sozialstatistisch aufzuschlüsseln ist. Die eher trübe Grundstimmung läßt sich sogar bei den Opfern der gegenwärtigen Krisenhaftigkeit finden: Auch die Arbeitslosen zeigen keine abweichenden Einstellungen, etwa Auflehnung oder Trotz: Man hat von einer entspannten Lagewahrnehmung, geradezu von einer „Krise ohne Schrecken" gesprochen. Wie immer: Durchgehend ist also ein „Abschied vom Prinzipiellen" wahrzunehmen, den der Philosoph Odo Marquard beschrieben hat, es gibt keine großen Theorien mehr, keine letzten Erklärungen, keinen Eifer oder Aufbruch zu neuen Ufern. Solche „Zukunftsgelassenheit" (Habermas) hat auch ihre guten Seiten, sie böte die Chance, gründlich und vor allem unaufgeregt über Struktur und Tendenzen jener kürzlich von Ulrich Beck skizzierten „Risikogesellschaft" nachzusinnen. Sie schlägt sich aber eher als Apathie nieder und macht somit Krisenlösungen den Weg frei, die – wie in Rheinhausen – die Arbeitnehmer als „Kanonenfutter des Wandels" (so die *Frankfurter Rundschau* vom 11.12. 1987) ansehen. Da aber jene „Gewinn-über-alles-Gesellschaft" weltweit gerade eine Blüte erlebt, warum sollte sie nicht auch hierzulande auf dem Programm stehen? Sie bringt zwar keine „Postmoderne", kann die Qualität der Moderne aber sehr beeinträchtigen.

Schon jetzt hat die Industriegesellschaft sich entscheidend gewandelt und verändert noch laufend unseren Alltag. Zu nennen sind die neue Massenarbeitslosigkeit, die Zunahme der Leiharbeit, die fortschreitende Leistungsverdichtung, der Druck zur dauernden Fort- oder Umqualifizierung, die Überstundenlast, die Ausbreitung des informellen Arbeitssektors, das Branchensterben, die steigende Kapitalintensität der Arbeitsplätze, der wachsende Streß am Arbeitsplatz u. a. m. Aber auch die Zusammensetzung der Arbeitskraft ist von diesen Umbauten betroffen, der Trend zum „weißen Kragen" beschleunigt sich. Mittlerweile sind über 55 Prozent der abhängig Beschäftigten entweder Angestellte oder Beamte, wobei laut Martin Baethges und Herbert Oberbecks Untersuchung über „Die Zukunft der Angestellten" hier von einem Trend zur Aufhebung der Arbeitsteilung oder zur Neuqualifikation nicht die Rede sein kann, wie ihn Horst Kern und Michael Schumann in ihrer Studie „Das Ende der Arbeitsteilung" für die Industriearbeiter glaubten ermitteln zu können.

Zu beobachten ist auch eine Veränderung der Fabrikwelt selbst. Deren Entwicklung führt eindeutig weg von den großen industriellen Ansiedlungen, die Arbeitskraft wird wieder diversifiziert. Wie eine Lawine breitet sich eine ‚neue Selbständigkeit' aus, bei der Arbeitnehmer in unternehmerähnliche Beschäftigung ohne jeglichen sozialen und arbeitsrechtlichen Schutz gedrängt werden. Und auch die Struktur der Arbeitszeit unterliegt einem raschen Wandel, 1987 hatte nur noch jeder vierte Arbeitnehmer eine „Standard-Arbeitszeit", zwölf Prozent waren bereits Teilzeitbeschäftigte. Gleichgeblieben zu sein scheint demgegenüber die Arbeitsmotivation: Für höheres Einkommen (48 Prozent); bessere Aufstiegschancen (25 Prozent), mehr Selbständigkeit (25 Prozent), mehr Urlaub (22 Prozent), mehr Einfluß (22 Prozent), interessantere Tätigkeit (22 Prozent) wäre man bereit, auch mehr zu leisten, so hat das Meinungsforschungs-Institut EMNID herausgefunden.

Das scheint aber alles nicht auszureichen, um die Bundesrepublik auf den Weltmärkten wieder wettbewerbsfähig zu machen. Die Wirtschaftsverbände verlangen mehr Zugeständnisse, die Stimmungslage der Unternehmer ist noch immer gedrückt, 30 Prozent klagen weiter über schlechte Geschäftsaussichten (*Frankfurter Rundschau* vom 22. 3. 1988). Laut tönt das Jammerlied vom Standortnachteil, es wird sich über die politische Blockade von Investitionen beschwert, die Fehlqualifikationen der Arbeiter werden kritisiert, überall sehen sich staatliche Überreglementierungen ausgemacht, welche die Marktkräfte fesseln. Es wird nach weiteren Steuererleichterungen für das Kapital gerufen, die Regierung in London hat mit ihren Beschlüssen

zur Senkung der Spitzenbesteuerung hier den Weg gewiesen. Überhaupt sei die „Staatsquote" mit fast 47 Prozent hierzulande viel zu hoch, in den USA (37 Prozent) oder Japan (28 Prozent) komme man mit viel weniger Geld aus. Außerdem hätten diese Länder keine vergleichbar einflußreichen Gewerkschaften, die Löhne orientierten sich am Markt, nicht an der Vetomacht der Arbeitnehmerverbände. Die Bundesrepublik weise die höchsten Lohnkosten und die höchste Gewinnbesteuerung auf, wie solle man da konkurrenzfähig bleiben?

Wären diese hemmenden Faktoren freilich zur Wirtschaftsvernunft zu bringen, dann sähe alles gar nicht so schlecht aus. Wir wären auf dem Weg in eine mäßig dynamische Dienstleistungsgesellschaft. Der typische Deutsche im Jahr 2000, so die Zukunftsforscher von PROGNOS,

– ist älter (Durchschnittsalter 43 Jahre [1987: 40 Jahre]);

– arbeitet weniger (die jährliche Arbeitszeit sinkt um 187 Stunden auf 1 499 Stunden);

– produziert intensiver (seine Wertschöpfung steigt um 30 Prozent auf 43 025 DM);

– ist abhängiger vom Ausland (er produziert um 62 Prozent mehr Güter und Dienstleistungen als heute für den Export und bezieht um 67 Prozent mehr aus dem Ausland);

– verdient besser (sein Einkommen steigt um 35 Prozent auf 28 355 Mark);

– konsumiert mehr (er verbraucht 32 Prozent mehr Waren und Dienstleistungen);

– ist sparfreudiger als heute (er legt 58 Prozent mehr auf die hohe Kante).

Die Gewerkschaften vor dem Postindustrialismus

Voraussetzung für diese gesicherte Zukunft ist allerdings der Einstieg in den sogenannten „Postindustrialismus". Und Vorbedingung ist auch, daß die Gewerkschaften endlich zurückstecken müßten. „Solidarität" als Organisationsprinzip der Abhängigen ist gegenwärtig allgemein nicht besonders gefragt, sie gilt vielen geradezu als Hemmschuh für das eigene Fortkommen oder die Anpassung an den Weltmarkt. „Jedes kapitalistische Land hat auf Dauer die Arbeitslosigkeit", so meinte der Wirtschaftswissenschaftler Carl Christian von Weizsäcker in der *Zeit* vom 12. 2. 1988, „die erforderlich ist, um die Gewerkschaften zu veranlassen, sich mit stabilitätskonformen Lohnerhöhungen zufriedenzugeben." Keine Frage, die neuen Themen und Konstellationen, die veränderte Arbeitswelt und die innovativen Techniken werden auch Struktur und Funktion der Gewerkschaften beeinträchtigen und verändern. Ihre Mitgliederwerbung, ihre Organisation, ihr Verhältnis zum Betrieb, ihre Gesellschaftspolitik, ihr Image, vor allem aber auch ihre Tarifwaffen – all das und vieles mehr steht vor neuen Herausforderungen, nichts ist mehr selbstverständlich. Wie diese Anpassung ausgehen wird, welche der möglichen Alternativen des ‚Machtzuganges ohne Machtbeteiligung', der ‚Ausschließung von der Macht' oder der ‚Machtmitsprache' den Gewerkschaften beschieden sein wird, das hängt sicher auch von ihrer Lernfähigkeit ab. Nicht umsonst hat die IG Metall für 1988 eine ganze Serie von Fachkongressen und Diskussionsforen einberufen, die mit einer Tagung über „Die andere Zukunft" abgeschlossen werden soll.

Klar ist vor allem das eine: Gegenwärtig findet eine Entmythologisierung der Arbeit statt. Die Telematik verändert alle Lebensumstände, vor uns entrollt sich die Wissenschaftsgesellschaft, in der noch gar nicht absehbare Durchbrüche im medizinischen, biologischen, energetischen oder physikalischen Bereich anstehen, die noch dazu immer schneller auf den Markt zurückwirken. Wenn man will, so kann man diese Prozesse in der Bezeichnung „Nachindustrialismus" zusammenfassen, selbst wenn sie eher einer schwarzen Utopie gleichen, weil wir gar nicht wissen können, was am Ende alles dabei für unsere Lebenswelten herauskommt, um vom Überleben der Umwelt ganz zu schweigen. Ist mit dieser Bezeichnung aber etwas gewonnen? Was mit dem Slogan vom „Post" beabsichtigt ist, ist schon deutlicher: Wir müssen der Dinge harren, die da kommen werden, und dürfen ihnen bei Strafe weltwirtschaftlicher Rückschläge keine Steine in den Weg räumen.

Elastizität wird verlangt, schon deswegen, weil wir gar nicht wissen können, was noch alles entdeckt wird. Und wer wollte Neugierkontrollen befürworten, wenn sie denn möglich wären, um Forscherfinesse und Erfindergeist an die ethische Kandare zu legen? „Der Mensch beherrscht wohl die Technik", so hat Richard Woldt diese Problematik 1926 beschrieben, „aber die Technik beherrscht auch den Menschen." Das war schon eine Erkenntnis der Spätaufklärung, aber muß man deswegen die Hände postmodernistisch im Schoß falten? Wenn sich schon die Dynamik der Wirtschaftsmoderne nicht bremsen läßt, wenn sich vielleicht auch die Wissenschaftsinnovationen nur nachträglich begutachten lassen, so sind aber doch die sozialen Folgen dieser Prozesse in den Griff zu bekommen. „Wie ist Gesellschaft möglich, wenn der Kapitalismus das herrschende Wirtschaftssystem ist?", hat Werner Sombart 1912 mißmutig gefragt. Nun, die Antwort lag schon damals eigentlich auf der Hand: Jenes „Getriebe eines liebeleeren und erbarmungsfremden ökonomischen Kampfes ums Dasein", von dem Max Weber 1916 sprach, konnte durch die Leistung der politischen und sozialen Vertretungskörperschaften so menschenwürdig ausgestattet werden, daß es von den Arbeitnehmern auch als lebenswert angesehen wurde. Dabei haben diese Körperschaften nur jene Losungen aufgegriffen, auf die einst die Aufklärung die Moderne verpflichten wollte: Vor allem Freiheit und Gleichberechtigung waren das gesellschaftspolitische Credo, mit welchem das „Projekt Moderne" die Wirtschaftsmoderne als „Verheißung" interpretierte. Ohne Interessenbündelung durch die Arbeiterbewegung wäre diese Schonung des Menschen im Produktionsprozeß wahrscheinlich nicht erreichbar gewesen. Es ist darum nur folgerichtig, wenn in diesen schwierigen Zeiten der DGB auf seiner 5. Bildungspolitischen Konferenz im November 1987 wieder an diese Forderungen anzuknüpfen versprach. Erst wenn die alten Vorhaben überholt sind, sollte man sich neue Ziele setzen. Davon kann aber heute noch keine Rede sein, ringen wir doch momentan wieder einmal mit der entfesselten Moderne um die Achtung des Menschen. □

Neue Arbeit und Neue Technik

Daten, Fakten, Prognosen zur Lage und Entwicklung der Angestellten

von Ursula Feist

MEHR UND MEHR Angestellte – immer weniger Arbeiter. Diese Umschichtung in der Erwerbsbevölkerung, vor allem die Geschwindigkeit, mit der sich dieser Trend in den letzten Jahren vollzog, bestimmten noch Anfang der siebziger Jahre die Debatte um den sozialen Wandel. Ein großes Organisationsproblem komme auf die Industriegewerkschaften zu, hieß es: Seit jeher haben sich die Angestellten in ihrer Mehrheit kollektiver Interessenvertretung verweigert; für eine solidarische Arbeitnehmerpolitik ließen sie sich nur schwer gewinnen. Im Unterschied zu den Industriearbeitern halten sie wenig von dem Prinzip der Einheitsgewerkschaften für die eigene Interessendurchsetzung. Die Folge: 1970 machten die Angestellten nicht einmal 15 Prozent der im DGB organisierten Arbeitnehmer aus.

Die Gründe für die Zurückhaltung der Angestellten, in Gewerkschaften einzutreten, wurden ihrer besonderen Berufs- und Arbeitssituation zugeschrieben. Ihre Arbeit und ihre Aufgaben waren näher bei den Arbeitgebern angesiedelt. Besondere Fertigkeiten (Qualifikationen) waren verlangt. Keine Maschine diktierte den Arbeitstakt. Anders als die Arbeiterschaft und die Selbständigen wurden die Angestellten nicht in die ökonomischen und dadurch politisierten Klassen eingebunden. Die Ideologien, die sie entwickelten, waren daher nicht in ähnlicher Weise von der sozialen Klassenlage bestimmt wie etwa die der Arbeiterschaft. Angestellte lernten sich zu identifizieren mit Werten wie Eigenverantwortlichkeit, Unabhängigkeit, Selbstverwirklichung, Flexibilität, Kompromißbereitschaft, Qualifikation und Leistung: bürgerliche Tugenden.

Der wachsende Anteil der Angestellten und die zunehmende Marginalisierung der alten Klassen der Industriegesellschaft würden daher, so die Prognosen damals, die Handlungsfähigkeit der Gewerkschaften künftig empfindlich schwächen. Zudem müsse der sich abzeichnende Differenzierungsprozeß innerhalb der Angestelltenschaft das Organisationsproblem zusätzlich verschärfen.

Die Nachfrage nach einfacher Handarbeit und unqualifizierten Massenprodukten wird künftig noch weiter sin-

ken oder aber von anderen, billiger produzierenden Industrieländern befriedigt. Vor allem infolge der Mikroelektronik und der neuen Informationstechniken vollzieht sich eine Intellektualisierung von Tätigkeiten, die wachsende Kommunikations- und Kooperationsfähigkeiten der Beschäftigten erfordert.

Persönliche Eigenständigkeit, Selbstbewußtsein, intellektuelle Flexibilität, das Gefühl für Autonomie und Selbstkontrolle nehmen in der Folge zu. Arbeitnehmer, ob Facharbeiter oder Angestellte, die diesen Arbeitsbedingungen ausgesetzt sind, entwickeln ein „internes Kontrollbewußtsein": Es wächst die Überzeugung, der Mensch könne durch individuelles, nicht nur durch kollektives Handeln seine Lebensumstände beeinflussen und verändern. („Externes Kontrollbewußtsein" bedeutet demgegenüber, daß man sich primär als Produkt der Umstände begreift.) Ein neues Selbstverständnis leitet sich daraus ab. Man lernt, die eigene gesellschaftliche Rolle besser zu verstehen, sich seiner Individualität stärker bewußt zu werden. Die Folge: sinkendes Kollektivbewußtsein, abnehmende Organisationsbereitschaft, erhöhte Kritikfähigkeit gegenüber der Politik, ihren Organisationen und Institutionen (Parteien, Gewerkschaften). Deren Angebote zur Deutung der Realität werden kritisch hinterfragt.

Ein Bewußtseinswandel in diese Richtung wird noch von anderen Prozessen unterstützt. Die Phase der Erwerbsarbeit – nach alter Gesellschaftstheorie jener Erfahrungsbereich mit der stärksten Prägekraft für Denken und Handeln – wird nach und nach kürzer. Eine Folge: Soziale Lage und soziales Leben werden heute mehr und mehr durch Vorgänge außerhalb der Produktions- bzw. Arbeitssphäre definiert, was einer Abwertung der Berufsarbeit für die Definition von Lebenssinn gleichkommt. Umgekehrt werden Freizeiterfahrungen und die dort praktizierten Lebensstile zum Maßstab für die Regulierung der Arbeitsbeziehungen, können sich also in Forderungen an die Arbeitswelt und ihre Organisation niederschlagen.

Krise der Arbeitsgesellschaft

Anfang der achtziger Jahre sind Prognosen über die Zukunft der Gewerkschaften in der spätkapitalistischen Industriegesellschaft noch pessimistischer geworden. Ralf Dahrendorf spricht vom „Ende der Gewerkschaftsbewegung" – ein Dinosaurier des Industriezeitalters, der sich selbst überlebt habe und nur noch die Vergangenheit inszeniere. Längst wird der soziale Wandel nicht mehr an der wachsenden Zahl der Angestellten festgemacht, die inzwischen mit der Anzahl der Arbeiter gleichgezogen und sich seit 1939 im ganzen fast vervierfacht haben.

Im Mittelpunkt der Analysen steht nun vielmehr die Krise der gesamten Arbeitsgesellschaft, der rapide ökonomische, technologische und soziale Wandel mit seinen Risiken für Beschäftigung, Umwelt, soziale und humane Lebensqualität, für das Leben überhaupt. Von diesen Prozessen wird das Selbstverständnis der Gewerkschaften, der zentralen Institution zur kollektiven Interessenvertretung der Arbeitnehmer, ihre Fähigkeit, sich in der Auseinandersetzung um die künftige Gestaltung der Industriegesellschaft zu behaupten, im Grundsatz berührt. So fällt der alte Widerstand der Angestellten, sich gewerkschaftlich organisieren zu lassen, heute in einen neuen Problemzusammenhang, und beide verbinden sich miteinander. Die Lage der Angestellten, die ebenso wie die Arbeiter von dieser Entwicklung betroffen sind, ihre Mentalität, die den „Zeitgeist" gegenwärtig am besten reflektiert, wird somit zum Prüfstein gewerkschaftlicher Überzeugungsarbeit.

Denn alle Prognosen über die Zukunft der Gesellschaft gehen davon aus, daß der soziale Wandel begleitet ist von einem neuen Bewußtsein, das in groben Zügen der traditionellen Angestelltenmentalität ähnelt, eine solche Denkweise fördert oder auch erst konstituiert.

Zukunftsszenarios

Die Tertiarisierung der Gesellschaft, also die Ausweitung des dritten Sektors der Wirtschaft (Dienstleistung) auf Kosten zunächst des ersten (Landwirtschaft), dann des zweiten Sektors (industrielle Produktion), bewirkt auch noch künftig eine weitere Zunahme der Angestellten. Dabei verlagert sich indessen die Produktion aus dem Bereich der materiellen Güter hin zu den symbolischen Gütern.

Die Nachfrage nach einfacher Handarbeit und unqualifizierten Massenprodukten wird künftig noch weiter sinken oder aber von anderen, billiger produzierenden Industrieländern be-

Blickwinkel

friedigt. Vor allem infolge der Mikroelektronik und der neuen Informationstechniken vollzieht sich eine Intellektualisierung von Tätigkeiten, die wachsende Kommunikations- und Kooperationsfähigkeiten der Beschäftigten erfordert.

Persönliche Eigenständigkeit, Selbstbewußtsein, intellektuelle Flexibilität, das Gefühl für Autonomie und Selbstkontrolle nehmen in der Folge zu. Arbeitnehmer, ob Facharbeiter oder Angestellte, die diesen Arbeitsbedingungen ausgesetzt sind, entwickeln ein „internes Kontrollbewußtsein": Es wächst die Überzeugung, der Mensch könne durch individuelles, nicht nur durch kollektives Handeln seine Lebensumstände beeinflussen und verändern. („Externes Kontrollbewußtsein" bedeutet demgegenüber, daß man sich primär als Produkt der Umstände begreift.) Ein neues Selbstverständnis leitet sich daraus ab. Man lernt, die eigene gesellschaftliche Rolle besser zu verstehen, sich seiner Individualität stärker bewußt zu werden. Die Folge: sinkendes Kollektivbewußtsein, abnehmende Organisationsbereitschaft, erhöhte Kritikfähigkeit gegenüber der Politik, ihren Organisationen und Institutionen (Parteien, Gewerkschaften). Deren Angebote zur Deutung der Realität werden kritisch hinterfragt.

Ein Bewußtseinswandel in diese Richtung wird noch von anderen Prozessen unterstützt. Die Phase der Erwerbsarbeit – nach alter Gesellschaftstheorie jener Erfahrungsbereich mit der stärksten Prägekraft für Denken und Handeln – wird nach und nach kürzer. Eine Folge: Soziale Lage und soziales Leben werden heute mehr und mehr durch Vorgänge außerhalb der Produktions- bzw. Arbeitssphäre definiert, was einer Abwertung der Berufsarbeit für die Definition von Le-

benssinn gleichkommt. Umgekehrt werden Freizeiterfahrungen und die dort praktizierten Lebensstile zum Maßstab für die Regulierung der Arbeitsbeziehungen, können sich also in Forderungen an die Arbeitswelt und ihre Organisation niederschlagen.

Von außerhalb der Arbeitswelt kommt auch eine andere Perspektive, die kollektive politische Erfahrung erhöhter Lebensrisiken, etwa die Bedrohung unserer natürlichen Umwelt durch die Industrialisierung und ihre mangelhafte, sozial und human verantwortete Steuerung; die Angst vor atomarer Bedrohung durch Waffen und Kernenergie; die Kritik an fehlender Problemsensibilität der alten politischen Institutionen, ihre mangelnde Kompetenz, die Probleme einzudämmen, geschweige denn vorauszusehen. Die alten Konflikte der Arbeitswelt – eine gerechte Verteilung von Einkommen und Wohlstand und die Humanisierung von Arbeitsbedingungen – scheinen gegenüber diesen Existenzrisiken in den Hintergrund zu treten. Daraus entstehen neue Forderungen nach politischer Teilnahme, die sich vom Delegations- und Repräsentationsprinzip, wie es für die alten Institutionen kennzeichnend ist, entfernen und Formen direkter, individueller Beteiligung ansteuern.

Die „dritte industrielle Revolution", der Übergang von der Dienstleistungs- zur Informationsgesellschaft, konfrontiert schließlich die Arbeitnehmerschaft mit den Erfahrungen neuer Spaltungen, wachsender Aufgliederung und Uneinheitlichkeit. Sie finden ihren Ausdruck in höherer oder niedrigerer Arbeitsplatzsicherheit, steigender oder unzureichender Qualifikation, besseren oder schlechteren Aufstiegschancen, mit einem Wort: in unterschiedlichen Arbeitsmarkt- und Erwerbschancen. An ihrem Ende stehen neue soziale Ungleichheiten in ökonomischer, sozialer und individueller Hinsicht. Sie schwächen den gewerkschaftlichen Zusammenhalt und die Verhandlungskraft der Gewerkschaften auf betrieblicher und überbetrieblicher Ebene und gefährden die einheitliche Interessenvertretung aller Berufs-, Tätigkeits- und Wirtschaftsbereiche.

Inwieweit die Lage der Angestellten heute Teil dieser beschriebenen Prozesse ist, wie sie auf das Bewußtsein der Angestellten zurückwirkt, soll anhand einiger empirischer Daten näher verfolgt werden.[1]

Zentrale Fragen

Die zentrale Frage, die wir uns vorgelegt haben: Trocknet mit dem Wandel der Sozialstruktur tendenziell das Reservoir der Gewerkschaftsbewegung aus, oder kann sie sich durch diesen Wandel auch regenerieren?

Im einzelnen wollten wir untersuchen: Wie stark sind die Gewerkschaften heute unter den verschiedenen Angestelltengruppen verankert? Gibt es Tendenzen zur Annäherung oder nimmt die Entfernung weiter zu? Was fördert gewerkschaftliche Attraktivität und Organisationsbereitschaft, was hemmt sie? Welche Gesellschaftsbilder haben Angestellte? Welche Rolle spielen darin Wahrnehmungs- und Deutungsmuster gesellschaftlicher Zusammenhänge? Inwieweit reflektiert sich darin ihre eigene soziale Lage und welches Licht wirft dies auf ihre politische Aktionsfähigkeit zur Interessendurchsetzung? Schließlich, in welche Forderungen an die Gewerkschaften mündet dieses Lagebewußtsein?

Trends

Die Zahl der Angestellten hat in den letzten 50 Jahren in allen Wirtschaftssektoren kräftig zugenommen. Die „Tertiarisierung" ist damit nicht allein beschränkt auf den Dienstleistungssektor. Im Gegenteil, die Zunahme von Angestellten im produktiven Bereich fällt zahlenmäßig fast ebenso groß aus wie im Dienstleistungssektor. Der Angestelltenanteil ist vor allem in jenen

Industriezweigen besonders gewachsen, in denen hochautomatisierte Produktionsanlagen eingesetzt werden (z. B. Chemische Industrie, Maschinenbau) oder technologisch hochwertige und komplexe Produkte hergestellt werden (z. B. Elektronik, Optik).

Für die Industriegewerkschaften rücken im Zusammenhang mit der Organisierung von Angestellten somit insbesondere Fragen der fortschreitenden Modernisierung und des Umgangs mit neuen Techniken in den Vordergrund.

Vor allem gilt dies für den Dienstleistungssektor, der heute etwa 61 Prozent der verschiedenen Wirtschaftszweige abdeckt und in sich immer differenzierter wird. Die Einführung von Datenverarbeitung, die Elektronisierung von Bürotätigkeiten und der Aufbau von Informationssystemen durch Telekommunikation haben den Alltag von Angestellten grundlegend verändert und die Differenzierung innerhalb der Angestelltenschaft mit deutlichen Qualifikationsunterschieden weiter vorangetrieben.

Gewerkschaftliche Organisierung der Angestellten

Die 20 Prozent organisierten Angestellten, zu denen noch weitere 13 Prozent Organisationsbereite hinzutreten, verteilen sich sehr unterschiedlich auf die einzelnen Angestelltengruppen. Die größte Nähe zu den Gewerkschaften haben sich jene Angestellte bewahrt, die im Laufe ihres Berufslebens vom Arbeiter oder Handwerker in den Angestelltenstatus aufgerückt sind (angestellte Industrie- und Werkmeister). Den geringsten Organisationsgrad haben die Angestellten am unteren Ende der Qualifikationshierarchie.

Seit die Prognosen über die Organisationskrise der Gewerkschaften Anfang der siebziger Jahre in Umlauf kamen, hat sich die Zahl der im DGB organisierten Angestellten sichtlich erhöht. In den siebziger Jahren verteilte sich der Zuwachs etwa gleichermaßen auf Männer und Frauen, seit Anfang der achtziger Jahre beschränken sich die Neuzugänge hauptsächlich auf die Frauen. Das Verhältnis von Vollzeit- zu Teilzeitbeschäftigten liegt etwa bei vier zu eins. Von den 1987 knapp 877 000 organisierten Angestellten im Dienstleistungssektor (HBV und ÖTV) sind mittlerweile 54 Prozent Frauen. So sehr die stärkere Anlehnung der Frauen an die Gewerkschaften zu begrüßen ist, weil damit ein langwieriges Organisationsdefizit abgebaut wird, weisen diese Zahlen zusammen mit der Zunahme der Teilzeitbeschäftigung doch auch auf große Organisationsprobleme hin. Zuflucht suchen die eher „schwachen" Arbeitnehmer mit hohen Schutzbedürfnissen, während die Zahl der Angestellten in „Normalarbeitsverhältnissen" stagniert, wenn nicht zurückgeht.

Gewerkschaftlicher Organisationsgrad nach Statusgruppen von Angestellten und technischer Ausstattung des Arbeitsplatzes

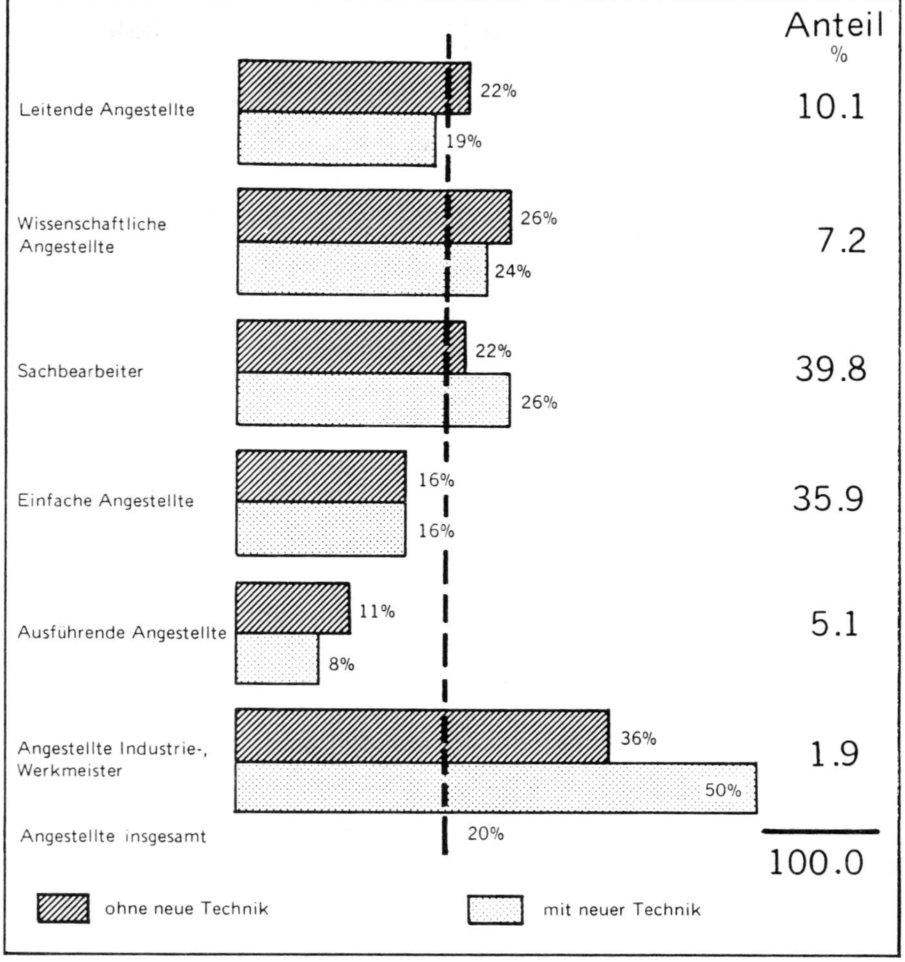

Angleichung in der Belastung

War in den fünfziger und sechziger bis in die frühen siebziger Jahre der Dienstleistungssektor das Auffangbekken des sozialen Wandels, indem er Beschäftigung bot für all jene Arbeiter, deren Arbeitsplätze der Teilautomation zum Opfer fielen, sind nun die Angestellten selbst von Rationalisierungsprozessen bedroht. Arbeitsökonomen sprechen davon, daß der Einsatz von

1 Basis dafür bietet eine Untersuchung, die der DGB unter Federführung der Hans-Böckler-Stiftung, in Zusammenarbeit mit verschiedenen Einzelgewerkschaften sowie verschiedenen Arbeits- und Sozialministerien einzelner Bundesländer im Verlauf des Jahres 1986 vom Institut für angewandte Sozialwissenschaft infas durchführen ließ. Befragt wurden 3 948 repräsentativ ausgewählte Erwerbspersonen, darunter 1 508 Angestellte, die hier in das Zentrum der Aufmerksamkeit gerückt sind.

Mikroelektronik in Büros, bei Dienstleistungen in Handel und Verkehr heute erst zehn Prozent seiner denkbaren Anwendung gefunden hat. Die „privilegierten" Arbeitsbedingungen der Angestellten, gekennzeichnet durch relative Autonomie über Zeit, Arbeitsmittel, Arbeitsergebnis, sind inzwischen ein Mythos der Vergangenheit. Angestellte sind heute nicht minder der Dynamik der Wirtschaftsmodernisierung ausgesetzt als Arbeiter: Arbeitslosigkeit, Leistungsverdichtung, erhöhte Kontrolle, Flexibilisierung in Form von Überstunden oder Arbeit auf Abruf, Qualifizierung, Umqualifizierung und Dequalifizierung kennzeichnen für immer mehr Angestellte den Arbeitsalltag.

Als Arbeitnehmer, die seit jeher nicht „Handarbeit", sondern „Kopfarbeit" zu leisten hatten, sind Angestellte dem Qualifizierungsdruck im besonderen Maße ausgesetzt – mit der Folge von Aufgliederung, je nach Grad der Weiterqualifizierung, zudem mit dem paradoxen Resultat der permanenten Qualifikationsvernichtung durch Qualifikationssteigerung. Das Ergebnis ist eine neue Art von Ungleichheit, weil nicht alle Personen im Gleichschritt ihre Qualifikation steigern können. Zum Beispiel im Bankgewerbe: Die Kassenangestellte, die in mehrfachen eintägigen Kursen in die Bedienung von Elektronikbuchung eingewiesen wird, verbessert ihre Qualifikation nicht in dem Maße wie der Kreditsachbearbeiter, der mehrmals im Jahr zu mehrwöchigen Ausbildungsseminaren geschickt wird, wo ihm neben Fachinformationen auch Techniken der Menschenführung beigebracht werden, die ihn als „Kleinunternehmer" im Angestelltenstatus weiter qualifizieren.

Die Folgen dieser Wirtschaftsmodernisierung sind bereits spürbar in einer Aufgliederung der Angestellten nach ihrer Qualifikation. Einfache Angestellte ohne besondere Qualifizierungsaussichten, die derzeit noch Restfunktionen im Dienstleistungsapparat erfüllen und Manövriermasse künftiger Automation darstellen, nehmen ihre Lage ähnlich wahr wie die Arbeitnehmer, fragt man sie beispielsweise nach voller Beanspruchung ihres beruflichen Könnens. Ihre Arbeitsplatzängste sind ähnlich groß wie bei den unqualifizierten Arbeitern. Sie haben zudem die neue Erfahrung von Arbeitskontrolle gemacht, ähnlich wie sie seit jeher den Arbeitsalltag der Facharbeiter kennzeichnet.

Bei diesem Gleichklang von Arbeitserfahrung wundert es nicht, wenn Arbeiter und Angestellte insbesondere am unteren Ende der Qualifizierungshierarchie auch ähnliche Perspektiven für die Deutung der gegenwärtigen Arbeitsmarktkrise entwickeln: Ob es dabei um die Frage geht, wer ernsthaft etwas gegen die Massenarbeitslosigkeit tut – Gewerkschaften, Arbeitgeber oder Bundesregierung; wem die Verantwortung für die Wirtschaftskrise zuzuschreiben ist – ob sie hausgemacht ist oder durch die weltwirtschaftliche Verflechtung bedingt; welche arbeitszeitpolitischen Maßnahmen am besten

Welcher Hut? Nur neu muß er sein.

Selbstbedienung

zur Bekämpfung der Arbeitslosigkeit geeignet sind – Abbau von Überstunden, Arbeitszeitverkürzung oder flexiblere Arbeitszeiten. In allen drei Perspektiven tendieren die einfachen Angestellten – ähnlich den Facharbeitern – eher zu gewerkschaftsnahen Konzepten und Krisendeutungen.

Ideologische Nivellierung

Neue soziale Ungleichheiten, die sich bei den Arbeitnehmern abzeichnen, haben den historischen Widerspruch zwischen Kapital und Arbeit, zwischen den sozialen Klassen der Produzierenden und derjenigen, die über Produktionsmittel verfügen, nicht außer Kraft gesetzt. Aber nicht erst im Postindustrialismus der achtziger Jahre ist von der Dynamik des klassischen Konflikts zwischen Kapital und Arbeit im Handeln und Denken von Arbeitnehmern wenig zu spüren.

Eine sehr frühe empirische Studie, von Psychoanalyse und kritischer Theorie der Frankfurter Schule gleichermaßen beeinflußt, beschäftigte sich mit der Arbeiterklasse in der Weimarer Republik. Die Untersuchung weist nach, daß die Arbeiterklasse – aller Rhetorik und anfänglichen Wahlerfolgen der Linken zum Trotz – kein revolutionäres Potential in sich trägt, was die Machtverhältnisse zwischen Kapital und Arbeit hätte überwinden können. Im Gegenteil. Erich Fromm, der Autor dieser Studie, kommt zu dem Ergebnis: Die soziale „Charakterstruktur" der Arbeiter, eher von kleinbürgerlicher Prägung, hat sogar den Sieg des Nationalsozialismus nicht zu verhindern vermocht.

Standen schon die deutschen Arbeiter der Idee des Klassenkampfes ziemlich fern, so erst recht die Angestellten. In diesem Sinne muß man heute erkennen, daß sich die Mehrheit der Arbeiter „verbürgerlicht" hat. Stellt man drei Gesellschaftsmodelle zur Identifikation zur Wahl, wird das Zwei-Klassen-Modell, das die Gesellschaft als klar in ein Oben und ein Unten getrennt vorstellt, von gut einem Fünftel (22 %) als gesellschaftliche Realität unserer Tage akzeptiert. Zwei andere gesellschaftliche Deutungsmuster konkurrieren stärker miteinander. Das Modell der nivellierten Mittelstandsgesellschaft kennt zwar ein extremes Oben und Unten, aber ansonsten hält es für die Mehrheit gleiche Chancen, gleichen Wohlstand bereit, baut auf verflochtene Interessensphären. Dieses Modell findet bei etwa 41 Prozent der Erwerbstätigen Zustimmung. Die dritte Gesellschaftsdeutung, das pluralistische Schichtenmodell, nimmt die Gesellschaft als konfliktgeprägt wahr. Die Konflikte sind jedoch nicht – wie im Zwei-Klassen-Modell – bipolar; die Konfliktparteien sind nicht homogen, die Konflikte nicht „rein" (einer gewinnt, der andere verliert, wie in einem Null-Summen-Spiel). Vielmehr gibt es ein Zusammenwirken auch bei gegensätzlichen Interessenlagen, Differenzierung durch Aufstieg oder Abstieg, Hierarchiestufen durch die Funktionalität der Arbeitsteilung. Dieses Modell entspricht dem Denken von 36 Prozent der Erwerbsbevölkerung. Dabei sind die Differenzen zwischen Angestellten- und Arbeitergruppen in keinem Fall dramatisch. Aus diesem Gesellschaftsverständnis leiten sich auch gesellschaftsgestaltende Zielvorstellungen ab. Drei Präferenztypen lassen sich dabei näher bestimmen:

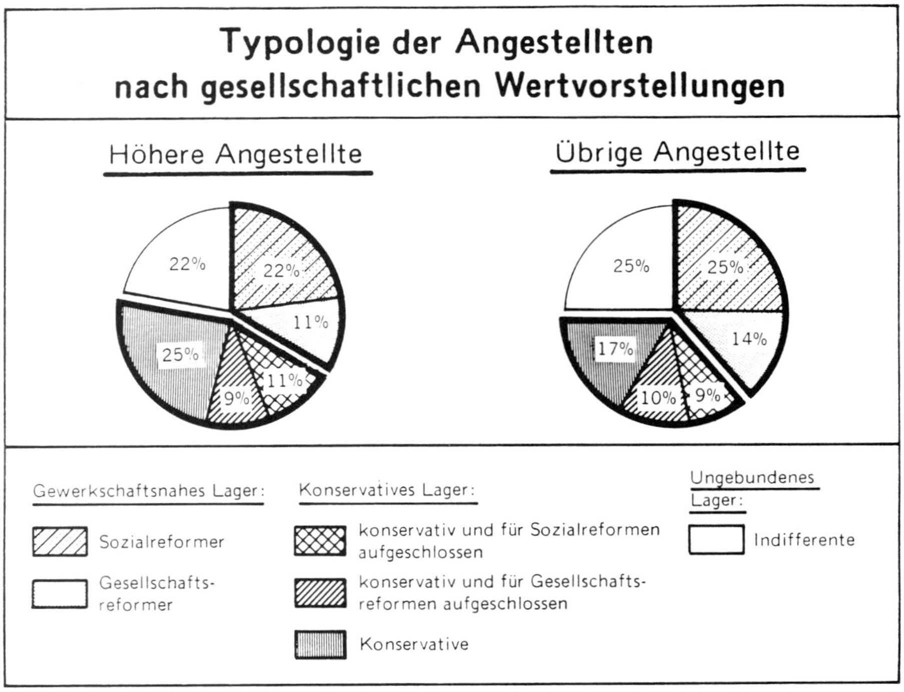

Typ 1: Mehr soziale Reformen
In diesem Präferenztyp drückt sich der Wunsch nach mehr sozialer Gerechtigkeit und sozialer Gleichheit aus. Seine Verfechter sind Anhänger des Wohlfahrtsstaats, denen es vor allem um die Gestaltung der Sozialordnung, um materiellen Wohlstand und um eine gerechte Verteilung des gesellschaftlichen Reichtums geht.

Typ 2: Mehr gesellschaftliche Reformen
Hier stehen Forderungen wie ‚mehr Demokratie', ‚mehr Solidarität', ‚mehr Freiheit für Andersdenkende' und ‚mehr grundlegende gesellschaftliche Reformen' im Vordergrund. Befürworter dieses Präferenztyps wenden sich zwar nicht gegen soziale Reformen, aber die Verbesserung der unmittelbaren sozialen Lage reicht ihnen für die Gestaltung der künftigen Industriegesellschaft nicht aus. Sie wünschen vielmehr darüber hinausreichende Strukturveränderungen, die sich auf weitere gesellschaftliche Bereiche erstrecken. Überspitzt formuliert handelt es sich um Anhänger einer Reform des Gesamtsystems.

Typ 3: Mehr konservative Grundwerte
Dieser Präferenztyp vereinigt die Ziele ‚mehr Pflichtbewußtsein', ‚mehr Leistung', ‚mehr Ruhe und Ordnung' sowie ‚mehr Beachtung von Sitte und Moral'. Dabei handelt es sich um eine Konstellation von eher konservativen Einstellungen, wobei kein besonderer Wert auf demokratische und soziale Reform gelegt wird.

Die Kombination dieser drei Typen, in Reinform bzw. in den denkbaren Kombinationen, liefert für die Mobilisierungsarbeit der Arbeitnehmerorganisationen einen interessanten Hinweis: Gewerkschaftsnahe Wertvorstellungen gehen unter den Angestellten deutlich über das Mitgliederpotential von 33 Prozent (Mitglieder plus Beitrittsbereite) hinaus. Dabei äußern sich, wie zu erwarten, Angestellte des unteren Status häufiger in diesem Sinne. Mehrheiten stehen allerdings auf der anderen Seite. Sie sind gegenüber Gesellschaftspolitik entweder ohne Meinung oder konservativ bzw. gemischt eingestellt.

Breite Resonanz des konservativen Modernisierungskurses
Die weite Verbreitung konservativer Grundhaltungen unter Angestellten ist noch konkreter ablesbar an der Zustimmung zu den gängigen Thesen, die von neoliberaler oder neokonservativer Seite vorgebracht werden, um die Dynamik der Wirtschaftsentwicklung ideologisch abzustützen. Da gelten Gewerkschaften als Hemmschuh notwendiger Innovation (45 Prozent Zustimmung), Individualisierung von Arbeitslosigkeit und Betonung des Leistungsethos (53 Prozent) als Heilkräfte der Krise. Die Wahrung der Wettbewerbsfähigkeit schließlich bildet das Ziel mit dem breitesten Konsens

Der Bundestag hat den freien Samstagnachmittag ab 1. Januar 1958 im Einzelhandel beschlossen

Für das Jahr 1957 sind als Übergangslösung schon jetzt kürzere Ladenöffnungszeiten vorgesehen

Ein Erfolg der Gewerkschaft Handel, Banken und Versicherungen

Erfolg verpflichtet, werde auch Du jetzt Mitglied unserer Gewerkschaft

BEITRITTSERKLÄRUNG

Vor- und Zuname | Wohnort, Straße

geb. | Eintritt | Betrieb

Unterschrift

Die Beitrittserklärung kann im Gewerkschaftshaus in jedem DGB-Büro abgegeben werden

Druck: Verlagsgesellschaft der IG. Bergbau, Bochum

(92 Prozent) für die Notwendigkeit, die Attraktivität des Industriestandorts Bundesrepublik um jeden Preis zu wahren.

Diese Argumente finden nicht überall gleichmäßig Anklang. An der Spitze stehen jeweils die Leitenden Angestellten, aber schon die Gewerkschaftsfeindlichkeit ist nicht von oben nach unten „hierarchisiert". Sachbearbeiter und ausführende Angestellte kritisieren ähnlich häufig wie die Leitenden Angestellten die Gewerkschaften als zu einflußreich, stellen also die Legitimität solidarischer Arbeitnehmerpolitik tendenziell ebenso häufig in Frage wie „unternehmernahe" Angestellte.

Individualisierung

Auf betrieblicher Ebene halten es die Angestellten nach wie vor in großer Mehrheit im Konfliktfall für aussichtsreicher, den direkten Weg zum Vorgesetzten zu gehen oder sich selbst an die Unternehmensleitung zu wenden, um ihre Interessen durchzusetzen. Facharbeiter vertrauen sich eher dem Netz der Arbeitnehmervertretung an. Gleichwohl: Alle Arbeitnehmer setzen zunehmend auch auf ihr eigenes Verhandlungsgeschick, d. h. sie individualisieren den Konfliktfall. Mißtrauen gegen die alten Institutionen der Arbeitnehmervertretung? Neu gewonnenes Selbstbewußtsein? Entsolidarisierung innerhalb der Regelung industrieller Beziehungen?

Keine Frage: Wenn von „entideologisierter Demokratie" gesprochen wird, wenn die Bedeutung von historischen Konflikten rückläufig ist und der Einfluß jener Institution, die diese Konflikte regelt, schwindet, wenn beim Übergang von der Dienstleistungs- zur Informations- (auch Kommunikations?)gesellschaft eine neue Werteskala entstanden ist, die sich stärker an individuellem Glück und Selbstentfaltung als an solidarischer Aktion orientiert, dann aktualisiert sich darin auch etwas von der mittlerweile eingetretenen Universalisierung des alten Angestelltenbewußtseins, nur zeitgemäß abgewandelt. Im Zuge der Wirtschaftsmodernisierung stellt sich das Angestelltenbewußtsein somit als *das* Organisationsproblem der Gewerkschaften heraus.

Verpflichtung auf alte und neue Aufgaben

Die kulturelle Hegemonie in den achtziger Jahren, nach einem Jahrzehnt Arbeitsmarktkrise und Wirtschaftsmodernisierung unter postmodernem Vorzeichen, liegt in den Händen jener, die die Gesellschaft nach konservativen Vorstellungen gestalten wollen.

Welchen Anspruch haben in dieser Situation die Gewerkschaften aus der Sicht der Arbeitnehmer, als anerkannter Faktor im Kampf um sozial- und gesellschaftspolitische Reformen auf der gesellschaftlichen Bühne mitzuwirken und mitzubestimmen? Sind auch hier die Angestellten in ihrer Individualisierungsmentalität die Triebfeder, die

Neokonservative Krisenrhetorik

Zustimmung

	Gewerkschaften haben zu viel Einfluß in unserem Staat %	Wer fleißig ist, bekommt letztlich immer Arbeit %	Wir müssen alles tun, um international wettbewerbsfähig zu bleiben %
Angestellte insgesamt	45	53	92
Leitende Angestellte	57	77	95
Wissenschaftl. Angestellte	32	56	83
Sachbearbeiter	48	53	91
Einfache Angestellte	39	46	93
Ausführende Angestellte	52	58	88
Angestellte Industrie-, Werkmeister	43	64	96

den Gewerkschaften den Boden zu kollektivem Handeln entziehen? Keineswegs: Die Anforderungen, die Angestellte an die Gewerkschaften in bezug auf deren künftiges Handeln richten, weichen kaum ab von den Erwartungen aller abhängig Beschäftigten. Eine Ausnahme bilden lediglich die Leitenden Angestellten.

Mit anderen Worten: Traditionelle quantitative Tarifpolitik (Löhne, Einkommen), qualitative Tarifpolitik (Humanisierung der Arbeitsbedingungen), gesellschaftspolitische Konzepte (Mitbestimmung), arbeitsmarktpolitische Maßnahmen (Verkürzung der Arbeitszeit), Engagement für Gesellschaftsreformen (Frieden, Umwelt) finden bei Arbeitnehmern, unabhängig von ihrem Status als Arbeiter oder Angestellter, in ähnlicher Weise Unterstützung. Bei aller sonst zu beobachtenden Besonderheit: Die Angestellten sperren sich nicht dem Gesellschaftsauftrag der Gewerkschaften.

Diese Vergewisserung kann die Gewerkschaften ermutigen, die Tendenzen der modernen Gesellschaft, die in Richtung Individualisierung, Emanzipation und Selbstbestimmung weisen, aufzugreifen, aber auch angesichts neuer sozialer Ungleichheiten die Arbeit an ihrem „gesellschaftspolitischen Glaubenssatz" fortzusetzen: Herstellung von Chancengleichheit und Humanität durch solidarische Aktion.

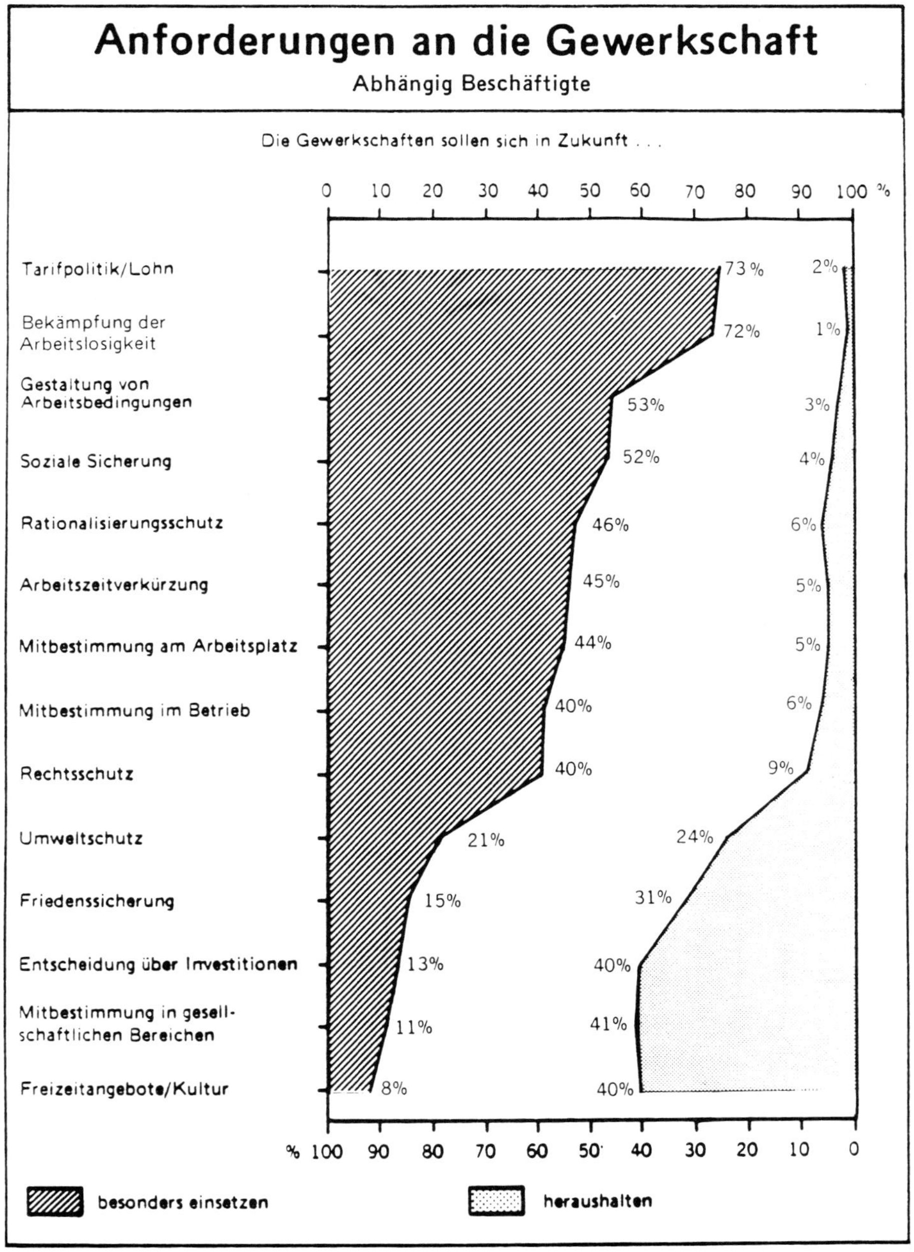

Berufliche Perspektiven von Angestellten in Dienstleistungsbereichen

von Martin Baethge und Herbert Oberbeck

Perspektiven der Entwicklung von Dienstleistungsarbeit

Die Entwicklung der Dienstleistungsbereiche und der Beschäftigungsverhältnisse der hier tätigen Angestellten bietet seit längerem Anlaß für weitreichende gesellschaftstheoretische Hypothesen über Art und Richtung des Wandels der sozialen Verhältnisse in den entwickelten bürgerlichen Gesellschaften. Auf der einen Seite werden – in Anknüpfung an die Theorien von C. Clark (1940) und J. Fourastié (1954)[1] – optimistische Thesen propagiert, die eindringlich eine neue Epoche von „Dienstleistungs-", „Informations-" oder „nachindustrieller Gesellschaft" ankündigen. Optimistisch wird vor allem auch die Dynamik der Arbeitswelt im Gefolge dieses gesellschaftlichen Strukturwandels eingeschätzt. Der besondere Charakter von Dienstleistungsarbeit, d.h. die Bedeutung von Kommunikation und Kooperation in den Arbeitsprozessen, wird als Barriere gegen Ansätze zur qualitativen und quantitativen Entwertung von menschlicher Arbeitskraft durch Maschinen und Automation, wie sie über lange Jahre hinweg aus der Produktion vermeldet wurden, gewertet. Die Orientierung an Kunden- und Klienteninteressen wird zudem häufig als Basis einer vielfältigen, inhaltlich anspruchsvollen und abwechslungsreichen Arbeitswelt bezeichnet.

Im Gefolge der von Braverman[2] ausgelösten Debatte um die Arbeit im modernen Produktionsprozeß geriet auf der anderen Seite nicht wenigen Sozialwissenschaftlern und Gewerkschaftsfunktionären in der Bundesrepublik der Einzug der angewandten Mikroelektronik in den Büros und Dienstleistungsagenturen zum Beweis dafür, daß nunmehr auch die Tätigkeiten von qualifizierten Angestellten einer umfassenden technischen Rationalisierung unterworfen würden und die in vielen Produktionsbereichen längst eingeführte Arbeitsteilung in die privilegierten Bezirke geistiger Arbeit Einzug hielte. Beschäftigungszuwächse in den Dienstleistungsbereichen und relativ optimistische Prognosen für die Qualität der Dienstleistungsarbeitsprozesse würden sich vor diesem Hintergrund gleichsam von selbst erledigen.

Es ist davon auszugehen, daß keine dieser gegensätzlichen Entwicklungshypothesen die aktuelle und künftig zu erwartende Situation in den Hauptbereichen kaufmännischer und verwaltender Tätigkeiten kennzeichnen wird, zu denen der Handel sowie Kreditinstitute und Versicherungen ebenso zählen wie industrielle und öffentliche Verwaltungen. Die These, daß sich kaufmännische und verwaltende Dienstleistungstätigkeiten aufgrund ihrer spezifischen Ausrichtung auf Zusammenwirken mit Kunden sowie aufgrund ihrer spezifischen Form als Gewährleistungsarbeit (Dienstleistungsarbeit auf Abruf) gegen ehrgeizige technische und organisatorische Rationalisierungen generell sperren,[3] läßt sich nicht halten. Zur Disposition steht seit Beginn der achtziger Jahre ohne Zweifel Angestelltenarbeit in Büros und Verwaltungen in großem Maßstab. Sowohl die Tatsache, daß heute nahezu alle Angestelltentätigkeiten in den Büros durch den Einsatz von Computer-

1 Clark, C.: The Conditions of Economic Progress, London 1940;
Fourastié, J.: Die große Hoffnung des 20. Jahrhunderts, Köln 1954;
Czech, D./Weiß, G.: Technologische Entwicklung und Arbeitsgestaltung im Bankgewerbe, in: *WSI-Mitteilungen* 3, 1985

2 Braverman, H.: Die Arbeit im modernen Produktionsprozeß, Frankfurt/New York 1977

3 Vgl. exemplarisch:
Berger, J./Offe, C.: Die Entwicklungsdynamik des Dienstleistungssektors, in: Leviathan 8 (1980), S. 41–75
Berger, U.: Wachstum und Rationalisierung der industriellen Dienstleistungsarbeit. Zur lückenhaften Rationalität der Industrieverwaltung. Frankfurt/New York 1984

technologien und neuen Kommunikationstechniken betroffen sind, als auch die fortschreitende Entwicklung immer neuer, verfeinerter technischer Rationalisierungspotentiale demonstrieren, daß der Zugriffshorizont der betrieblichen Rationalisierungsstrategien sich heute bis auf die höchsten Ebenen kaufmännischer und verwaltender Tätigkeiten vorgeschoben hat. Dies bedeutet aber weder eine Bestätigung der These, daß aufgrund der ständig neuen und ökonomisch immer gewichtiger werdenden Entwicklungen von Informations- und Kommunikationstechnik (IuK-Technik) der Marsch in das Zeitalter menschenleerer Büros unausweichlich sei,[4] noch der Annahme, daß sich die Rationalisierung der Dienstleistungssektoren nach dem gleichen (tayloristischen) Muster vollzöge, das lange Zeit für die Produktion beherrschend war.

Intensivierung und Ausweitung des Zugriffshorizonts der Rationalisierung im Dienstleistungsbereich sollten nicht den Blick dafür versperren, daß die Unternehmen seit Beginn der achtziger Jahre den Einsatz der neuen Techniken vor allem in kunden- und marktbezogenen Fachabteilungen und Filialen aus einer grundlegend veränderten Perspektive betrieblicher Rationalisierung heraus betreiben. Wir haben diese neue Qualität der Rationalisierung von betrieblicher Dienstleistungsarbeit und von überbetrieblichen Dienstleistungsbeziehungen systemische Rationalisierung genannt.[5]

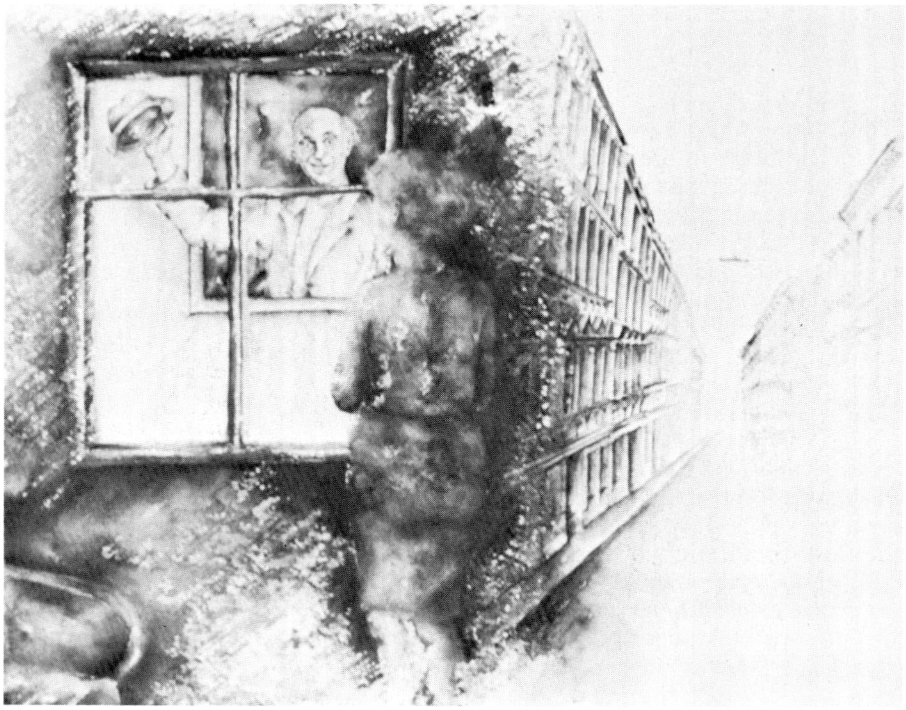

Systemische Rationalisierung

Systemische Rationalisierung in Dienstleistungsunternehmen heißt, daß der Einsatz von IuK-Technik nicht mehr länger punktuell, auf einzelne betriebliche Funktionen hin betrieben wird, sondern daß von den Unternehmen verstärkt auf die integrierte, technisch-soziale Gestaltung von Arbeits-, Betriebs- und Marktstrukturen abgestellt wird. Mit dieser Erweiterung und Vertiefung betrieblicher Rationalisierungskonzepte geht ein *Wandel der Rationalisierungskalküle in den Dienstleistungsunternehmen* einher. Chancen zur Marktbehauptung und zur Optimierung der Bilanz- und Ertragsentwicklung werden nicht mehr vorrangig in dem Konzept des Personalersatzes durch automatische Abläufe und Selbstbedienung der Kunden gesehen, das in den siebziger Jahren als betriebliches Rationalisierungsmuster vorgeherrscht hat. In den meisten Dienstleistungsunternehmen wird seit Beginn der achtziger Jahre mehr und mehr gesehen, daß sich eine ausschließliche Fixierung auf den Faktor Personaleinsparung durch Technikeinsatz für den Absatz von Dienstleistungsprodukten als durchaus kontraproduktiv erweisen kann, weil dadurch Flexibilität im Umgang mit Kunden und Geschäftspartnern beschnitten wird, weil Kunden gerade bei komplexeren Dienstleistungen, zu denen etwa die Mehrzahl aller Geld-, Kredit- und Vorsorgegeschäfte zählen, fachkompetente personenbezogene Beratung erwarten und weil die

4 Vgl. exemplarisch:
Briefs, U.: Informationstechnologien und Zukunft der Arbeit: ein politisches Handbuch zu Mikroelektronik und Computertechnik. Köln 1984;
Haefner, K.: Die neue Bildungskrise. Herausforderung der Informationstechnik an Bildung und Ausbildung. Basel 1982;
Rolf, A.: Zur Veränderung der Arbeit in Büro und Verwaltung durch Informationstechnik. Münster 1983;
Taylor, F. W.: Die Grundsätze wissenschaftlicher Betriebsführung, München ^{2}1979;
Volpert, W.: Das Ende der Kopfarbeit oder: Daniel Düsentrieb enteignet sich selbst, in: *psychologie heute,* Nr. 10 und 11/1984

5 Baethge, M./Oberbeck, H.: Zukunft der Angestellten. Neue Technologien und berufliche Perspektiven in Büro und Verwaltung. Frankfurt/New York 1986

Hauptkontor einer Großfirma um 1906

Männer und Frauen an Schreibmaschinen um 1957

Frühe Bürorationalisierung Ende der zwanziger Jahre (Sechs Schreibmaschinen sind durch elektrische Anschlüsse miteinander verbunden, so daß sie von einer Schreibkraft gleichzeitig bedient werden können.)

Großraumbüro 1971

Datenverarbeitung

Kommunikation im Büro um 1979

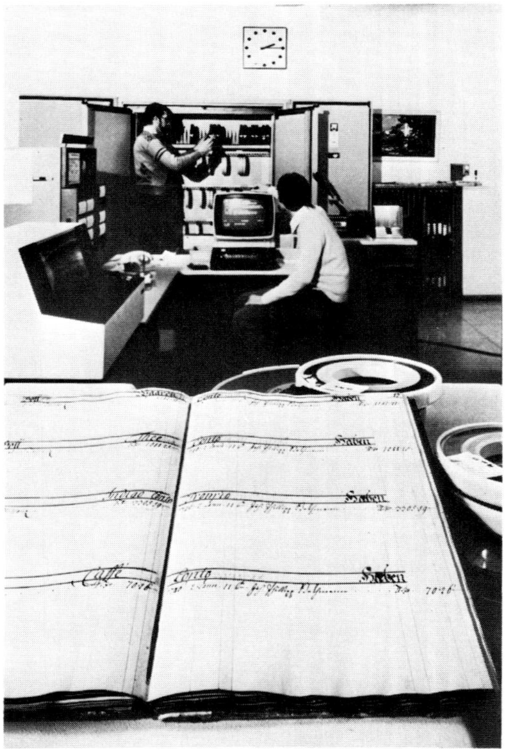

Alte und neue Kontenführung

Amortisation systemischer Automationskonzepte weniger denn je gesichert erscheint. (Dies schließt nicht aus, daß einzelne Handelskonzerne sowie auch einzelne Unternehmen des Kreditgewerbes ihre jeweiligen Marketingkonzepte auf Automation, Selbstbedienung, Direktvertrieb, Servicereduktion usw. gründen, um so Marktnischen zu besetzen.)

Die Herausbildung und Umsetzung dieser neuen Rationalisierungsperspektive ist derzeit ohne Zweifel in den Kreditinstituten und Versicherungen am weitesten fortgeschritten. Sie ist aber auch in den Verwaltungsbereichen großer Handelskonzerne durchaus zu beobachten und betrifft dort vor allem den Aufbau von integrierten Warenwirtschaftssystemen sowie Anwendungen zur Verbesserung der Personaleinsatzplanung und der Logistik. Als spezifische Rationalisierungsformen überwiegen im Handel daneben immer noch die teilweise schon seit den sechziger Jahren bekannten Maßnahmen der Konzentration und der Zentralisierung von Unternehmen und Funktionsbereichen (vor allem Einkaufs-, Steuerungs- und Marketingfunktionen).

Für systemische Rationalisierung sind also nicht nur neue Konzepte der Nutzung von IuK-Techniken (Technikselektion), sondern ebenso vollkommen veränderte Konzepte des Personaleinsatzes grundlegend. Die von den Dienstleistungsunternehmen in den letzten zehn Jahren mehrheitlich verfolgte Personaleinsatzpolitik zeigt das deutlich. Die durch die Automation einfacher Bürohilfstätigkeiten (Registratur, Botendienste, Datenerfassung) und einfacher Routinetätigkeiten in den nicht vornehmlich kundenorientierten (back-office-) Bereichen erzielten Personaleinsparungen wurden – von einzelnen Ausnahmen vor allem im Handel abgesehen – nicht zur Reduzierung der Mitarbeiterzahlen genutzt. Die Rationalisierung des Zahlungsverkehrs, der Textverarbeitung, der Registratur und anderer Abwicklungsvorgänge (Bestellwesen) wurde vielmehr als Voraussetzung für eine grundlegende qualitative Veränderung der Personalstruktur genutzt. Ziel dieser Umstrukturierung war es, mehr und mehr Beschäftigte für die Beratung von Kunden und für die Intensivierung der Geschäftsbeziehungen einzusetzen.

Die neuen Konzepte des Technikeinsatzes und die veränderten Personaleinsatzkonzepte sind Ausdruck der Umstrukturierung der gesamten Geschäftspolitik in Kreditinstituten und Versicherungen sowie in den Verwaltungsbereichen des Groß- und Einzelhandels seit Ende der siebziger Jahre. Chancen zur Optimierung der Verwertungsinteressen und der Markterschließung werden von den Unternehmen seither vor allem in der Verbesserung der Vorhersage des Marktgeschehens und der Marktsteuerung gesehen. Mit Hilfe der IuK-Technik sollen Kunden, Lieferanten und Kooperationspartner in ihren jeweiligen Verhaltensdispositionen und Interessen durchsichtiger gemacht und nicht genutzte Marktpotentiale analysiert werden. Die Realisierung des Ziels einer verbesserten Marktsteuerung aber bleibt bei den geltenden Verkehrsformen auf Dienstleistungsmärkten für vorerst unabsehbare Zeit an den unauflöslichen Zusammenhang von Techniknutzung und qualifizierter Arbeitskraft gebunden. Nicht Automatisierung zur Verdrängung von Arbeitskraft ist also heute das bestimmende Prinzip der Rationalisierung in den meisten Dienstleistungsbüros, vielmehr herrscht Technikselektion zugunsten von Arbeitskraft vor, die nicht in erster Linie als Anhängsel einer die Arbeitsprozesse dominierenden Technik dient, sondern die zu aktiver Gestaltung von Marktbeziehungen unter Hinzuziehung technischer Unterstützungsprogramme in der Lage ist.

Die Automation ganzer Vorgangskomplexe bleibt auf einfache, weitgehend schematische Abwicklungstätigkeiten in den back-office-Bereichen beschränkt. In den Marktbereichen, wo Kunden beraten werden und wo um die Festlegung von Konditionen verhandelt wird, wird dagegen durchgängig auf das Prinzip der Technikunterstützung von qualifizierter Arbeitskraft gesetzt. Dies heißt konkret, daß etwa Dienstleistungsunternehmen längst nicht mehr alle technischen Potentiale in den Marktbereichen anwenden, die von Herstellerseite lieferbar wären. So gilt wiederum beispielhaft für die Mehrzahl der Kreditinstitute, daß den Kundenberatern und Kreditsachbearbeitern die integrierten Datenbanksysteme im wesentlichen als Informationsbasis für die Gestaltung der Beratungsgespräche und der Entscheidungsprozesse über Vertragskonditionen zur Verfügung gestellt werden. Das Aufspüren von Marktlücken bei einzelnen Kunden wird so den Kundenberatern und Sachbearbeitern ebenso überlassen wie die Gestaltung des je konkreten Beratungsgesprächs.

Die technischen Möglichkeiten lassen zweifelsohne andere Nutzungsformen in den markt- und kundenbezogenen Abteilungen und Filialen zu. So ist vereinzelt durchaus zu beobachten, daß Unternehmen des Kreditgewerbes die Sachbearbeitertätigkeiten in der Kundenberatung durch hochkomplexe Software-Programme so eng wie möglich zu steuern versuchen. Die Sachbearbeiter werden hier in eine Berufsrolle gedrängt, in der sie mehr und mehr als Vollzugsorgan von programmierten Technikabläufen fungieren.

Insgesamt sprechen allerdings eine Reihe von Anzeichen dagegen, daß sich zukünftig solche Konzepte der computergesteuerten Vorgangsbearbeitung gegenüber dem Konzept der computerunterstützten Vorgangsbearbeitung durchsetzen werden. Die Mehrheit der Unternehmensvertreter, die aktuell auf die Kombination von Technik und Beratung durch qualifiziertes Personal setzen, sehen die Expansionschancen der Dienstleistungsunternehmen offenkundig am besten gewahrt, wenn die Kunden von kompetenten Fachkräften auf der Basis personenbezogener Geschäftsbeziehungen an die Unternehmen gebunden werden. Kundenberater, die in der fachspezifischen Bewertung von Geschäftsvorgängen und Kundenanliegen allzu offensichtlich von der EDV gesteuert werden, werden dagegen als marketingschädlich eingestuft.[6] Von entscheidender Bedeutung für die Durchsetzung der Strategie computerunterstützter Sachbearbeitung in Kreditinstituten und Versicherungen sowie in den Verwaltungsbereichen der Handelsunternehmen ist der Aufbau der zentral organisierten Datenbanksysteme für alle Geschäfts- und Vertragsbeziehungen, die leistungsfähige Großcomputer mit hohen Speicherkapazitäten voraussetzen. Die größeren Dienstleistungsunternehmen haben ihre Investitionen in den letzten zehn Jahren vor allem für die Entwicklung solcher integrierten Kunden- und Vertragsdatenbanken eingesetzt. Sie wollen auch weiterhin an diesem Konzept einer leistungsstarken zentralen EDV-Anlage festhalten, weil sie darin die beste Gewähr für die Optimierung der Steuerungsmöglichkeiten von Geschäftspolitik und Unternehmensplanung sowie für die Effektivierung der innerbetrieblichen Ablaufprozesse (Vermeidung von Doppelbearbeitung ein- und desselben Vorgangs) und der Leistungsqualität (Sofortbearbeitung von Kundenanliegen) sehen.

Mit der Stärkung strategisch-konzeptioneller Unternehmenssteuerung zielen die Dienstleistungsunternehmen unter anderem auf die Außenbeziehungen und auf die Marktdynamik selbst. Das innerbetriebliche Betriebsgeschehen soll nicht nur im Rahmen jeweils vorfindlicher, von außen gesetzter Marktdaten möglichst effizient organisiert werden. Strategisch-konzeptionelles Planen und Steuerung von Geschäftspolitik heißt vielmehr auch, Entwicklungstendenzen von Marktstrukturen so gut wie möglich vorwegzunehmen und soweit wie möglich aktiv mit zu gestalten. Improvisation und ausschließlich zeitpunktbezogenes Agieren am Markt, so der Glaubenssatz einer zahlenmäßig immer größer werdenden neuen Managergeneration, sind gut, als noch besser werden indessen die systematische Analyse und Planung von potentiellen Verlaufsprozessen der Marktdynamik eingestuft.

Wenn heute in Handelsunternehmen sowie in Banken und Versicherungen der Grundsatz verfochten wird, unternehmerischen Erfolg nicht mehr allein danach zu bewerten, daß im Gesamtergebnis schwarze Zahlen geschrieben werden, sondern daß möglichst jede einzelne geschäftspolitische Aktivität vor Ort einen Beitrag zur positiven Ertragsentwicklung beisteuert, so spiegelt sich darin die Entwicklung der Stärkung zentraler Unternehmenssteuerung zu Lasten der Fachabteilungen und Filialen. Die Angebotspalette von Waren und Dienstleistungen, die Präsentationsform von Produkten, der Beratungsaufwand und erfolgte Geschäftsabschlüsse werden im einzelnen auf den Prüfstand der Profitabilität und der strategischen Bedeutung für die Unternehmenspolitik gelegt, um daraus Schlußfolgerungen für Beratungs- und Verkaufsstrategien sowie für Produkt- und Kundengruppenwahl am Markt abzuleiten.

Angestellte an der Schwelle zu den neunziger Jahren

Das Qualifikationsprofil des auf der Basis dieser neuen Unternehmensstrategien tätigen Angestellten wird von guten Fachkenntnissen, einer hohen intellektuellen Flexibilität im Umgang

6 In dieser derzeit dominierenden Bewertung der Marktanforderungen liegt auch die vor allem in den Finanzinstituten weit verbreitete *Skepsis gegenüber Selbstbedienungs-Terminals* (z. B. Geldautomaten) begründet. Sie werden in erster Linie als Zusatzservice angeboten und nicht, um möglichst menschenleere und kommunikationsarme Schalterhallen zu bekommen.

7 Wir sprechen in diesem Zusammenhang bewußt *nicht* von einem Paradigmawechsel in den arbeitspolitischen Strategien der Dienstleistungsunternehmen. Hier gilt es, allzu glatten Parallelisierungsbemühungen von Industriesoziologen und Praktikern entgegen zu halten, daß die in den letzten drei Jahrzehnten vollzogene Entwicklung von Produktions- und Dienstleistungsarbeit nicht ein und derselben Rationalisierungsgeschichte (mit einer bloßen Zeitverzögerung in den Büros) unterworfen war. Für die breite Masse kaufmännischer und verwaltender Angestelltenfunktionen wurden ausgesprochen tayloristische Rationalisierungsstrategien weder konzipiert noch realisiert. Ansätze hierzu hat es in gewissem Umfang in der Textverarbeitung, in der Datenerfassung und in bestimmten Bereichen routinisierter Angestelltenarbeit (Belegprüfung, Inkassotätigkeit, Dokumentation und Fortschreibung von Kontendaten) gegeben, aber selbst diese waren in aller Regel mehr von den Arbeitsmarktengpässen in der Boomphase vieler Dienstleistungsbereiche (1965 bis 1975) als von gezielter Rationalisierungspolitik der Unternehmen und Verwaltungen bestimmt. In der Entwicklung der Arbeitsorganisation haben also Angestellte mehrheitlich durchaus andere Erfahrungen gemacht als viele Arbeiter, eine Tatsache, der sich die um die verstärkte Organisation von Angestellten bemühten Gewerkschaften erst seit kurzem schmerzlich bewußt werden, nachdem die jahrelang im Gefolge des Taylorismus-Theorems prognostizierte automatische Hinwendung der Angestellten zu kollektiver Interessenvertretung ausgeblieben ist. Solche historischen Unterschiede werden von all jenen begrifflich eingeebnet, die den Begriff des Taylorismus zum Strukturbegriff für die Entwicklung der Arbeit unter kapitalistischen Verhältnissen verkürzen und ihm damit seine kritische Schärfe nehmen.

Handarbeit 1986

mit wechselnden Situationen, ausgeprägten analytischen Fähigkeiten zur Interpretation von Informationen und einer differenzierten Fähigkeit zum Gespräch geprägt. Insgesamt bedeutet dies eine Zuspitzung und Perfektionierung der Kompetenzen, die gute Einzelhandels- sowie Bank- und Versicherungskaufleute schon immer ausgezeichnet haben.

Nicht das breite Vordringen von Routinearbeiten und massenhafte Dequalifizierung bestimmen also heute den hauptsächlichen Entwicklungstrend. Im Gegenteil, in zentralen Bereichen der marktbezogenen Dienstleistungen zeichnet sich eine arbeitsorganisatorische Strategie ab, die auf Aufgabenintegration und -erweiterung für den einzelnen Sachbearbeiter setzt und die zu komplexeren Tätigkeitsprofilen führt.[7] Dies passiert nicht zwangsläufig und überall, kennzeichnet aber heute den Hauptweg in all den Bereichen, in denen am Markt operiert wird und in denen die Bedienung eines Kunden aus einer Hand Sinn macht. Die in diesen Bereichen tätigen Beschäftigten können durchaus als Rationalisierungsgewinner bezeichnet werden. Daneben bleiben allerdings vorerst noch auf längere Sicht auch gering qualifizierte Tätigkeiten in den back-office-Bereichen von Kreditinstituten und Versicherungen sowie in den ganz auf Selbstbedienung abstellenden Handelsunternehmen erhalten. Was für qualifizierte Einzelhandelskaufleute, Kundenberater, Außendienstmitarbeiter und Kreditsachbearbeiter an positiven Entwicklungstendenzen im Zuschnitt des Tätigkeitsprofils festzustellen ist, läßt sich fast spiegelbildlich in Form von Negativmomenten für die Arbeits- und Berufssituation der Mitarbeiter dieser Bereiche und Unternehmen anführen. Der weitgehende Ausschluß dieser Beschäftigtengruppen von der fachlichen Kundenberatung und die Konzentration der gesamten Tätigkeit auf einfache Routinetätigkeiten (von der Belegsortierung bis zum Regalauffüllen) und Nachfolgearbeiten aus Marktgeschäften hat das inhaltliche Aufgabenspektrum dieser Angestelltengruppe stark verengt. Die zunehmende Computerisierung dieser Abwicklungsfunktionen vor allem in den Finanzinstituten führt zudem zur inhaltlichen Entleerung der Tätigkeiten und zu Arbeitssituationen, die nur noch wenig Lernanregungen bieten und in denen sich die Angestellten zunehmend als Anhängsel des EDV-Systems begreifen müssen. Sie werden damit zu ausgesprochenen Verlierern der Rationalisierung in den Dienstleistungsbereichen. Es handelt sich dabei durchweg um Frauen. Auch wenn diese Tätigkeiten auf lange Sicht weitgehend wegrationalisiert werden sollten, werden sie für die nächsten fünf bis zehn Jahre eine durchaus noch relevante Gruppe von Angestellten binden nehmend häufiger auch mit Zusatzqualifikationen aus der beruflichen Weiterbildung, die in der Kundenberatung, in der Antragsbearbeitung von Kredit- und Schadensfällen sowie in anderen marktbezogenen Bereichen des Kredit- und Versicherungsgewerbes eingesetzt werden. Im Groß- und Einzelhandel handelt es sich um die fachlich versierten Verkäufer in all jenen Sparten, die ihre Marktchancen weniger durch Förderung von Selbstbedienung als vielmehr durch das Setzen auf anspruchsvollere und beratungsbedürftige Warensortimente gesichert sehen.

Kunst aus dem Computer um 1963

(zwischen zehn und zwanzig Prozent in Kreditinstituten und zwischen 20 und 40 Prozent in Versicherungen).

Damit zeichnet sich für marktbezogene Dienstleistungsbereiche eine Belegschaftsstruktur ab, an deren einem Ende eine kleiner werdende Minderheit von gering qualifizierten Angestellten, zumeist Frauen, steht, die keine berufliche Zukunft im Unternehmen hat. Ihre Arbeitsplätze sind entweder von der ausgreifenden technischen Rationalisierung bedroht oder aber – wie in den Discount-Märkten – durch das einseitige Abfordern einfachster Hilfstätigkeiten im Zuge der Warenverteilung gekennzeichnet. An ihrem anderen Ende steht eine bisher kontinuierlich angewachsene Gruppe hochqualifizierter Experten in den Stabsabteilungen und in den Leitungs- und Steuerungsfunktionen der größeren Dienstleistungskonzerne, die heute zumeist ein Hochschulstudium der Wirtschaftswissenschaften, Jurisprudenz oder Informatik absolviert haben und die bisher eine relativ exklusive berufliche Position mit guten Karrierechancen bekleiden. Zwischen beiden Polen liegt die Mehrheit der Belegschaft. In den Banken und Versicherungen handelt es sich um die große Zahl qualifizierter Sachbearbeiter mit mehrjähriger Fachausbildung und zu-

Insgesamt geht diese Mehrheit der Angestellten keineswegs einem neuen goldenen Zeitalter entgegen. Trotz Aufwertung der individuellen Fachqualifikation sind die betriebliche Stellung und die beruflichen Perspektiven des einzelnen Angestellten mit Einführung der neuen Technologien und durch die Zentralisierung strategisch-konzeptioneller Funktionen (z. B. Wareneinkauf) sowie aufgrund veränderter Angebotsstrukturen auf dem Arbeitsmarkt unwiderruflich schwächer geworden. Die innerbetriebliche Machtbalance zwischen Management und Angestellten hat sich weiter zugunsten des Managements verschoben, auch wenn beide Seiten dies sich heute nicht gern laut eingestehen. Die gestiegenen Möglichkeiten der Kontrolle des Arbeitsablaufs, die erhöhte Transparenz der Betriebs- und Marktprozesse und die neue Form der elektronischen Datenspeicherung und -verarbeitung machen die Unternehmensleitungen zunehmend unabhängiger vom individuellen Erfahrungswissen, das leichter verfügbar zu machen ist als früher.

Zu beobachten ist heute vor allem, daß die bisher relativ starke betriebliche Machtposition von Fachabteilungen und Filialen durch den Aufbau integrierter Datenbanken und durch die arbeitsorganisatorische Separierung von Steuerungsfunktioinen (Controllingabteilungen, betriebswirtschaftliche Abteilungen) tendenziell in Frage gestellt wird. Die Fachabteilungen und Filialen müssen mit der Übertragung der geschäftspolitischen Informationen aus den von ihnen geführten Akten und Karteien auf Datenbanken das bisher im wesentlichen nur von ihnen im Detail beherrschte know how über Marktbeziehungen, über Kundenstrukturen usw. aus der Hand geben, und damit wird es für die Leitungsebene unmittelbar verfügbar. Darüber hinaus schwächen neuen Prinzipien der Leistungszielfestlegung und der Erfolgskontrolle die betriebliche Position aller an der „Kundenfront" bzw. aller im Dienstleistungserstellungsprozeß tätigen Angestellten, was durchaus neue Widersprüche und Konfliktlinien in den Unternehmen hervorbringt. Die Unternehmen setzen zwar auf fachkompetente flexible Arbeitskräfte in allen Marktbereichen, gleichzeitig aber werden diese Angestellten einem feinkörnigen System der Leistungszielvorgabe und der Erfolgskontrolle ausgesetzt. Für geschäftspolitische Phantasie und Improvisation in der Gestaltung des alltäglichen Marktgeschehens könnte da auf längere Sicht gesehen wenig Raum bleiben.

Rationalisierungsfolgen im Dienstleistungssektor

Selbst wenn in den kaufmännischen und verwaltenden Dienstleistungsbereichen die skizzierten Formen systemischer Rationalisierung bisher kaum in größerem Ausmaß zu Entlassungen von Angestellten geführt haben, kann kein Zweifel daran bestehen, daß die realisierten Projekte den Personalbedarf eingeschränkt haben und daß sich dieser Trend fortsetzen wird. Niemand sollte die gesellschaftliche Brisanz der Rationalisierung im Dienstleistungssektor unterschätzen, die vor allem daraus resultiert, daß hier nach wie vor ein erheblicher Zuwachs an Geschäftsaufkommen und somit an Arbeit zu verzeichnen ist, dem aber jetzt aufgrund massiven Technikeinsatzes und massiven Setzens auf integrierte Arbeitsabläufe kein Zuwachs an Arbeitsplätzen mehr entspricht. Auch in Dienstleistungssektoren findet inzwischen eine Verlagerung von Rationalisierungsfolgen nach außen (Externalisierung) statt, und zwar weniger in Form von Entlassungen, als vielmehr in Form von Nicht-Einstellungen neuen Personals, was zur Verstärkung der Arbeitsmarktprobleme beiträgt, weil der tertiäre Sektor seine Kompensationsfunktion für Rationalisierungseffekte im primären und sekundären Bereich verliert.

Im Zusammenhang mit der (hier nur kurz angedeuteten) Polarisierung der Belegschaftsstrukturen in den Dienstleistungssektoren gewinnt die Stagnation des Beschäftigungsvolumens eine gefährliche politische Brisanz. Sie kann leicht zur Vertiefung der Spaltung in der Gesellschaft führen, da die qualifizierten Angestelltenarbeitsplätze exklusiver werden und von unten immer schwerer nach oben zu kommen ist. Im Augenblick läßt sich nicht sagen, wie sehr die Entwicklung auch zu einem Legitimationsverlust des Systems bei den Angestellten führt, da ihre nach wie vor starken Aufstiegswünsche immer schwerer erfüllbar sind.

Die relative Verengung des Personalbedarfs ist nur die eine Seite der vom neuen Typus systemischer Rationalisierung auf den Arbeitsmarkt ausgehenden Effekte. Die andere Seite besteht in der Verankerung neuer bzw. in der Perfektionierung bestehender Muster der Auswahl und Steuerung der Personalentwicklung im Angestelltenbereich. Systemische Rationalisierung heißt eben auch mehr und mehr integrative Entwicklung von Technikeinsatz, Arbeitsorganisation *und* Personalentwicklung, da bestimmte Auslegungen und Nutzungsformen von IuK-Technik nur mit entsprechend qualifiziertem Personal realisierbar sind. Dies räumt vor allem der internen Weiterbildung in den großen Dienstleistungsunternehmen einen hohen Stellenwert ein, ergänzt durch gründliche Auswahl externer Angebote für vor allem höhere Qualifikationen (in der Regel auf dem Niveau von Hochschulabsolventen). Mit dem gewachsenen Stellenwert betrieblicher Weiterbildung verschärft sich zumindest auf der mittleren (Sachbearbeiter-)Ebene der Gegensatz zwischen internem und externem Arbeitsmarkt erneut.

Nach allen verfügbaren Erkenntnissen über die Dynamik von Dienstleistungsmärkten und Verwaltungsfunktionen wissen wir heute, daß sich der wachsende Widerspruch zwischen externem und internem Arbeitsmarkt weder durch neu zu erschließende Teilmärkte noch durch Modernisierungskonzepte (nach dem Motto, daß dort Arbeitsplätze zunehmen, wo konsequent auf Modernisierung durch neue Techniken gesetzt wird) auflösen lassen wird und daß es dringend neuer Formen der quantitativen und qualitativen Arbeitsumverteilung auch im Angestelltensektor bedarf. Dies stellt sowohl die Unternehmen als auch die Gewerkschaften vor weitgehend neue Herausforderungen, denn im Bürobereich dürfte eine solche Politik noch schwerer durchsetzbar sein als im Produktionsbereich. □

Geist und Geld 1987

Die Dienstleistungsgesellschaft – Schlaraffenland für Angestellte?

Ein Gespräch mit Martin Baethge, Ulrike Berger, Meinhard Miegel, Thomas Schmid und Raban Frhr. v. Spiegel

?: Die Zahl der Angestellten wächst und wächst, sie hat die der Arbeiter inzwischen überflügelt. Werden wir ein Volk von Angestellten?

Martin Baethge: Das ist fraglich, denn zu den Erwerbstätigen zählen nicht nur Arbeiter und Angestellte, sondern auch die Selbständigen. Richtig ist, daß sich die Relation Arbeiter/Angestellte weiterhin zu Gunsten der Angestellten verschieben wird.

Bevor man Schätzungen über die quantitative Entwicklung in den Dienstleistungssektoren in der Zukunft anstellt, sollte man allerdings klarstellen, daß diese Zukunft weder eine beschlossene und endgültig angelegte Sache ist noch eine schlichte Fortschreibung der Gegenwart. Deshalb sollten wir über Chancen diskutieren, die es zu realisieren gilt, und über Gefährdungen, die es tunlichst zu vermeiden gilt. Wie soll in Zukunft Erwerbsarbeit im Dienstleistungsbereich definiert werden; welche Arten von Dienstleistungen sollen überhaupt in Form von Erwerbsarbeit organisiert werden? Solche Grundsatzfragen stehen ja auch im Hintergrund der aktuellen politischen Debatte.

Was läßt sich, bezogen auf die gegenwärtige Angebotsstruktur von Dienstleistungen, zu deren weiterer quantitativen Entwicklung sagen? Zunächst einmal ist festzuhalten, daß wir seit Beginn der achtziger Jahre (von vielen Experten in diesem Ausmaß nicht erwartete) erhebliche Rationalisierungseffekte im Dienstleistungssektor haben, und zwar insbesondere bei den markt- und unternehmensbezogenen Dienstleistungen, die den überwiegenden Teil von Dienstleistungstätigkeiten überhaupt darstellen. Dort, zum Beispiel in der Geldwirtschaft, hat es in den vergangenen Jahren nicht nur nennenswerte Zuwächse gegeben, sie waren auch Gegenstand von Rationalisierungen. Das hatte zwar keine Entlassungen zur Folge, aber trotz kontinuierlich wachsendem Geschäftsvolumen wurden keine entsprechenden Neueinstellungen vorgenommen. Man muß davon ausgehen, daß das auch so bleiben wird. Der Dienstleistungssektor wird also die Hoffnungen, die bisher mit ihm verbunden waren, daß er nämlich auch quantitativ die Freisetzungen des primären und sekundären Sektors kompensieren könne, mehr und mehr enttäuschen. Dieser Mechanismus, der sich in der Bundesrepublik von der Mitte der sechziger bis zum Anfang der achtziger Jahre bewährt hat, funktioniert nicht mehr. Das wird zu neuen gesellschaftlichen Problemen führen.

?: Wird es in den Dienstleistungsbranchen also keine weiteren Beschäftigungszuwächse, wie wir sie aus den vergangenen zwei Jahrzehnten kennen, geben?

Raban Frhr. v. Spiegel: Für solide Prognosen zu dieser Frage fehlt mir die gesicherte Basis. Ich erinnere aber daran, daß bereits vor etwa zehn Jahren, insbesondere auch aus gewerkschaftlichen Kreisen, vorhergesagt wurde, es werde aufgrund fortschreitender Rationalisierung zum Verlust von Arbeitsplätzen im Dienstleistungsgewerbe

Meinhard Miegel, Geschäftsführender Vorstand des Institutes für Wirtschaft und Gesellschaft Bonn e. V. in Bonn

kommen. Diese Entwicklung ist bekanntlich nicht eingetreten. Noch nicht einmal mit dem Beginn der achtziger Jahre, auf den Herr Baethge sich bezog, hat ein Prozeß des Verlustes von Arbeitsplätzen eingesetzt. In den Jahren 1980 bis 1984 ist vielmehr eine weitere Erhöhung des Beschäftigtenstandes festzustellen, jedenfalls bei Versicherungen und Banken. Die Geschäftsberichte der mittleren und größeren Banken weisen auch für das Jahr 1987 durchweg noch erhebliche Personalzuwächse aus. Für den Handel gilt das allerdings nicht.

?: Flacht die Kurve im Vergleich mit dem Beginn der achtziger Jahre nicht deutlich ab?

Raban Frhr. v. Spiegel: Sie flacht leicht ab. Für den Sektor Versicherungen und Banken sehe ich das Problem nicht so sehr in der quantitativen Gesamtentwicklung, sondern in der Verschiebung innerhalb der Beschäftigtenstruktur; die Zahl derer, die mit „einfachen Tätigkeiten" befaßt sind, verringert sich, während die Zahl derer, die mit qualifizierterer Arbeit umgehen, stark anwächst.

?: Frau Berger, schätzen Sie die Rationalisierungsproblematik im Dienstleistungsbereich genauso ein wie Herr Baethge?

Ulrike Berger: Es kommt darauf an, welchen Rationalisierungstyp man im Auge hat. Es hat sich gezeigt, daß die klassische tayloristische Rationalisierung nicht die Bedeutung im Angestelltenbereich gewonnen hat, wie vielfach befürchtet. Auch die Erwartungen, daß die neuen technischen Systeme zunehmend die eigentlichen Arbeitsprozesse qualifizierter Sachbearbeiter übernehmen und die Masse der Angestellten zu einfachsten Tätigkeiten verurteilen würden, haben sich nicht erfüllt. Derartige degradierende Rationalisierungsmaßnahmen betreffen offenbar überwiegend relativ einfache Arbeitsplätze und ihre Inhaber(innen) und weniger den Kern qualifizierter Angestelltentätigkeiten. Was das Wachstum des Dienstleistungsbereichs angeht, so sehe ich keine klaren Anhaltspunkte dafür, daß es nicht gelingen könnte, in marktnahen Zweigen einen zusätzlichen Bedarf nach hochwertigen Dienstleistungen zu stimulieren. Und die Dienstleistungen, die nicht über Märkte reguliert werden, unterliegen Mechanismen, die zu einem nicht unerheblichen Teil eher expansive Tendenzen haben, wie zum Beispiel sozialen oder politischen Anforderungen. Von daher rechne ich nicht mit einem dramatischen Anstieg technologischer Arbeitslosigkeit im Angestelltensektor. Wie groß der Saldo aus rationalisierungsbedingten Arbeitsplatzeinsparungen oder -verlusten und wachsendem Aufgabenvolumen sein wird, ist ungewiß. Offenbar ist er aber nicht groß genug, um die Arbeitsplatzverluste des gewerblichen Bereichs auszugleichen.

?: Wie sehen die Konturen der Dienstleistungsgesellschaft aus? Wird es etwa einen kleineren Bereich von relativ unterprivilegierter industrieller Arbeit geben und daneben einen größeren Teil von Angestelltenberufen, die von Arbeitslosigkeit nicht so sehr bedroht sind? Ist also eine Art von zweigeteilter Gesellschaft zu erwarten?

Meinhard Miegel: Ich halte es für problematisch, die Dienstleistungsgesellschaft in erster Linie mit Angestellten in Verbindung zu bringen. Vielmehr ist doch die gesamte Volkswirtschaft von Dienstleistungen durchwoben, so daß im Einzelfall schwer zu sagen ist, ob die Dienstleistung im Primär-, Sekundär- oder Tertiärbereich erbracht wird. Dienstleistungen durchdringen alle Bereiche der Volkswirtschaft, werden von Bauern ebenso erbracht wie von Arbeitern, Angestellten oder Freiberuflern. Je nachdem, wie ich die Schnitte ziehe, was ich zum Beispiel zur Dienstleistung und was zur Güterproduktion rechne, werde ich ganz unterschiedliche Ergebnisse bekommen. Generell ist sicherlich richtig, daß der Bereich, der nicht unmittelbar die Urproduktion oder die Güterproduktion betrifft, expandiert. Die Frage ist allerdings, ob das im Rahmen einer insgesamt expandierenden Beschäftigungssituation oder in einer stagnierenden oder sogar schrumpfenden Gesamtsituation geschieht. Darauf gibt es im internationalen Vergleich völlig unterschiedliche Antworten. Ich nehme als die wichtigsten Beispiele die USA, Japan und Europa heraus, wobei innerhalb Europas die Bundesrepublik Deutschland besonders markant ist.

In den USA ist in den vergangenen 25 bis 30 Jahren eine ständige Expansion der Arbeitsmenge, gemessen in effektiver Arbeitszeit und um demographische Veränderungen bereinigt, also pro Kopf der Bevölkerung, festzustellen. In Japan gibt es eine Stagnation, dort stellt man pro Kopf der Wohnbevölkerung heute ziemlich exakt die gleiche Arbeitsmenge fest wie vor 25 Jahren. In Europa, insbesondere in der Bundesrepublik, dagegen hat die Arbeitsmenge innerhalb der letzten 30 Jahre drastisch abgenommen. Hier arbeiten heute alle zusammen, ob Dienstleistung, Urproduktion, industrieller Sektor, ein Drittel weniger als vor 30 Jahren. In der Bundesrepublik wie in den meisten europäischen Staaten schrumpft die Arbeitsmenge bei gleichzeitig deutlich expandierender Volkswirtschaft.

Diese unterschiedlichen Ausgangspositionen sollte man im Auge behalten, wenn man über die weitere Entwicklung des Dienstleistungsbereichs spricht. In Europa und in der Bundesrepublik werden wir in den nächsten zehn bis fünfzehn Jahren, anders als in den USA und in Japan, eine weiterhin deutlich schrumpfende Arbeitsmenge haben. Das Prognos-Institut sagt voraus, daß im Jahr 2000 in der Bundesrepublik jeder Beschäftigte noch 1300 Stunden arbeiten wird. Umgerechnet heißt das: sechseinhalb Stunden an 200 Tagen im Jahr. Oder anders ausgedrückt: Der Beschäftigte geht um neun Uhr zur Arbeit und ist um vier Uhr fertig. Er hat durchschnittlich neun Wochen Urlaub. Es wird eine Gesellschaft sein, in der die Menschen geruhsam frühstücken können und nach einer ausführlichen Zeitungslektüre zur Arbeit gehen. Man kann sich auf den Tag vorbereiten, und wenn man am frühen Nachmittag wieder zu Hause ist, ist man keineswegs erschöpft. Was fängt man dann an? Nicht jeder wird sich gleich vor das Fernsehgerät setzen, die Menschen werden Aktivitäten jedweder Art entfalten. Das gilt natürlich auch für die neun Wochen Urlaub, das heißt dreimal im Jahr drei Wochen. Folgt man Prognos, ist das alles in allem eine sehr interessante Entwicklung.

?: Das hört sich ja fast so an, als ob wir auf dem Weg ins Schlaraffenland wären?

Thomas Schmid: In den gesellschaftlichen Entwicklungen gibt es durchaus Weggabelungen. Ich möchte über Hindernisse auf dem bisher beschriebenen Weg sprechen und auf die Frage kommen, ob es Tendenzen gibt in Richtung Zweidrittel-Gesellschaft.

Thomas Schmid, freier Autor und Redakteur der Zeitschrift ‚Freibeuter' in Berlin

Die Visionen von einer schnell expandierenden Dienstleistungsgesellschaft haben sich als nicht zutreffend herausgestellt. Es ist noch nicht einmal klar, was Dienstleistung alles umfaßt. Gegenüber dem neo- oder ordoliberalen Optimismus im Hinblick auf die Dienstleistungsgesellschaft ist festzuhalten, daß der Weg dorthin auch eine Zerstörung traditioneller Strukturen, etwa von Selbsthilfe, mit sich bringt. Die Selbstregulierungspotentiale innerhalb der Gesellschaft werden sozusagen ausgetrocknet. Das kann ich nicht in jedem Fall als einen positiven Trend in Richtung auf eine humanere Gesellschaft bezeichnen. Es gibt auch neoliberale Vorstellungen von Dienst-

leistungsgesellschaft: Mit relativ wenig Arbeitsaufwand wird ein relativ großes Angebot an Sachgütern produziert, was Wohlergehen oder Reichtum für bestimmte Schichten bedeutet; diese Schichten brauchen dann das entsprechende Dienstpersonal. Die Entwicklung wäre mit dem Begriff „Refeudalisierung“ falsch beschrieben, weil es sich wahrscheinlich um etwas historisch Neues handeln würde. Jedenfalls hielte ich eine derartige Segmentierung der Gesellschaft für sehr ungerecht und gefährlich.

Die Studie von Baethge und Oberbeck zur „Zukunft der Angestellten“ weist darauf hin, daß in den Dienstleistungsbereichen vom Kreditwesen bis zur Kommunalverwaltung Rationalisierungspotentiale liegen, mit denen die Kompetenz des einzelnen Arbeitenden gestärkt werden könnte. Der Arbeitszuschnitt könnte ganzheitlicher werden, vor allem könnte ein Faktor Bedeutung gewinnen, der in der Geschichte der industriellen Entwicklung eine viel zu geringe Rolle gespielt hat: die kommunikative Kompetenz, die Kommunikation von Arbeitenden untereinander. Das scheint mir eine interessante Variante zu sein.

Die tatsächlichen Rationalisierungsprozesse im Angestelltenbereich scheinen zur Zeit eher auf die Abwertung von Tätigkeiten, auf Dequalifizierung und Kontrolle hinauszulaufen. Insofern richten sie sich meist nach wie vor nach dem traditionellen Bild des Taylorismus. Ich glaube jedoch, daß man Dienstleistungen weder im großen Stil im tayloristischen Sinne rationalisieren kann noch daß das auf Dauer effektiv sein würde.

?: Wird das, was Herr Miegel eben als Zukunftsbild beschrieben hat, eigentlich für die Gesamtheit der Arbeitenden gelten?

Raban Frhr. v. Spiegel: Es ist das Wort von der Weggabelung gefallen. Anders gesagt: Gibt es Möglichkeiten, die Dinge in die eine oder andere Richtung zu bewegen, von wem auch immer, etwa von den gesellschaftlich relevanten Kräften? Sollen und müssen die Entwicklungen so weiterlaufen wie es bestimmte Studien unterstellen? Oder kann die Erkenntnis, daß zum Beispiel die Arbeitsmenge bei uns schon deutlich unter jener konkurrierender Volkswirtschaften liegt, dazu führen, daß ein anderer Entwicklungspfad eingeschlagen wird? Für meine Branche jedenfalls scheinen mir die referierten Aussichten weitgehend unrealistisch.

?: Es geht ja wohl auch um die Einschätzung der zukünftigen Rolle von Arbeit?

Meinhard Miegel: Wir sollten jetzt nicht schematisch von den erwähnten 1300 Stunden ausgehen. Viel bedeutsamer ist für mich die Frage, was wir gesamtgesellschaftlich wollen. Ist es qualitativ sinnvoll, die Arbeitsmenge zu konservieren oder gar zu steigern, wie in den USA, oder ist es erstrebenswert, in einem Minimum an Zeit ein Maximum an Wohlstand zu erzeugen. Wäre das nicht eine fast ideale Kombination?

Die amerikanische Entwicklung sehe ich kritisch. Welchen Sinn macht es, wenn dort heute in vielen Haushalten anderthalb Erwerbstätige das gleiche Haushaltseinkommen erzielen, das 1970 einer erzielte. Darin kann ich keinen Fortschritt erkennen. Auch bei Rationalisierungsmaßnahmen kann ich die Weichen so stellen, daß immer mehr gearbeitet werden muß, um den vorhandenen Lebensstandard zu halten oder zu steigern. Es ist aber auch eine ökonomische, soziologische, gesellschaftliche Weichenstellung dergestalt möglich, daß bei einem ständigen Rückgang der Arbeitsmenge der Lebensstandard gehalten oder sogar gesteigert werden kann.

Raban Frhr. v. Spiegel: Ist eine derartige Entscheidung wirklich möglich?

Meinhard Miegel: Ich meine, daß sie möglich ist.

?: Wer stellt die Weichen wann und wie?

Martin Baethge: Nach meiner Auffassung ist die Weichenstellung sehr stark von Traditionen und Kulturen abhängig. In den USA zum Beispiel, das belegen Arbeitsmarktstudien, ist der Beschäftigungszuwachs in erster Linie auf schlecht bezahlte Jobs in den personenbezogenen Dienstleistungsbereichen zurückzuführen. Vielfach dürfte es sich auch nur um hundsmiserabel bezahlte Scheinjobs handeln. In Japan dagegen herrscht die Tradition der lebenslangen betrieblichen Bindung vieler Arbeitnehmer. Eine umstandslose Entlassung, wie sie in Amerika und auch hier unter bestimmten Umständen möglich ist, ist dort unüblich.

Derartige Vergleiche lassen allerdings kaum Rückschlüsse auf Rationalisierungsmöglichkeiten und deren Effekte zu. Ich stimme Frau Berger insofern zu, als sie sagt, daß der vorherrschende Rationalisierungstypus in den Dienstleistungsbereichen nicht der klassisch tayloristische gewesen sei. Im Unterschied zu ihr gehe ich aber davon aus, daß wir in den Dienstleistungsbereichen erst am Anfang eines weitreichenden Rationalisierungsprozesses stehen, der schwerwiegende Auswirkungen haben kann. Auch ich will nicht von Zwangsläufigkeiten der Entwicklung sprechen, es wird unterschiedliche Pfade geben, über die zu entscheiden sein wird. Ein Beispiel dafür liefert die Benutzung von Technologien im Banksektor im internationalen Vergleich. Das bundesrepublikanische Bankgewerbe hat, wenn ich es richtig sehe, den Weg eines behutsamen Technikeinsatzes mit einem sehr tiefen Horizont der Nutzung gewählt. In den USA dagegen geht man sehr viel weiter, etwa im Bereich der Selbstbedienung. Solche Entscheidungen hängen wiederum stark mit nationalen Kulturen und mit Verhaltensgewohnheiten zusammen.

Aber auch im nationalen Zusammenhang sind die Pfade nicht identisch: Die Versicherungen in der Bundesrepublik zum Beispiel haben ganz andere Organisationsstrukturen als die Banken; und im Versicherungswesen läßt sich seit der Mitte der siebziger Jahre eine Stagnation konstatieren. Was die personenbezogenen, nicht marktvermittelten Dienstleistungen angeht, ist kaum noch Expansion festzustellen. Das hängt mit der demographischen Entwicklung zusammen, die man nicht außer acht lassen darf, wenn man über die Dienstleistungsbeschäftigung in der Zukunft spricht. Wenn weniger Menschen unterrichtet werden müssen, wenn weniger kranke Menschen versorgt werden müssen, dann wird diese Art von Dienstleistungen, die in den sechziger und siebziger Jahren einen enormen Aufschwung genommen haben, in Zukunft nicht mehr die gleiche Rolle spielen.

Alles in allem gehe ich davon aus, daß das Arbeitsvolumen der Angestelltentätigkeiten in der Bundesrepublik in Zukunft stagniert oder gar schrumpft – natürlich von Sektor zu Sektor unterschiedlich. Angestellte werden ebenfalls von Arbeitslosigkeit betroffen sein – auch heute haben wir bereits Arbeitslosigkeit, insbesondere bei angestellten Frauen in den unteren Einkommensgruppen. Auch ich finde den Gedanken reizvoll, neue Beschäftigungsmöglichkeiten in Bereichen zu schaffen, die nicht der kommerziellen Erwerbstätigkeit unterliegen, etwa bei der Vorsorge. Das steht natürlich dem traditionellen Wachstumsmodell entgegen, das aber nach meiner Meinung durchaus der Aufweichung bedarf, und zwar unter sozialen, politischen und ökologischen Gesichtspunkten.

?: Damit ist das Problem der Neubewertung von Arbeit angesprochen. Wie sollen private Dienstleistungen, etwa im sozialen Bereich, wie soll Nichterwerbsarbeit entgolten werden?

Thomas Schmid: Die Diskussion über privat oder nicht privat zu erbringende Dienstleistungen wird in der Bundesrepublik nach meiner Meinung falsch angegangen.

In erster Linie geht es doch darum, was eine Gesellschaft für sinnvoll hält, zum Beispiel im Pflegebereich. Eine Pflege, die ausschließlich über hochkomplexe Institutionen läuft, ist nicht nur außerordentlich teuer, sondern hat auch unmenschliche Aspekte. Eine Zurückverlagerung in die Familie scheint mir also Sinn zu machen. Dafür müßten jedoch auch finanzielle Anreize geboten werden, wobei es natürlich nicht auf eine neue Form der Kommerzialisierung und Monetarisierung hinauslaufen darf. Ich bin mir allerdings nicht sicher, ob die Selbstregulierungspotentiale, die dazu nötig sind, in dieser Gesellschaft noch hinreichend vorhanden sind.

Zur Frage der Entlohnung: In der Frühphase der Industrialisierung wurde die möglichst große Ausdehnung der Erwerbsarbeit vielfach als erstrebenswert angesehen. Diesen „Idealzustand" einer Vollerwerbsgesellschaft hat es eigentlich nur unter den historisch einmaligen Umständen nach dem Zweiten Weltkrieg, in den fünfziger und sechziger Jahren gegeben. Ich bin mir gar nicht sicher, ob ein solcher Zustand noch einmal erstrebenswert wäre. Ich meine vielmehr, daß neue Formen von bezahlter und unbezahlter Arbeit, daß Mischformen entwickelt und praktiziert werden müssen. Und in diesem Zusammenhang muß über ein wie auch immer auszugestaltendes Mindesteinkommen diskutiert werden. Diesen Weg halte ich im Grunde genommen für alternativlos.

?: Die bisherige Diskussion hat klargemacht, daß für die gesellschaftliche Entwicklung der westlichen Industriestaaten Weichen gestellt worden sind und Trends sich erkennen lassen. Dabei spielen nationale Besonderheiten und Traditionen eine große Rolle, die nur wenig beeinflußbar sind. Es war aber auch vom Gestaltungswillen die Rede. Daher die Frage: Wie groß sind die Gestaltungsmöglichkeiten? Wer gestaltet? Ist das der Staat? Sind das die Tarifpartner? Eine andere Frage betrifft den gesellschaftlichen Konsens. Die Entwicklungsgeschichte der Bundesrepublik ist bisher von einem Konsens getragen gewesen, den man grob als sozialstaatlichen Konsens bezeichnen könnte. Dieser Konsens scheint mehr und mehr brüchig zu werden. Wird es einen neuen Konsens hinsichtlich des Weges in eine international gegliederte Dienstleistungsgesellschaft geben können?

Meinhard Miegel: Derartige Entwicklungen folgen einem gewissen Automatismus. Geschichte, Kultur, Grundvorstellungen haben eine solche Schubkraft, daß sie die Gesellschaft in eine bestimmte Richtung bewegen. Was bedeutet das? Die Europäer sind zum Beispiel verglichen mit den Amerikanern außerordentlich ressourcenbewußt. Sie haben seit Jahrhunderten gelernt, mit den Dingen sparsam umzugehen. Die Amerikaner haben bis heute keine Sparsamkeit praktizieren müssen. Das gilt nicht nur für Rohstoffe, für Energie usw., das gilt ebenso für menschliche Arbeit. Das heißt, die Europäer haben sich angewöhnt, mit menschlicher Arbeit möglichst sorgsam umzugehen. Theoretisch könnte das dazu führen, daß unser Volkseinkommen schrumpft, ohne daß sich irgendetwas an unserem Lebensstandard ändert. Die weitere Frage lautet dann: Wie verteile ich dieses Volkseinkommen und diesen Lebensstandard? Wenn ich davon ausgehe, daß wir in der Bundesrepublik die Arbeitsmenge, die über den Markt ausgetauscht wird, reduzieren, dann folgt daraus, daß immer mehr Zeit zur freien Verfügung steht. Der Arbeitnehmer, der, um auf das eben gebrauchte Beispiel zurückzukommen, um 16 Uhr nach Hause kommt, hat noch Zeit, weitere Tätigkeiten zu erbringen. Was liegt da näher als die personenbezogene Dienstleistung? Er wird diese Dienstleistung wahrscheinlich nicht im Rahmen von anonymen Großorganisationen erbringen wollen, sondern in anderer Form.

An diesem Punkt stellen sich meines Erachtens die wirklich interessanten Fragen. Werden wir unsere Gesellschaft, und das ist für mich ein Problem der Bewußtseinsbildung, dahingehend entwickeln können, daß die Menschen bereit sind, in der gewonnenen Zeit in verstärktem Umfang Dienstleistungen zu übernehmen, die nicht mehr über den Kreislauf des gemessenen Volkseinkommens laufen? Ich will ein ganz primitives Beispiel nennen: In den Vereinigten Staaten frühstücken allmorgendlich viele Millionen von Menschen in sogenannten Coffee-shops. Das heißt, ein Vorgang, der in Europa in aller Regel zu Hause abgewickelt wird, läuft in Amerika über den Markt und wird im Volkseinkommen gemessen. Natürlich hat der Deutsche auch gefrühstückt, aber das schlägt sich weder im Volkseinkommen nieder noch wird es im Verteilungskreislauf sichtbar. Wenn ich die deutsche Volkswirtschaft dann mit der italienischen vergleiche, erkenne ich, daß sich in Italien noch sehr viel mehr im häuslichen Bereich abspielt, was nicht gemessen wird. Eine Fülle jener personenbezogenen Dienstleistungen, die in Amerika über den Markt abgewickelt werden, vielfach sogenannte bad jobs (schlechte Jobs), werden in Europa ja auch erbracht – allerdings nicht über den Markt, sondern in anderen Formen. Es gibt also durchaus Anzeichen dafür, daß wir eine sehr gut funktionierende Dienstleistungsgesellschaft haben könnten, ohne daß diese Dienstleistungen mit den heute etablierten Meßinstrumenten gemessen werden.

?: Stehen dem eher rosigen Zukunftsbild – sechseinhalb Stunden täglicher Arbeitszeit, neun Wochen Urlaub – nicht die tatsächlichen Entwicklungen im Dienstleistungsbereich entgegen, wie sie zur Zeit zu beobachten sind? Wird da unter dem Stichwort Arbeitszeitflexibilisierung nicht vielmehr ein Arbeitnehmer gewünscht, der – überspitzt formuliert – rund um die Uhr zur Verfügung steht?

Raban Frhr. v. Spiegel: Mehr Freizeit für viele Menschen wird auch zur Folge haben, daß Dienstleistungsunternehmen – Kaufhäuser, Banken, Versicherungsgesellschaften – ihre Leistungen über einen deutlich längeren Zeitraum als bisher anbieten. Die Freizeit wird ja sicherlich nicht nur zur Fortbildung oder zur Erholung genutzt werden, sondern auch dazu, zusätzlich Dienstleistungsangebote in Anspruch zu nehmen. Das ist übrigens auch der entscheidende Grund dafür, daß wir meinen, Arbeitszeitverkürzung könne überhaupt nur dann weitergehen, wenn sie mit Flexibilisierung Hand in Hand geht. Uns geht es dabei nicht um die bessere Ausnutzung von Kapazitäten und Kapital. Uns geht es ausschließlich darum, dem Konsumenten ein länger dauerndes Angebot zu machen.

Thomas Schmid: Das Szenario von Herrn Miegel, das ich auch für möglich halte, unterstellt eine gewisse Automatik zukünftiger Entwicklungen. Demgegenüber wiederhole ich noch einmal das mir wichtige Wort von den Weggabelungen. Es sind nämlich nicht nur automatische Entwicklungen, es sind auch Entscheidungen, die getroffen werden und an denen konkrete Institutionen, konkrete Menschen mitwirken. Was mich zum Beispiel bei den Rationalisierungsprozessen innerhalb des Angestelltenbereiches wundert, ist der Mangel an Nachdenklichkeit über die Folgen. Es wird gemacht, was machbar ist. Das Beispiel der Firma Vögele in Mannheim ist die große Ausnahme: Dort hat man entschieden, daß der Rationalisierungsprozeß für die ganze Belegschaft verträglich sein soll. Es sollen zum Beispiel Qualifikationsausgleiche zustande kommen usw. Aber alles in allem halte ich es für eine Misere des bundesdeutschen Unternehmertums, daß es im Grunde genommen nach wie vor gemäß der alten Logik des 19. Jahrhunderts handelt und die Folgeprobleme aus seinen Betrachtungen ausschließt. Es müßten dagegen vielmehr sowohl die ökologischen als auch die sozialen Folgen in das unternehmerische Handeln mit einbezogen werden. Gerade das, was von der neuen Dienstleistungsgesellschaft gefordert wird, die kommunikative Kompetenz, das Miteinanderreden, findet nicht statt. Deshalb stehe ich den allzu positiven Zukunftsszenarien skeptisch gegenüber.

Raban Frhr. v. Spiegel: Ich denke, daß gerade die Studie von Baethge und Oberbeck beweist: Bei Unterneh-

Raban Frhr. v. Spiegel, Aufsichtsratsvorsitzender der Commerzbank AG in Frankfurt

Ulrike Berger, Mitarbeiterin der Arbeitsgemeinschaft für Sozialforschung e. V. (AfS) in Bielefeld

mensleitungen ist das Bewußtsein dafür vorhanden, daß sie es bei allen Rationalisierungsmaßnahmen mit Menschen zu tun haben und sie sich keinen Gefallen tun, wenn sie nicht schon in einem frühen Stadium mit den Betroffenen sprechen. Ich nehme das jedenfalls für den Bereich, den ich überschaue, in Anspruch. Wir konnten die seinerzeit vielfach verteufelte Gemeinkostenwertanalyse nur durchführen, weil wir mit den Betroffenen, mit den Vertretungen der Betroffenen, kommuniziert und zusammengearbeitet haben.

Ulrike Berger: Ich denke, es gibt Gestaltungsspielräume bei der Frage, welche Techniken wie eingesetzt werden und wie die verbleibende Arbeit organisiert und die Arbeitszeit geregelt wird. Wenn wir uns fragen, wie die Chancen für arbeitnehmerfreundliche Innovationen stehen, müssen wir uns auch nach den Akteuren umsehen, die die Innovationsentscheidungen beeinflussen. Da sind zunächst die Hersteller von Techniken, deren Produkte sich leichter absetzen lassen, wenn sie die bestehende Organisationsstruktur von Unternehmen oder Verwaltungen gar nicht berühren und also nicht zu teuren und unsicheren Innovationen führen. Diese außerbetrieblichen Akteure wirken eher auf so etwas wie organisatorischen Konservatismus hin, der mögliche arbeitnehmerfreundliche Innovationen gar nicht erst in Betracht zieht. In den Unternehmen selbst gibt es zwischen Unternehmensleitungen und Betroffenen noch eine ganze Reihe von Positionen, insbesondere im mittleren Management, die erhebliche Definitionsspielräume haben. Das mittlere Management hat erhebliche Eigeninteressen im Hinblick auf Arbeitsorganisation und Arbeitsbedingungen. Auch hier hält sich die Innovationsfreude oft in Grenzen, weil gerade der status quo Sicherheit bietet, weil bestimmte Interessenausgleiche verfestigt sind usw. Ganz ähnlich ist es bei den Spezialisten, etwa für Datenverarbeitung oder Organisation, in deren Ausbildung oft eher traditionelle, bürokratische und technizistische Vorstellungen von Organisation und vom Einsatz menschlicher Arbeit vermittelt werden.

Selbst bei den Betroffenen, also sozusagen „ganz unten", gibt es oft eine Neigung zum status quo, weil der Ausgang von Innovationen für sie in aller Regel ungewiß ist. Alles in allem scheint es mir so zu sein, daß viele organisatorische Innovationen nicht so sehr durch das Wirtschaftssystem, die Tarifpolitik und die Gesellschaftspolitik ver- oder behindert werden, als vielmehr durch diesen organisatorischen Konservatismus.

?: Wir haben bisher nicht über eine große Hypothek auf dem Weg in die nachindustrielle Gesellschaft gesprochen: die Arbeitslosigkeit. Es gibt seit den Vorschlägen des saarländischen Ministerpräsidenten Oskar Lafontaine eine rege Debatte, welchen Beitrag diejenigen, die Arbeit haben, und die gewerkschaftliche Tarifpolitik insgesamt zur Beseitigung von Arbeitslosigkeit leisten können. Über den Beitrag der anderen Seite, die Arbeitgeber, ist dagegen viel weniger gesprochen worden. Die Frage ist und bleibt, welche Mittel und Wege gibt es, Arbeitslosigkeit abzubauen, damit nicht womöglich ganz andere Zukunftsbilder Wirklichkeit werden als die, von denen hier schon die Rede war?

Raban Frhr. v. Spiegel: Ich antworte mit einer Selbstverständlichkeit: Die Arbeitslosigkeit ist nur mittels einer in sich gesunden Wirtschaft zu beseitigen. Unter einer gesunden Wirtschaft verstehe ich auch am Weltmarkt wettbewerbsfähige Unternehmen. Die Erhaltung und Stärkung der Wettbewerbsfähigkeit der Wirtschaft ist für meine Begriffe die Hauptvoraussetzung dafür, die Arbeitslosigkeit vom jetzigen hohen Stand herunterzubringen. Ich füge hinzu, daß dieses Ziel in den nächsten Jahren nicht voll zu erreichen sein wird.

Martin Baethge: Schließt das aus, daß gerade in den florierenden Dienstleistungsbereichen auch Arbeitsumverteilung in größerem Maße stattfindet? Eine gesunde Wirtschaft muß ja nicht unbedingt mit den gegenwärtigen Strukturen der Arbeitszeit operieren. Und ist nicht gerade bei der nachwachsenden Generation ein hohes Potential qualifizierter Arbeitskräfte vorhanden, so daß eine der Begrenzungen für Arbeitsumverteilung, nämlich mangelnde Qualifikation, entfällt?

Raban Frhr. v. Spiegel: Wir haben in unserer Branche seit langem einen viel höheren Auszubildendenanteil als die Industrie. Dennoch war die Arbeitsplatzsicherheit für den einzelnen Auszubildenden größer.

Für mehr als fraglich halte ich es, ob man in Bereichen der Dienstleistungen durch Arbeitszeitverkürzungen in nachhaltiger Weise zusätzliches Potential für Einstellungen schaffen kann.

Thomas Schmid: Ich glaube, daß die Frage nicht lauten kann, wie wir wieder zu jenen Zeiten der Vollerwerbsarbeit zurückkehren können, die wir in den fünfziger und sechziger Jahren hatten. Ich wiederhole, daß das eine historisch völlig einmalige Situation war, in der ich übrigens keinen erstrebenswerten Idealzustand erkennen kann. Es geht darum, daß von den Tarifparteien, von beiden Seiten, Initiativen kommen müssen. Ich finde, daß die Vorschläge Lafontaines durchaus in die richtige Richtung gehen, ohne daß ich die Hoffnung hätte, damit könnte man das Problem der Arbeitslosigkeit insgesamt lösen. Aber daß die, die Arbeit haben, auf der positiven Seite dieser Gesellschaft stehen und etwas abgeben sollten, halte ich für eine richtige Überlegung. Das gleiche gilt natürlich für Unternehmen. Von den Unternehmern müßten ebenfalls Initiativen kommen. Sie müßten viel mehr darauf achten, daß intelligente Arbeitsplätze geschaffen werden und daß die Folgen von Rationalisierungsprozessen, von technologischen Umstellungsprozessen, nicht auf dem Rücken der Arbeitenden ausgetragen werden.

Meinhard Miegel: Generalisierend wird man sagen können, daß die Menschen nie besonders fähig gewesen sind, Vollbeschäftigung zu schaffen. Wenn das Jahrhundert zu Ende gegangen sein sollte, werden wir in seinem Verlauf etwa 20 Jahre Voll- und Überbeschäftigung gehabt haben, vielleicht 15 Jahre lang eine einigermaßen ausgeglichene Beschäftigungssituation, und 65 Jahre lang werden wir eine relativ hohe Arbeitslosigkeit gehabt haben. Die einzige Periode, in der wir, von den beiden Weltkriegen abgesehen, also in friedlichen Zeiten Voll- und Überbeschäftigung hatten, war die historisch völlig ungewöhnliche Situation zwischen 1960 und 1982. Und geht man noch ein bißchen weiter zurück in die Geschichte, wird schnell klar, daß Europa im 19. Jahrhundert, in der Phase der Industrialisierung, Millionen von Arbeitskräften abgegeben hat, die nach Amerika, Australien und sonstwohin ausgewandert sind, weil sie hier keine Beschäftigung gefunden haben. Das war während einer Boom-Zeit, wo nach allen Gesetzen der Ökonomie ein riesiger Arbeitskräftebedarf herrschte.

Es bleibt zu konstatieren, daß die Gesellschaft nicht sehr fähig, nicht sehr intelligent ist, in friedlichen Zeiten Vollbeschäftigung zu schaffen.

Ich will noch einen anderen Punkt stärker in den Vordergrund rücken: die Wirkungen neuer Technologien. Es besteht kein Zweifel, daß die Wirkungen von Rationalisierungsmaßnahmen ambivalent sind. Sie hängen in der Tat von voluntaristischen Maßnahmen, von konkreten Weichenstellungen ab.

Neue Technologien vernichten natürlich zunächst einmal Arbeitsplätze. Nachdem das Rad erfunden war oder der Kran oder der Flaschenzug, brauchte man weniger menschliche Arbeitskraft beispielsweise zum Bau einer Pyramide als man vorher gebraucht hat. Das gleiche Ergebnis mit weniger Arbeit erreichen zu können, ist Sinn und Wirkung vieler neuer Technologien. Der dadurch bedingte Verlust an Arbeitsplätzen ist im Laufe der historischen Entwicklung immer wieder durch die Erschließung neuer Bereiche wettgemacht worden. Auf den primären folgte der sekundäre und auf diesen der tertiäre Sektor. Der Primärsektor, also die Landwirtschaft, ist gigantisch rationalisiert worden. Vor 100 Jahren haben noch reichlich 40 Prozent der deutschen Bevölkerung in diesem Bereich gearbeitet, heute sind es ca. vier Prozent. Etwas ähnliches ist im sekundären Sektor, dem industriellen Bereich geschehen. Es ist überhaupt nicht auszuschließen, daß es im tertiären Sektor, also im Dienstleistungsbereich, auch zu einer derartigen Entwicklung kommt. Folglich müßte wieder ein neuer Bereich erschlossen werden, und zwar, das ist die entscheidende Bedingung, im Rahmen des Marktes.

An dieser Stelle möchte ich die Arbeitslosigkeit einmal aus einem etwas anderen Blickwinkel betrachten: Seit einigen Jahren haben wir die fatale Situation, daß die Verringerung des Beschäftigungsvolumens, die in unserem Kulturkreis vielfach als gesellschaftlicher Fortschritt angesehen wurde und wird, sehr stark auf bestimmte Individuen, eben die Arbeitslosen, konzentriert worden ist. Bei anderen hat sich in den zurückliegenden zehn bis zwölf Jahren am Arbeitsvolumen nachweisbar wenig geändert. Wir sollten auch nicht vergessen, daß wir in den fünfziger und sechziger Jahren jährlich die Arbeitsmenge von 600 000 Menschen gestrichen haben, die wir zum Beispiel in Universitäten, in Rente, in Urlaub geschickt haben. Schließlich brauchten wir dann Arbeitskräfte aus dem Ausland. Inzwischen ist die Situation ganz anders. Arbeitslosigkeit ist individualisiert und mit einem negativen Vorzeichen versehen worden. Gleichzeitig wurde eine enorm hohe Wettbewerbsfähigkeit aufrecht erhalten, vielleicht sogar verbessert. Die „Olympia-Mannschaften" unter den Arbeitnehmern arbeiten so lange wie möglich. Dadurch sind wir noch wettbewerbsfähig. Unsere Ergebnisse auf dem Weltmarkt sind außerordentlich eindrucksvoll. Die zentrale Frage in dieser Situation lautet, ob wir mit einer anderen Verteilung der Arbeit in der Lage wären, die Wettbewerbsfähigkeit aufrecht zu erhalten, die wir gegenwärtig haben. Über die Antwort auf diese Frage besteht sehr große Unsicherheit.

Die Alternative dazu wäre der amerikanische Weg: Arbeitskräfte, die in den heute etablierten Produktions- und Dienstleistungsbereichen nicht einsatzfähig sind, in bisher marktmäßig nicht erschlossene Bereiche abzuschieben. Das sind dann die typischen *bad jobs,* für die es in Amerika ein paar Dollar gibt. Dort haben fünf Prozent der Erwerbsbevölkerung Einkommen, die unter dem Sozialhilfeniveau liegen. Wenn wir also fünf Prozent unserer Erwerbstätigen mit Monatseinkommen von ungefähr 750 Mark nach Hause schicken würden, könnten wir wahrscheinlich große Tätigkeitsbereiche erschließen. Dadurch könnte man die Zahl der Arbeitslosen numerisch deutlich abbauen und den neu erschlossenen Bereich als Quartär-Sektor bezeichnen: Dienste, die bisher nicht marktmäßig erfaßt sind. Diejenigen, die diese Dienste leisten, könnte man zu Erwerbstätigen ernennen. Damit wäre unser Problem scheinbar gelöst. Wenn wir die im Grunde humane Strategie der Rationalisierung weiterverfolgen und die Arbeitszeit der in diesen Bereichen Arbeitenden nicht drastisch verkürzen wollen oder können, dann müssen wir immer größere Bereiche für den Markt erschließen, die heute noch nicht erschlossen sind. Das wiederum setzt voraus, daß wir zu neuen Einkommensstrukturen kommen. Wir befinden uns also in einer durchaus mißlichen Lage.

Martin Baethge: Mit Herrn von Spiegel stimme ich darin überein, daß Arbeitsumverteilung im Angestelltenbereich schwieriger ist als im Produktionsbereich. Aber ich empfinde das als Herausforderung. Man muß doch zum Beispiel fragen, wie man Zeitorganisation anders gestalten kann als wir es tun. Es muß ja nicht immer die Wochenarbeitszeit sein, die verkürzt wird. Man kann doch womöglich ebensogut von der Jahres- oder sogar der Lebensarbeitszeit ausgehen, was natürlich eine völlig andere Gestaltung der Tarifverträge voraussetzt. Ich weiß sehr wohl, welche Probleme ich damit anspreche. Aber ich denke, daß beide Seiten gefordert sind, über neue und unorthodoxe Wege nachzudenken und sie auch zu beschreiten. Ich bin sicher, daß keine Gewerkschaft gut beraten ist, wenn sie sozusagen nur den konservativen Schulterschluß macht. Es gibt offensichtlich Gestaltungsmöglichkeiten, die erkannt und genutzt werden müssen.

?: Welche Rolle werden die Gewerkschaften in Zukunft angesichts des gesellschaftlichen Wandels spielen?

Martin Baethge: Wenn wir davon ausgehen müssen, daß der Stellenwert der Erwerbsarbeit in der Gesellschaft sinken wird, zumindest was die normative Seite angeht, dann erscheint es mir ganz zwangsläufig, daß auch die Organisationen, die die Arbeit repräsentieren, also die Gewerkschaften, im Bewußtsein der Menschen ebenfalls an Bedeutung verlieren. Mit diesem Problem sind die Gewerkschaften zwar schon heute konfrontiert, aber es wird sich noch verstärken. Das könnte zu einem bedenklichen gesellschaftlichen Machtungleichgewicht beitragen. Es ist nicht unwahrscheinlich, daß das sozialpartnerschaftliche Modell, das die Entwicklung der Bundesrepublik mitgeprägt hat, von Auflösungserscheinungen bedroht ist. Wenn die Gewerkschaften ihre Gestaltungskraft erhalten wollen, müssen sie Konzepte vorlegen, die sich nicht allein auf den Bereich der Arbeit und der Arbeitsbedingungen beziehen.

Raban Frhr. v. Spiegel: Eine Folge der Rationalisierung im Dienstleistungssektor ist für viele Angestellte die Höherqualifizierung. Es ist eben nicht die früher schwarzmalerisch prognostizierte Dequalifizierung eingetreten, sondern – um mit Thomas Schmid zu sprechen – vielmehr Requalifizierung. Dadurch ist die Position vieler Angestellter, auch gegenüber dem Arbeitgeber, stärker geworden. Darin liegt möglicherweise ein Risiko für die Gewerkschaften; denn derjenige, der in seiner tatsächlichen Position stärker geworden ist, braucht vielleicht den Schutz und die Solidarität der Gewerkschaften nicht mehr so nötig. Das ist ein Gesichtspunkt, der mich hinsichtlich der künftigen Bedeutung der Gewerkschaften nachdenklich macht.

?: Damit stellt sich die Frage, ob und wie eine gewachsene Individualität und der Wunsch vieler nach mehr Individualität mit Kollektivität und mit der Solidarität der Gewerkschaften zusammengefügt werden können?

Thomas Schmid: Auch ich bin der Meinung, daß die Sozialpartnerschaft in der Bundesrepublik in der nächsten Zeit ziemlich massiv bedroht sein wird. Das resultiert aus der offenkundigen Schwächesituation der Gewerkschaften. Die Krise, in der sie stecken, rührt nicht daher, daß sie von einer gerade amtierenden Regierung in die Defensive getrieben werden, sondern daher, daß die Bedeutung der Arbeit, um die man sich die übrige Existenz der Menschen zentriert vorstellte, nachgelassen hat. In dem Maße, wie die Erwerbsarbeit an Bedeutung verliert, nimmt die Organisationsfähigkeit der Gewerkschaften ab. Zum anderen scheint mir die Bedeutung der kollektiven Interessen, die für die Gewerkschaften immer im Vordergrund standen, zurückzugehen.

?: Aber ist nicht gerade die Bündelung, die Kollektivierung von Interessen eine der großen Leistungen der Gewerkschaftsbewegung?

Thomas Schmid: Die Kollektivierung ist in der Tat ein Fortschritt gewesen, den die Gewerkschaften erreicht haben. Inzwischen differenzieren sich die Interessen allerdings außerordentlich, und ich werfe den Gewerkschaften vor, daß sie auf diesen Prozeß defensiv statt offensiv reagieren. Sie nehmen in Kauf, daß es den Unternehmern vielfach gelingt, unter Umgehung der Gewerkschaften ein Bündnis mit den Beschäftigten herzustellen. Beispiele dafür sind die Einführung von Teilzeitarbeit, die Flexibilisierung der Arbeit, alles Dinge, die den Unternehmern entgegenkommen, die aber auch auf entsprechende Bedürfnisstrukturen der Beschäftigten treffen.

Die Gewerkschaften haben sich, statt in dieser Entwicklung die Konditionen der Arbeitnehmer zu benennen und zu verbessern, hinhaltend bis ablehnend verhalten. Sie haben sich damit der historisch neuen Frage, ob ausdifferenzierte, vielfältige Interessen organisierbar sind, nicht gestellt. Die Gewerkschaften scheinen diese Frage bisher negativ zu beantworten. Es wäre eine ganz große Aufgabe der Gewerkschaften, eine Vision für das künftige Arbeitsgefüge zu entwickeln, sozusa-

Martin Baethge,
Professor für Soziologie
an der Universität Göttingen

gen eine Vision von unten. Dabei dürfen sie sich nicht auf die Defensive, die Abwehr beschränken, sie dürfen der Entwicklung nicht hinterherlaufen. Es geht nicht nur um Lohnanpassung, Arbeitszeitverkürzung usw., sondern es geht vor allem um eine offensive und umfassende Gestaltung der Arbeitsinhalte.

Meinhard Miegel: Ich sehe auch, daß der aktuelle Trend gegen die Gewerkschaften läuft. Das ist eine Entwicklung, die sich schon länger abzeichnet. Das Potential derer, die gewerkschaftlich organisierbar sind, nimmt deutlich ab. Ich will das wiederum an Zahlen verdeutlichen: Vor 35 Jahren gab es in der Bundesrepublik Deutschland 130 000 Studenten. Heute sind es 1,3 Millionen. Sie sind für die Gewerkschaften kaum erreichbar und ansprechbar. Vor 35 Jahren haben wir die Jungen und Mädchen mit dem 14. Lebensjahr in die Arbeitswelt entlassen, heute gehen sie bis zum 16. Lebensjahr zur Schule. Ich könnte noch weitere Indizien dafür nennen, daß inzwischen immer mehr Menschen für immer längere Zeit dem gewerkschaftlichen Zugriff entzogen sind. In Verbindung mit wachsender Qualifizierung und Individualisierung ergibt das eine schwierige Konstellation für die Gewerkschaften mit ihren traditionellen Strukturen. Im Blick auf die Gewerkschaften lassen sich zwei Schlußfolgerungen ziehen: Entweder wird es die Gewerkschaften nicht mehr geben oder sie werden nicht mehr so sein wie sie heute sind. In beiden Fällen haben sie sich total verändert: Entweder gehen die Organisationen an ihrer Unfähigkeit zugrunde, sich völlig neuen Bedingungen anzupassen oder sie verändern sich so, daß sie mit den heutigen Organisationen kaum noch zu vergleichen sind.

Ulrike Berger: Auch ich sehe Gefahren und Risiken für die Gewerkschaften in der gesellschaftlichen Entwicklung. Aber vielleicht sollten wir nach Ansatzpunkten für mögliche Gegenentwicklungen suchen. Dadurch, daß sich die Bedeutung der Erwerbsarbeit verschiebt, werden andere Lebenssphären, wie z. B. Bildungssystem, Familie, Freizeit viel mehr prägenden Einfluß auf die Entwicklung der Menschen bekommen. Sie werden dann an das Erwerbsleben, auch wenn es nur noch sechs Stunden am Tag dauern sollte und sie zwischendurch einmal ein Jahr frei nehmen könnten, andere, höhere Ansprüche stellen: Interessantheit, Sozialkontakte und weniger autoritäre Beziehungen werden eine größere Rolle spielen. Auf der anderen Seite wird bei den Unternehmen der Bedarf an selbstverantwortlich handelnden und loyalen Mitarbeitern wachsen. Es kann ihnen nicht an solchen Arbeitnehmern liegen, die sozusagen lediglich ihren Job machen und Selbstverwirklichung außerhalb der Arbeit suchen. Deshalb sehe ich einen Ansatzpunkt für gewerkschaftliche Arbeit bei der stärkeren Einflußnahme auf die Arbeitsbedingungen und der Entwicklung alternativer Modelle. Das betrifft sowohl die Arbeitsorganisation als auch den Technikeinsatz. Auch in Sachen Arbeitszeit, Teilzeitarbeit, Flexibilisierung sollten die Gewerkschaften offensiv vorgehen und versuchen, den vielfältigen Interessen der verschiedenen Angestelltengruppen gerecht zu werden. Sie sollten in einem kollektiven Verfahren individuelle Interessen vertreten. Ich weiß, daß das leichter gesagt als getan ist. Aber es könnte für die Gewerkschaften lohnend sein, die sozialen Risiken von Individualisierung durch arbeitsrechtliche und sozialrechtliche Regelungen abzufangen.

Martin Baethge: Daß die Gewerkschaften bald verschwunden sein werden, glaube ich nicht. Dazu ist ihr organisatorisches und bürokratisches Fundament zu stark. Aber sie stecken in einem Dilemma, aus dem kein Ausweg zu erkennen ist. Das Dilemma liegt einmal darin, daß viele im Dienstleistungssektor Beschäftigte zwar ihre Stellung im Betrieb nicht wirklich verbessert haben, daß sie sich aber in der Vorstellung wähnen, sie hätten das getan. Obwohl also ein Schutzbedarf vorhanden ist und bleibt, wird es den Gewerkschaften schwerfallen, ihn zu realisieren. Aufgrund des zunehmenden Gewichts der Ausbildung und der Qualifikation sehen viele Arbeitnehmer den besten Schutz – mit einem gewissen Recht – darin, selbst etwas für sich zu tun, sich weiterzuqualifizieren, um sozusagen am Ball zu bleiben. Das ist auch einer der inneren Gründe von Individualisierung.

Ein anderer Aspekt des Dilemmas besteht darin, daß in den meisten Dienstleistungsbereichen, vielleicht mit Ausnahme des Einzelhandels, die für die Gewerkschaften bisher am leichtesten organisierbaren unteren Gruppen abbröckeln, weil sie durch die Entwicklung deutlich reduziert werden. Schließlich ein dritter Aspekt, der die gewerkschaftliche Organisation doch ganz beträchtlich in Frage stellen kann. Seit zehn Jahren ist, insbesondere im Dienstleistungssektor, ein Trend zu den kleineren Betriebseinheiten zu beobachten. Dort ist aber, etwa im Vergleich zum Großbetrieb, die Organisationsfähigkeit traditionell sehr begrenzt. Diese Tendenz weg von den Großbetrieben gibt es übrigens auch im Bereich der Industriegewerkschaften.

Das alles zusammen genommen fordert eine neue Definition von Gewerkschaften und von Gewerkschaftspolitik heraus. Patentrezepte gibt es nicht. Es wird viel davon abhängen, ob es den Gewerkschaften gerade in den Dienstleistungsbereichen gelingt, neue Gestaltungskonzepte zu entwickeln für eine zukunftsweisende Dienstleistungskultur. □

Das Gespräch moderierten
Hans O. Hemmer und Claus Eilrich

Der Kampf um die Köpfe

Die Zukunft der Angestellten, die Zukunft der Gewerkschaften

von Günter Volkmar

DIE INTERESSEN der Angestellten vertreten und ihre Zukunft sozial gestalten – das war und ist eine der zentralen gewerkschaftlichen Aufgaben. Die stärkere Einbeziehung der Angestellten in die gewerkschaftliche Arbeit ist nicht nur im Interesse der Angestellten erforderlich, sie ist auch eine Existenzfrage der Gewerkschaften. Die Zukunft der Gewerkschaften hängt entscheidend davon ab, in welchem Umfang es ihnen gelingt, die Angestellten für die gewerkschaftliche Arbeit zu gewinnen. Die bisherigen organisatorischen Schwerpunkte der Gewerkschaften und ihre kampfstarken Hochburgen liegen in Wirtschaftsbereichen, die an Bedeutung verlieren. In den Schlüsselindustrien von morgen sowie in den Dienstleistungs-, Verwaltungs- und Finanzzentralen sind die Gewerkschaften demgegenüber noch unterrepräsentiert. Diese Schwäche – bisher ist nur jeder fünfte Angestellte gewerkschaftlich organisiert – müssen die Gewerkschaften überwinden. Die Angestellten müssen die Vertretung ihrer Interessen stärker als bisher selbst in die Hand nehmen.

Die technologischen, wirtschaftlichen und gesellschaftlichen Entwicklungen der vergangenen Jahrzehnte haben zu Veränderungen der Arbeitswelt, der Beschäftigtenstruktur, der Interessenlage und des Bewußtseins der Arbeitnehmer geführt. Die Gewerkschaften haben – wenn auch nicht allein – die Verbesserungen der Arbeitsbedingungen und des Lebensstandards, mehr freie Zeit und gleiche politische Rechte für alle durchgesetzt. Das hat zugleich dazu beigetragen, den Stellenwert von Arbeit und die sozialen Ansprüche – gerade auch der Angestellten – tiefgreifend zu verändern. Mit der Verbesserung der Arbeits- und Lebensbedingungen haben sich zunehmend neue Bedürfnisse nach Selbstverwirklichung und Selbstbestimmung herausgebildet. Das gilt auch für den Bereich des Arbeitslebens.

Der soziale Status der Arbeitnehmer bleibt zwar durch die Stellung als abhängig Beschäftigte bestimmt. Doch auf Lage und Bewußtsein der Arbeitnehmer wirken sich zunehmend andere Faktoren aus: das höhere Bildungsniveau, berufliche Spezialisierungen, neue Formen der Freizeitgestaltung und ein insgesamt höherer Lebensstandard. Es entstehen neue soziale Milieus – besonders in den Dienstleistungszentren –, die Wertvorstellungen und Verhalten, die Lebensformen und Lebensvorstellungen nachhaltig verändern und prägen.

Das schlägt sich im Verhältnis zu allen politischen und sozialen Großorganisationen nieder, vor allem aber im Verhältnis zu Parteien und Gewerkschaften. Die Arbeitnehmer sind nicht mehr der vom gesellschaftlichen Leben ausgeschlossene „vierte Stand" des 19. Jahrhunderts, der sich mehr oder minder selbstverständlich von „seiner" gewerkschaftlichen Interessenorganisation vertreten fühlt. Dabei hat das veränderte Arbeitnehmerverhalten längst die „Kragen"-Linie zwischen Blaumann und Nadelstreifen-Anzug überschritten. Viel weniger als früher können wir auf traditionelle, lebensgeschichtlich vermittelte Bindungen, auf

ein selbstverständliches Hineinwachsen in die Gewerkschaftsbewegung bauen. Wir haben es vielmehr mit einem Prozeß der Differenzierung sozialer Interessenlagen und Orientierungen zu tun, der erst durch die Verbesserung der materiellen Lebenssituation möglich wurde und damit die Chance eröffnete, in Arbeit und Freizeit, im kulturellen und gesellschaftlichen Leben neue Freiheiten der Persönlichkeitsentfaltung wahrzunehmen.

Das bedeutet allerdings auch, daß wir uns auf veränderte Einstellungen und Erwartungen einzurichten haben. Wir müssen unsere Politik diesen Veränderungen entsprechend weiter entwickeln. Wir müssen erkennen: Gerade die Erfolge gewerkschaftlicher Politik haben die Bedingungen gewerkschaftlicher Arbeit verändert. Das macht es notwendig, das Spannungsverhältnis zwischen Solidarität und Individualität, zwischen kollektiver Interessenvertretung und persönlicher Freiheit neu auszufüllen. Zwischen diesen Polen bestand ja nie ein Gegensatz: Solidarität ist die Voraussetzung für die Durchsetzung und Wahrung von Freiheitsrechten – die persönliche Freiheit für den einzelnen bleibt die Voraussetzung für wirksame Solidarität.

Aber das traditionelle Verständnis der Arbeiter- und Gewerkschaftsbewegung war vorwiegend auf die Durchsetzung kollektiver Interessen gerichtet. Heute muß gewerkschaftliche Politik – über verteilungspolitische Auseinandersetzungen hinaus – stärker auf den Ausbau individueller Ansprüche und Freiheiten abgestellt sein. Diese stärkere Einbeziehung individueller Aspekte ist in allen Bereichen der gewerkschaftlichen Arbeit, aber insbesondere im Bereich der gewerkschaftlichen Angestelltenarbeit notwendig.

Wir müssen uns diesen Herausforderungen stellen, dürfen andererseits aber nicht den nur vordergründig fortschrittlichen Sprüchen der Unternehmer auf den Leim gehen. Denn ihre Forderungen nach Deregulierung und Flexibilisierung haben nicht das mindeste mit der Erwartungshaltung und den Interessen der Arbeitnehmer zu tun.

Sie laufen im Kern auf Entsolidarisierung und Spaltung, auf eine Ellenbogengesellschaft, auf den Abbau sozialstaatlicher Rechte und Ansprüche sowie auf die Schwächung gemeinsamer Interessenvertretung und demokratischer Reformfähigkeit hinaus.

Schaut man sich die wirtschaftliche und gesellschaftliche Entwicklung seit Mitte der siebziger Jahre an, ist ein beispielloser Differenzierungsprozeß innerhalb der Arbeitnehmerschaft erkennbar. Die anhaltenden Krisenprobleme und die weitgehend gescheiterten Versuche, sie zu lösen, haben tiefe Spuren hinterlassen: Opfer des Strukturwandels im Norden, an der Küste und im Ruhrgebiet; Sieger im Süden unseres Landes; Millionen Arbeitslose, hunderttausende Dauerarbeitslose, aber auch Milliarden von Überstunden; Kernbelegschaften und Randbelegschaften; Rationalisierungsgewinner und -verlierer; Sozialhilfeempfänger und „neue“ Selbständige; geregelte Normalarbeitsverhältnisse und ungeschützte Arbeitsverhältnisse; Arbeitnehmer mit sicheren, konjunkturunabhängigen Arbeitsplätzen und Arbeitnehmer mit unsicheren bis ständig gefährdeten Arbeitsplätzen.

Doch diese Entwicklung ist weder zwangsläufig, noch ist sie das Ergebnis irgendwelcher Sachnotwendigkeiten. Sie wird vielmehr von Menschen und Interessengruppen auf der Grundlage der bestehenden Entscheidungsstrukturen so gesteuert. Und: Damit werden Weichen gestellt. Weichen in Richtung einer Gesellschaft, in der nur noch das Recht des Stärkeren gilt.

An klaren programmatischen Vorstellungen, an einer Konzeption zur sozialen und solidarischen Bewältigung der aktuellen wirtschaftlichen und ökologischen sowie gesellschaftlichen und politischen Probleme hat es den Gewerkschaften nie gefehlt. Wir tun uns aber schwer, diese Konzeptionen auch systematisch und wirksam in den Betrieben sowie in der Öffentlichkeit umzusetzen und zu vermitteln, sie konkreter auf die Fragen und Probleme zuzuschneiden, die für die betrieblichen und politischen Auseinandersetzungen bestimmend sind. Gerade um unser Arbeits- und Lebensmodell einer solidarischen Gesellschaft gegenüber überzogenen individualistischen Sichtweisen und Einstellungen glaubwürdiger und überzeugender zu machen, müssen wir daher verstärkt die Bedürfnisse nach Selbstbestimmung, nach mehr Souveränität in Arbeit und Freizeit, nach gesicherten beruflichen Perspektiven und Aufstiegschancen sowie nach wirksamer Mitbestimmung und mehr eigenen Gestaltungsmöglichkeiten in Wirtschaft und Gesellschaft aufnehmen.

Dabei müssen wir sehen, daß sich die mit dem zunehmenden Einsatz neuer Informations- und Kommunikationstechniken teilweise verbundenen Horrorvisionen nicht bestätigt haben. Auch in dieser Hinsicht ist es – wobei es durchaus Unterschiede im Detail gibt – eher zu einer weiteren Differenzierung gekommen. Der Einsatz neuer Technologien hat nicht zu einer allgemeinen Dequalifizierung der Arbeitnehmer geführt. Eher kann in vielen Teilbereichen von einer Höherqualifizierung ausgegangen werden.

Im privaten Dienstleistungsgewerbe, einem der Haupteinsatzfelder neuer Technologien, hat die Automatisierung von Abwicklungsbereichen, Vertragsverwaltungen sowie Buchungsvorgängen und Lagerverwaltung vielfach zu einem Abbau von Arbeitsplätzen geführt. Auf der anderen Seite hat die Zahl der Arbeitsplätze in qualifizierten Sachbearbeitungs-, Beratungs-, Verkaufs- und anderen Leitungsfunktionen zugenommen. Den Gewerkschaften ist es allerdings bisher nicht in ausreichendem Maße gelungen, diese „Rationalisierungs-Gewinner“ für ihre Arbeit, für das gewerkschaftliche Engagement zu gewinnen.

Bei aller Unterschiedlichkeit der Situationen, der Entwicklungen und der Managementstrategien in den verschiedenen Branchen bleibt festzuhalten: Dem Bereich der qualifizierten Angestellten kommt in Zukunft nicht nur wegen seiner zahlenmäßigen Stärke eine zentrale gewerkschaftspolitische Bedeutung zu. Hier wird der „Kampf um die Köpfe“ entschieden. Und in diesem Kampf spielt die Arbeitnehmergruppe, die zuweilen als „kaufmännisch-ökonomische Intelligenz“ bezeichnet wird und die vom Sachbearbeiter bis zum Hauptabteilungsleiter reicht und den Personalfachmann ebenso umfaßt wie den qualifizierten Außendienstler, eine entscheidende Rolle. Gelingt es, diese Gruppe durch überzeugende, auf die jeweils eigene Situation zugeschnittene Zukunftskonzepte und Alternativen zu gewinnen, sind wir einen Riesenschritt weiter. Dann können wir die Zukunft der Angestellten sozial gestalten. Dann haben auch die Gewerkschaften eine Zukunft.

Die Ergebnisse vieler Untersuchungen bestätigen die praktischen Erfahrungen, die wir in den vergangenen Jahren im privaten Dienstleistungsgewerbe gesammelt haben. Die modernen Arbeitnehmer, die Angestellten, stehen den Gewerkschaften durchaus aufgeschlossen gegenüber. Angestellte beurteilen die Notwendigkeit einer gewerkschaftlichen Mitgliedschaft teilweise anders, aber keineswegs ablehnender oder gar feindlicher als andere Arbeitnehmergruppen. Und auch das immer wieder zitierte „Angestelltenbewußtsein", das als angeblich unüberwindbare Barriere für die gewerkschaftliche Organisierung genannt wird, existiert in dieser Form nicht. Angestellte beurteilen gesellschaftliche und wirtschaftliche Entwicklungen weder unkritischer noch gar konservativer als Arbeiter. Oftmals ist sogar das Gegenteil der Fall. Die Voraussetzungen für eine stärkere Einbeziehung der Angestellten in die gewerkschaftliche Arbeit sind also gegeben.

Für die praktische Gewerkschaftsarbeit heißt das, daß wir uns nicht in die Rolle des Nein-Sagers drängen lassen dürfen, sondern stärker als bisher humane und sozialverträgliche Gestaltungsalternativen für die Entwicklung in Betrieb und Gesellschaft aufzeigen müssen. Das gilt insbesondere für alle Fragen der Arbeitszeit- und der Technikgestaltung. Hier sind auf die tatsächliche Interessenlage des einzelnen Angestellten abgestellten Alternativen und Lösungsansätze gefragt. Das macht einige zusätzliche Anstrengungen notwendig, aber es lohnt sich.

Selbstkritisch müssen wir allerdings feststellen, daß die Übereinstimmung zwischen Anspruch und Realisierung dieser Grundsätze noch nicht erreicht ist. Tatsache ist, daß die „strategische Lücke", die durch den noch unzureichenden gewerkschaftlichen Organisationsgrad der Angestellten entstanden ist, auch auf Unzulänglichkeiten unserer eigenen Politik zurückzuführen ist. Sie ist in gewisser Hinsicht auch eine „Interessenvertretungs-Lücke". Denn Aktionen, Forderungen und Arbeitsschwerpunkte, gewerkschaftliche Sprache und Formen der gewerkschaftlichen Selbstdarstellung waren in der Vergangenheit sehr stark auf den Arbeiterbereich fixiert. Wir können uns also nicht damit begnügen, nur historische Gründe oder gar das angeblich „falsche Bewußtsein" der Angestellten für die unzureichende gewerkschaftliche Verankerung im Angestelltenbereich verantwortlich zu machen. Vielmehr ist es den Gewerkschaften bisher nicht ausreichend gelungen, die spezifischen Interessen der Angestellten aufzugreifen, an ihrem Bewußtsein, ihrer „Sicht der Dinge" und ihren Erwartungen anzuknüpfen und ihren Anforderungen an die Gewerkschaften zu entsprechen.

Die Einsicht, daß eine stärkere Akzentuierung und Förderung gewerkschaftlicher Angestelltenpolitik überlebensnotwendig ist, gehört zwischenzeitlich zum gesicherten Erkenntnisstand aller Gewerkschaften. Gute Vorsätze und abstrakte Appelle an die Solidarität allein helfen freilich nicht weiter. Und auch der erhobene Zeigefinger sowie der Hinweis darauf, daß die Erfolge bei der Verbesserung der Arbeits- und Lebensbedingungen bisher in erster Linie von den Arbeitern erkämpft wurden, bringen nichts. Die Vermittlung eines „schlechten Gewissens" sowie Schimpfkanonaden gegenüber „Trittbrettfahrern" schaffen keine Motivation.

Erfolge in der gewerkschaftlichen Angestelltenpolitik setzen voraus, daß wir die Angestellten da abholen, wo sie stehen. Und: Wir müssen ihre ureigenen Interessen aufgreifen. Das ist uns – der Gewerkschaft HBV – im privaten Dienstleistungsgewerbe in den vergangenen vier Jahrzehnten in erheblichem Umfang gelungen:

– Bei Banken und Versicherungen hinkten die Gehälter in den fünfziger und sechziger Jahren in erheblichem Maße hinter den Einkommen im industriellen Bereich und im öffentlichen Dienst hinterher. Heute haben wir das Einkommensniveau an die Industrie herangeführt und sind gegenüber anderen Bereichen teilweise in eine Vorreiterrolle hineingewachsen. Das gilt vor allem für die unteren und mittleren Tarifgruppen, für die Einkommen der Frauen und der jüngeren Arbeitnehmer.

– Wir haben in nahezu allen Bereichen des privaten Dienstleistungsgewerbes die 38,5-Stunden-Woche und den 6-Wochen-Urlaub durchgesetzt, die früher noch übliche Sonntagsarbeit im Handel abgeschafft und die Samstagsarbeit deutlich eingeschränkt.

– Wir haben zur sozialen Gestaltung des Einsatzes neuer Technologien

frühzeitig Betriebsvereinbarungen und Rationalisierungsschutz-Tarifverträge entwickelt und abgeschlossen, die nicht nur mehr Sicherheit für die Arbeitsplätze, sondern auch mehr Mitbestimmung bei der Personalplanung und dem Technikeinsatz sowie mehr Weiterbildungsansprüche zur Sicherung und zum Ausbau der Qualifikation der Beschäftigten beinhalten.

Damit sind wir nicht zufrieden. Aber wir können darauf aufbauen. Die Erfahrungen der bisherigen Arbeit zeigen: Überall dort, wo wir in den Betrieben präsent sind und gemeinsam mit Betriebs- und Personalräten Erfolge vorweisen können, da kommen wir voran, da ist es uns gelungen, auch im Angestelltenbereich „Hochburgen" aufzubauen. Erfolge hatten und haben

wir immer dann, wenn wir mit überzeugenden gewerkschaftspolitischen Konzepten an die Arbeit gehen und die für die Diskussion in den Betrieben entscheidenden Multiplikatoren, die „Meinungsführer" für uns gewinnen. Arbeitnehmer beurteilen Sinn und Nutzen gewerkschaftlichen Engagements nicht nur aufgrund von Flugblättern und Hochglanzbroschüren, sondern eher nach der Kompetenz, der Glaubwürdigkeit und der Durchsetzungskraft von Personen – von Personen, die sie kennen und mit denen sie sich identifizieren können. Kolleginnen und Kollegen, die man kennt und anerkennt und deren Wort auch gegenüber Vorgesetzten und Unternehmensleitungen Gewicht hat und die zugleich lebendiger Beweis dafür sind, daß gewerkschaftliches Engagement eben nicht Nachteile für das persönliche Fortkommen mit sich bringt, prägen das Bild der gewerkschaftlichen Organisation in den Betrieben.

Notwendig ist es darüber hinaus, die Tarifpolitik im Hinblick auf ihre Attraktivität und Wirksamkeit für Angestellte weiter zu entwickeln. Wir müssen sehen, daß es den Arbeitgebern in klassischen Schwerpunktbereichen gewerkschaftlicher Arbeit – bei der tariflichen Regelung der Gehälter, der Arbeitszeit und der Arbeitsbedingungen – immer wieder gelungen ist, unternehmerische „Freiräume" zwischen den tariflichen und den tatsächlichen Arbeits- und Einkommensbedingungen der Arbeitnehmer zu schaffen. Gelungen ist dies in erster Linie durch die Zahlung von übertariflichen Zulagen und Prämien, die in jedem Fall Abhängigkeiten schaffen, sowie durch Sonderregelungen für Arbeitszeiten und Arbeitsbedingungen, die vielfach als Sprungbrett für den Aufstieg und das persönliche Fortkommen betrachtet werden. Hinter diesem Puffer zusätzlicher Regelungen, die als großzügiges „Zugeständnis der Arbeitgeber" erscheinen, wird dann nur noch unscharf sichtbar, was daran gewerkschaftlicher Interessenvertretung zuzumessen ist. Diesen Puffer, diesen „Freiraum" zu reduzieren und in vertragliche Regelungen einzubeziehen, ist daher eine der vorrangigen gewerkschaftlichen Aufgaben.

Darüber hinaus müssen wir unsere aktive Politik der Arbeitszeitverkürzung konsequent fortsetzen. Unser nächstes Etappenziel bleibt die 35-Stunden-Woche. Doch sie kann und wird nicht das Ende der Fahnenstange sein. Darüber hinausgehende Arbeitszeitverkürzungen – das ist schon heute klar – werden folgen müssen. Dabei werden wir nicht stur und starr an bisher geltenden Arbeitszeitregelungen festhalten. Wir stehen neuen Formen der Arbeitszeitgestaltung durchaus aufgeschlossen gegenüber. Der von der Gewerkschaft HBV abgeschlossene

Tarifvertrag zur Einführung der 35-Stunden-Woche bei der BHW-Bausparkasse ist der jüngste und beste Beweis dafür. Parallel zur Verkürzung der Arbeitszeit werden in der BHW-Bausparkasse neue Modelle zur Arbeitszeitgestaltung und zur Arbeitsplatzbesetzung verwirklicht, die einerseits zur Schaffung neuer Arbeitsplätze führen und andererseits die Interessen der Arbeitnehmer vollständig berücksichtigen.

Die Weiterentwicklung von Rationalisierungsschutz-Tarifverträgen zu umfassenden Technologie-Tarifverträgen ist ein weiterer Schwerpunkt der künftigen gewerkschaftlichen Arbeit. Technologie-Tarifverträge müssen künftig für alle Angestellten gelten und alle Maßnahmen erfassen, die eine Änderung der Arbeitsorganisation, der Arbeitsabläufe und der Arbeitsinhalte zur Folge haben. Bei der Regelung all dieser Fragen müssen Betriebsräte früher und umfassender als bisher Einfluß nehmen und mitbestimmen können. Und: Wir brauchen tarifvertraglich abgesicherte Rechtsansprüche auf Qualifizierung und Weiterbildung.

Ausbau gewerkschaftlicher Interessenpolitik im Betrieb und in Tarifauseinandersetzungen heißt vor allem aber auch: Unsere Politik muß den Interessen und Erwartungen der Frauen stärker als bisher Rechnung tragen. Frauen werden künftig die Mehrheit der Angestellten sein. Im privaten Dienstleistungsgewerbe sind sie es heute schon. Doch die gesellschaftliche und vor allem die betriebliche Situation der Frauen ist noch immer durch Benachteiligungen sowie durch besondere Belastungen gekennzeichnet. Frauen haben geringere Aufstiegschancen und werden in vielen Bereichen für vergleichbare Tätigkeiten noch immer schlechter bezahlt als Männer. Gerade auf diesem Feld gibt es also unverändert viel zu tun. Der gesellschaftliche Wandel, soll er sozial gestaltet werden, erfordert einen noch stärkeren Einsatz der Gewerkschaften für die Frauen. Ich sehe darin eine der zentralen gewerkschaftlichen Aufgaben.

Ergänzt werden muß diese aktive Vertretung der differenzierten Interessen der Angestellten durch ein überzeugendes politisches Gesamtkonzept. Denn auch die Altersversorgung sowie die Sicherung der Gesundheit, der Umwelt und des Friedens sind Themen, die für Angestellte einen hohen Stellenwert haben. Wir müssen daher die unmittelbaren Interessen der Angestellten mit schlüssigen und überzeugenden Konzepten und Perspektiven zu diesen übergeordneten politischen Fragen verbinden. Anpassung an ein vermeintlich konservativ-unpolitisches Angestellten-Bewußtsein, vielleicht noch verbunden mit politisch konturlosen Dienstleistungsangeboten an Mitglieder und Nicht-Mitglieder, wäre der falsche Weg, um im Angestelltenbereich gewerkschaftliches Bewußtsein zu schaffen und den gewerkschaftlichen Organisationsgrad der Angestellten zu stärken. Notwendig ist vielmehr, den politisch profilierten, selbstbewußten und oftmals auch unbequemen gewerkschaftlichen Kurs des aufrechten Gangs fortzusetzen und weiter zu entwickeln. Unser Ziel ist nicht, zu einem „ADAC der Arbeitswelt" zu werden. Wir werden aber auch nicht die Dinosaurier der künftigen Dienstleistungsgesellschaft sein. Unser Ziel ist vielmehr, die Interessen der „neuen Mehrheit", die Interessen der Angestellten wirksam und umfassend zu vertreten – heute und im Jahr 2000. □

würde sich das System beispielsweise
selbständig an den Betroffenen wenden

ANHANG

Die Autorinnen und Autoren

Ulrich Baatz, geboren 1955, Studium der Fotografie in Essen, heute freiberuflich tätiger Fotograf

Martin Baethge, geboren 1939, Professor für Soziologie an der Georg-August-Universität und Direktor des Soziologischen Forschungsinstituts (SOFI) in Göttingen

Claus Eilrich, geboren 1949, Redakteur bei der *Frankfurter Rundschau* und der *Wetzlarer Neuen Zeitung,* seit 1980 Sprecher des Hauptvorstandes der Gewerkschaft Handel, Banken und Versicherungen in Düsseldorf

Ursula Feist, geboren 1942, Dipl.-Psychologin, Leiterin der Abteilung Wahlforschung bei infas, Bonn-Bad Godesberg

Wolf Haug, geboren 1953, Studium der Fotografie in Essen, heute freiberuflich tätiger Fotograf

Hans O. Hemmer, geboren 1946, Studium der Geschichte und Germanistik in Bochum und Freiburg, Redakteur und Gewerkschaftssekretär, seit 1981 Chefredakteur der *Gewerkschaftlichen Monatshefte*

Volker Hermsdorf, geboren 1951, Studium der Rechte und der Politik in Hamburg, Redakteur bei der *Hamburger Morgenpost,* seit 1983 freiberuflicher Journalist

Jürgen Kocka, geboren 1941, Professor für Geschichte, bes. Sozialgeschichte an der Universität Bielefeld

Thomas Kröter, geboren 1951, Studium der Politikwissenschaft und Germanistik in Marburg, Redakteur und Chefreporter bei der *Neuen Presse* in Hannover, heute politischer Redakteur beim *Kölner Stadt-Anzeiger*

Manfred Kubik, geboren 1955, Studium der Geschichte und Sozialwissenschaften in Düsseldorf, London/Ontario und Bielefeld, seit 1986 Bearbeiter des von der Hans-Böckler-Stiftung geförderten Projektes „Angestelltenschaft und Einheitsgewerkschaft am Beispiel der Gewerkschaft Handel, Banken und Versicherungen"

Sven Papcke, geboren 1939, Studium der Geschichte und Soziologie in Hamburg und London, seit 1974 Professor für Soziologie an der Universität Münster

Burkhard von Pappenheim, geboren 1954, Studium der Romanistik und Publizistik, Redakteur bei der *Saarbrükker Zeitung* und bei der Nachrichten-Agentur AFP in Paris, seit 1983 Redakteur der *Stuttgarter Zeitung*

Waltraut Rohloff, geboren 1949, Journalistin, Ausbildung bei der *Westfälischen Rundschau* und der *Cuxhavener Presse,* arbeitete bei der *Gießener Allgemeinen Zeitung* und der *Wetzlarer Neuen Zeitung,* seit 1980 Redakteurin der *Frankfurter Rundschau*

Heiko Tornow, geboren 1946, seit 1969 Journalist, unter anderem Redaktionsleiter des *Buxtehuder Tageblatts* und – bis Anfang 1988 – Redakteur des *stern;* heute freiberuflicher Journalist

Günter Volkmar, geboren 1923, seit 1955 Mitglied des Geschäftsführenden Hauptvorstands und seit 1980 Vorsitzender der Gewerkschaft Handel, Banken und Versicherungen

Ingeborg Wahle-Homann, geboren 1953, Studium der Pädagogik, Rechts- und Verwaltungswissenschaften in Münster und Speyer, wissenschaftliche Mitarbeiterin an einem Bildungsforschungsinstitut in Münster, heute Redakteurin der *Gewerkschaftlichen Monatshefte*

Bildnachweis

antrazit, Brigitte Kraemer, Essen 188

Archiv der sozialen Demokratie, Bonn, 32, 41, 43 (2), 46, 48, 49, 51, 52, 53, 66, 67, 70, 73, 75, 79 (2), 82, 83, 89, 92, 94, 187 (2), 189, 198, 204, 205, 206, 210

Associated Press Photo, Frankfurt, 76, 90

Ulrich Baatz, Düsseldorf, 59, 117, 119, 214, 215, 219, 220, 223, 225

BHW-Forum, Hameln, 216, 224

Bundesarchiv Koblenz, 25

Foto Dabrowski, Frankfurt, 100, 114

DGB-Archiv, Düsseldorf, 68

dpa, Hamburg, 69, 87, 88, 98

Jörg Extra, Köln, 191, 195, 212, 227, 230, 233

Stadtarchiv Frankfurt, 15, 16 (2), 19, 22, 23 (2), 27, 28, 30, 35, 39, 40, 44, 57, 74, 91, 95, 196

Paul Glaser, Berlin, 115, 194

HBV-Archiv, Düsseldorf, 50, 58, 64, 65, 70, 71, 72 (2), 78, 79, 80, 91, 94, 103, 104, 105, 106, 107, 109, 110, 117, 118, 200 (2)

infas, Bonn, 199 (2), 202, 203, 204

Ludwig Klaas, Frankfurt, 88

Fred Kochmann, Maintal 3, 38

laif, Manfred Linke, Köln, 199

Ulrike Lohoff, Bonn, 55 (2), 61

Noel Matoff, Hamburg, 211

Klaus Meier-Ude, Frankfurt, 81, 101, 193, 206 (2)

Michael Meyborg, Hamburg, 120

Sabine Michaelis, Wuppertal, 185, 204

Laszlo Moholy-Nagy 27

Hermine Oberück, Bielefeld, 111, 206

Paul Rötger, Frankfurt, 45

Benno Ruczinski, Duisburg, 120

Hagen Rudolph, Die verpaßten Chancen, Hamburg 1979, 36

Otto Sander 183

Harald Schlüter, Ein mutiger Schritt, Hamburg 1988, 47

Manfred Scholz, Essen, 62

Jürgen Seidel, Köln, 108, 113, 114

Ein Jahrhundert SPD Hof, Hof 1986, 32

Der Spiegel, Hamburg, 54

Süddeutscher Verlag, München, 17, 18, 19, 20, 21, 24, 25, 26, 84, 85, 93, 205

Abisag Tüllmann, Frankfurt, 97, 99, 108, 184

Ullstein, Berlin, 29, 32, 33, 85, 86, 205 (2)

Manfred Vollmer, Essen, 60, 63, 112, 116, 117, 186, 211

1933 – Wege zur Diktatur, Berlin 1983, 34

Weimarer Republik, Berlin/Hamburg 1977, 31

Literatur zum Thema

M. Baethge/H. Oberbeck, Die Zukunft der Angestellten, Frankfurt/New York 1985

U. Beck, Risikogesellschaft. Auf dem Weg in eine andere Moderne, Frankfurt/M. 1986

D. Bell, Die nachindustrielle Gesellschaft, Frankfurt/New York, 3. Aufl. 1985

U. Berger, Wachstum und Rationalisierung der industriellen Dienstleistungsarbeit, Frankfurt/New York 1984

S. Braun/J. Fuhrmann, Angestelltenmentalität, Neuwied/Berlin 1970

H. Braverman, Die Arbeit im modernen Produktionsprozeß, Frankfurt/New York, 3. Aufl. 1985

E. Fehrmann/U. Metzner, Angestellte in der sozialwissenschaftlichen Diskussion, Köln 1977

J. Fourastié, Die große Hoffnung des 20. Jahrhunderts, Köln 1954

J. Gershuny, Die Ökonomie der nachindustriellen Gesellschaft. Produktion und Verbrauch von Dienstleistungen, Frankfurt/New York 1981

P. Gross, Die Verheißung der Dienstleistungsgesellschaft: Soziale Befreiung oder Sozialherrschaft?, Opladen 1983

U. Kadritzke, Angestellte. Die geduldigen Arbeiter. Zur Soziologie und sozialen Bewegung der Angestellten, Frankfurt/Köln 1975

H. Kern/M. Schumann, Ende der Arbeitsteilung, München 1984

J. Kocka, Die Angestellten in der deutschen Geschichte 1850–1980, Göttingen 1981

J. Kocka (Hrsg.), Angestellte im europäischen Vergleich. Die Herausbildung angestellter Mittelschichten seit dem späten 19. Jahrhundert, Göttingen 1981

S. Kracauer, Die Angestellten, Frankfurt/M. 1971

M. Prinz, Vom neuen Mittelstand zum Volksgenossen. Die Entwicklung des sozialen Status der Angestellten von der Weimarer Republik bis zum Ende der NS-Zeit, München 1986

F. W. Taylor, Die Grundsätze wissenschaftlicher Betriebsführung, München, 2. Aufl. 1979

CIP-Titelaufnahme der Deutschen Bibliothek

Die **neue Mehrheit** : Bilder-Lesebuch Angestellte / Claus Eilrich ; Hans Otto Hemmer (Hg.) – Berlin ; Bonn : Dietz, 1988
ISBN 3-8012-0133-3
NE: Eilrich, Claus [Hrsg.]

In der Raste 20–22, D-5300 Bonn
Lektorat: Martin Rethmeier
Umschlag- und Buchgestaltung: Alf Friese, Bochum
Repros: Albrecht Trieloff, Heiligenhaus
Satz: Fotosatz Froitzheim, Bonn
Druck und Verarbeitung: braunschweig druck GmbH

Printed in Germany 1988